D・A・ギャロ 著
向居 暁 訳

Associative Illusions of Memory
False Memory Research in
DRM and Related Tasks

虚記憶

北大路書房

ASSOCIATIVE ILLUSIONS OF MEMORY:
False Memory Research in DRM and Related Tasks
by
David A. Gallo

Copyright © 2006 by Psychology Press
All Rights Reserved. Authorized translation from English
language edition published by Psychology Press, part of
Taylor & Francis Group LLC.
Japanese translation published by arrangement with Taylor & Francis Group LLC
through The English Agency (Japan) Ltd.

お父さんとお母さんへ……真実はそこにある

はじめに

　無限とも思える人生のエピソードを記憶する能力は，人間の心の働きにおける奇跡ともいえる。しかし，記憶は常に正確ではなく，ともすれば，決して起こらなかった出来事でも実際に起こったと思うことさえある。そのような真実でない記憶，すなわち，虚記憶（false memories）は，もともと大げさに語られただけの個人的な逸話で，結果的に真実として信じられてしまったような類の話についてみんなで盛りあがるとき（もしくは，そのような話をすることで話者自身のエゴを満足させるとき）には，当たり障りのないものかもしれない。しかし，目撃者が無実の人を殺人者として誤認するようなときには，そのような虚記憶は非常に重大な結果をもたらしうる。
　ここ10年以上，ある特定の種類の虚記憶について，科学的研究がブームとなっている。それは，実際には起こらなかったが，実際に起こった出来事と連想関係にあったり，類似していたりするなどして，関連しているような虚記憶である。あまたの研究者が，認知心理学，神経心理学，神経科学，パーソナリティ心理学，社会心理学からのさまざまな研究手法を用いて，この種の虚記憶の実験に貢献してきた。本書は，記憶，意識，認知に関する現代の理論への示唆とともに，この研究事業の詳細にわたるレヴューを提供するものである。
　連想記憶エラーに関する研究は，第1章で述べられるように，長く変化に富んだ歴史をもつが，近年におけるほとんどの研究は，かなり似通った課題を用いている。その課題では，被験者が連想関係にある単語や知覚的に類似している画像など，関連した刺激のリストを学習し，その後，再生テストや再認テストを受ける。第2章で述べられるように，これらの課題は主観的に抵抗しがたく，避けることのできないような，学習していない刺激材料の虚記憶を誘発する。それゆえ，この課題は，その様々な変化形も含めて，実験室における虚記憶の実証パラダイムとして採用されてきた。第3～6章では，若年成人の被験者（通常は，大学生）を用いた実験における行動的知見が，主たる理論的発展とともに概説される。これらの章の内容は専門的であり，基礎となる研究法と結果についてきわめて注意深く記されている。第7～10章では，個人差，発達と加齢，脳損傷とその他の特別な集団，薬物，そして神経画像法におけるこのような記憶の歪みに関する応用研究について概説する。ほとんどの人々にとって，これらはもっとも興味のある話題であり，どのように基礎研究と応用研究がお互いに積み重ねあって成立することができるか（そして，すべきか）が明らかにされる。第

はじめに

11章では，全体的なまとめと将来の方向性が記されている。

　Henry（Roddy）Roediger には，この原稿執筆についての提案を持ちかけてくれたことをとても感謝している。ワシントン大学での私の大学院の恩師として，本書で概説した話題の多くについて，私の思考を導いてくれたことに対して Roddy に多大な恩義がある。ワシントン大学（セントルイス）の記憶研究の最強チームメンバー（過去から現在まで）にも同様である。また，博士研究員として所属中に，本書の執筆に携わるという冒険的な企画を後押ししてくれた Dan Schacter，また，初稿について専門的なコメントをしてくれた Jim Lampinen，Benton Pierce，Valerie Reyna に感謝している。最後になったが，もとを返せば，ちょうど10年前に記憶研究に対する興味に火をつけてくれた John Seamon にお礼を言いたい。このような共同研究者らとともに記憶の錯覚について研究を行えたことは，私にとってとても実りあるものであったが，彼らにとってもそうであったと願っている。

シカゴ大学　David A. Gallo

日本語版への序文

　このように "*Associative Illusions of Memory*" の翻訳版を日本のみなさまに紹介することができて，とても光栄に思っています。記憶エラーと錯覚について考察することは，西洋の心理学において長い歴史があり，古くは1908年に出版されたHugo Munsterbergによる "*On the Witness Stand*（証人の立場で）" における洞察にあふれた観察がありますが，それより以前にも考察されています。この領域は特に，日常生活における研究知見の実用的な応用（例えば，目撃者証言の信頼性のような）によって，動機づけられてきました。しかしながら，この記憶の錯覚の性質についての厳密な実験的調査が始まったのは，認知心理学の歴史でもごく最近のことにすぎません。

　本書では，記憶の錯覚を研究するために最も用いられている実験室課題の1つについて概説します。この課題はとてもシンプルなもので，非常に基本的な種類の記憶の錯覚を生み出します。それにもかかわらず，世界中の様々な国で，様々な心理学，神経科学分野の学生や研究者の興味をかき立ててきました。この課題は，人間の記憶についてのより統合的な研究を形成する手助けをし，そして，ある意味で，過去15年に及んで，認知心理学がとってきた方向性の寸評を提供します。この日本語版が次世代の研究者に刺激を与え，真に世界的規模の心理学研究へのアプローチを構築し続けることを願っています。

　最後に，向居暁氏には，この翻訳を引き受けていただいたことを特にありがたく思っています。

2009年2月
シカゴ大学　David A. Gallo

目次

はじめに　i
日本語版への序文　iii

I部　背景

1章　連想とエラーの歴史　2

初期の連合主義　4
言語学習の伝統　8
認知革命　11
近代の連合主義　13

2章　連想集束課題　18

DRM課題：基本的な方法と結果　23
複数の連想語の符号化　33
その他の集束課題　35

II部　基礎的な理論とデータ

3章　虚記憶を引き起こすプロセス　38

決定にもとづいた理論　40
主観性，プライミング，警告　43
「3大」理論　50
3大理論の根拠　57
要点と結論　71

4章　幻回想　77

「remember」/「know」判断　78
ソース判断　85
記憶特性質問紙　90
結合再認技法　93
幻回想の理論　95
幻回想に影響を与える要因　98

目次

5章　虚記憶を減らすプロセス　101

- 欠格モニタリング　105
- 診断モニタリング　109
- 学習形式操作　114
- ルアー項目の特徴　124
- その他の関連する実験操作　126
- モニタリングに関するその他の問題　132

6章　さらなる学習・テスト操作　137

- 学習の要因　138
- テスト要因　151
- 複数テスト　156
- 社会的検索　161

Ⅲ部　応用とデータ

7章　個人差と一般化可能性　166

- 課題内安定性　167
- 課題間安定性　168
- 認知的差異　169
- パーソナリティにおける差異　170
- 集団における差異　173
- 集団と材料の交互作用　180

8章　発達と加齢　184

- 発達とDRM課題　184
- 発達とモニタリング操作　188
- 加齢とDRM課題　191
- 加齢とモニタリング操作　197
- 加齢とその他の課題　206
- 加齢における個人差　210

目次

9章　神経心理学と薬物　211

内側側頭葉性健忘症　213
前頭葉病変　218
アルツハイマー病　221
意味認知症　228
統合失調症　229
アスペルガー症候群　230
アルコール依存症　231
薬物性健忘　232

10章　神経画像法と局在性　235

ERPからの知見　237
PETとfMRIからの知見　244
脳半球効果　251
結論と警告　253

11章　まとめと結論　255

本書を振り返って　256
将来の方向性　259
一般的な意義　261

引用文献　265
人名索引　287
事項索引　292
訳者あとがき　297

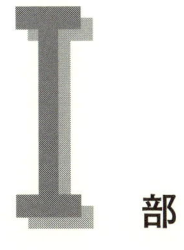

Ⅰ部

背 景

1章 連想とエラーの歴史

　アリストテレスの心についての熟考から神経ネットワークの計算機モデルまで，連想——つまり，心的表象間の仮説的結合——は記憶の理解における中心的な概念であり続けてきた。本書において特に関係するのは，エピソード記憶における連想の役割，または，個人の過去に起きた出来事やエピソードを意識的に回想するための能力である（Tulving, 1972, 1983）。この形態の記憶は，今現在考えていることや目の前にある環境的手がかりと過去からの関連情報の間の結合をもたらすために進化したが，この結合する力は心的連想に起因すると考えられることが多い。Thomas Hobbes, John Locke, James Mill のような哲学者によって提唱された古典的な連想（連合）についての考え方は，思考の過程において，ある考えや記憶が，意味ありげに別のものを導くことが多いという直感にもとづいていた。そのような考え方に共通する条件は，心が近接する出来事（時間的，空間的に近いもの）の間，もしくは，類似する出来事（類似した意味や感覚的特徴をもっているもの）の間に連想を形成するということであった。後になってから，ある出来事について考えることは，記憶に貯蔵されている連想的結合を介して別のものを活性化するのかもしれない。

　この哲学の考え方は心理学に常に影響を与えてきた。William James（1890）の記憶の理論には，名著 *Principles of Psychology* の中で概説されたように，それ以前の哲学者の考え方が色濃く反映されている。James にとって，記憶は脳内における痕跡の連想構造にもとづくものであった。

　　このように，再生の仕組みは連想の仕組みと同様であり，連想の仕組みは，既知のように，神経中枢における単純な習慣の法則以外の何ものでもない。つまり，ある経験の保持は，過去の環境とともにそれを再び考える可能性，または，それを再

び考える傾向の別の呼び方でしかない。どのような偶然の手がかりがこの傾向を現実に変えても，この傾向自体の恒久不変の根本は，手がかりがある特定の出来事の経験を，当時それと連想づけたものや，自分自身がそこにいたという感覚，それが実際に起こったという信念などとともに呼び出す，組織化された神経経路にある。これらの習慣で身についた連想の経路は，過去の経験によって脳に残された，「性癖（predispositions）」，「形跡（vestiges）」，「痕跡（traces）」などの言葉で，文筆家らが意味するところのものの明確な解釈である。多くの書き手はこの「形跡」の性質を曖昧なままにしており，それらを連想の経路にあからさまになぞらえようとするものはほとんどいない（pp.654-655）。

　これらの一般的な主張を否定する現代の科学者はほとんどいないだろうが，それでもなお，脳細胞の長期増強（long-term potentiation）が「神経中枢」における連想を形成するということ，また，海馬のようなある特化した脳構造が，皮質領域に分散して表象されている「経験」や「過去の環境」を連合する（または一緒に束ねる）と考えられているということ，さらに，前頭前野のある特定の領域が，「自分自身がそこにいたという感覚」と「それが実際に起こったという信念」と同様に，検索した情報のつじつま合わせに関係しているということを付け加えるかもしれない。

　特定のエピソード記憶に加えて，連想は世界についてのより一般的な知識の記憶に関連している。われわれはそれぞれの頭の中に，特定の概念，抽象的観念，言語，そして天地万物の関係を含む，知識の大辞典を所有している。このような一般的知識，あるいは，意味記憶は，経験する出来事を理解しようとするとき，そして，これらの出来事についてのエピソード記憶を符号化するとき，絶えずアクセスされる（Tulving, 1972 参照）。多くの理論によると，このような情報は連想的なつながりを通して体制化され，そしてアクセスされる。その結果を，世界に関する一般的知識，そしてその世界におけるわれわれの他ならぬ経験に関する一般的知識の精巧な連想網と見なすことができる。

　脳は記憶という偉業を達成するために連想を頼りにしているが，すべての生体組織同様，脳もまた完璧ではない。正常な脳でさえも計算間違いをし，様々な知覚的錯覚や認知的錯覚をもたらす（概説については，Pohl, 2004 参照）。同様に，連想は，時にわれわれの記憶を惑わせる。ほとんどの人は，文脈は違えども，実際に起こった出来事と何らかのかたちで関連している起こっていない出来事（またはそのような出来事の特性）を覚えてしまっているという経験がある。記憶研究者はこのような記憶の連想的錯覚をかなり長い間記述してきたが，その原因についての徹底的な研究は比較

的近年になって発展した。

本章では,第2章以降で解説される研究についての簡単な歴史的背景を紹介する。連合主義の歴史に関する広範囲にわたるレヴューは既に存在している（例えば,Anderson & Bower, 1973）。同様に,記憶の錯覚と歪曲に関する研究の歴史を扱ったレヴューも存在する（例えば,Roediger, 1996 や Schacter, 1995）。本章においてとりわけ関連性のあることは,これらの2つの領域の共通部分である。つまり,様々な思想家が長い時間をかけて記憶のエラーと連想をどのように概念化してきたのかということである。Roediger, McDermott, & Robinson（1998）において概説されているように,記憶の連想理論には長い歴史があるが,どのように連想がエピソード虚記憶を引き起こしうるかについて理論家が重点的に取り組むようになったのはつい最近のことである。にもかかわらず,歴史的な動向は現在の研究と着想に多大な影響を与えている。連想記憶エラーの文献は,ほとんど心理学分野それ自体と同じくらい古く（Kirkpatrick, 1894）,実験方法や理論が時を経て変化するに従って,研究される記憶エラーの種類と同様に,その結果もたらされた理論における連想の役割（そして定義）も変化してきた。

初期の連合主義

Burnham（1889）は,記憶研究の歴史についてのレヴューにおいて,「偽レミニセンス（pseudo-reminiscences）」,「錯覚」,「幻覚」を意味するところの,彼が「記憶錯誤（paramnesia）」とよんだ現象について多くの部分を割いた。Burnham は中世の聖アウグスティヌスに至るまで虚記憶（記憶の錯覚）についての文献をさかのぼったが,James Sully, John Hughlings Jackson, Théodule-Armand Ribot, Emil Kraepelin のような影響力のある19世紀の思想家によってなされた観察におもに焦点を合わせた。ここで特に関連することは,「現在の知覚が,連想によって,過去において類似している,また,関係している何かの偽レミニセンスを喚起する」（Burnham, 1889, p.433）という「associirende Erinnerungsfälschungen（連想関係にもとづいた記憶エラー）」についての Kraepelin の考えであった。例えば,ある友だちと公園を歩いていると,前にもまったく同じことがあった（実際は別の友だちと一緒だった）と誤って想起してしまうことなどがある。このような考えは,他の考えとあわせると,想像にもとづいたエラー,デジャヴュ（déjà vu）,情報ソースの混同,無意識的帰属,熟知性の曖昧な感覚のような事柄に関する現代の研究を巧妙に予告するものであった。もちろん,このような考えについての実験的研究はあったとしてもわずかで,それらの多くは,内

省，逸話，また，脳損傷後の記憶異常に関する適切な手続きに従っていない観察にもとづくものであった。自身の論文の冒頭部分において Burnham も認めているように，彼の事例は，「長きにわたって知られているが，ほとんど探求されていない現象の部類」(p. 431) に相当する。

実際，Burnham (1889) のレヴュー論文が公刊された時代は，人間の記憶に関する実験的研究がその産声をあげてから数年しかたっていない。最も初期の記憶の研究は，少なくとも現代の基準に照らし合わせれば，無意味綴りのリスト（例：DOQ，ZEH，XOT など）の系列学習を研究した Ebbinghaus (1885) によるものとされる。Ebbinghaus はもともと連想の形成と保持に興味があり，どのように反復練習（テストセッションにわたる）が各リスト項目の順序の学習を容易にするかを測定した。彼の実験方法はその後の研究に強烈な影響を与えたが，既存の連想についての研究をするためや虚記憶について知識を得るための余地はほとんどなかった。実際に，無意味綴りを用いた本質は，記憶のパフォーマンスにおける既存の連想と有意味性の潜在的な影響を排除するためであった（ただし，Glaze, 1928 や Hull, 1933 によって実証されているように，無意味語でさえも有意味的に処理されることがあり，記憶実験において既有知識を排除するという Ebbinghaus の望みは実現されなかった）。

Ebbinghaus が虚記憶に着目しなかったという事実は，そのような単純な刺激において記憶のエラーが起こりえないということを意味しているのではない。直後系列再生におけるエラーの古典的な実演において，Conrad (1964) は視覚的に呈示された文字列（例：M-T-S-C-X-V）の再生を試みた被験者が類似した音韻をもつ文字 (M-T-F-C-X-B) を誤って再生してしまうことが多いということを示した。Ebbinghaus が，彼の系列再生実験において，これと類似したエラーに遭遇したことは疑いないだろう。そのようなエラーは短期記憶における音響記録（acoustic recording）によって説明されており，類似した音韻をもつ文字と混同するというものである。この現象は，入力刺激と関連する既存の知識（この場合，音韻符号情報）が，このような刺激の処理にどのように影響しうるかについての好例である。最も単純な刺激を用いても，われわれの脳は記憶内の関連情報を活性化し，そして，この過程は記憶エラーをもたらしうるのである。

E. A. Kirkpatrick (1894) は，有意味な連想や概念的な連想にもとづいた記憶エラーに関して最初に行われた実験室における実証研究の 1 つを公刊した。その実験では，Kirkpatrick は一般的な物体のリストをいくつか被験者に読み聞かせ，後で再生するように求めた。彼の当初の関心事は他の変数（例えば，再生における年齢と性別の違い）であったが，その報告書の終わりに付け加えられた観察が本書の中心的な関心事であ

る。彼は「'spool [糸巻き]' 'thimble [指ぬき]' 'knife [ナイフ]' のような単語を（学生に）音読すると，多く学生の心に，それぞれと非常によく関連している 'thread [糸]' 'needle [針]' 'fork [フォーク]' が浮かぶ。結果として，学生の多くは（再生テストで）このような単語を，まるでリストにあったかのように報告した」(p. 608) と記した。Kirkpatrick の観察は，次の節で話題にする，Underwood (1965) によって提唱された連想反応を見事に予感させるものであり，ある単語を学習することが，再生テストにおいて学習していない連想語の虚記憶をどのようにもたらすのかを明らかにした。Kirkpatrick は彼の観察を裏づける数値データを示さなかったが，われわれは，彼の用いた課題において，少なくとも系統的なかたちでは虚再生がそれほど頻繁に起こらなかったと推測することができる。Kirkpatrick は，ほとんどが無関連であった単語のリストを用いたため，連想的な侵入語は具体的には，個々の被験者に特有であり，学習語に対する個人的な連想に依存していた。ともかく，Kirkpatrick が注目したような連想記憶エラーについてのより厳密な研究は，少なくとも半世紀後までは出現しなかった。

　記憶における連想過程に関するその他の初期における実験的研究は，Ivan Pavlov, Edward Thorndike, Clark Hull といった動物の学習を中心に研究した理論家による有名な著作に見受けられる。これらの研究を概観することは本書のねらいからはずれるうえに，研究されている連想の種類は文字や単語の再生との関連において既に議論されたものと大きく異なっている。しかしながら，20世紀初頭のアメリカにおいて，動物の学習についての研究から発展した原理は，実験心理学を支配した行動主義の領域を刺激し，そして，記憶における連想理論に大きく影響した。行動主義の中心的見解（少なくとも，当初 John Watson によって主張された極端なもの）は，過去が刺激 (S) と学習された反応 (R) の間の連想的結合を介して行動に影響するというものだった。S→R 心理学として知られているこの原理のもとでは，研究者は，まず様々な刺激がある反応を導きうるだろう条件を特定することに関心があり，潜在的にこの関係に介在しうる心的過程に関する理論を提案することに抵抗を示した。連想の「心的」性質（例えば，どのように既存の知識と意味が処理に影響するか）は，たいていの場合，その方程式から取り除かれている。

　Ebbinghaus のパラダイムのように，この理論的枠組みには，虚記憶における既存の連想に関する研究の余地はほとんど残されていないが，有意味な連想の重要性はこのような方法でも実証されうる。例えば，条件づけの文献においてよく知られている現象は「刺激般化」とよばれており，それは，ある恣意的な刺激に反応して起こるように訓練された行動（例えば，ベルを鳴らしながら食物を与えたために，ベルを聞

くと唾液が出るようになること）が，知覚的に類似しているが新奇な刺激（ブザー）に反応して起こることである．重要なことに，この種の般化は，人間での条件づけ実験における関連語のような，意味的に類似した刺激においても生起する（例えば，Lacey & Smith, 1954）．新奇な刺激でさえ，その刺激が既存の連想を介して訓練された刺激を活性化させる限り，学習された反応を引き起こす．エピソード記憶におけるこれと類似した現象は，過去の出来事や単語との連想や類似性が原因であるような，新奇な出来事や単語の虚再認である（この効果については本章の後半で紹介する）．もちろん，これらはかなり異なった現象であるが，これらに共通の考えは，類似した出来事や刺激が心の中で混同され，一方で学習された反応を引き起こし，他方では虚記憶を引き起こすということである．

　Ebbinghausの理論的枠組み，および，行動主義の双方は，人間の記憶（より適切には，人間の「学習」）における初期の研究に強い影響力を及ぼした．McGeoch (1942) は，彼の独創性に富んだ書籍において，Ebbinghaus (1985) の後になされた，無意味綴り学習，対連合学習，様々な知覚運動活動（例えば，迷路学習）のような課題を用いた多くの研究をまとめあげた．ここでも連想は，記憶エラーを含む記憶の理論的説明の中核であり続けていた．例えば，連想にもとづいた干渉は，単純なスキルの学習（例えば，迷路解決）の初期研究において，突出した役割を果たしていた．多くの学習エラーは「負の転移」，または，古くて，不適切なスキル（例えば，異なった迷路の解決法）への強い連想による新しい学習に対する抑制として概念化された．類似性という考え方は，必ずしも意味的類似性とは限らないものの，転移の度合いが2つの課題間の知覚運動類似性の関数であると示されたように，重要な役割を果たした．

　「予期エラー（anticipatory errors）」の研究もまた関連がある．このようなエラーは，通常，被験者が反復学習試行を通して順序を習得しなければならないような機械的学習課題（例えば，同じ順序の数字の反復学習と系列再生）において観察される．予期エラーは，被験者がある項目を実際の順番よりも早く再生することがあるという事実を反映しており，具体的には，学習の初期段階で形成された誤った連想のせいで生じると考えられる．当時，この種のエラーはエピソード虚記憶とは考えられておらず，代わりに，運動スキルにも適用されるような学習のより一般的な原則の具体的な事例として考えられていた．エピソード虚記憶としてよりふさわしいと考えられたようなエラーは，例えば，Bartlett (1932) によって示されたようなものとして知られていた．しかしながら，北アメリカにおける学習と記憶についての主流の研究には，まだあまり影響を与えていなかった．McGeoch (1942) の書籍でこの種のエラーのために割かれていたのは，全633ページのうちたった6ページだけで，しかも，そのようなエ

ラーは動機づけと転移についての基礎的な学習原理にためらいもなく取り込まれていたのである。この状況は，10年後に出版されたMcGeoch（1942）の改訂版（McGeoch & Irion, 1952）においてもほとんど変化しなかった。

 言語学習の伝統

このような影響力の大きい連想についての伝統的な考え方は，いわゆる，言語学習の伝統における方法論や理論に受け継がれた（その概要については，Hall, 1971やKausler, 1974参照）。この分野は，S→R理論から大きな影響を受け，多くの研究が様々な種類の連想（例えば，順方向連想，逆方向連想，文脈的連想，媒介的連想，項目間連想，項目内連想，遠隔連想など）における学習，転移，そして，忘却についての基本的なプロセスの理解を目的としていた。おそらく，この時代において最も用いられた課題は，対連合学習法であり，この方法は，William Jamesの学徒で最も影響力のある一人であるMary Calkins（Calkins, 1894）によって考案された（もちろん，系列学習課題も使われ続けたが，後には，自由再生や再認課題が注目を集めた）。対連合課題では，様々な種類があるのだが，被験者は単語対のリストをいくつか学習し，それから，一方の単語をもう一方の単語の再生手がかりとして用いてテストされる。おもに関心の対象となる変数は，被験者が反応を通して対刺激を学習するのにかかる試行数，または，様々な種類の挿入課題の後に，これらの連合をどれくらい容易に再学習できるかである。

対連合の研究からもたらされた関連する知見は，ある刺激-反応対（例：A-B）を学習することが後の同じ刺激に対する新しい反応の学習（例：A-C）に干渉し，そして，その順向干渉が2つの反応刺激の間の類似性と比例するということである。例えば，Morgan & Underwood（1950）は，「willing-unclean［自発的な-不潔な］」の対の学習の際，被験者がもし以前に「willing-dirty［自発的な-汚い］」が対になったものを学習していたならば，「unclean」の代わりに「dirty」を頻繁に再生するということを見出した。複数の反応を同じ刺激に対して学習することは，検索時に反応競合や検索阻止を生じさせると考えられていた。この種のデータは，忘却における干渉理論の発展において顕著であり，そのような理論が1930年代から1970年代までの人間の記憶についての研究を支配していた（そして，今日でもなお関連が深い。Wixted, 2004参照）。このような侵入エラーは，われわれが現在，エピソード虚記憶（または，ソース記憶エラー）と見なすものと非常に近いが，当時の研究方法は，被験者が誤った反応を検索してしまったときに，正しい反応を検索したということを信じているかど

うかについて,通常は測定していなかった。それが誤っているにもかかわらず,何かを真実であると信じて想起するという主観的信念は,エピソード虚記憶(または,「錯覚」)を決定づける特徴だが,そのような考えが,初期の言語学習研究において探求されることはほとんどなかった。その代わり,そのような侵入語は,連想プロセスで系統的に生起する副産物として考えられ,主要な関心事となったのは,このような連想プロセス自体であった。

　虚記憶の考えとより直接的に関連するものは,Underwood (1965) が行った,連想にもとづいた虚再認に関する最も初期の実証研究の1つである。彼の独創性に富んだ研究では,大学生が100語のリストを学習するのだが,それらのリスト語のうちあるものは反復され,それから,各々の語について,被験者はそれが既にリストに呈示された単語だと思ったかどうかについて示さなければならない(連続再認課題(continuous-recognition task))。重要な実験操作は,いくつかの反復されていない単語(ルアー項目)が,リストに呈示された単語と連想関係にあるということである(例えば,ルアー項目である「rough [粗い]」は学習された単語「smooth [滑らかな]」に関連している)。Underwood は,被験者が無関連のルアー項目(リストに強力な連想語がないルアー項目)にくらべて,関連したルアー項目を誤って再認しやすいということを見出した。この効果が最も大きくなったのは,関連する学習語(smooth) がルアー項目(rough) の呈示に先立って3回呈示されたとき,また,いくつかの関連語が学習されたときであった(例えば,被験者が「sugar [砂糖]」,「bitter [苦い]」,「candy [キャンディ]」を学習し,後に「sweet [甘い]」を虚再認する)。Underwood は,「内的連想反応(implicit associative response)」の概念を用いて,これらの虚再認効果を説明した。この考えは,刺激語(smooth) に遭遇したとき,連想語群が,反応(rough) として内的に活性化(もしくは,心的に生成)されるということである。結果的に,後に学習していない連想語(rough) に遭遇したとき,被験者はそれがリストに呈示されたと誤って思ってしまうということである。

　Underwood (1965) の研究は,虚再認に関する多数の類似した研究を触発した(例えば,Anisfeld & Knapp, 1968; Cramer & Eagle, 1972; Hall & Kozloff, 1970, 1973; Kausler & Settle, 1973; MacLeod & Nelson, 1976; Paul, 1979; Vogt & Kimble, 1973; Wallace, 1968)。Underwood (1965) の研究は既存の連想に焦点を合わせたが,Wallace (1967) や他の研究者(例えば,Saegert, 1971) は,(対連合法を用いて)実験室において最近学習した無関連語への連想(連合)が,虚再認を引き起こしうるということを示した。一般的に,これらすべての研究では,虚再認における,学習語とそれに関連したルアー項目の間の連想的つながりの強度,種類,方向などのような連

想の影響が精査された。内的連想反応仮説は、これらの研究において中心的な役割を果たし、そして、他の考え方とともに、明らかに、初期の言語学習課題におけるS→R理論をよび戻した。このような連想活性化（associative activation）プロセスや、学習段階で学習していない単語が、文字通り、「心にポンと浮かんでくる」という考えの代わりに、意味的類似性（semantic similarity）理論や特徴重複（feature overlap）理論に注目した研究者もいた。この考えは、ある学習語の異なった特徴（例えば、意味や綴り方など）が符号化され、そして、もしルアー項目が記憶に蓄積されている特徴と重複した特徴を含んでいれば、そのルアー項目は虚再認されるということである（例えば、Anisfeld & Knapp, 1968; Fillenbaum, 1969; Grossman & Eagle, 1970）。虚再認についてのこれらの2つの説明――「連想活性化」対「意味的特徴の重複」――の間の議論は、今なお盛んであるが、当時とくらべて大きな進歩を遂げている。われわれは、「類似性」と「連想」の異なった役割が、特定の情報処理理論においてより深く追求されている第3章でこの論点に立ち戻ることになる。

　Underwood（1965）が用いた課題や言語学習の時代に注目されていたその他の課題（例えば、対連合学習）から得られた多くの知見は、現代の研究とも関連が深いが、それらの研究が詳しく引用されることはほとんどなくなった。Underwood（1965）の虚再認課題への関心は、様々な理由によって次第に弱まっていった。Underwoodの課題における1つの難点は、結果として得られた虚再認効果が、多くの場合、非常に小さい――基準率から約10%高いだけ（すなわち、関連ルアー項目の虚再認が無関連ルアー項目の虚再認よりも10%高い）――ということであった。このように効果量が小さいと、この現象に関する様々な理論を検証することが難しくなる。だが、もっと大きな理由は、おそらく、このような連想（連合）の方法論が、1970年代に研究界を支配しはじめていた、より複雑な記憶理論を検証し、発展させるために最も良い方法であると考えられていなかったということにあるだろう。後に述べられるように、虚再認を研究する際に、より自然な材料を用いて、より大きな効果を生み出すような他の方法がより多く用いられるようになってきた（例えば、Bransford, Barclay, & Franks, 1972; Loftus, Miller, & Burns, 1978）。

　理論的焦点の変化は、記憶における連想（連合）理論の拒否反応として、また、少なくとも、この分野を支配してきた心なき連想（連合）理論への不満としてとらえることができる。1966年、一流の言語学習研究者と心理言語学研究者の多数が一堂に会し、ばらばらになってしまった「言語行動」の分野におけるコミュニケーションを円滑にし、行動における「一般的S→R理論」の受け入れに向かって歩調を合わせることを目的とした会議を開催した。皮肉にも、この会議は、認知におけるS→R

理論の終焉を暗示することとなった。心理言語学の発展により，S→R理論は言語獲得や言語使用を理解するためには不十分な枠組みであることが明らかとなり，そして，言語学習の伝統を信奉する者の多くは，この分野における事態に翻弄された。問題にされていた事柄への興味関心は消え去り，連想（連合）の概念は不毛となってしまった。その会議の内容は一連の章ごとにまとめられて出版されたが，Asch (1968) の寄稿論文のタイトルは，「連合主義の学説的横暴 (doctrinal tyranny of associationism)：機械的学習の何が悪いのか」という，より反抗的な寄稿者たちの心情を要約したものであった。基本的な問題は，Tulving (1968) が指摘しているように，学習の理論家たち（McGeoch のような）は，連想の概念を心的現象の記述のために用いたが，「連想」が理論的説明それ自体ではなかったということであった。McGeoch (1942) の自らの言葉に，

> 学習心理学は，心理学的事象における連想のようなものの特徴，および，その獲得と保持が関数であるところの条件を研究するものである。連想は，事実が記述されるために便利な名称であるがゆえに，本書で最も用いられる用語になるだろう。それは，与えられた定義以上の理論的示唆は含まれない。つまり，学習の系統的理論にまったく関与しない (p.26)。

とある。

ここでの問題は，連想の概念が役に立たないとかそういうことではない。むしろ，材料の有意味性を最小限にした方法論を採用し（Ebbinghaus の理論的枠組みのように），そして，心的現象を無視した枠組みにこれらの方法論を組み込んだこと（行動主義学派のように）で，この分野は記憶の多くの重要な側面を無視してきたのである。

 認知革命

1960 年代あたりで起こった認知革命では，近代的な研究手法が産声をあげ，記憶研究者らは，言語学習の伝統の理論様式から離れ，情報の処理，段階，貯蔵の観点から記憶現象を議論しはじめた（Crowder, 1976 参照）。この動向は，知覚や注意の分野における研究や，さらに，電気計算機に対するアナロジーによっても大きな影響を受け，人間の心は様々なシステムにおいて記憶を貯蔵する情報処理装置として見なされた（Bower, 2000 および Tulving & Madigan, 1970 参照）。ここで重要なのは，このようなシステムにおける異なった情報処理メカニズムである。この新しい視点におい

て，言語学習の伝統では通常は無視されていた心的概念，例えば，意識，方略，体制化，一般的知識，主観的体験や想像といった概念が，記憶理論で活躍した。結果的に，古い学派との名称的なつながりでさえ，切断された。1985年，あの著名な *Journal of Verbal Learning and Verbal Behavior*（1962年発刊）の名称は，どうやらその名が新しい研究手法によってもたらされた理論的財産を正当に評価しないがために，*Journal of Memory and Language* に変更されたのである。

　記憶研究における方法論と理論の大転換の渦中で，記憶における連想の役割も変化した。連想のS→R理論と対照的に，連想は，古典的な哲学的教義であるかのように，思考の過程において直接見ることのできない心的構造が，お互いをどのように活性化するのかを説明する方法として「逆戻りした」。しばしば，このような結合は，様々な心的現象の説明を目的とした，記憶や認知についてのより精巧な理論やモデルに組み込まれた（例えば，Anderson, 1983; Collins & Loftus, 1975; Gillund & Shiffrin, 1984; McClelland & Rumelhart, 1986; Nelson, McKinney, Gee, & Janczura, 1998b）。連想的つながりが，実際にどのように記憶の様々な側面に影響しているかは，時折，疑問として取り上げられることがあった（例えば，Nelson, McEvoy, & Pointer, 2003; Thomson & Tulving, 1970）が，それでもなお，文献の至るところで連想プロセスが必要とされているのがわかる。今日に至るまで，連想によってもたらされるプロセスは，ほんの数例をあげると，記憶術，知識の活性化（意味記憶），プライミング，カテゴリー化，ソースの記憶などを含む，あらゆる記憶現象に関連していると考えられている。

　認知革命は，記憶の誤りやすさについての新たな関心をもたらしたが，連想の影響は，昔ほど大きな役割を果たさなかった。例えば，多くの研究は，文章の一節とつじつまがあっていたり，文意としてほのめかされていたりするが，実際には文章それ自体に存在しないようなものを想起する場合のように，既存知識がどのように情報の符号化と検索に影響するのかということに焦点を合わせた（例えば，Bransford et al., 1972; Brewer, 1977; Sulin & Dooling, 1974; レヴューとして Alba & Hasher, 1983 参照）。このような実証は，構成的活動としての記憶の概念への興味をよみがえらせた。記憶は単なる過去の記録ではなく，過去の意味を理解しようとして，検索した情報やその他の関連した情報を意図的に「結び合わせること」である。多大なる影響力をもつ書籍である Neisser（1967）の *Cognitive Psychology* は心的構成主義の見解を支持し，そして，記憶におけるスキーマによる記憶の歪みや一般化のような考え（例えば，Bartlett, 1932）が再び台頭した。この種の研究の多くは，単純な連想による非常に基本的な影響ではなく，より高次の推論プロセス，および，そのプロセスがどのように記憶に影響しうるかを強調した。

Elizabeth Loftusと共同研究者らは，その当時としては最も人を引きつけた実験室で引き起こされた虚記憶の実証研究を提供した（例えば，Loftus et al., 1978; Loftus, 1991参照）。「誤情報（誤誘導情報）」課題として知られるようになった課題では，被験者はまず，車が一時停止の標識を通過し，横断歩道で歩行者をひいてしまうといったような，一連の出来事を学習する。この最初の学習段階の後，被験者は，関連課題（例えば，出来事についての質問に答えること）に組み込まれたかたちで，目撃した出来事においてよく起こりうる付加的な情報にさらされる。被験者の知らないうちに，誤誘導情報（例えば，「譲れの標識で赤いダットサンが停止したとき，その車を他の車が追い越しましたか？」）がこの段階で呈示されるのである。最後の記憶テストでは，このような被験者が，誤情報にさらされていない統制群にくらべて，誤情報と矛盾しないようにもとの出来事を誤って記憶しやすい（例えば，被験者は一時停止の標識でなく，譲れの標識を覚えている）ということがわかった。もう1つの興味深い実証は，「想像の膨張（imagination inflation）」であり，もしある人がある活動を実行していること（すなわち，幼少期に素手で窓ガラスを割っているところ）を想像したら，その人物は実際にそうしたと誤って想起しやすいということである（例えば，Garry, Manning, Loftus, & Sherman, 1996; Hyman, Husband, & Billings, 1995）。

近代の連合主義

　方法論と理論は新しく考案されたが，このような新しい課題に関与しているのと同じプロセスが，古典的な干渉課題にも関与しているということに気づくことが重要であろう。両方の場合において，被験者は競合する情報のソースにさらされ，そして，不適切な情報が検索されたとき，エラーが生じる。初期の研究で重要であった連想による説明と同様に，より新しい効果に関しても連想による説明が提案されてきた。このような新しい連想にもとづいたモデルは，初期のモデルや概念化とくらべて，より明確化されることが多く，より精巧な認知理論化でその質が高められている傾向にある。Ayers & Reder（1998）は，そのような誤情報効果の説明を提供し，それぞれの情報（真実の情報も，誤誘導情報も）は，連想記憶ネットワークにおけるノード（node）として貯蔵されていると考えた（図1.1参照。その他の記憶の連想モデルは，2章で紹介されている）。記憶の混同は，誤情報の実験文脈への連想，および，その活性化を元来の出来事へ帰属させることが原因である検索時における誤誘導情報の活性化から生じると仮定された。もちろん，連想活性化以外の変数（例えば，社会的被暗示性と情報の信憑性）もまた，誤情報効果に関係しうるが，ここで重要なのは，連想メカ

ニズムがこのようなより自然なタイプの記憶エラーを説明するために提案されてきたということである。

　こうしてみると，連想メカニズムは，ある出来事のソースの混同を介して，どのような種類の虚記憶をも記述するために利用可能であろう。例えば，Winograd（1968）の実験では，被験者は2つの別々のリストで単語を学習した後，ある単語は学習されたものであるとわかるが，それがどちらのリストに呈示されたのか混乱してしまうことがあるということが示された。Winograd はこの効果を説明するために，初期の対連合研究に影響を受けているリスト弁別の見解を用いた。この考えは，単語群があるリストにおいて学習されたとき，被験者は，それらの単語群の間，および，それぞれの単語と呈示された実験文脈との間に連想（連合）を形成するというものである。単語のソースを混同することは，適切なリスト文脈に単語を連合させることに失敗し，不適切な文脈に帰属させたことから生じるとされた。

　連想の理論的枠組みは，そのようなソース混同効果を説明する可能性があるものの，注意が必要である。つまり，**なぜ**ある出来事が不適切な文脈を活性化したかに関する十分な説明を欠いていては，このような連想にもとづいた理論は，関心がある効果を説明しているというよりは，それを単に記述し直しているだけであるというような危険をおかしかねない（これと同じ種類の批判はこれ以前の連想（連合）理論に対

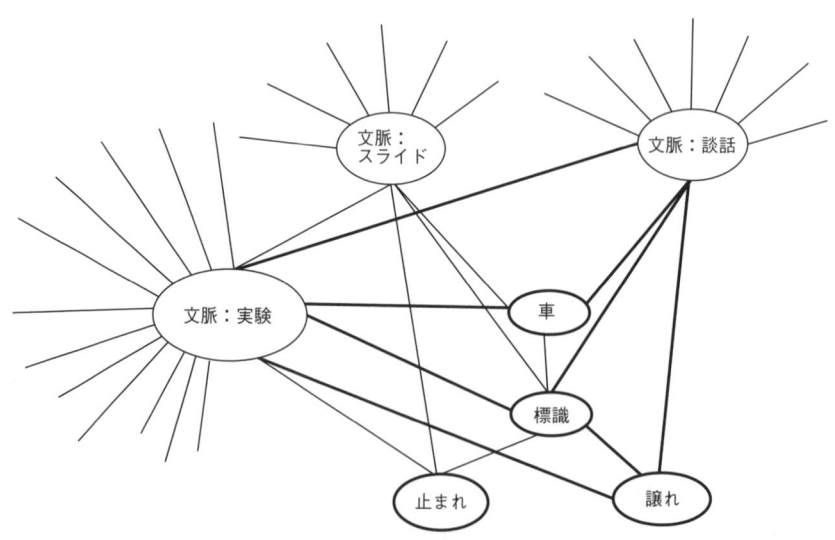

図1.1　誤情報課題において活性化された意味概念に関する連想モデル（Ayers & Reder, 1998）

しても浴びせられた)。実際に,ソース記憶エラー(そして,特に,リスト混同エラー)についての認知理論の多くは,連想プロセスにあまり焦点を合わせてこなかった。Jacobyと共同研究者らは,この種のエラー(や他のエラー)を,あの多大な影響力がある再認記憶の二重過程に関する理論的枠組みを発展させるために用いた(例えば,Jacoby, 1991)。この理論的枠組みでは,ある出来事の回想(recollection)――ある特定の学習リストにおける位置などのように,先行するある出来事の生起に関する詳細にわたる情報を想起することができること――は,ある出来事の熟知性(familiarity)――必ずしも特定の情報を想起することなく,ある出来事が以前に起こったという感覚や意識――とは区別される(Yonelinas, 2002のレヴューを参照)。Johnsonと共同研究者らもまた,ソースの違い(例えば,視覚的に呈示された画像や想像した画像)が,どのようにソースの帰属に影響するかに焦点を合わせて,ソース記憶エラーについての数多くの実証研究を行った(例えば,Johnson, Hashtroudi, & Lindsay, 1993; レヴューとしてMitchell & Johnson, 2000参照)。これらの実証研究は,他の実証研究ともあわせて,あの影響力の大きなソースモニタリングについての理論的枠組みの発展を導き,その理論的枠組みでは,ソースの帰属における様々な意思決定プロセスが強調された。このような理論的な話題のすべてについては,次章以降で詳しく議論されることとなる。ここで重要なのは,その基礎をなすプロセスが,純粋な連想にもとづく理論でとらえることができるものよりももっと複雑だということである。

　ソースの混同についての連想を用いた記述は,連想にもとづく記憶エラーの概念を拡張しすぎるという危険をもおかしている。もし,実際に,(本章のはじめのJamesの引用のように)記憶が本質的に連想的であると仮定すれば,どのような種類の記憶エラーも,たとえエラーの直接的な原因が能動的な連想プロセスではないとしても,どこかの段階で連想プロセスに関係しているだろう。連合再認課題(associative recognition task)から説明に役立つ実例をあげよう(例えば,Rotello, Macmillan, & Van Tassel, 2000; Underwood, 1974)。この課題では,被験者は,続いて行われるテストのために,いくつかの無関連語対(dragon-pie [竜-パイ]; lamp-grass [ランプ-草])を学習する。その典型的な結果は,対応する単語が前もって呈示されていたとき(dragon-grass [竜-草])の方が,呈示されていないとき(ocean-mug [海洋-マグカップ])にくらべて,被験者は新奇な対の単語を誤って再認しやすいというものである。同様に,被験者が複合語(blackmail [恐喝] と jailbird [囚人])を学習したとき,彼らは,完全に新しい単語(bathroom [浴室])よりも,並び替えによってできた新しい単語(blackbird [クロウタドリ])を誤って再認しやすい(例えば,Jones & Jacoby, 2001; Underwood, Kapelak, & Malmi, 1976)。これらの場合では,新

しい単語対の熟知性が，その要素が前もって呈示されたために，虚再認効果を促進したと考えられる。連想は確かに，この課題に関係しているが，虚再認効果の第一の原因ではない（実際，虚再認は，適切な連想を検索することに失敗したときに生じる）。同様の議論は，先に紹介したリスト混同効果と誤情報効果のような，「外部」とのソース混同にもあてはまる。

　以前に呈示された出来事のソースや文脈との混同と対照的に，本書の中心的な関心は，前もって呈示されていない出来事についての虚記憶である。世の中についてのわれわれの一般的知識に貯蔵されている既存の連想は，われわれ自身が新しい出来事をでっちあげてしまう原因となり，そして，まるで実際に体験したかのようにその出来事を誤って想起する原因となりうるのだろうか。ソースの混同はこの種のエラーに関係しているだろうが，しかし，この種の虚記憶の場合，生成された出来事の起源は純粋に心的（または，「内在的」）なものである。内的連想反応についてのUnderwood (1965) の本来の見解は，この種の連想プロセスの好例であるが，Underwoodの虚再認効果は，既に述べられたように，学習された単語に対しての特徴適合性や意味的類似性によって説明可能であった。このような後者のプロセスを「連想の種類」としての大分類に含めることは可能だろうが，重要なのは，このプロセスが，ある連想関係にある出来事の能動的な心的生成に関与していないということである。そのようなプロセスのより明確な証拠は，Kirkpatrick (1894) によって報告された現象と類似しているような，学習された出来事に関連している学習していない出来事の虚再生であろう。Underwood (1965) は，その後，この種の現象に関して最も知られるようになった実験室における実証研究（Deese, 1959b）を引用しているが，Kirkpatrickの観察と同様，Deeseの研究結果は本章で紹介されている初期の記憶研究にはほとんど影響を与えなかった。次章では，Deese (1959b) によって報告された虚記憶効果を紹介し，本書の残りでは，この研究領域でここ10年ほどに行われた多数の研究をレヴューする。

　まとめると，本章では，歴史上，連想がどのように記憶エラーを説明するために用いられてきたかを明らかにしたが，同様に重要なのは，まさにその「連想」という概念が，どのようにカメレオンみたいに振る舞ってきたかを示したことである。つまり，その定義は周囲の研究環境に応じて変化するのである。この状況では，連想がある記憶現象の原因であるということを，さらに詳述することをしないで単純に述べられることは無意味となる。このように考えると，本書のタイトルである「Associative Illusions of Memory（記憶の連想的錯覚）」は，連合主義を推奨する言葉として受け取られるべきではないし，また，虚記憶効果についての連想にもとづいた説明を推奨する言葉としてですら解釈されるべきではない。このタイトルは，それが刺激間の連

想的な関係を利用した虚記憶課題の一種を意味するという点において，記述的な意味合いをもつ。この記述は連想自体が虚記憶の直接の**原因**であるということを含意しているのではない。後に述べられるように，連想プロセスは，そのような課題において重要な役割を果たしていると考えられているが，このプロセスの正確な性質が問題となり，そして，非連想プロセスもまた重要な役割を果たしているという十分な証拠も存在するのである。

2章 連想集束課題

時を選ばず，科学とは単に研究によってもたらされたものであり，そして，研究とは効果的な方法が見出され，時代の準備が整った諸問題以上の何ものでもない（E. G. Boring, 1950, p. 343）。

Deese (1959b) は，これまで実験室で作り出されたなかで最も強力な虚再生効果の1つを報告した。彼は，呈示されていない単語の「リスト外侵入」（つまり，虚再生）における連想の影響に関心をもち，そして，このような侵入語を測定する目的で，学習し，後に再生するためのいくつかのリストを被験者に呈示した。被験者には知らされていないことだが，各学習リストはそれ以前に公刊された自由連想基準表（Russell & Jenkins, 1954）にもとづいて，ある学習されていない刺激語に関する12の連想語から構成されていた。この自由連想基準表を作成するためには，被験者は刺激語（例えば，sleep［眠る］）に関するリストを与えられ，そして，各刺激語に対して最初に思いついた単語（例えば，bed［ベッド］）を報告するように教示された。それから，多数の被験者について各刺激語に対する反応がまとめられ，ある特定の反応がある特定の刺激語に与えられた頻度が，これら2語間の連想強度の測度と見なされた。Deeseは自らの実験の被験者に，各刺激語に対する12の最も強い連想語を呈示したが，刺激語自体は呈示しなかった。例えば，学習されていないsleep［眠る］という単語に対して，被験者は，bed［ベッド］, rest［休息］, awake［目覚める］, tired［疲れた］, dream［夢］, wake［起きる］, night［夜］, comfort［快適な］, eat［食べる］, sound［ぐっすりと］, slumber［うたた寝］, snore［いびき］という単語を聴いた。そして，各リストの呈示の直後，自由再生テスト（つまり，呈示された単語をできるだけたくさん，どのような順番でもよいから記述するテスト）が実施された。

Deese は，リストの多くが，呈示されていない連想語（または，関連ルアー項目）の虚再生を頻繁に誘発するということを見出した。例えば，被験者の44%が，「sleep」という単語を，その連想語リストを聴いた後に虚再生した。彼は，さらに，虚再生の誘発におけるリスト間のばらつき（0から44%の範囲だったが）は，各リストの連想強度（自由連想基準表から計算されたもの）と関連しているということも見出した。相関係数はかなり高く（$r = +.87$），その効果は強い線形傾向を示した（図2.1参照）。各リスト語が自由連想テストにおいて（平均的に）関連ルアー項目を誘発しやすければしやすいほど，その関連ルアー項目は再生テストにおいて虚再生されやすくなるだろう。これらの結果にもとづいて，Deese は，連想メカニズムが構成的記憶プロセスに関与しているのではないかと暫定的に提案した。

　後から考えると，Deese（1959b）の結果は2つの理由で重要であるが，そのいずれの考えも原論文ではあまり議論されていない。まず1つ目に，彼の結果は，複数の連想語を呈示すること（もしくは，連想集束性(associative convergence)）の強力さを見せつけている。関連ルアー項目についての12の連想語を呈示すること，そして，ルアー項目に対する最も強い連想語群を用いることで，Deese は，あるいくつかのリストにおいて，非常に高いレベルの虚再生を誘発することを可能とした。2つ目に，

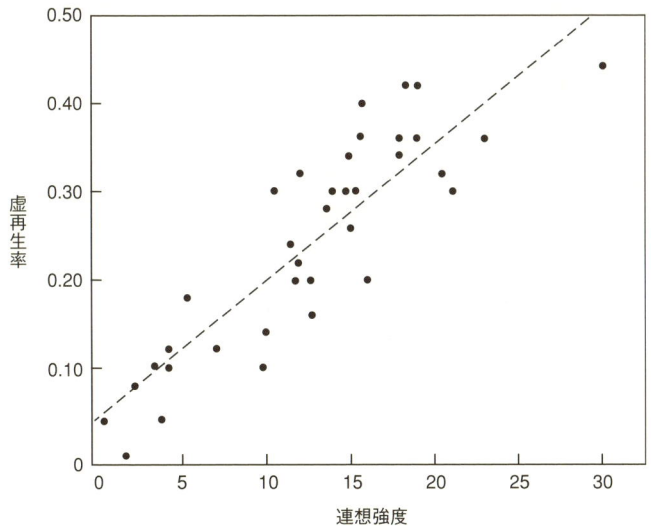

図2.1　Deese（1959b）において観察された連想強度と虚再生の関係
　　　（Deese, J., 1959, On the prediction of occurrence of particular verbal intrusions in immediate recall. *Journal of Experimental Psychology*, *58*, 17-22. APA. より許可を得て転載）

彼の結果は，学習していない連想語の心的活性化（または，心的生成）がその単語の虚再生をもたらしうることを示している。つまり，関連ルアー項目はリストで学習されていないため，被験者がその語を虚再生するには，その語を心的に生成しなければならないはずである。第3章で議論されるように，この心的生成を，既存の連想ネットワーク内における活性化の拡散（「連想活性化」と称されるプロセス）として考えることが可能であり，また，別の理論やメタファーがこの心的生成プロセスを記述するために用いられることも可能であろう。ここでのポイントをまとめると，概念的な枠組みはともかく，関連語が，その連想語の呈示に応じて，被験者の心に浮かんでいたことは明白だということである。

　記憶研究に対するこの2つの重要な貢献にもかかわらず，Deese (1959b) の論文が，その発表直後にこの分野に与えた影響はほぼ皆無といってよい。Deese の論文の影響力についての歴史的分析において，Bruce & Winograd (1998) は，1970年代までには，再生侵入語に関する Deese の論文は「光彩を失っていた」(p. 615) と記した。いくらかの著名な記憶研究者はこの効果について聞いてはおり，また，それを授業での模擬実験として用いる者さえいたが（例えば，Appleby, 1987 による授業マニュアルにこの効果に類するものが掲載されている），しかし，Bruce & Winograd (1998) は，虚記憶を理解する目的におけるこの効果の重要性については，**時代精神**（*Zeitgeist*）とうまくかみ合わなかったために，最初は理解されなかったのではないかと主張している。第1章で述べられたように，Deese は，虚記憶のようなアイデアにほとんど興味を示すことのない言語学習の伝統の影響下に記憶研究者らが置かれている時代に，論文を出版したのであった。

　このすべてが変化したのはその約30年後，Roediger & McDermott (1995) と Read (1996) がそれぞれ Deese (1959b) の研究を追試し，拡張した複数の実験からなる研究を発表したときであった。Roediger & McDermott は，Deese のいくつかのリストと自ら作成したリストを用いて，いくつかの新しい貢献をもたらした。再生データを追試したこと（および，より徹底した分析をしたこと）に加えて，彼らは再認テストにもその効果を拡張し，主観的判断を測定し，虚再認における先行テストの効果を調査した。Read もまた，再生テストにおける主観的判断を測定し，他の変数（例えば，符号化方略や再生テストの種類）を調査することで，いくつかの新しい貢献をもたらした。それぞれの論文の具体的な結果については，関連した節において論じることとする。ここで重要なのは，両論文とも，現在の記憶理論で結果を解釈し，どのようにこの実験方法が，簡単ではあるけれども，実験室で高いレベルの虚記憶を生み出すための強力な方法であるかを強調することで，重要な理論的貢献を果たしたということ

である。おもにこのような理由で，この種の虚記憶研究が爆発的に増加した。

この課題は，記憶研究に幅広い影響を与えた。このような影響は，これらの論文の引用件数の頻度に反映されている。図 2.2 は，Deese（1959b），Read（1996），Roediger & McDermott（1995），Shiffrin, Huber, & Marinelli（1995）の 4 つの論文についての引用件数の累積数を示している。この最後の論文は，Roediger & McDermott の論文と比較するために含められた。Shiffrin et al. は，Roediger & McDermott と類似した虚再認効果を報告し，Roediger & McDermott と同じ年に，同じ雑誌に出版され，Roediger & McDermott に引用されてもいる。両論文の大きな違いは，（1）Shiffrin et al. の虚再認効果は，Roediger & McDermott のものよりも小さく，主観的判断も測定されていなかったこと，そして，（2）研究結果が，虚記憶研究としてではなく，影響力のある記憶のモデル（SAM：search of associative memory）の枠組みで解釈されたことの 2 つである。この図からわかるように，Roediger & McDermott の論文は，明らかに最も大きい反響をよんだ。2005 年の 12 月までに，この論文は 500 回以上も引用されているのである。すべての引用件数のうち，少なくとも 150 件は，この課題を用いた研究論文であり，すべてあわせると少なくとも 350 もの個別の実験が掲載されていることになる。すべての実験が出版されてはいないということを考慮すると，この課題を用いて行われた実験の実数はもっと多く，少なく見積っても，過去 10 年にわたって 2 週間に 1 回の割合で新しい実験が行われていたと仮定することが十分に可能だろう。

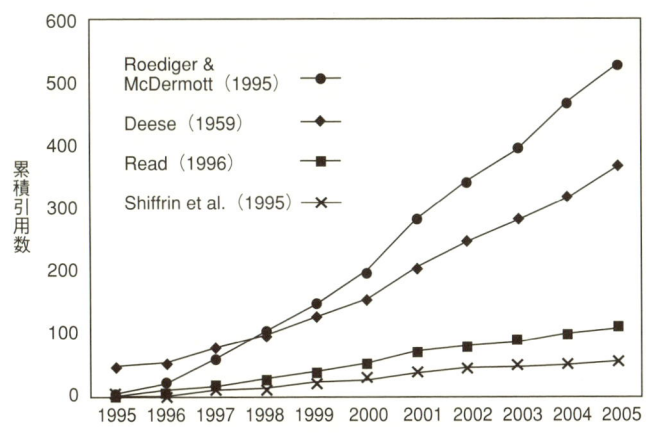

図 2.2　連想にもとづいた虚記憶に関連する 4 つの研究論文の累積引用数
　　　　（Social Science Citation Index より）

Ⅰ部　背　景

　関連課題も含めたこの課題の理論的影響は，記憶に関する様々なモデルや理論的枠組みで虚記憶の効果が考慮されたことからも明らかである。これらのモデルには，CHARM（composite holographic associative recall model; Dodhia & Metcalfe, 1999 参照），MINERVA2（Arndt & Hirshman, 1998 参照），PIER2（processing implicit and explicit representations 2; McEvoy, Nelson, & Komatsu, 1999参照），SAM（Shiffrin et al., 1995参照）が含まれている。これら個々のモデルの正確な詳細について掘り下げることはしないが，注目すべきは，これらの多くのモデルや他のモデル（例えば，John Anderson, 1983 の ACT* モデル）が，時折使用される，一般的な「連想」についての考え方とくらべて，連想プロセスについてより精密に（そして，検証可能な方法で）定式化しているということである。他の研究者は，SCAPE（selective construction and preservation of experience; Whittlesea, 2002 参照），FTT（fuzzy trace theory; Payne, Elie, Blackwell, & Neuschatz, 1996 参照），回想と熟知性の二重過程理論（Benjamin, 2001 参照），活性化－モニタリング理論（Roediger & McDermott, 2000 参照），構成的記憶理論（Schacter, Norman, & Koutstaal, 1998a 参照），ソースモニタリング理論（Mather, Henkel, & Johnson, 1997 参照）のような，より広い概念的枠組みで Deese-Roediger-McDermott（DRM）効果を説明している。Roediger & McDermott（1995）は，論文中において，これらのアイデアの多くについて触れたが，その重要ポイントとなるプロセスについては，後に詳しく述べられる。

　Roediger & McDermott（1995）の研究が，この記憶の錯覚についての関心を復活させる手段として役に立ったために，また，彼らに続いた多くの実験が Roediger & McDermott の実験計画を参考にしていたために，この実験手続きは，Deese-Roediger-McDermott にちなんで，DRM 課題とよばれることが多い。Bruce & Winograd（1998）は，その歴史的分析において，この名称は，両論文の著者の重要な貢献――再生時の侵入語を調査するためにこの種のリストを開発した Deese（1959b）と虚再認へ課題を拡張し，虚記憶研究との関連性を指摘した Roediger & McDermott（1995）――を適切にとらえていると述べた。また，「Deese パラダイム」（Johnson, Nolde, Mather, Kounios, Schacter & Curran, 1997）や，「虚記憶パラダイム」（Dodhia & Metcalfe, 1999），「連想的記憶錯覚」（Park, Shobe, & Kihlstrom, 2005），「プロトタイプ－熟知性効果」（Whittlesea, 2002），少し長すぎるが「DRMRS 効果」（Deese-Roediger-McDermott-Read-Solso にちなんで ; McKelvie, 2003）など様々な名称が使用されているのは興味深い。様々な名称があるものの，「DRM」という名称がこれまで最も人気があり，この分野の多くの研究者に認められているものである。

DRM課題：基本的な方法と結果

　本書で紹介されている研究のほとんどは，DRM課題に関連したものであるため，本節では，Roediger & McDermott（1995）の基本的な方法と結果を要約することとする。このような方法や結果は，本書においては，「標準的」や「基本的」として表現される。彼らの第2実験は，より注意深く統制された第1実験の追試であるため，ここでは第2実験についてのみ論じられる。また，その後の実験が類似した結果をもたらしたという事例や，本書の始めの方で紹介しておくべき研究結果もまた，以下で述べられる。

方　法

　この研究では，第1章から6章で紹介されている他のほとんどの研究と同様に，大学生が被験者として参加した。30人の被験者に16の単語リストが呈示された。各リストには，重要非呈示ルアー項目（critical nonpresented lure）（例：sleep［眠る］）について，連想強度の強い順に15個の連想語（例：bed［ベッド］, rest［休息］, awake［目覚める］など）が含まれていた。Deese（1959b）の結果を参考にして，高水準の虚記憶を生成するだろうと著者らが考えたリストのみが含められた（Deeseのリストには，ほとんど虚再生を引き起こさないものもあった。この点については，第3章で詳しく論じられる）。表2.1は単語リストの例であるが，より完全なリストセットと，基準データはRoediger, Watson, McDermott, & Gallo（2001c）に掲載されている（同様の効果は，その後，他の言語においても，翻訳されたリスト，または，その言語固有の連想基準表から作成された新しいリストを用いて確認されている）。連想語は，ある程度はDeese（1959b）が用いたのと同じ単語連想基準表にもとづいて，関連ルアー項目への関連強度に従って降順に配列された。実は，その後の研究で，リスト内における連想語の順序はそれほど重要でないことが示されている（例えば，Brainerd, Wright, Reyna, & Mojardin 2001; McEvoy et al., 1999）。それぞれの単語は，およそ1.5秒のペースで被験者に読み上げられた。

　各リストの最後の単語が呈示された後，被験者は，そのリストのすべての単語を再生するか，もしくは，その代わりに計算問題を解くように合図された（各被験者について，予期できない順序で，半数のリストについては再生が求められ，残りの半数のリストの後に計算問題が課せられた。この2種類の課題の順序は被験者間でカウンターバランスされた）。被験者はどちらの課題についても2分間与えられた。再生課題では，被験者は，どのような順番でもかまわないので，推測することなしに，呈示さ

表 2.1 非学習関連ルアー項目（大文字で記載）の虚再生を誘発しやすい 5 つの DRM リスト

WINDOW（窓）	SLEEP（眠る）	SMELL（におい）	DOCTOR（医者）	CHAIR（椅子）
Door（ドア）	Bed（ベッド）	Nose（鼻）	Nurse（看護師）	Table（テーブル）
Glass（ガラス）	Rest（休息）	Breathe（息）	Sick（病気）	Sit（座る）
Pane（窓ガラス）	Awake（目覚める）	Sniff（においをかぐ）	Lawyer（弁護士）	Legs（足）
Shade（ロールスクリーン）	Tired（疲れた）	Aroma（芳香）	Medicine（薬）	Seat（座席）
Ledge（（窓の）下枠）	Dream（夢）	Hear（聞く）	Health（健康）	Couch（長いす）
Sill（敷居）	Wake（起きる）	See（見る）	Hospital（病院）	Desk（机）
House（家）	Snooze（居眠り）	Nostril（鼻孔）	Dentist（歯科医）	Recliner（リクライニングチェアー）
Open（開ける）	Blanket（毛布）	Whiff（ぷんとくる香り）	Physician（外科医）	Sofa（ソファー）
Curtain（カーテン）	Doze（まどろむ）	Scent（香り）	Ill（気分が悪い）	Wood（木材）
Frame（枠）	Slumber（うたた寝）	Reek（悪臭）	Patient（患者）	Cushion（クッション）
View（眺め）	Snore（いびき）	Stench（嫌なにおい）	Office（診療室）	Swivel（回転台）
Breeze（そよ風）	Nap（昼寝）	Fragrance（香気）	Stethoscope（聴診器）	Stool（スツール）
Sash（サッシ）	Peace（平穏）	Perfume（香水）	Surgeon（手術）	Sitting（座ること）
Screen（スクリーン）	Yawn（あくび）	Salts（塩）	Clinic（医院）	Rocking（揺り（椅子））
Shutter（雨戸）	Drowsy（眠い）	Rose（バラ）	Cure（治療）	Bench（ベンチ）

注：リストは Stadler, Roediger, & McDermott（1999）より抜粋。

れた単語のうち想起可能なものをできるだけたくさん書き出すことによって再生することが求められた（単一試行自由再生テスト）。計算課題では，被験者は，リストを再生する代わりに，算数の問題に解答した。この計算課題は，引き続き行われる再認記憶テストにおける再生テストの影響を究明するための統制条件として含められた。重要なことに，被験者は，これが記憶の正確さのテストだとわかっているにもかかわらず，リストが呈示されていない連想語を思い浮かべさせるように作成されているということを伝えられてはいなかった（ここで留意すべきは，このような直後再生テストは，短期記憶，もしくは，ワーキングメモリに関与するものであるが，学習語数がほとんどの被験者のワーキングメモリスパンを超えているため，本書で議論されている効果は，長期のエピソード記憶から生じるものと考えられているということである。この考え方に一致するように，この種の虚記憶効果は，後に論じられるように，数週間や数か月にわたって続くことがわかっている）。

　リスト再生，または，計算課題をすべて終えた後，被験者は最終再認テストについての教示を受けた。この教示は，通常，だいたい 5 分か，5 分かからないぐらいであった（以後の多くの研究において，リスト語についての最初の再生テストがすべて省略され，最終再認テストのみ行われている）。このテストは，テスト用紙に列方向に印刷された 96 語から成っている。その半分のテスト語（48 語）は，リストで前もって学習された単語（16 リストの各リストから 3 語ずつ，系列位置が 1 番目，8 番目，10 番目のもの）であった。残りの半分（48 語）は，学習されていないものであった。

学習されていない単語の中には，関連ルアー項目の虚再認を測定するために，16リストの各リストからの16語の関連ルアー項目（例：sleep）が含まれており，また，学習されたリストと同種のリストで，学習されていない8リストから3語のリスト語（系列位置が1番目，8番目，10番目のもの）と8語の関連ルアー項目が含まれていた。後者のルアー項目（つまり，非学習リストの関連ルアー項目）は，被験者の観点から見れば，学習したリストとは比較的関連が低いものであり，したがって，虚再認の基準率となる水準を提供した。個々のリストが学習されたか，学習されていないかは，被験者間でカウンターバランスされた。被験者には，このテストは学習された単語と学習されていない単語を含んでいると教示されたが，ルアー項目の中にリスト語の重要連想語があるということは伝えられていなかった。被験者は，学習語（テープ再生装置で呈示されたもの）については「old［旧項目］」を，学習していないすべての語については「new［新項目］」を丸で囲むように教示された。

「old」という判断をするたび，その直後に，被験者は，「remember/know 判断」をするように求められた（例えば，Rajaram, 1993; Tulving, 1985）。「remember」判断は，もし被験者が，学習リストにおけるその単語の生起について具体的な何かを鮮明に想起した（すなわち，「話者がその単語を言ったとき，その声の特徴的な何かを覚えている，その単語の前や後ろに呈示された単語や，その単語を聴いたときに考えていたことを覚えている」(Roediger & McDermott, 1995, p. 807)）場合になされることになっていた。「know」判断は，単語が呈示されたのは確かだが，単語の呈示についての具体的な細部について想起することができない（すなわち，単語が呈示されたとは思っているが，たぶんそれがよく知っている(熟知性がとても高い)単語だからかもしれない）場合になされることになっていた。これらの判断は，再認判断にともなう主観的体験を測定するためのものであった。最終的に，実験の終わりに，すべての被験者は，「この実験の真の目的がわかった」かどうかについて尋ねられた。リストが呈示されていない単語を思い浮かべさせるように作成されているということに気づいたということを報告した被験者はたった1人であり，その被験者のデータは他の被験者のものと差し替えられた。それから，すべての被験者は実験についての説明を受け，リストが呈示されていない単語を思い浮かべさせるように作成されていたことを告げられた。

再生テストの結果

再生テストの結果は図2.3に示されている。リストの序盤の単語は，リストの中盤の単語よりも再生成績がよく（初頭効果），リストの終盤の単語もまた，比較的よく

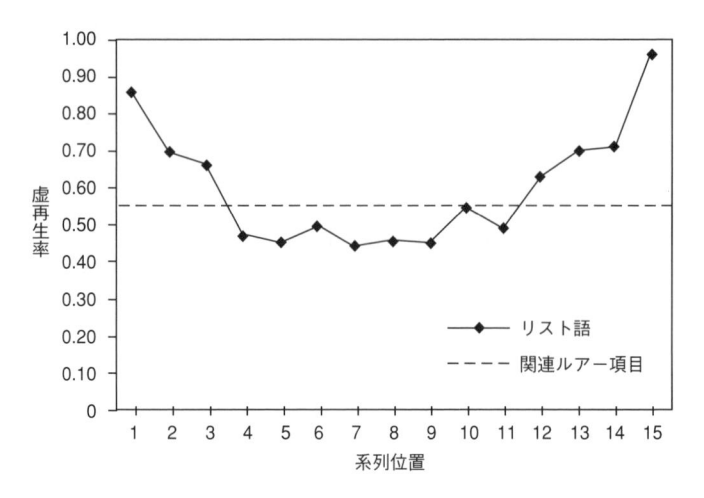

図2.3 Roediger & McDermott（1995, 実験2）における再生テストの結果

再生される（新近性効果）という典型的な系列位置曲線が描かれた。重要なことに，関連ルアー項目の虚再生率（破線で表されている）は55％と，非常に高かった。この単語は呈示されていないにもかかわらず，リストの中盤に呈示された単語と同じぐらいの割合で再生されたのである。この結果はDeese（1959b）が報告した虚再生効果を追認したものであるが，Deeseの研究では，比較となるリスト語の正再生に関する結果が報告されていなかった。その他の単語を虚再生する確率（つまり，非重要侵入語の確率）は，Roediger & McDermott（1995）の実験2では報告されていないものの，このような侵入語はかなり少ない傾向にある——Roediger & McDermottの第1実験では，非学習単語の侵入（関連ルアー項目以外の）は全体でたった14％であった。これらの侵入語は，リストに呈示されていなかった，意味的に関連する他の項目であったり，頻度は少ないものの，おそらく被験者が学習語を聞き間違えたために，学習語と音韻的に類似した項目であったりする傾向がある（例えば，Gallo, McDermott, Percer, & Roediger, 2001a; Johansson & Stenberg, 2002; McDermott, 1996; Robinson & Roediger, 1997; Watson, Balota, & Sergent-Marshall, 2001）。重要なポイントは，関連ルアー項目の虚再生は，少なくともリスト語のうちのいくつかの正再生と同じくらいの頻度で起こり，そして，その他の単語の虚再生よりも頻繁に起こるということである（これら2種類の比較方法に関するメリットの比較については後に再認記憶との関連で議論される）。

Roediger & McDermott（1995）と同様に，Read（1996）は自由再生テストにおいて

高水準の虚再生を見出した。彼は，また，系列再生テスト（すなわち，呈示順に単語を再生するテスト）においても，高水準の虚記憶を見出し，虚記憶効果は単なる自由再生テストの所産ではないことを示した。Read はさらに被験者に各再生語の入力位置を判断するように求めた。被験者は，関連ルアー項目がリストの中盤近く（つまり，12項目中6番目の系列位置），またはそれよりも早くに出現したとして判断する傾向があった。後者の結果は，学習リスト呈示中の比較的初期における関連ルアー項目の心的活性化を反映するものであると Read は主張したが，彼が用いたリストはたった1つであったため，この結果の一般化可能性は限定されるだろう。

　考慮すべきもう1つの事項は，自由再生テストにおける関連ルアー項目の再生位置（または，「出力位置」）である。Roediger & McDermott（1995，実験1）は，関連ルアー項目の虚再生が，再生テストの終わりに近づくにつれて生じやすいということを報告した。つまり，被験者は，通常は，いくつかの学習語を再生した後にのみこのルアー項目を再生したということである（同様の結果は，Balota et al., 1999; McDermott & Watson, 2001; Payne et al., 1996; Watson et al., 2001 参照）。このことについて理論的に意味のある効果だとして解釈した者もいるが（例えば，Payne et al., 1996），このような結果は，学習語において強い新近性効果（すなわち，リストの終盤の単語はリストの中盤の単語よりも再生されやすいこと）がある事実によって説明されるのが通常はふさわしいだろう。実際，被験者はリストの最後のいくつかの単語を早い再生順序に再生することが多いが，これは明らかに，これらの単語がまだ短期記憶においてリハーサルされているからであろう（Balota et al., 1999 参照）。当然の結果として，この新近性効果が関連語の再生を再生順序の終わりの方に押しやる傾向にあるのだろう。

　McDermott（1996）は，Roediger & McDermott（1995）と類似した条件で，この再生出力の現象を追認したのだが，各リストの再生が30秒の計算問題で遅らされる条件も含めていた。そのような手続きは短期記憶における単語のリハーサルに干渉するため，このような単語が最初の数語に再生される可能性を低くするだろう。このような条件下で，McDermott は，(1) 系列位置曲線の新近性効果の部分が（予測通り）消去されたこと，そして，(2) 関連ルアー項目の系統的な出力位置が見られなくなったこと，を見出した。同様に，Read（1996）は，2分間遅延された再生テスト（実験2）を用いて，関連ルアー項目（sleep）が，平均すると，再生順序の中盤近く（もしくは，おそらくもう少し後）に再生されたと報告した。このように，標準的な条件における比較的遅い関連語の再生出力は，リスト語の新近性効果によってもたらされたものなのかもしれない。

さらに考慮すべきことは，リスト間の差異が，関連ルアー項目の再生出力位置に影響を与えうるということである。McEvoy et al.（1999）では，関連ルアー項目の出力位置は，リスト語の間の連想的接続性（associative connections）の程度（自由連想基準表をもとに算出されたもの）によって影響を受けた。関連ルアー項目は，リスト語同士がお互いに強い連想関係にあるときに，弱い連想的接続性しかないリストと比較して，より後方の出力位置で虚再生された。強い接続性をもつリストの単語は，関連ルアー項目ではなく，再生テストにおいてお互いがお互いの手がかりとなりやすく，その結果，関連ルアー項目の再生を後方の出力位置に押しやってしまうのだろうと彼女らは主張した。すべての単語の出力順序に関しては，より強い連想関係にある単語同士が一緒にまとめられて再生されやすいことがわかったが，このことは，連想がこの種のリストの再生を導いていることを示唆している（例えば，Basden, Basden, Thomas, & Souphasith, 1998; Payne et al., 1996）。

再認テストの結果

Roediger & McDermott（1995，実験2）の再認テストの結果は，表2.2にまとめられている。まず，再生を用いて前もってテストされていないリストを見てほしい（表の上部）。学習語の正再認率（すなわち，ヒット率，平均 = .65）は，その統制語の虚再認率（すなわち，学習されていないリストのリスト語に対する虚報(false alarm)率，平均 = .11）とくらべて有意に高かった。この差異は，リストを学習することによる，そのリストの単語の後続する正再認への影響を反映している。同様に，関連ルアー項目の虚再認率（.72）は，その統制語，つまり，学習されていないリストの関連ルアー項目の虚再認率（.16）よりも有意に高かった。同じ理屈で考えると，この差異は，リストを学習することによる，その関連ルアー項目の虚再認への影響を反映している。再生においても同様だったように，関連ルアー項目の虚再認率はかなり高かった——少なくとも，いくつかのリスト語の正再認率と同じくらい高く，無関連ルアー項目の虚再認率よりもはるかに高かったのである。

もう1つの重要な研究結果は，関連ルアー項目の虚再認が，「知っている（knowing）」（もしくは，おぼろげな熟知性の感覚）という判断ではなく，単語呈示に関する詳細を実際に「覚えている（remembering）」という判断をともなうことが多いということであった。実際，関連ルアー項目についての「remember」判断の割合は，学習語についての判断と類似しており，統制ルアー項目についての判断（たいていは，「know」判断を与えられた）とくらべてもかなり大きかった。このような結果は，関連ルアー項目の虚再認が主観的に抵抗しがたいものであり，現実のように感じる知覚的錯覚に

表2.2 Roediger & McDermott（1995，実験2）における再認テストの結果

条件と項目の種類	「old」	「remember」
先行再生テストなし		
リスト語	.65	.63
関連ルアー項目	.72	.53
先行再生テストあり		
リスト語	.79	.72
関連ルアー項目	.81	.72
統制ルアー項目		
リスト語	.11	.18
関連ルアー項目	.16	.19

注：「remember」判断は，全体の再認率（「old」率）との割合で表されている。統制ルアー項目は学習リストに無関係であった（非学習リストからのリスト語と関連ルアー項目）。

そっくりであるということを示唆している。虚記憶効果におけるこの抵抗しがたい主観的特性は，この方法が，これほど注目を集める虚記憶研究の手段となった1つの理由である。このような主観的現象における関連した結果や理論については，幻回想（illusory recollection）がより徹底的に扱われる第4章でより詳しく議論される。

　前もってリストを再生することは，前もって再生されなかったリストと比較して，正再認と虚再認を増加させるということにも注目してほしい。この差異は，後の記憶におけるテスト効果を反映しており，前もってリスト語や関連ルアー項目を再生することが，後のその語の再認率の上昇をもたらす（リハーサルが想起を増加させるのと同じように）。この効果については，第6章において，他のテスト効果との関連で詳しく論じられる。ここで重要なポイントは，先行するテストが後続の再認パフォーマンスに影響するために，理論的に面倒な事態を引き起こすということである。結果として，「標準的な」DRM条件の一環として，以下で報告されているすべての再認テストの結果は，（特に断りのない限りは）先行するテストと交絡していない条件からのものだけである。

測定の問題

　ここでは，2つの測定の問題に触れておくべきであろう。まずは，虚再認効果の大きさを，リスト語の正再認との比較や，統制語の虚再認との比較で評価するべきかどうかということである（同様の問題は，正再生と虚再生の関係においても生じうる）。

虚記憶が，真実の記憶と同じくらい頻繁に起こるという条件については何か引きつけるものがあるのは事実だが，真実の記憶と虚記憶の比較は誤解を招く恐れがあるため，本書では慎重に用いることにする。第3章と第4章で論じられるように，記憶エラーは，それを記憶の錯覚や虚記憶としてそれ相応に扱うためには，真実の記憶と同じくらい頻繁に起こる必要はない。また，真実の記憶と虚記憶の間の観察可能な差異は，テスト回数や，どのリスト語がテストされたかなどのような，むしろ恣意的で無限にある課題変数に依存しているだろう。一例をあげると，Jou, Matus, Aldridge, Rogers, & Zimmerman (2004) は，再認テストがいくつかのDRMリストを学習した後に被験者に与えられた場合，正再生と虚再生は類似している（全体的な再認率，反応潜時，確信度評定について）が，しかし，各リストの直後にテストが与えられた場合（リスト語の記憶が最も強いとき），かなり異なっていることを見出した。もし正再認と虚再認の差を重要な従属変数として用いたならば，一見したところ影響がないと思われる方法論的な差（つまり，この場合は，テストに先立ってどのくらいの数のリストが呈示されたかであり，この要因は研究間でめったに等しくされることはない）にもとづいて，異なった結論を導くことになるかもしれないのである。真実の記憶と虚記憶との直接比較は，虚記憶の生起原因についての理論的観点からも，その意味がはっきりしない。真実の記憶と虚記憶は異なったプロセスによって影響を受けている可能性があり，また，それぞれがお互いに影響している可能性があるため，この2つを直接比較すること（または，双方からの総合「正確さ」得点を抽出すること）は，理論的には，常に意味があるとはいえない。

　虚再認それ自体に影響を与えるプロセスを理解することについては，関連ルアー項目と無関連ルアー項目の虚再認を比較することで説明できる。次で述べられるように，この差異は，虚再認における系統的な関連性効果（relatedness effect）を反映しており，これが通常，興味の対象となる現象である。虚再生においても類似した関連性効果が計算可能であるが，非重要侵入語が通常はまれであるため，虚再生の絶対的な比率で通常は十分である。標準的なDRM条件では，関連ルアー項目の虚再生や虚再認は，もっと弱くしか関連していないルアー項目の虚再生や虚再認よりも常に大きい（このような関連性効果の量的分析については，McKelvie, 2003, 2004 参照）。

　これと関連した測定の問題は，どのように正再認と虚再認を基準率反応で補正したり，調整したりするのかということである。表2.2を見ると，統制語（または，非学習リストのリスト語と関連ルアー項目）に対する虚報率は，リスト語（.11）よりも関連語（.16）で高かったことに注目してほしい。その効果量は小さいものの，統計的に有意であり，DRM材料を用いた他の研究においても幾度も確認されてきた（例

えば，Gallo & Roediger, 2002, 2003; Gallo et al., 2001a; Gallo, Roediger, & McDermott, 2001b; McCabe & Smith, 2002; Schacter, Verfaellie, & Pradere, 1996c; Seamon, Luo, & Gallo, 1998; Whittlesea, 2002)。この基準率効果は，DRM課題で通常使用される関連ルアー項目とリスト語の間には，もともとの差異が存在し，この差異は，当該リストが学習されていないときでさえも，再認結果に影響しうるということを示している。この基準率効果の厳密な原因についての詳細な調査は，まだ行われていないが，おそらく，単語頻度，連想的類似語（associative neighborhood），綴り方のような単語の特徴が原因だろう。このような基準率の差異は，様々な実験条件においても生じうる。このような差異は，反応バイアス（response bias）（例えば，記憶の欠如において「yes」と推測する傾向）や，個人に特異な連想や新奇な項目の熟知性を促進するかもしれない要因のいずれか，または，その両方によるものと考えられることが多い。

このような基準率の問題すべてを回避する1つの方法は，無関連語に対する虚報を用いて再認記憶得点を補正したり，調整したりすることである。つまり，リスト語に対するヒット率（または，関連ルアー項目に対する虚報率）は，これらの語についての再認記憶の純粋な測度ではなく，「記憶信号」（それが真実であろうと虚偽であろうと）の検索とは別のプロセスにもとづくような，これらの語に対して「yes」と反応する確率もまた反映しているということである。ここで，この不一致を補正するために基本的な実験ロジックを用いることが可能である。統制ルアー項目は，当該リストが学習されていないことを除いて，すべての点においてターゲット語（または，関連ルアー項目）と類似しているため，ターゲット語（または，関連ルアー項目）の再認とその統制ルアー項目の再認の間の差異は，正再認（または，虚再認）における学習リストの呈示の効果を反映する。このように，実験語（ターゲット語や関連ルアー項目）に対する反応から，統制語に対する反応を減算することによって，再認におけるリスト学習の効果が測定可能である。その他の補正方法（d'やA'のようなもの）は，基本的な記憶の性質や決定プロセスについて異なった仮定をしていることを除いて，類似したロジックを用いている（Snodgrass & Corwin, 1988参照）。再認記憶においてどの方法が一番よいかということに関しては一般的な同意がなく，それぞれの方法が疑問の残る仮定（または，少なくとも過度に単純化された仮定）をしている。幸運にも，測度は，通常は一致している。減算法は，単純な実験ロジックにもとづいているため，その限界が最もわかりやすく，また，もともとの再認得点と同じ尺度を保持しているため，本書において推奨される方法である。特に断りのない限り，本書では，それぞれの再認に関する研究結果を評価するために，可能な限り原データと補正データの両方を用いることによって注意が払われた。

反応潜時

　DRM課題を用いて虚再認を測定した実験は公刊されたものでも100を超えるが，反応潜時のデータが報告されることはまれである（再認記憶に関する多くの研究においても同様の状況ではあるが）。その初期の研究における1つの例外は，Tun, Wingfield, Rosen, & Blanchard（1998）である。この研究では，リスト語を正再認するための反応潜時は，関連ルアー項目を虚再認するための反応潜時と類似したものであった（実験1と2において，リスト語，関連ルアー項目それぞれについて約1秒）。この研究においては，再認テストが先行する再生テストと交絡しているが，他の研究では，再認テストが先行する再生テストと交絡していないときでさえ，同様のパターンが報告されている（例えば，Düzel, Yonelinas, Mangun, Heinze, & Tulving, 1997; Johnson et al., 1997; Schacter, Buckner, Koustaal, Dale, & Rosen, 1997a）。しかしながら，正再認は，ときに虚再認よりも反応潜時が短いこともある（Curran, Schacter, Johnson, & Spinks, 2001; Fabiani, Stadler, & Wessels, 2000; Jou et al., 2004; Payne, Nadel, Allen, Thomas, & Jacobs, 2002; 同様に，Brown, Buchanan, & Cabeza, 2000; Westerberg & Marsolek, 2003a も参照のこと）。後者のような差異は，背後にあるプロセスにおける差異を反映しているのだろう。正再認が回想にもとづいているのに対して，虚報は，熟知性にもとづいたプロセス（または，幻回想）によって，より促進される。熟知性にもとづいて反応することは，ときに，回想にもとづいて反応することよりも努力を要し，時間がかかる決定プロセスをとる（このようなモニタリングプロセスについては第5章で論じられる）。

　もちろん，真実の記憶の反応潜時と虚記憶の反応潜時の間の直接比較は，必ずしも重要ではない。真実の記憶と虚記憶が異なる，もしくは，それらが異ならないような条件は，あらゆる課題パラメータによって作り出すことができる。理論上より興味深いことは，虚記憶における関連性効果，つまり，関連ルアー項目に対する反応と無関連ルアー項目に対する反応における差異である。関連ルアー項目に対する反応潜時は，無関連ルアー項目に対する反応潜時と異なることが多い。Fabiani et al.（2000），Johnson et al.（1997），Jou et al.（2004），そして，Schacter et al.（1997a）の研究すべてにおいて，関連ルアー項目に対する虚報が，無関連ルアー項目に対する虚報よりも反応潜時が短いということが示された。おそらく，関連ルアー項目は無関連ルアー項目とくらべてより熟知性が高いために，被験者は関連ルアー項目をより短い時間で虚再認するのだろう。同様に，Schacter et al. は，無関連ルアー項目の正棄却は，関連ルアー項目の正棄却よりも反応潜時が短いということを見出した（Tun et al., 1998 も参照）。無関連ルアー項目は比較的熟知性が低いために，被験者はそれらを正しく棄

却することが短い時間でできるのである。このような反応潜時における効果を関連性の観点から考えることもできる。その単語がある学習リスト（学習語や関連ルアー項目）と関連しているとき，肯定的な判断は，否定的な判断よりも短い時間で行われ，頻繁になる傾向にある。その単語がリストに関連していないとき，否定的な決定（正棄却）は，肯定的な決定（虚報）よりも短い時間で行われ，頻繁になる傾向にある。この両方のパターンは，連想情報や関連性情報が，意思決定に大きな影響を与えることを明らかにしている。

複数の連想語の符号化

　重要な点は，自明なことだとはいわないまでも，このような強力な虚再生，および，虚再認効果は，連想集束性を最大限に生かしているために生じるということである。たった１つ，もしくは，数個の連想語を学習した，初期の連想課題（例えば，Underwood, 1965）と違って，DRM課題では，多くの強い連想語が学習される。複数の連想語を呈示することは，呈示されていない関連ルアー項目に集束する高い水準の連想的，概念的情報をもたらし，その生起の可能性を強く「指し示す」。この現象は，虚再生と虚再認における，学習された連想語数の効果によって最も容易に実証可能である。Robinson & Roediger（1997）は，被験者にいくつかのDRMリストを学習してもらい，リストごとに（30秒の計算問題による遅延後に）再生してもらった。リストの長さは，3語，6語，9語，12語，15語のいずれかであった（短いリストは，リストの終わりの方の弱い連想語を取り除いて作成された）。彼らの第１実験における再生の結果は，図2.4に示されている。予測通り，リスト語の平均正再生率は，リストが長くなるに従って減少しており，より多くのリスト語の再生を求められたとき，個々のリスト語を再生する確率が減少することを示している（すなわち，リスト長効果(list-length effect); Murdock, 1962）。より重要なことに，関連ルアー項目の虚再生は，より多くの連想語が学習されるに従って着実に増加するという逆のパターンを描いたのである。このパターンは，短いリストに無関連学習語（もしくは，フィラー語）を加えることでリストの長さが一定に保たれた（例えば，3つの連想語のリストでは，12の無関連語が学習された），第２実験で追認された。このように，虚再生において重要な要因は，学習された連想語の総数であり，リストの長さ自体ではない。虚再生における学習連想語数の効果は，幾度となく追認されている（例えば，Clancy, McNally, Schacter, Lenzenweger, & Pitman, 2002; Hutchison & Balota, 2005）。

　学習連想語数は，虚再認にも予測された方向で影響した。つまり，より多くの連

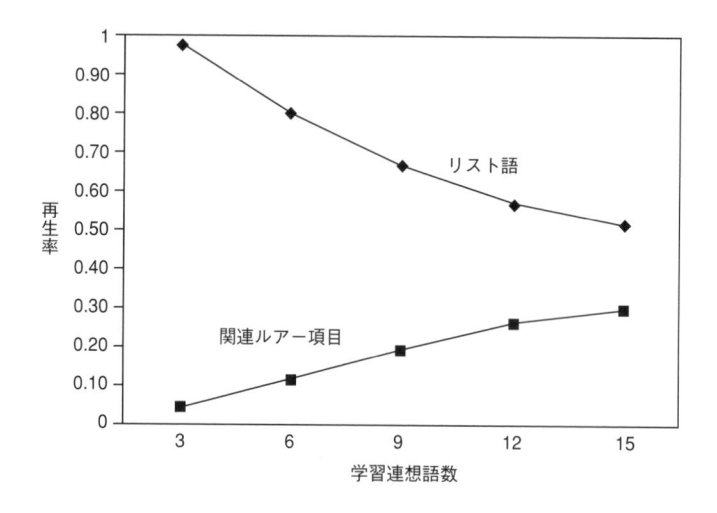

図 2.4 正再生と虚再生における学習された連想語数の効果（Robinson & Roediger, 1997, 実験1の図1から概算）
リストごとの平均非重要侵入語数は，3語リストで.02，6語リストで.09，9語リストで.08，12語リストで.10，15語リストで.11であった。（許可を得て複製）

想語が学習されたとき，関連ルアー項目は虚再認されやすくなった。Robinson & Roediger（1997）においては，虚再認は先行した再生テストと交絡していたが，リスト長効果は，前もって再生されていない関連ルアー項目のみについて分析したときでさえも得られた。引き続き行われた多くの研究は，先行する再生テストが行われていない状況で，虚再認における予測されたリスト長効果を認めている（例えば，Arndt & Hirshman, 1998; Gallo & Roediger, 2003; Hutchison & Balota, 2005; Marsh & Bower, 2005; Mintzer & Griffiths, 2001c; あわせて，Shiffrin et al., 1995 も参照のこと）。興味深いことに，Robinson & Roediger（実験1）は，学習された連想語の正再認が，より多くの連想語が学習されるにつれて増加することを見出した。正再認におけるリスト長効果は，もし，関連ルアー項目に影響しているのと同じ連想プロセスが，リスト語（それぞれお互いに連想関係にある）にも影響していると仮定すれば，さほど驚くべきものでもないだろう。しかしながら，この効果は，彼らの第2実験では追認されず，そして，正再認におけるリスト長効果は，ここで引用された他の研究においても常に得られたわけではない。一貫したリスト長効果が得られないのは，おそらく，リスト語同士の連想関係がリスト語と関連ルアー項目の連想関係ほど強いものではないという事実，また，リスト語の記憶が連想プロセスに加えて，それらの実際の呈示の回想に影響されるという事実のためであろう。

その他の集束課題

　本章は DRM 課題における研究結果に焦点を合わせているものの，他の種類の集束課題によっても虚記憶がもたらされるということに留意することは重要である。数多くの研究において，学習していないカテゴリー事例（例えば，robin［コマドリ］）が，関連したカテゴリー事例（例えば，canary［カナリア］，blue jay［アオカケス］，cardinal［ショウジョウコウカンチョウ］など）の学習後に，虚再生，もしくは，虚再認されることが実証されてきた（Dewhurst & Anderson, 1999; Hintzman, 1988; Seamon, Luo, Schlegel, Greene, & Goldenberg, 2000; Smith, Ward, Tindell, Sifonis, & Wilkenfeld, 2000; Tussing & Greene, 1999）。他の研究では，綴り方や音韻的な混同（例えば，veil［ベール］，bail［保釈］，gale［強風］，rail［レール］など）のいずれか，もしくは，その両方にもとづいて，単語が虚再生されたり，虚再認されたりすることが実証されている（Schacter, Verfaellie, & Anes, 1997b; Sommers & Lewis, 1999; Watson Balota & Roediger, 2003）。これらの虚記憶効果は，刺激のすべてがある種の既存の心的関係性を共有しているという点で，DRM 課題のものと類似している。そのため，DRM 課題との関連で論じられる多くの理論的メカニズムは，これらの課題に容易に適用可能である。このようなその他の課題で得られた主要な研究結果のいくつかは，課題間における差異の可能性とともに，次章で議論される。

　虚再認における集束性効果で，既存の連想的関係性に無関係のものも存在する。独創性の高い研究である Posner & Keele (1968, 1970) では，被験者は，ある学習していないカテゴリー事例（すなわち，点のパターン）を，そのカテゴリーからのいくつかの他の事例（すなわち，非学習プロトタイプから逸脱したもので，類似した配置の点のパターン）を学習した後，正しく分類できるということが示された。場合によっては，被験者は，学習していないプロトタイプを分類する方が，学習した事例を分類するよりもうまくできたのである。Posner & Keele は，学習段階において，被験者がカテゴリーの「プロトタイプ」の心的表象，つまり，学習された事例にわたって見出された基本的なパターンをとらえた抽象的な表象を抽出したのではないかと提案した。それゆえ，その後の新奇な事例の分類は，記憶にある最も類似したプロトタイプに合致するかどうかで成し遂げられた。現在の目的においてより重要となるのは，これらの刺激を学習することもまた，非学習プロトタイプ，または，学習事例に知覚的に類似している非学習事例の虚再認をもたらすということである。同様の虚再認効果は，無意味語，抽象図形，パターンなどを含む，知覚的に類似しているが新奇である種々の刺激や，同じ特徴を共有する新奇な顔刺激において見出されている（例えば，

Budson, Desikan, Daffner, & Schacter, 2001; Franks & Bransford, 1971; Homa, Smith, Macak, Johovich, & Osorio, 2001; Koutstaal, Schacter, Verfaellie, Brenner, & Jackson, 1999b; Nosofsky, 1991; Slotnick & Schacter, 2004; Solso & McCarthy, 1981; Zeelenberg, Boot, & Peecher, 2005)。

　DRM 課題は，そう指摘する研究者もいるように（例えば，Whittlesea, 2002），プロトタイプ効果の一例にすぎないのだろうか。両方の課題は，学習されていない刺激の虚記憶を誘発するために集束性を用いるという点において，確かに類似している。次章で議論されるように，この 2 種類の現象の間には，いくつかの共通する理論的背景も存在する。しかしながら，決定的な違いもまた存在する。プロトタイプ効果においては，用いられる刺激は被験者にとって新しいものであり（例えば，ランダムな点のパターン，新奇な顔刺激），結果として生じる虚記憶効果は，記憶していたものとの知覚的な区別に失敗したものとして考えることができる。それに対して，DRM 課題では，ほとんどの場合において，刺激の関係性は意味的，もしくは，概念的であり，既存の知識にもとづいている。これらすべての効果を「関連性」という一般的な原理で説明することは魅力的ではあるが，本当の理論的な相違点はその関連の性質にあり，そして，異なった種類の関係性が異なった心的プロセスを通して，どのように虚記憶の原因となりうるかということにある。このようなプロセスが実際にどのように虚記憶を引き起こしていると考えられているかについて，次章で議論される。

II部

基礎的な理論とデータ

3章 虚記憶を引き起こすプロセス

　連想集束課題において，何が虚記憶を引き起こしているのだろうか。研究者らは，Roediger & McDermott (1995) が DRM 技法を世に広めて以来，もとより，それ以前からもこの問題に取り組んできた。虚記憶を引き起こすプロセスの候補をしぼり込むことに関していくらかの進展は見られたものの，それら残された候補においても，やっかいな理論的問題がいくつか残されている。実際に，Roediger & McDermott は，虚記憶効果の原因について，今日でも選択肢として生き残っているいくつかの可能性に触れていた。本章では，それら主要な理論の選択肢である**連想活性化説**（*associative activation*），**主題一致性説**（*thematic consistency*），**特徴重複説**（*feature overlap*）の3つについて紹介する。これら3つの理論すべては，被験者が非学習項目を学習したかどうかをその項目の記憶「信号」にもとづいて，もしくは，その項目が先行する学習段階で呈示されたという主観的体験にもとづいて決定するという意味で，記憶をもとにしている。これら記憶にもとづいた説明は，**反応バイアス**（*response bias*），**基準変化**（*criterion shifts*），**要求特性**（*demand characteristics*）のような決定にもとづいた説明と対照をなす。これらの説明は，必ずしも非学習項目の記憶信号を仮定しないが，その代わりに，学習された材料について，また，実験全体についての被験者の仮説にもとづいて，被験者がこの項目を受け入れるということを提唱している。もちろん，検索プロセスと決定プロセスはあらゆる記憶課題に関与している。このような説明は，何が検索されると仮定されているのかという点と，具体的に何が決定されるのかという点に関して決定的に異なっている。

　それぞれの理論の微妙な差異を深く探求する前に，DRM リストの構造について概説することが有用だろう（このような区別がその他の集束にもとづく虚記憶課題にどのように具体的にあてはまるのかは，後ほど本章で議論される。ここでの焦点は，最

も広範囲にわたって研究されているという理由で DRM 課題に合わせる)。図 3.1 は，無関連語のリストに存在するとは仮定されないような，リスト語と関連ルアー項目の間の関係性の種類を図示したものである。一番大きな円は連想を表しており，すべての単語は，課題の意図として，関連ルアー項目との既存の連想関係があることを意味しており，単語の多くは (程度の差はあれ) お互いに連想関係にある。ここでの「連想」は，最も広い意味で用いられ，心的に関連しうるすべての 2 つの単語にあてはまる (例えば，言語において頻繁に共起すること，カテゴリーの成員であること，概念的類似性，綴り方の類似性などによる関連)。もう 1 つの実線の円は，意味的類似性，つまり，異なった意味を持っている連想語 (例えば，sleep [眠る] と bed [ベッド], sleep [眠る] と awake [目覚める]) と対照的に，連想関係にある単語の小グループが類似した意味を持っていたり，関連ルアー項目との意味的に重複した特徴を共有していたりするという考えである (例えば，sleep [眠る] と rest [休息する], sleep [眠る] と doze [まどろむ])。その他の種類の類似性 (綴り方，音韻，具体性，使用頻度など) も同様に存在するが，通常，ランダムな単語の集合に存在すると期待されるだろうものとあまり変わらない。点線で描かれた円は，被験者が単語群を集約し，カテゴリー化するために形成する (そして，想起する) ことが可能なリストの主題，または，ジスト (gist: 主旨) を表している (例えば，「sleep [眠る] に関する行動や項目」)。関連ルアー項

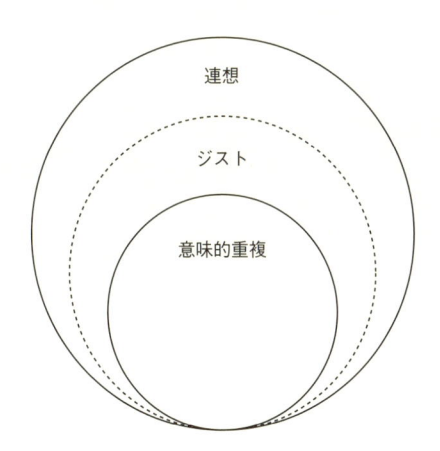

図 3.1 DRM 課題におけるリスト語と関連ルアー項目の関係性の種類についての概略図
課題の意図として，すべてのリスト語は関連ルアー項目と連想関係にある。これらの単語のいくつか，または，すべてがリストを心的に要約したものである主題やジストと一致する可能性があり，また，リスト語の一部は，意味的に (もしくは概念的に) 関連ルアー項目と類似していることが多い。

目はジスト表象の中心的な概念であり，それゆえ，ジストは意味的に類似した単語を必ず含んでいるのはもちろん，類似した主題（例えば，dream［夢をみる］，snore［いびきをかく］）に一致した単語も含んでいると仮定されている。この円が点線で描かれているのは，主題の内容が主観的体制化に依存する，つまり，被験者が単語間の関係について注目し，保持するものに依存するという考えを強調するためである。関連ルアー項目（例えば，peace［平穏］）に関して学習された連想語のいくつかは，そのリストから符号化されたジストと一致しないこともある。少なくとも，これら（連想，意味的類似性，主題）のうち1つの関係性は，DRMの虚記憶におけるすべての理論で，何らかの役割を果たしている。

● 決定にもとづいた理論

　決定にもとづいた理論では，集束にもとづいた虚記憶課題で得られる記憶エラーは，正確には虚記憶を反映するものではないということが示唆されているため，基本的なことから注意深く検討しなければならないだろう。このような説明では，各リストがある主題に関連しているという着想に焦点が合わされている。そのような説明においては，被験者が記憶テストで関連ルアー項目を受け入れるのは，この単語が学習段階で出現したという記憶信号（すなわち，幻回想や熟知性）のためではなく，むしろ，それらがリストの主題によく合致するからであると主張される。このような理論によると，被験者は，想起できないが，想起可能な単語に関連する単語もまた，おそらく呈示されたということを推測するために，学習材料の知識を頼りにする。つまり，被験者は，関連ルアー項目が学習されたということを，リストについて知覚した関係性のみにもとづいて，方略的に推測したり，推論したりする。被験者は，テストの得点を高めるために（なぜなら，被験者は最も関連している単語はおそらく学習されたと見なしているから），もしくは，被験者はこれこそ実験者が被験者に望んでいるものだと信じているために（すなわち，要求特性），そのような推測方略を使用するかもしれない。ところが，このような説明にはいささか問題点が多く，そして，これまで十分に実証されてはいないのである。

　Miller & Wolford (1999) は，信号検出理論（SDT: signal detection theory）における基準変化説の観点から，決定にもとづいた理論を提唱した。彼らの主張によると，関連ルアー項目が熟知性の感覚を喚起することに失敗したとき，または，微弱な記憶信号（無関連ルアー項目のような）しか持たなかったときでさえ，被験者は，これらの項目を学習リストと関係があるものとして知覚するために，関連ルアー項目を受け

入れやすくなる。この決定プロセスは，関連ルアー項目が呈示されたときにより厳格ではない反応基準を使用することを表しており，これらの関連ルアー項目に対して，無関連ルアー項目に対してよりも多くの「old [旧項目]」反応を生み出す（図3.2の上図参照）。この考えについて詳しく調べるために，Miller & Wolfordは，ある条件では，リスト項目，関連ルアー項目，無関連ルアー項目が実際に学習され（それゆえ，3種類すべての項目が再認テストにおいてターゲット項目となる），別の条件では学習されない（それゆえ，すべての種類の項目がルアー項目となる）2つの実験を行った。このような典型的なDRM課題からの変更によって，それぞれの項目の種類に関して，信号検出理論における感度（d [a]）はd'と類似しており，「記憶信号」を反映する

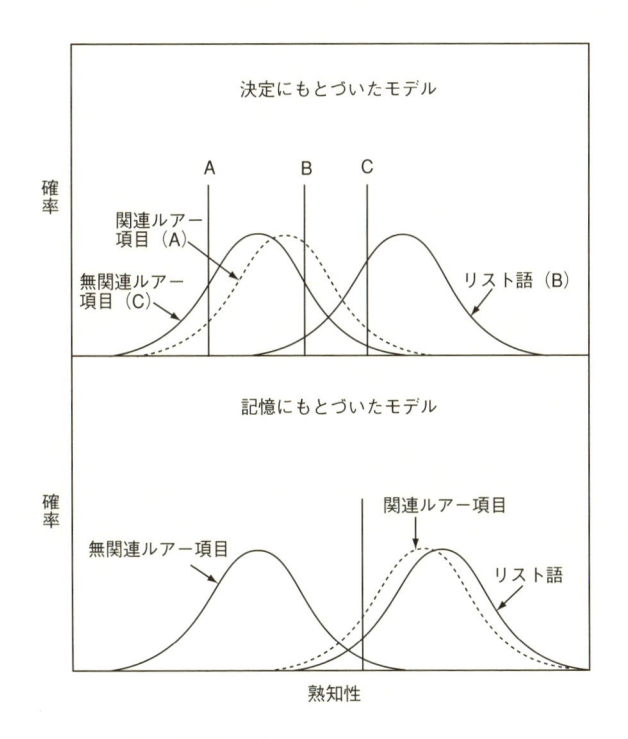

図3.2　虚記憶に関する2つの信号検出モデル
　上図：決定にもとづいた理論によるモデル。関連ルアー項目，および，無関連ルアー項目は，熟知性（ここでは正規分布で表されている）においてほぼ同様の水準であると考えられている。対して，学習されたターゲット語はより熟知性が高い。被験者は関連ルアー項目に対する反応基準をより厳格でない方向に設定するため，反応基準は，関連ルアー項目(A)＞リスト語(B)＞無関連ルアー項目（C）となる。
　下図：記憶にもとづいた理論によるモデル。リストを学習することは，無関連ルアー項目とくらべて関連ルアー項目の熟知性を高くする。被験者は，単一の反応基準を使用する。

と考えられている）と反応バイアス（c2 は C と類似しており，決定プロセスを反映すると考えられている）の推定値の計算が可能となる。Miller & Wolford における分析のおもな焦点は，最終再認テストに合わせられていた（しかし，先行する再生テストと交絡していた）。

まず，感度の推定値が項目の種類でだいたい同じである（例えば，実験1において，リスト項目が 1.63，関連ルアー項目が 1.37，無関連ルアー項目が 1.34）という結果から，各項目の記憶強度は，その項目が学習されていないときよりも，学習されたときの方が高いということが示された。関連ルアー項目に関して，この差異が示すことは，正再認（つまり，この項目が学習されたとき）が，虚再認（つまり，この項目が学習されていないとき）よりも強力であり，抵抗しがたいということである。次に，反応バイアスの推定値は，重要関連項目において，他の項目より厳格ではないという結果が得られた（リスト項目は −.35，関連ルアー項目は −1.19，無関連ルアー項目は +.42 で，負の方向の推定値の方が厳格ではない方向へのバイアスを示す）。おもにこの後者の結果にもとづいて，Miller & Wolford (1999) は，関連ルアー項目における高い水準での虚再認は，厳格ではない方向への基準変化によるものであると主張した。また，彼らは，生成＋再認プロセスを仮定すれば（例えば，Bahrick, 1970; Kintsch, 1970），このモデルが関連ルアー項目の虚再生の説明にも拡張可能であると提唱した。この種の仮説によると，関連ルアー項目が再生テストで生成されるのは，それが他の単語と連想関係にあり，その結果，上述された決定プロセスによって再認されるためである。

Miller & Wolford (1999) の論文は，この領域に関わる研究者からの大きな反発を生じさせ，そして，虚記憶の性質に関する理論的にも深い論争を生み出した。Roediger & McDermott (1999) は，いくつかの理由で DRM 効果の基準変化説に反論した。最初の問題は，虚記憶という用語が意味するところのものについての解釈に関するものである。彼らは，Miller & Wolford の解釈に反して，記憶エラーが，虚記憶として認定されるためには，真実の記憶と同等に強く，抵抗しがたいものである必要はないと指摘した。したがって，重要関連項目の記憶信号が，学習されていないときよりも学習されているときにより強力であるという結果（すなわち，有意な d [a] 値）は，この項目の虚報（それが学習されていないとき）が，虚記憶と見なされるべきであるという考えに矛盾しない。実際，学習段階で重要関連項目を呈示することが，学習段階でその単語を呈示しないときとくらべて，この単語の強力な記憶をもたらすことが実証されている（McDermott, 1997; McDermott & Roediger, 1998）。つまり，Roediger & McDermott の立場は，真実の記憶と虚記憶の両方の強度には常にばらつ

きがあり，どのような妥当性のある理論でも，学習された項目には，その同じ項目が学習されていないときとくらべて，平均してより強力な記憶「信号」があるということを予想するだろうと主張するものである。

本当に重要な問題は，なぜ関連ルアー項目が，無関連ルアー項目とくらべて虚再生，もしくは，虚再認されやすいのかということである。どのようなプロセスがこれらの系統的なエラーの原因となっているのだろうか。この関連性効果を説明するために，Miller & Wolford (1999) は，反応バイアスの推定値によって示されているように，被験者は関連ルアー項目に関して厳格ではない方向に基準変化を行うと主張した。しかしながら，Wixted & Stretch (2000) が指摘したように，そのような信号検出理論の推定値は必ずしも基準変化を意味しない。このような推定値は，反応基準と記憶分布の交点の間の距離にもとづいており，基準変化，または，記憶分布の変化のどちらかがあれば，より厳格ではないバイアスを得ることができる。例えば，DRM効果について後者の信号検出理論モデルを単純化したものが図 3.2 の下図に示されている。ここでは，反応基準（つまり，決定の法則）は変化しないが，関連ルアー項目は，無関連ルアー項目とくらべてより熟知性が高いために（つまり，前者の分布が後者の分布よりずっと右に離れているために），反応基準と関連する分布の間の距離は異なり，そして，異なったバイアスの推定値を生み出す。基準変化なしで，記憶にもとづいたモデルが，関連ルアー項目に関してより厳格ではない方向へのバイアスの推定値をどのように予想するかに関する詳しい議論に興味がある読者は，Wixted & Stretch (2000)，および，Wickens & Hirshman (2000) を参照していただきたい。ここでの主張は，信号検出理論におけるバイアスの推定値がこの状況では曖昧であり（実際，多くの記憶実験においてもそうであるが），それゆえ，基準変化モデルが存立可能かどうかを決定するためには他の証拠が必要だということである。

● 主観性，プライミング，警告

DRMパラダイムにおける虚記憶効果についての決定にもとづいた理論に相反し，関連ルアー項目に記憶信号があるという見解を支持する種々の証拠が存在する。ここで論じられる研究結果のおもなものは，主観性，プライミング，警告に関する研究結果であり，加えて，信号検出理論を用いた研究からの結果もいくつか紹介される。1つ目の主観性に関する研究結果は，既に紹介済みである。Roediger & McDermott (1995) やその他の研究で実証されたように，虚再認された関連ルアー項目は，「know」判断よりも「remember」判断を誘発しやすい。もし被験者が関連ルアー項目を受け

入れるために，検索された記憶ではなく，リスト構造の知識を利用しているのならば，このような関連ルアー項目には「remember」判断よりも「know」判断が与えられると予想できるだろう。その他の主観的判断も含めてより徹底的に議論される第 4 章では，実際に被験者が非学習ルアー項目の回想を体験しているという証拠が概説される。

　基準変化説に対する 2 つ目の反証は，DRM 学習リストの呈示により，様々な潜在記憶の測度において，関連ルアー項目でプライミング効果が得られるということである。このようなテストでは，被験者は学習リストの記憶を頼りにするように教示されないが，代わりに，学習語と関連ルアー項目の記憶が，表面上は無関連の課題（例えば，「sl__p」のような単語断片を最初に思いついた単語で完成させる課題）で，これらの単語の処理が（非学習語と無関連語とくらべて）容易になることを介して，間接的にテストされる。このようなテストは学習されたことの記憶を顕在的にテストするものではないので，顕在的な決定プロセスにもとづいた反応基準と要求特性は無関係である。にもかかわらず，以下で述べられているように，学習リストの先行処理が，潜在記憶測度において，呈示されていない関連ルアー項目の処理を容易にするということは，関連ルアー項目の記憶信号が存在するということを示している。

　表 3.1 は，DRM リストを学習した後（この種の研究で最も典型的な条件下での）の関連ルアー項目におけるプライミング効果を調査した 7 つの研究からのデータである。McDermott（1997）では，単語連想テスト（被験者が非学習語について最初に思いついた単語を生成しなければならない課題）と単語断片完成テストにおいて，関連ルアー項目について有意なプライミング効果が得られた（児童における同様のプライミング効果に関しては，Diliberto-Macaluso, 2005 参照）。McKone & Murphy（2000），Smith, Gerkens, Pierce, & Choi（2002），Tajika, Neumann, Hamajima, & Iwahara（2005）は，語幹完成課題を用いて，関連ルアー項目におけるプライミング効果を見出し，Whittlesea（2002），Hancock, Hicks, Marsh, & Ritschel（2003）は語彙判断課題（被験者は文字列が単語かどうかを短い時間で判断しなければならない課題。McKone, 2004 および Zeelenberg & Pecher, 2002 では，この課題で有意な結果が得られなかったが，Tse & Neely, 2005 は，一連のより綿密な統制条件を用いて，関連ルアー項目におけるプライミング効果を追認し，その結果を拡張したことに注目すべきである）を用いて，関連ルアー項目におけるプライミング効果を見出し，Lövdén & Johansson（2003）は，アナグラム解決課題（反応時間と困難度評定の両方）を用いて，関連ルアー項目におけるプライミング効果を見出した。学習語とくらべて，関連ルアー項目においてより大きなプライミング効果が得られた研究もあれば，反対のパターンが得られた研究もあるが，多くの場合では，関連ルアー項目について有意なプライミン

3章　虚記憶を引き起こすプロセス

表3.1　潜在記憶テストにおける学習語と関連ルアー項目についてのプライミング効果

研究	課題	プライミング効果		
		リスト語	関連ルアー項目	リスト語 対 関連ルアー項目
McDermott (1997)				
実験2	単語連想	.08**	.08**	0^{ns}
実験3	語幹完成	.10**	.05*	.05*
実験4	単語断片完成	.14**	.10**	.04^{ns}
McKone & Murphy (2000)				
実験1	語幹完成	.17**	.18**	.04^{ns}
実験2	語幹完成	.06^{ns}	.06^{ns}	−.02^{ns}
実験3	語幹完成	.25**	.15**	.12^{ns}
Smith et al. (2002)				
実験2	語幹完成	na	.19**	na
実験3	語幹完成	.13*	.17*	−.04^{ns}
Whittlesea (2002)				
実験1A	高速命名	46ms**	−5ms^{ns}	46ms^{nr}
実験2A	高速命名	43ms**	10ms^{ns}	33ms^{nr}
実験1B	語彙判断	69ms*	57ms**	−65ms^{nr}
実験2B	語彙判断	38ms*	27ms**	−45ms^{nr}
実験2C	語彙判断	na	24ms**	na
Hancock et al. (2003)				
実験1	語彙判断	56ms**	60ms**	−19ms**
実験2	語彙判断	63ms^{nr}	55ms**	−19ms**
Lövdén & Johansson (2003)				
実験1	アナグラム解決	1074ms*	702ms*	−372ms^{ns}
	アナグラム解決	.16*	.08*	.08^{ns}
Tajika et al. (2005)				
実験	語幹完成	.13*	.12*	.01^{ns}

注：リスト語と関連ルアー項目についてのプライミング効果は，無関連ルアー項目と比較したパフォーマンス利益として算定された。最終列は，リスト語のパフォーマンス利益を関連ルアー項目と比較したものである（この場合のプライミング効果は，割合では正の数，潜時では負の数を示す）。McKone & Murphy (2000) の実験2では，学習時とテスト時でモダリティが異なり，実験3ではリストが5回にわたって学習されている。Lövdén & Johansson (2003)，McDermott (1997)，および，Smith et al. (2002) では，学習語の推定値は，実際に学習されたときの関連ルアー項目に対する反応にもとづいている。その他の研究では，学習語の推定値は，典型的なDRMリスト語にもとづいている。
(**p < .05，*p < .10，ns = 有意差なし，nr = 統計結果が提供されていない，na = 該当なし)。

グ効果が得られた。このようなプライミング効果は，連想語のリストを学習することによってもたらされる，長期にわたる関連ルアー項目の概念的活性化，または，語彙的活性化を反映するものとして解釈されている（関連した研究結果と考察について，Hicks & Starns, 2005，および，Tse & Neely, 2005 参照）。

　基準変化説に対する3つ目の反証は，警告研究（warning study）によってもたらされる。研究者は，学習段階前に被験者に対して虚記憶効果に関する情報を与え，関連ルアー項目の虚再認を回避するように警告する。このような条件下では，被験者はリストの主題に関連した単語が学習されていないということを知っているために，方略的に推測するという方略の使用を避けなければならない（顕在記憶テストにおいて）。このようにエラーをおかすことに対して厳格な教示があってもなお，そのような警告によって虚再認における関連性効果が消し去られることはない（例えば，Gallo, Roberts, & Seamon, 1997; McDermott & Roediger, 1998）。McDermott & Roediger（1998，実験2）における警告研究の結果は，特に印象的である（Multhaup & Conner, 2002 もあわせて参照のこと）。学習段階において，十分に虚記憶課題に関する情報を与えられた被験者は，各リストについて重要結合語（重要関連項目）を見つけ出すように教示された。各々のリストが学習された直後，被験者は関連ルアー項目を与えられ，それが呈示されたかどうかを尋ねられた（実は，関連ルアー項目は半分のリストにおいて実際に学習されていた）。このような強力な警告と直後の単一項目テストを用いたにもかかわらず，被験者はなお，関連ルアー項目が学習されていないときの38％のリストで，それを虚再認し，そして，この虚報のうちの約半分は高い確信度をもってなされた。

　基準変化説に相反する主張がこれだけ集まれば説得力があると思われるが，しかし，基準変化説の忠実な信者が，その証拠の1つひとつを棄却することも可能である。まず，「remember」判断は時に，回想ではなく，高い確信度によってなされた反応を反映することがあるという主張があり，このことは基準変化としてモデル化することが可能である（例えば，Donaldson, 1996; この論争についての考察は，Hirshman, Lanning, Master, & Henzler, 2002 参照）。つまり，拡大解釈すれば，関連ルアー項目が極端な基準変化を引き起こすことによって，たとえそれらが本当に「想起されて」いなくても，「remember」判断を生み出すことが可能なのである（この場ではさしあたり，幻回想が紛れもない事実であるという証拠は考慮しない）。次に，潜在記憶課題で得られた関連ルアー項目におけるプライミング効果は，特に熟知性とプライミング効果が異なった検索プロセスであると仮定する場合においては，関連ルアー項目が再認記憶テストでより熟知度が高くなる（そうでなければ，関連ルアー項目にエ

ピソード記憶信号がある）ということを必ずしも意味しない（考察のためにWagner, Gabrieli, & Verfaellie, 1997参照）。最後に，上述された研究では，警告で虚再認を完全に消し去ることはできなかったものの，警告で虚再認が有意に減少したということは，少なくとも虚記憶効果のある部分においては基準変化説と一致する（すなわち，被験者に警告を与えることで，被験者は方略的に推測するという方略の使用を避けることになり，その結果，虚再認が減少した）。

　Gallo et al. (2001b) は，基準変化説についてさらに検証するために新しい警告実験を行った。以前の研究では，強い警告は常に学習に先立って与えられていたため，符号化要因（例えば，各リストの関連ルアー項目を見つけ出すこと），または，検索要因（例えば，基準変化）のどちらにも影響する可能性があった。Gallo et al. はこれらの要因を分離するために3つの主要な条件を用いた。各条件において，被験者は，後の再認テストのために，いくつかのDRMリストを学習した。重要関連項目は，半分のリストで学習され（それゆえ，テストでターゲット項目になり），残りの半分のリストでは学習されなかった（それゆえ，ルアー項目となった）。条件間の違いは教示にあった。標準条件においては，被験者は虚記憶効果について知らされていない。残りの条件では，被験者は虚再認を避けるようにあからさまな警告を与えられ，そして，DRMリストのサンプルとその関連ルアー項目が，報告を回避すべき単語の種類の一例として与えられた（Gallo et al., 1997と比較すること）。学習前警告群では，この警告が学習前に与えられたため，符号化方略，および，検索方略の両方に影響する可能性がある。テスト前警告群では，警告が，リスト学習後で，テストの前に与えられたため，検索方略のみにしか影響を及ぼさない。両警告条件とも，被験者は，半分のリストで重要関連項目が学習され，残り半分では学習されないということを伝えられた。このように，被験者は，この項目が呈示されたかどうかを決定するために，記憶を注意深くモニタリングしなければならず，単純に，リストに関連していると思われるすべての項目に対してより控えめに反応することだけでは虚再認を避けることができない（少なくとも，重要関連項目が学習されたときに，それに対するヒット率を下げることなしでは成しえない）。

　重要関連項目がリストで学習されたとき，この項目に対するヒット率には3つの主要な条件間で差が見られなかった。この結果は，それぞれの条件の被験者は，（基準変化説で期待されるように）単にリストにおいて知覚された関連性のみにもとづいて，重要関連項目に対して異なった反応はしていないということを示唆している。対照的に，学習時に重要関連項目を含んでいないリストに関しては，条件間に差が見られた。これについて，無関連ルアー項目に対する虚報の差異を減算することで修正した後の

データが，図3.3 に示されている（ちなみに，無修正のデータは同様のパターンに従った）。これら3条件間において，リスト項目に対するヒット率には差異が見られなかったのに対して，関連ルアー項目の虚再認率は，学習前に警告が与えられたとき，有意に低くなった（つまり，Gallo et al., 1997，および，McDermott & Roediger, 1998 の結果を追認した）。この条件の被験者は，学習時に関連ルアー項目を方略的に同定することができたため，この単語の虚再認を避けることができたと考えられる（これは第5章でより詳しく検討される）。ここでより重要なことは，学習後の強い警告が，虚再認の減少には効果的ではなかったということである。この最後にあげた結果のパターンは，基準変化説に相反する有力な証拠として解釈された。この条件の被験者は，学習前に警告を受けた被験者と同様の警告を与えられたため，彼らも同様に，虚再認を減らそうと動機づけられており，それゆえ，テスト時に方略的に推測するという方略や厳格ではない方向への基準変化を回避すべきであった。にもかかわらず，この条件の被験者が虚再認を減らすことができなかったということは，そのような決定プロセスが虚記憶効果の主要な原因ではないということを示唆している。つまり，学習段階後の警告では遅すぎるのだ。どうやら虚記憶をもたらすことを可能にする情報は既に符号化されてしまっているようである。

他の研究者もまた，学習後に（テストの前だが）警告を与えることが，警告なし条件と比較して，虚再認や虚再生における有意な減少をもたらさないということを見出している（Anastasi, Rhodes, & Burns, 2000, 実験3; Lee & Chang, 2004, 実験1; McCabe & Smith, 2002, 実験1; Neuschatz, Payne, Lampinen, & Toglia, 2001, 実験2, 3;

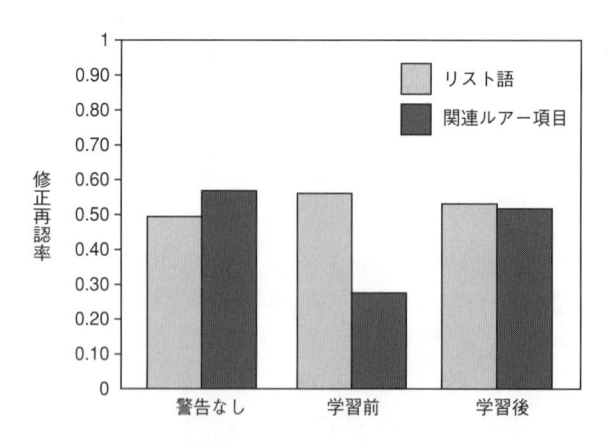

図3.3 正再認と虚再認（基準率虚報で修正済み）における警告の効果 (Gallo et al., 2001b)

あわせて Whittlesea, 2002, 実験 3A も参照）が，しかし，このような警告による効果は小さいながらも観察されることがある（例えば，確信度評定値の低下）。また，2つの研究は，学習後警告の有意な効果を見出した（McCabe & Smith, 2002, 実験 2; Whittlesea, 2002, 実験 3B）が，しかし，両方の場合において，学習時に関連ルアー項目がまったく呈示されなかった。このように，Gallo et al. (2001b) や McDermott & Roediger (1998) とは異なり，警告を与えられた被験者は，関連ルアー項目とおぼしきすべての項目に対して単に控えめに反応することで，たとえこれらの単語に記憶信号があったとしても，虚再認を避けることが可能であった（これら2つの警告に関する方法論の比較に関しては，Gallo et al., 2001b，および，Whittlesea, 2002 を参照のこと）。最も重要なことは，虚再認における頑健な関連性効果が，どの警告研究においても見出され，そして，ほとんどすべての場合で，虚再認や虚再生における関連性効果が，学習後の警告によってあまり影響を受けなかったということである。もし，（記憶信号の欠如時に）関連ルアー項目に対して「old［旧項目］」と推測することについて強い警告を与えられており，虚記憶を減らそうと動機づけられている被験者が，実際にそのような推測方略を回避するという仮定を受け入れることに異論がないならば，このような警告条件における高い水準の虚再認の原因を，そのような推測方略に求めることはできないだろう。

　基準変化説や推測説に反する最後の証拠は，さらなる信号検出理論の分析によってもたらされる。Westerberg & Marsolek (2003b) が主張するように，もし関連ルアー項目の記憶信号が無関連ルアー項目と同じならば（すなわち，もし連想関係が非学習項目の記憶強度に影響しないのならば），関連ルアー項目を学習することが，無関連ルアー項目を学習することと同じ程度の記憶強度（もしくは，感度）における増加（あるいは，もし連想が記憶の符号化を促進するならば，さらに大きな増加）を生み出すはずである。彼女らは（Miller & Wolford, 1999 のように），3つの実験で，各種項目が学習されたときに対して学習されなかったときの感度の推定値の計算を可能とする条件を含めた。Westerberg & Marsolek が，基準変化や決定にもとづくプロセスによって予想したものに反して，被験者にとって，学習（重要）関連項目と非学習（重要）関連項目を弁別する方が，学習無関連項目と非学習無関項目を弁別することよりも難しいということを見出した。この結果は，非学習関連ルアー項目に虚偽の記憶信号があるということを提唱する理論で説明可能である。なぜなら，関連ルアー項目には，学習されていないときでも，既に強力な記憶信号があるため（図 3.2 の下図），無関連項目と比較して，どうやら学習されたときに記憶が向上する余地は少なくなるようであり，そのため，弁別はより難しくなる。さらに，これらの弁別における差異は，

知覚された関係性にもとづく基準変化が適用できないような二肢強制選択課題を用いても見出された（実験2）。このような弁別における差異を説明するためには，非学習関連ルアー項目の記憶信号を提唱する理論が必要である。

　要するに，DRM 虚記憶効果の原因が決定プロセスや推測方略ではないということが証拠によって示されている。関連ルアー項目に関してある種の記憶が存在するという根拠は，主観的判断，プライミング研究，警告研究，信号検出理論による分析からもたらされる。しかし，基準変化が虚記憶現象において何の役割も果たしていないとか，基準変化について検討することが理論的進展に貢献しないとかいっているわけではない。Gallo et al. (2001b) の警告研究では，特にリストで関連ルアー項目が決して学習されないことを被験者に伝えた場合，関連ルアー項目に対して控えめに反応しようとする基準変化が，どのように関連ルアー項目に対する反応の頻度を減少させうるかについて論じられた。この意味では，熟知性の閾値（または，反応基準）の設定は，虚記憶効果を減少させることが可能である診断モニタリングプロセスの一種として見なすことができる（第5章で論じられる）。ここで重要なことは，少なくとも通常条件においては，**厳格ではない方向への**基準変化に方略的に関与することが，これらの虚記憶の原因であるとは考えにくいということである。その代わりに，ある他の要因（または，要因の集合）が，関連ルアー項目に関する虚偽の記憶信号を作り出しているようである。次節ではこの話題について検討する。

●「3大」理論

　連想集束課題における虚記憶効果の説明においては，連想活性化説，主題一致性説，特徴重複説の3つが最も一般的である。図3.1に戻ると，これらの理論が異なる点は，それぞれ順に，連想，主題，意味的類似性を重要視するということである。これらそれぞれの理論に関する着想は，虚記憶を研究する方法としての連想集束課題の人気が高まるよりずっと前の研究論文にその起源を求めることができる。以下に続く項では，それぞれの理論の由来，その中心的な構成要素，そして，お互いの類似点と相違点を簡単に紹介する。いずれか1つの理論を支持し，その他の理論を支持しないような証拠については本章の最終節で紹介されることになるのだが，これらの理論は互いに背反的なものではない。また，公正の精神にもとづいて，それぞれの理論には，その解釈においてかなりの柔軟性が付与されている。これまでの研究では，いずれか一方の視点を擁護する者は，自らの支持する理論を証明し，ライバルの理論を反証するために，ライバル理論を過剰に単純化することもあった。例えば，ジストにもとづいた説

明の擁護者は，連想活性化理論を必要以上に単純化するかもしれないし，その逆もまた起こりうる。本書の目的は，いずれかの理論に有利な証拠を整理することではなく，むしろ，それぞれの理論の長所と限界を示し，最も解明すべき研究結果を解釈するために，これらそれぞれの理論がどのくらい利用可能であるかを探求することである。

連想活性化説

　連想理論は様々な虚記憶効果に適用可能であり，そして，「連想」という用語にはいくつかの意味合いがある（このことについては，第1章で議論した）。しかし，ここで「連想活性化」という用語は，非常にはっきりと限定した意味で用いられる。つまり，この用語は，意味記憶に貯蔵されている概念の活性化で，同じ概念水準にある他の概念の処理に起因するもの（例えば，ある単語が別の単語を活性化するようなもの）を意味する。虚記憶に関する近年の連想理論は，Underwood（1965）の内的連想反応理論に関連しているが，より現代的な認知理論で緻密に作り上げられている（例えば，Roediger, Balota, & Watson, 2001a）。そもそもはじめに，このような理論は，人々が頻繁に使用する単語や概念について，複雑なレキシコン（lexicon），つまり，心的辞書を作成するということを仮定する（単語や概念は，「ノード(node)」，つまり，レキシコンにおける項目として表象されている）。このレキシコンは，意味的に整理されていると考えられることが多く，そのため，類似した意味をもつノード同士や，意味とは別な方法で連想関係にあるノード同士は，それほど連想関係にないノードとくらべて，強く結びついている（図3.4 参照）。この意味に関する仮定により，意味にもとづく類似性をモデルに取り込むことが可能となったが，それ以外の要因（例えば，言語において頻繁に共起すること）もまた，連想的結合の強度に影響している。この種のモデルの重要な特徴は，ある単語の処理（例えば，*bed*［ベッド］）が，レキシコンにおいて対応するノードを活性化し，そして，この活性化が周囲のノード（例えば，*sleep*［眠る］）に拡散するという，Collins & Loftus（1975）によって一般的に知られるようになった考えである。このような活性化拡散は，急速に，また，比較的自動的に生起し，そして，すぐに消失する。そのような活性化拡散の証拠は，おもに，意味プライミングの実験からもたらされる。意味プライミングの実験では，語彙判断課題や高速命名課題のような課題で，プライム語（例えば，lion［ライオン］）の短い呈示によって，その後に呈示される関連単語（例えば，tiger［トラ］）の処理が，無関連の単語（例えば，horse［ウマ］）とくらべて，促進される（例えば，Balota & Lorch, 1986; レヴューとして，Hutchison, 2003 と Neely, 1991 参照）。

　このようなモデルは，非呈示単語（例えば，sleep［眠る］）が，連想語のリスト（例

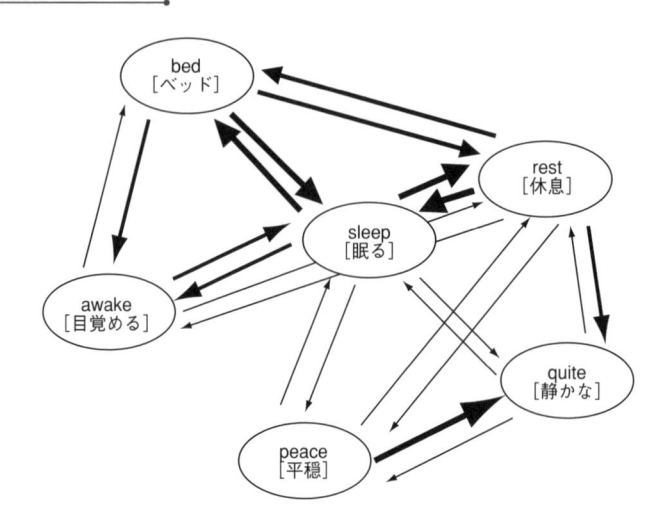

図 3.4　心的レキシコンの部分的な概略図
　　　　ある単語は，別の単語を活性化するよりも，逆の場合にその別の単語によって活性化されやすいこともあるため，ノード間のつながりは双方向性のものとして描かれている。それぞれの連想の仮説的な強度は，線の太さで表現されている。

えば，bed［ベッド］, rest［休息する］, awake［目覚める］など）が呈示されたときに，どのように心的に活性化されるようになるかを説明することが可能であるが，DRM課題のようなエピソード記憶課題における虚再生と虚再認を説明するためにはさらなる仮定が必要となる。意味プライミング効果は，通常は，数百ミリ秒の途切れのない処理においてしか持続せず，それでは，関連ルアー項目で見受けられる虚記憶効果を説明するには，持続時間が短すぎるのである（この虚記憶効果は，学習連想語が呈示されてから，数分，数日，数か月後でさえも生じることがわかっている；Seamon et al., 2002c; Toglia, Neuschatz, & Goodwin, 1999）。この長時間持続する虚再生，および，虚再認記憶効果を，連想活性化理論で説明するためには少なくとも2つの方法がある。

　まず1つ目の説明は，関連ルアー項目が学習段階で活性化し，そして，この活性化が長時間持続する記憶表象の形成をもたらすということを仮定する。その1つに，関連ルアー項目に集束するいくつかの連想語が学習されるため，関連ルアー項目の活性化が合算されるという考えがある（例えば，Seamon et al., 1998）。もしそのような活性化が十分に強くなれば，被験者は，関連ルアー項目を意識的に思い浮かべる可能性があるため，この思考を特有のエピソード記憶として符号化するかもしれない。特に被験者が関連項目を実際に生起したものとして誤ってリハーサルした場合に，この表象は持続するだろう（Goodwin, Meissner, & Ericsson, 2001 と Seamon, Lee, Toner,

Wheeler, Goodkind, & Birch, 2002b において観察されたように)。この場合，関連ルアー項目の虚記憶は，被験者がこのエピソードの表象を検索し，この項目がリストに呈示されたと誤って決定したときに生じることになる（リアリティモニタリングエラー，または，ソースモニタリングエラー；Johnson & Raye, 1981）。

　2つ目の説明は，虚記憶の原因である活性化拡散が，学習段階ではなく（もしくは，学習段階に加えて），テスト段階で起こるということを仮定する（関連する考察として，Tse & Neely, 2005，および，Whittlesea, Masson, & Hughes, 2005 参照）。この考えによれば，関連ルアー項目は，学習されたものと同類の連想語の呈示（や再生）により，再生テストや再認テストにおいて活性化されうる（そのような活性化は，Anderson, 1983; Anderson & Bower, 1973 によって考案されたモデルや Nelson, McEvoy と共同研究者らによって考案されたモデル（例えば，PIER2, McEvoy et al., 1999; Nelson et al., 2003 参照）のような，検索の連想モデルによって予想可能である）。もし，リスト語を再生するという活動が再生テスト時に関連ルアー項目を十分に活性化するならば，また，もしテスト段階にもとづく活性化が再認テストにおいて関連ルアー項目の処理を促進するならば，関連ルアー項目における処理流暢性や熟知性の結果的な促進の原因が，学習段階における先行した呈示であると見なされるかもしれない（Jacoby, Kelley, & Dywan, 1989; Whittlesea, 2002 と比較すること）。ここでは，再認テストで関連ルアー項目を活性化するために，必ずしも学習された連想語が呈示される必要性がないということに注目してほしい。関連ルアー項目が，その学習連想語のエピソード表象に関する手がかりとなりうる限り，このような表象は，今度は同じように，関連ルアー項目を活性化するのである（Gallo & Seamon, 2004）。

主題一致性説

　2つ目の主要な理論は，各々のリストが，ある中心となる主題に従って構成されているという考えに焦点を合わせている。被験者は，リストが呈示され，それを記憶に符号化するときに，この主題を抽出する。この理論におけるこのような側面は，以前に述べられたような決定にもとづいた理論（例えば，基準変化説）と類似しているが，この2つの理論は，この主題表象がどのようにパフォーマンスに影響するのかという点において異なっている。決定にもとづいた理論は，主題一致性が原因で，被験者は関連ルアー項目が（関連ルアー項目の「記憶」なしで）呈示されたということを推測する（もしくは，方略的に推論する）と規定する。その一方で，主題一致性説は，関連ルアー項目とリストの主題の間の一致性が，関連ルアー項目の記憶信号を引き起こすと規定する（この信号は，基準変化説とは対照的に，信号検出理論における分布の

変化によって表されるだろう）。つまり，主題の知識は，関連ルアー項目の概念を活性化させる（再生テストで），または，関連ルアー項目の熟知性を高く感じさせる（再認テストで）かのいずれか，あるいはその両方を生じさせ，被験者は，事実，関連ルアー項目を覚えていると信じてしまう（推測している，または，推論しているのではなく）。このような理論間の差異はわずかだが，重要である。両方の説明において，被験者はルアー項目が学習した主題に関連していると意識的に気づいているかもしれないが，主題一致性説においてのみ，関連ルアー項目が以前に遭遇したものであるという主観的感覚を得ているのである。

　主題一致性説は，被験者が刺激に共通する表象（この場合，主題）を抽出し，この表象が新しい（が，関連している）刺激に対するパフォーマンスに影響するという点において，第2章で紹介したカテゴリー化と虚再認に関するプロトタイプ説と類似している。また，主題一致性説は，記憶における「スキーマ」についてのBartlett（1932）の記述とも類似しているが，この概念は独自の歴史的意義があるため，これら2つはおそらく区別しておいた方がよいであろう（Neuschatz, Lampinen, Preston, Hawkins, & Toglia, 2002 参照）。

　連想集束課題においては，主題一致性説が，そもそも虚再生ではなく虚再認の説明を目的としてきたことに注目することが重要である。つまり，実験者は被験者に関連ルアー項目を呈示し，このルアー項目は主題一致性のためにより熟知性が高く感じられ，そして，虚再認されるのである。ただし，虚再生を説明するためには，さらなる仮定の導入が必要となる。例えば，ある種の生成と再認の2段階プロセスが考えられるだろう（基準変化説に関して既に議論したのと同様に）。まず，関連ルアー項目が心的に生成され（すなわち，それが「心に浮かび上がる」のを意識する），次に，主題一致性にもとづいて虚再認される。しかしながら，このアプローチは，この重要な疑問を一段階先延ばしにしているだけであることに気づいてほしい。呈示されていないルアー項目は，そもそもどのようにして心的に生成されるのだろうか。

　この段階では，連想活性化説と主題一致性説の間の区別は曖昧になる。つまり，虚再生を説明するためには，既存のレキシコン（または，一般的知識の貯蔵庫）における活性化プロセスの役割が必要となるからである。ある種の心的活性化を介すことなく，他にどのようにして呈示されていない単語が，再生テストにおいて心的に生成されるのだろうか。どのような理論においても，そのような活性化プロセスの役割が必要になるだろう。連想活性化説では，活性化が，記憶に貯蔵されているノード（または，単語表象）間に張り巡らされている連想的結合を伝わって拡散するということが提唱される。主題にもとづいた理論は，心的生成を説明するために，もちろんこの仮

定を取り込むことが可能であり、そして、その結果として、なぜこの生成された項目が、検索された記憶として受け入れられるかに関する説明を主題一致性に求めることができるだろう。あるいは、主題にもとづいた理論は、関連ルアー項目が主題の表象自体（それは、当然ながら、多くの学習された連想語を一般化する特徴を含んでいる）によって活性化されるということを仮定することも可能であろう。これらの説明の選択肢間の違いは、活性化がある単語表象から別の単語表象へ拡散するか、主題の表象からある単語表象へ拡散するかであるといえる。

主題一致性の見解を利用している理論で一般的に広く用いられているものに、Brainerd, Reyna と共同研究者ら（例えば、Brainerd & Reyna, 1998, 2002; Reyna & Brainerd, 1995）によって考案された、ファジー痕跡理論（fuzzy trace theory）がある。この理論は、記憶、推論、そして、認知発達の研究に貢献しており（Reyna & Brainerd, 1995 参照）、虚記憶の研究論文でも評判が高い。この理論によると、入力刺激は、2つの質的に異なる種類の痕跡――**ヴァーベイティム**（verbatim：逐語的痕跡）と**ジスト**――に符号化される。この区別は、心理言語学における、言語の表層形式（ヴァーベイティム）と言語の意味・内容（ジスト）との間の区別に端を発する。DRM課題においては、ヴァーベイティム痕跡は、呈示された各項目の項目特定的な詳細（例えば、各々の学習項目を一意的に同定する知覚的特性、リストでの具体的な位置など）を表し、そして、回想についての主観的体験と結合している。ジスト痕跡は、全体的な類似性（例えば、重複している概念的・知覚的特性）と学習語間の関係（例えば、リストの概念的主題）を表し、そして熟知性の主観的体験、また場合によっては、「幽霊回想（phantom recollection）」（第4章で論じられる）と結合している。

関連ルアー項目はリストのジストと一致しており、関連ルアー項目がテスト時にジスト情報の手がかりとなったり、ジスト情報を活性化したりしたとき、結果的に、このルアー項目の記憶信号を生み出す。理論のこの段階の分析では、ファジー痕跡理論における「ジスト」の考えは、主題一致性説における「主題」と類似している。しかしながら、リストのジスト（または、全体的ジスト）に加えて、各単語には、虚記憶の原因となりうる独自の意味、つまり、部分的ジストがあると提案する研究者もいる（例えば、Lampinen, Odegard, Blackshear, & Toglia, 2005b; あわせて Neuschatz et al., 2002; Reyna & Lloyd, 1997 も参照）。例えば、ファジー痕跡理論は、たった1つの連想語が呈示され、全体的な主題やリストのジストがないときでさえ、虚再認効果を説明するために用いられてきた（例えば、「cold [冷たい]」が呈示されたときに「hot [熱い]」を想起すること；Brainerd, Reyna, & Mojardin, 1999 参照）。この場合、「ジスト」は、むしろ、2つの単語の間の意味的特徴の重複の意味で用いられている。次節で論

じられるように，特徴重複説は，主題一致性説と類似しているが，そこには重要な違いが存在する。用語の使用法における混乱を避けるために，「ジスト」という用語は，ここでは，リストからリスト別個の主題表象として抽出されたものを意味するために用いられることとする。そのため，この用語はファジー痕跡理論におけるジストパラメータという意味で解釈されるべきではない。ファジー痕跡理論では，豊富な操作的定義と数学的公式化が主張されているが，本書における目的の範囲を越えているため，このような公式の詳細についてあまり多くは議論されることはない（PIER2のような連想にもとづいたモデルやMINERVA2のような特徴にもとづいたモデルの公式化についても同様である）。また，ヴァーベイティムとジストの区別があるために，ファジー痕跡理論は，記憶の二重過程モデルに位置づけられるということも注目すべきである。二重過程という理論の性質は，虚記憶を減少させることができるような回想にもとづいたモニタリングプロセスを概念化する1つの方法を提供するものであり，そして，この種のプロセスについては第5章でより詳しく論じられる。

特徴重複説

　特徴重複説もまた，主題一致性説と同様に，当初は虚再認を説明するために発展したが，連想活性化（レキシコンにおけるもの）や，各リストの主題（または，全体的ジスト表象）の抽出と符号化を必要としない。実際，Anisfeld & Knapp (1968)は，虚再認についてのUnderwood (1965)の連想を用いた説明の代わりとなるものとして，この理論に類するものを提唱した。また，この種の理論の数学版（MINERVA2）は，Posner & Keele (1970) のカテゴリー化効果に関するプロトタイプ説の代替説として提案された（Hintzman, 1986）。Arndt & Hirshman (1998) は，この後者のモデルにおけるロジックを拡張し，DRM課題における虚再認を説明した。

　特徴重複説によると，出来事は，諸特徴のまとまりとして記憶に符号化される（例えば，知覚的属性，概念的属性，感情的属性など）。検索時に，テスト項目の特徴（例えば，再認テストにおけるルアー項目の特徴）と記憶に貯蔵されている各学習項目に対応する特徴との間の重複の度合いが，テスト項目に対する熟知性の水準を決定する。同様のプロセスは，符号化特定性原理（encoding specificity principle）によって採用されている。符号化特定性原理では，符号化された痕跡と検索手がかりの間の重複が再生にとって重要であるとしており，この考えは，これまで虚再認を説明するために用いられてきた（Tulving, 1983参照）。DRM課題において，関連ルアー項目は意味的特徴を学習語と共有している。このような共通特徴の検索は，関連ルアー項目の熟知性を高く感じさせるため，関連ルアー項目がリストに呈示されていたと被験者が誤っ

て主張する原因となる。この理論と主題一致性説の決定的な違いは，リスト別個の主題，または，ジスト痕跡（または，プロトタイプ）が，学習項目から抽出され，符号化される必要がないということである。その代わりに，学習項目（つまり，事例）のみが記憶に符号化され，それらの特徴と，関連ルアー項目の特徴の間の重複が，関連ルアー項目の記憶信号の主要な要因となる。

主題一致性説とまったく同様に，特徴重複説もまた，再生テストにおける非呈示項目の心的生成を説明するためには，さらに考えを練り上げる必要がある。既存の単語表象の活性化の助けを借りる必要性があるが，レキシコンにおけるある1つの語彙項目全体からまた別の語彙項目への活性化の拡散（連想にもとづいた理論にあるように）や，ある主題表象から語彙項目への活性化の拡散（主題にもとづいた理論にあるように）は必要ではない。その代わりに，学習された単語と重複している（それゆえ，符号化されている）関連ルアー項目の意味的特徴がまず検索されるだろう。つまり，もし関連ルアー項目（すなわち，レキシコンにおけるその語彙項目全体）において残されている（つまり，学習されていない）特徴に活性化が拡散するならば，その単語項目全体は，再生テストにおいて生成される可能性があるだろう〔訳注：ここでは単語の記憶痕跡の性質について述べられている。熟知性のある単語は，実験前においても表象があると仮定されており，その表象は数多くの特徴を含んでいる（すなわち，語彙項目）。もしこれらの特徴（例えば，意味的特徴や主意に関する特徴）のいくつかが，実験中に呈示された他の単語によって活性化されたならば，その非学習語における残りの特徴が活性化する可能性があり，このことが実験中に，この非学習語が思い浮かぶ原因となる〕。主題一致性説で論じたような活性化プロセスと同じく，特徴重複説と連想活性化説の間の区別は，この段階の分析では曖昧になる。この点については，これらの理論に直接関係する証拠が述べられた後に，本章の終わりでより詳しく論じられる。

3大理論の根拠

3大理論間の差異は，どのように単語と概念が表象され，活性化されるかに関するそれぞれの仮説と，この活性化が虚記憶に変換される方法にある。レキシコンにおける語彙項目が直接お互いを活性化するのか（連想理論），それらを活性化することが可能である，別個の主題表象が存在するのか（主題理論），それとも，活性化がそれぞれの語彙項目に結合する特徴に拡散するのか（特徴理論）。再生テストにおける非呈示ルアー項目の心的生成や，潜在記憶テストにおけるルアー項目についてのプライミング効果を説明するためにある種の活性化を提案することが必要となるが，この活

性化の源はこれら3つの理論で異なっている（関連する見解については，Buchanan, Brown, Cabeza, & Maitson, 1999 参照）。これまで述べられたように，関連ルアー項目の記憶信号は，連想活性化説，主題一致性説，特徴重複説のそれぞれで生起可能であり，この類似点は，異なった理論のもつれを解くことを困難にしている。例えば，関連ルアー項目に対応する学習連想語の数を増加することは，虚再生率と虚再認率の上昇をもたらす（第2章で述べられたように）が，しかし，この上昇はこれらの3つの理論のいずれによっても説明が可能なのである。以下では，DRM課題において，ある1つの理論を，別の理論よりも支持するような最も強力な証拠が紹介される。また，その他の連想集束課題へのこれらの理論の適用についても，適宜述べられる。

連想強度

第2章で論じられたように，Deese (1959b) は，リスト語と関連ルアー項目の間の連想強度（「逆方向連想強度(backward associative strength)」または，BAS とよばれる）が虚再生とリスト間で強く相関し（$r = +.87$），76%の分散を説明することを示した。Deese は，「回想のプロセスにおいて，記憶されていた項目と連想関係にある単語と概念が加えられるのだろう」(p.21)，そして，「この実験研究で見出された関係性から生じる仮説は，基本的である連想頻度の観点において，記憶の様式と構成に関する様々な種類の問題を解釈する方法を示唆する」(p.22) と結論づけた。いうまでもなく，Deese は連想アプローチを支持した。Roediger et al. (2001c) は，BAS (Nelson, McEvoy, & Schreiber, 1998a の基準表によって算出されたもの) と虚再生の相関関係（$r = +.73$）を追認し，連想強度が，その他5つの変数——平均項目間連想強度（リスト語間のつながり，もしくは，接続性(connectivity)），平均順方向連想強度（関連ルアー項目からリスト語へのつながり），関連ルアー項目の語長，関連ルアー項目の活字頻度，関連ルアー項目の具体性——と比較して，重回帰分析において，虚再生の最も強力な予測変数であることを見出した（$\beta = +.17$, sr = .60）。正再生は，2番目に強い予測変数であり，虚再生との負の相関が得られた（$r = -.43$, $\beta = -.40$, sr = $-.34$）。関連ルアー項目の長さにおいてもまた，虚再生と負の相関が見られたが（$r = -.28$），その他の変数はいずれも有意な予測変数ではなかった。BAS は，これまで見出された中で最も強力な予測変数であり，多くの研究者は，BASと虚再生，または，BASと虚再認の間の関係性を報告している（例えば，Arndt & Hirshman, 1998; Gallo & Roediger, 2002; McEvoy et al., 1999）。ちなみに，順方向連想強度は，典型的なDRMリストにおける虚再生や虚再認の強力な予測変数ではない。Brainerd & Wright (2005) は，順方向連想が，通常考えられているよりも大きな役割を果たしているという証拠を提供したが，

その実験では短いリストが使用されたため,彼らも述べているように,その結果を典型的な DRM 課題に一般化することはできないかもしれない(Gallo, 2004 と比較すること。接続性の効果の可能性については,本章の最終節で再び取り上げ,そして,ルアー項目の語長効果については第 5 章,正再生の効果については第 6 章でより詳しく論じられる)。

Roediger et al. (2001c) は,BAS との相関関係が,DRM 虚記憶における連想活性化理論を支持するものであると主張した。結局のところ,BAS は,被験者が自由連想課題においてリスト語を呈示されたときに,関連ルアー項目を心的に生成する確率を反映しており,そして,既に述べられたように,それと同様のプロセスが,DRM 再生課題の学習段階やテスト段階に生起する可能性がある。彼らは,さらに,虚再生を誘発することにおけるリストの大きなばらつきは,主題一致性説(やジスト)を用いて解釈することが困難であると示唆した。具体的な例をあげると,彼らは,関連ルアー項目「bitter [苦い]」に対応するリスト(sweet [甘い], sour [酸っぱい], taste [味], chocolate [チョコレート], rice [米], cold [冷たい], lemon [レモン], angry [怒り], hard [つらい], mad [怒った], acid [酸味の], almonds [アーモンド], herbs [薬草], grape [ブドウ], fruit [果物])と関連ルアー項目「sweet [甘い]」に対応するリスト(sour [酸っぱい], candy [キャンディ], sugar [砂糖], bitter [苦い], good [よい], taste [味], tooth [歯], nice [すてきな], honey [蜂蜜], soda [ソーダ], chocolate [チョコレート], heart [心], cake [ケーキ], tart [タルト], pie [パイ])を比較した。彼らが主張するには,両方の場合において,リストが関連ルアー項目の一般的な意味やジストに集束する単語を含んでいるにもかかわらず,虚再生基準表(Gallo & Roediger, 2002; Stadler et al., 1999)が示すところでは,「bitter」がほとんど虚再生されないのに対して(1%),「sweet」は半分以上の割合(54%)で虚再生されているのである。他の例では,「window [窓]」リスト(door [ドア], glass [ガラス], pane [窓ガラス], shade [ロールスクリーン], ledge [(窓の) 下枠], sill [敷居], house [家], open [開ける], curtain [カーテン], frame [枠], view [眺め], breeze [そよ風], sash [サッシ], screen [スクリーン], shutter [雨戸])と「whiskey [ウィスキー]」リスト(drink [飲む], drunk [酔っぱらう], beer [ビール], liquor [蒸留酒], gin [ジン], bottles [ボトル], alcohol [アルコール], rye [ライ麦], glass [グラス], wine [ワイン], rum [ラム酒], bourbon [バーボン], evil [悪], bar [飲み屋], scotch [スコッチ])があげられる。前者は,最も高い水準で虚再生を誘発したリストの 1 つであった(65%)のに対し,後者は最も低いリストの 1 つであった(3%)。Roediger et al. によると,これらのリストの決定的な違いは,BAS に反映されている連想活

性化にある。つまり，「sweet」や「window」は，「bitter」や「whiskey」と比較して，自由連想課題においてリスト語についての連想語として生成されやすいのである（「sweet」と「window」の平均 BAS は，それぞれ 17% と 18% であるのに対し，「bitter」と「whiskey」は，それぞれ 1% と 2% であった）。

　このような主張の1つの限界は，それらが「主題の良さ」やジストに関する直感のみにもとづいているということである。また，BAS と虚記憶の間の相関は，すべての相関と同様に，直接の因果関係を反映していないかもしれない。実際には，その相関は，連想活性化ではなく，主題一致性や特徴重複によって介在されているかもしれないのである。他の理論との関連で述べられたように，たとえ連想活性化が，再生テストを受けている間に，関連ルアー項目の心的生成をもたらすとしても，他のプロセスがこの単語についての虚偽の記憶信号（または，それが実際に学習リストにあったという信念）をもたらしたのかもしれない。強い連想語群は，弱い連想語群よりも意味においてより類似する傾向があるため，強い連想語群は，より重複した意味的特徴を共有するだろうし，より一貫した主題を作り出すだろう。もしかするとこの意味的類似性こそが，関連ルアー項目の熟知性が高いように思わせ，そして，虚記憶を促進するのかもしれない。これらの選択肢は，BAS との相関のみにもとづくことでは除外することができない。しかし，次に述べられるように，他の材料との比較によって，BAS と虚記憶の強い関係に（ある単語から別の単語への）連想活性化が介在するという考えの重要性が増す。

カテゴリーリスト

　BAS 効果における意味的類似性による説明に反する証拠，すなわち，特徴重複説や主題一致性説に反する証拠は，カテゴリーリストによって誘発された虚記憶との比較によってもたらされる（例えば，sparrow［スズメ］, cardinal［ショウジョウコウカンチョウ］, blue jay［アオカケス］などを学習し，robin［コマドリ］の虚再生を誘発するもの）。カテゴリーリストにおけるすべての単語は，関連ルアー項目と類似する意味的特徴を共有し，定義上，すべての単語に関連する共通の主題や意味的なジスト（すなわち，そのカテゴリー）に集束する。このような強力な主題における関連性にもかかわらず，カテゴリーリストでの虚再認における関連性効果（すなわち，関連ルアー項目に対する虚報から無関連ルアー項目に対する虚報を減算したもの）は，通常，20% から 30% の範囲にあり（例えば，Brainerd et al., 2001; Dewhurst, 2001; Seamon et al., 2000），連想リスト，つまり，DRM リストにおいて通常見受けられるもの（40 から 60%）とくらべてかなり低いのである。虚再生もまた，カテゴリーリストでは，

DRMリストの虚再生にくらべてかなり低くなる傾向にある（Lövdén, 2003）。

　Buchanan et al. (1999) は，連想（DRMタイプ）リストとカテゴリーリストを直接比較し，そして，関連ルアー項目の虚再認率において，前者（.37）の方が，後者（.19）よりも高いことを見出した。彼女らは，このように虚再認において連想リストの効果がより大きかったことは，特徴にもとづくメカニズムやカテゴリーにもとづくメカニズムではなく，ある種の連想メカニズムに関係していることを意味するものであると主張した。同様の文脈で，Smith et al. (2002) は，DRMリストの虚再生が，関連ルアー項目の連想活性化によって大きく影響されるのに対して，カテゴリーリストの虚再生（彼らの研究でより低かった）は，意味的に誘導された検索（主題一致性と同種のもの）によって大きく影響されていると主張した。この主張と一致して，DRMリストが，カテゴリーリストと比較して，高い連想強度をもっており，そして，DRMリストだけが潜在記憶テスト（語幹完成課題）でプライミング効果（非学習語の連想活性化を反映するものとして考えられている）をもたらすことを彼らは見出した。

　Pierce, Gallo, Weiss, & Schacter (2005a) は，主意テスト（meaning test）（例えば，Brainerd & Reyna, 1998）を用いて，関連ルアー項目が，その対応する学習リストの主題やジストの手がかりとなる可能性を直接測定した。被験者は，いくつかの連想リストとカテゴリーリスト（連想リストの方がBASは大きい）を学習した後，学習単語，関連ルアー項目，無関連ルアー項目を呈示された。実験1における被験者は，それぞれの単語が学習したものかどうかを判断する（典型的な再認教示が与えられた）のに対し，実験2の被験者は，テスト語を学習したと思ったかどうかにかかわらず，テスト語が「学習した中心的概念や主題に類似している」かどうかを示すように教示された。標準的なテストでは，正再認と無関連ルアー項目への虚報はリスト間で大きな差異が見られなかったにもかかわらず，カテゴリーリストの虚再認率（38%）は，連想リストの虚再認率（60%）よりも低かった。主意テストでは，リスト間の差異はより小さく（カテゴリーリスト：86%，連想リスト：92%），そして，連想リストとカテゴリーリストにおいて，主意テストで受け入れられる可能性が同等（80%）にされたときでさえ，虚再認率における大きな差異は存続した（カテゴリーリスト：28%，連想リスト：59%）。リストの主題一致性に関する判断は異なっていなかったが，虚再認率（そして，連想強度）は異なったという結果は，主題一致性の見解よりも，連想活性化の見解とより符合する。

　別の研究において，Park et al. (2005) は，連想活性化がカテゴリーリストにおける虚記憶効果に関与していると主張した。しかしながら，連想強度に加えて，その基礎をなす連想の構造が重要であるとも主張している。連想強度が連想の2つの水準

（同位水準と下位水準）で均衡化されたにもかかわらず，虚記憶は，連想が同位水準にある（例えば，ある事例から次の事例）ときに最大となったが，連想が下位水準にあるときに最小となった（例えば，「fruit［果物］」のようなカテゴリー名の虚再認は，「orange［オレンジ］」や「apple［リンゴ］」などのような事例のリストを学習するときには生起しにくい）。カテゴリー名は，どちらかといえば，あるカテゴリーのジストを最も活性化しやすいはずであるから，これらの結果を主題一致性説で説明することは困難である。残念ながら，この研究では主意テストが用いられていないため，水準にまたがる連想語群が，同水準の連想語群とくらべておおよそ同じくらい，リストのジストと一致しているものとして，テスト時に知覚されているかどうかは不明である。

同音異義語のルアー項目

類似性やジストにもとづいた理論ではなく，連想活性化理論を支持する証拠には，他にも Hutchison & Balota (2005) による研究がある。この研究では，同音異義語 (homophone) が関連ルアー項目（例えば，*fall*［落ちる，秋］）として用いられたため，学習語の半分は，ある1つの意味（例えば，*stumble*［つまずく］，*slip*［滑る］，*rise*［上げる］，*trip*［転ぶ］，*faint*［気絶する］，*clumsy*［ぎこちない］）に集束し，残りの半分はもう1つの意味（例えば，*autumn*［秋］，*season*［季節］，*spring*［春］，*leaves*［葉っぱ］，*brisk*［冷たくて気持ちよい］，*harvest*［収穫］）に集束した。このような同音異義語のルアー項目における虚再生や虚再認は，すべての学習語が1つの同じ意味に集束するような標準的な DRM 課題のルアー項目における虚再生や虚再認と比較された。同音異義語リストは，たった1つの意味に焦点を合わせるのではなく，2つの別々の意味に集束するため，DRM リストよりもジストや主題が弱くなると主張された。操作確認として，主題の一貫性やジストにおける差異が，主意テスト（Pierce et al., 2005a で用いられたものと類似したもの）において関連ルアー項目を比較することで確認された。

これらすべての理論に一致して，関連ルアー項目の虚再生は，6つの学習語のみ（すなわち，同音異義語ルアー項目，または，DRM ルアー項目いずれかの同じ1つの意味に集束する6単語）が用いられたとき，2種類のリストで同等であった。しかしながら，リストの長さが12語に増えたとき，すなわち，追加された6つの学習語が同音異義語ルアー項目では別の意味に，そして，DRM ルアー項目では同じ意味に集束するとき，それぞれの理論は異なった予測をもたらす。ジストにもとづいた理論によると，リストの長さにおける増加は，DRM リストのジストが同音異義語のジストよ

りも強くなるため、DRMリストにおける虚再生をより促進するだろう。ところが、連想理論によると、2種類のリストは連想強度において均衡化されているため、虚再生はそれぞれの種類のリストで同等に増加するだろう。5つの実験において様々な呈示時間、ブロック化呈示や混合呈示、再生テストや再認テストが用いられた結果、連想活性化理論とより合致した。付加的な学習語を追加することは、2種類のリストにおける虚記憶率を同等に増加させたのである。

非連想集束性

　DRM課題における連想活性化理論についての議論はさておき、われわれは、非連想メカニズムが虚再認において重要な役割を果たしていることを知っている。このような主張は、既存の心的表象が存在せず、それゆえ、意味記憶から連想的に活性化されることのできない材料、例えば、非単語のリスト、ランダムドットパターン、見たことがない顔刺激、その他の抽象図形のような、非学習ルアー項目に知覚的に類似している材料における虚再認効果にもとづいている（第2章参照）。このような材料における虚再認効果は、知覚的な特徴重複や、主題一致性のような、連想とはまた別のプロセスが原因で生起するに違いない。特徴重複説のみを支持する証拠は、抽象的なカテゴリーからたった1つの項目が呈示されるような条件、つまり、虚再認に貢献しうるテーマが存在しない条件に由来するが、そのような効果はどちらかといえば、小さいか、ほとんど存在しない（例えば、Budson et al., 2001; Koutstaal et al., 1999b）。DRM課題の場合（第2章参照）、学習項目数を増加させることで、重複した特徴の記憶が強化されるため、もしくは、一貫した主題（または、プロトタイプ）がより簡単に抽出可能となるため、虚再認効果の原因になり、このような材料の虚再認を大きく増加させることが可能である。主題一致性や特徴重複がこれらその他の課題において何らかの役割を果たしているということを考慮すると、それらのうち少なくともどちらか一方もまたDRM虚記憶効果の原因になると仮定されることが多い（しかし、DRMリストは、知覚的関係性ではなく、概念的関係性に関与しているが）。

テスト項目の文脈

　Gunter, Ivanko, & Bodner（2005）は、再認テストで関連語のみ（すなわち、DRMリスト語と関連ルアー項目）をテストすることが、テストに無関連ルアー項目が含まれるようなより典型的な条件と比較して、関連ルアー項目の虚再認、および、それに対応する「remember」判断の低下という結果をもたらすことを見出した。典型的な手続きでは、学習語と無関連ルアー項目それぞれを区別するために、おもにジストに

もとづいた類似性に頼ることが可能であるため,ジストにもとづいた反応が促進される傾向があると彼らは主張した(Tun et al., 1998 は同様の主張をしている)。Gunter et al. (2005)はまた,正再認が,関連ルアー項目のみをテストしたときにより低くなるということも見出した。この結果は,被験者が,ある呈示されたリストのジストに関連する単語ならどのような単語でも,それを受け入れることにおいて,全体的に注意深くなることを示唆している(以前に述べられた,ある種の学習後警告効果に類似している)。このような効果は,連想活性化プロセスで説明することが困難である。連想活性化プロセスでは,テストで関連語のみが呈示されたときに,どちらかといえば,この効果が大きくなるだろうと予測されるためである。つまり,このような結果はジストにもとづいた理論により符合する。

保持間隔

　DRM 課題で生じる虚再生,および,虚再認における保持間隔の効果もまた,それぞれの理論を検証する方法として用いられてきた。ファジー痕跡理論では,心理言語学的研究に端を発する仮定が存在し(例えば,Reyna, 1995; Reyna & Kiernan, 1994),虚記憶の土台となる主題表象,あるいは,ジスト表象は,真実の記憶の土台となる項目特定的表象,あるいは,ヴァーベイティム表象とくらべて,忘却に対して抵抗力が高いとされている(例えば,Brainerd, Reyna, & Brandse, 1995a; Payne et al., 1996; Reyna & Brainerd, 1995)。この予測もまた,記憶の構成的理論から自然と導かれるものであり,ある物語の詳細に関する記憶は時間とともに薄れていくが,経験の全体的なジストや一般的な意味は保持されるという Bartlett (1932) の主張と合致する。特徴重複理論もまた,虚記憶が,真実の記憶と比較して,保持間隔に対して抵抗力が高くなりうると予測する。つまり,複数の学習項目間で共有されている(そして,関連ルアー項目の虚記憶の土台となる)特徴は,各学習項目に固有である(そして,真実の記憶の土台となる)特徴とくらべて多く存在するために,前者の方が後者よりも忘れ去られにくいだろうという推論である(例えば,Hintzman, 1986)。同様の理由で,テスト段階にもとづいた連想活性化理論においてもまた,関連ルアー項目の活性化が複数の学習語で合計されるため,虚記憶が真実の記憶よりも,時間の経過に関してより頑健であるだろうと予測される。

　このような予測に反して,学習時における関連ルアー項目の活性化(そして,引き続いて起こるソース記憶エラー)のみにもとづいた理論では,保持間隔が長くなると,虚記憶の方が真実の記憶よりも大きく減少すると予測される。この予測のもとになる考えは,他の要因が同じだと仮定すると,学習時に心的に活性化されただけの単語の

再生率にくらべて，実際に呈示された単語の再生率は連想活性化，および，その呈示に関する知覚的特徴の両方から恩恵を得るため，前者が後者と同程度に高くなるはずがないというものである。また，学習段階にもとづいた関連ルアー項目の連想活性化は，リスト語の連想活性化よりも強力であり，それゆえ，記憶において実際の呈示から得られる効果を上回るというような主張も可能かもしれない（関連する知見については Hancock et al., 2003 参照）。この立場は，なぜ虚再生率が，直後テストにおいて（少なくとも，リスト中盤の単語で）正再生率と同じくらい高くなることがあるのか（または，正再生率よりも高くなることがあるのか）を説明可能であるが，どのようにして虚再生や虚再認が，正再生や正再認とくらべて，保持間隔による影響を受けることが少ないのかを説明することができない。既に述べられたように，長期の保持間隔における虚記憶を説明するためには，学習段階にもとづいた活性化理論は，具体的には，意識的活性化を介した，より持続性のある表象を仮定する必要があるだろう。しかしながら，被験者が学習中に単語を声に出してリハーサルするように教示されたとき，関連ルアー項目は，リスト項目とくらべて，より頻繁にリハーサルされることはなかった（例えば，Seamon et al., 2002b）。この結果は，学習段階において，関連ルアー項目がリスト語より頻繁に意識的に活性化されていないということを示唆する。すなわち，学習段階にもとづいた活性化理論によって最も論理的に予測されることは，遅延時間が長くなると，関連ルアー項目の忘却の方がリスト語より大きくなるということだろう。

表3.2は，DRM課題を用いた9つの研究結果をまとめたものであり，再生テストを用いた条件と再認テストを用いた条件に分割されている（すべての再認データは，適切な無関連虚報を減算することによって修正されている）。これらすべての比較においては，短い遅延時間（例えば，30秒）とは対照的に，比較的長い遅延時間（数日単位）が用いられている。遅延時間が短いとき，虚再生よりも，正再生が減少することがわかっている（例えば，McDermott, 1996; McEvoy et al., 1999）が，しかし，これは単に，直後再生における新近性効果の減少が原因かもしれない（第2章参照）。表3.2には，ある遅延時間における真実の記憶と虚記憶の減少に関して，絶対的な減少率，および，真実の記憶と虚記憶それぞれの初期水準との割合の両方で表記されている。この後者の割合減少率は，真実の記憶と虚記憶の初期水準における差異が忘却率における相対差に影響するのを回避する1つの方法である。

表からわかるように，得点の種類に関係なく，最も頻繁に見受けられる結果は，虚記憶が真実の記憶にくらべて，保持間隔による影響をあまり受けないというものである。再生テストでは，このパターンは，（少なくとも数値的には）絶対的な減少率では

表3.2 9つの研究によるリスト語 (LW) と関連ルアー項目 (RL) の再生と再認における保持間隔 (すなわち，学習とテストの間の遅延時間) の効果

研究	遅延時間	絶対的減少率		割合減少率	
		リスト語	関連ルアー項目	リスト語	関連ルアー項目
●再生テスト					
McDermott (1996, 実験1) [a]	2日間	.46	.34	.92	.74
Thapar & McDermott (2001, 実験1)	2日間				
深い処理の学習課題		.24	.08	.67	.33
浅い処理の学習課題 (まとめられたデータ)		.06	.02	.67	.33
Brainerd, Payne, Wright, & Reyna (2003a, 実験2)	1週間				
リスト学習1回／テスト1回		.10	.12	.50	.28
リスト学習3回／テスト1回		.15	-.02	.47	-.11
Thapar & McDermott (2001, 実験1)	1週間				
深い処理の学習課題		.27	.10	.75	.42
浅い処理の学習課題		.06	.03	.67	.50
Toglia et al. (1999, 実験2)	1週間				
主題でブロック化された学習リスト		.21	.03	.53	.06
主題で混合された学習リスト		.16	.03	.52	.09
Seamon et al. (2002c, 実験1)	2週間	.10	.01	.59	.04
Toglia et al. (1999, 実験2)	3週間				
主題でブロック化された学習リスト		.25	.05	.63	.09
主題で混合された学習リスト		.21	-.07	.68	-.20
Seamon et al. (2002c, 実験1)	2か月	.13	.16	.76	.57
平均		.18	.07**	.64	.24**
●再認テスト					
Payne et al. (1996, 実験1)	1日間	.18	.11	.35	.19
Lampinen & Schwartz (2000) [b]	2日間				
実験1		.17	.11	.26	.16
実験2		.24	.21	.38	.29
Neuschatz et al. (2001)	2日間				
実験1 (まとめられたデータ)		.21	.22	.37	.46
実験3 (警告なし条件)		.14	.08	.30	.22
Seamon et al. (2002c, 実験2)	2日間	.13	.17	.26	.29
Thapar & McDermott (2001, 実験2)	2日間				
深い処理の学習課題		.35	.15	.41	.24
浅い処理の学習課題 (まとめられたデータ)		.11	.02	.32	.07
Brainerd et al. (2001, 実験2)	1週間				
順方向学習呈示順序／先行再生テストなし		.27	.27	.55	.42
逆方向学習呈示順序／先行再生テストなし		.06	.27	.18	.47

表 3.2　続き

研究	遅延時間	絶対的減少率		割合減少率	
		リスト語	関連ルアー項目	リスト語	関連ルアー項目
Thapar & McDermott（2001, 実験 2）	1 週間				
深い処理の学習課題		.42	.17	.49	.27
浅い処理の学習課題（まとめられたデータ）		.11	.03	.32	.10
Seamon et al.（2002c, 実験 2）	2 週間	.22	.17	.44	.29
Seamon et al.（2002c, 実験 2）	2 か月	.41	.48	.82	.83
平均		.22	.18^{ns}	.39	.31*

注：再認得点は，無関連虚報を減算することによって修正されている。「絶対的減少率」は，直後得点と遅延後得点の原データの間における減少の報告である。「割合減少率」は，初期得点に対する割合として減少を表している。リスト語と関連ルアー項目の平均差異に関する検定結果については，**$p < .01$，*$p < .10$，ns = 有意差なし。
a 各学習リストに引き続いた直後テスト（新近性効果をなくすための 30 秒の遅延時間後）のデータであるのに対して，2 日後の遅延テストは，24 のすべての学習リストを対象としたデータである。
b これらのデータは図より推定され，ヒット率 −（虚報 /1 − 虚報）という式を用いて（論文の原著者らによって）修正されたものである。

13 条件のうち 11 条件，割合減少率ではすべての 13 条件において確認された。表に含まれるすべての実験における比較を平均すると（それぞれを同等に重みづけして），リスト語の絶対的減少率の平均値（.18）は，関連ルアー項目の絶対的減少率の平均値（.07）とくらべて有意に高く（$t(12) = 4.63$, $p < .01$），このパターンは，割合減少率においても見受けられた（リスト語 = .64，関連ルアー項目 = .24, $t(12) = 7.09$, $p < .001$）。再認テストでは，このようなパターンがそれほど一貫して見受けられず（そして，その差異は常に有意ではなかった），絶対的減少率では 14 条件のうち 9 条件，割合減少率では 14 条件のうち 10 条件で確認された。絶対的減少率において，リスト語の平均減少率（.22）と，関連ルアー項目の平均減少率（.18）との間に有意差は見られなかった（$p = .20$）が，その効果は，割合減少率においてより大きかった（リスト語 = .39，関連ルアー項目 = .31, $t(13) = 2.11$, $p = .06$）。このように，遅延時間後，正再認は虚再認よりも減少することがあるが，常にそうなるとは限らない。総合的に判断すると，これらの結果は，虚再生が正再生とくらべて，長時間にわたって持続すること，そして，虚再認が正再認と同じくらい，または，それ以上持続するということを示唆する。このような結果は，学習段階にもとづいた連想活性化以外のプロセス

(例えば，テスト段階にもとづいた連想活性化，ジストや主題一致性，特徴重複など）が関与していることを示唆している。

意識的活性化

　DRM 課題おいて，学習時に関連ルアー項目の意識的生成が生起することがあり，虚記憶効果に影響を与える可能性があるものの，虚再生や虚再認が生起するためには，そのような生成が必要ではないということを示唆する証拠が存在する。Seamon et al. (2002b) は，被験者がリストを学習する際に，単語を声に出してリハーサルするように求めた。その結果として，学習時に外的に生成されなかった（つまり，声に出されなかった）関連ルアー項目においてでさえも，高い水準の虚再生率（.27）と虚再認率（.74）が得られた。このことは，学習時においてこれらの単語を意識的に考えることが，後の虚記憶に必ずしも必要とは限らないということを示している。学習時における関連ルアー項目のリハーサル頻度は，実際に後の虚再生率と正の相関が見られたが（Goodwin et al., 2001 も参照），このことは，学習時における関連ルアー項目の意識的な生成が，虚再生を促進するという考えと一致する。Marsh & Bower (2004) は，自由リハーサル手続き（他の研究と同様の手続き），そして，強制生成手続き（被験者が学習時に各単語についての連想語を生成するように教示される手続き）を用いて，虚再認において類似した結果を得た。Lampinen, Meier, Arnal, & Leding (2005a) もまた，被験者が学習語の呈示中に関連ルアー項目をはっきりと生成し，そして，このような生成が後の再認判断に影響を及ぼすという証拠を提示した。

　異なったアプローチをとったのは，Gallo & Seamon (2004) であった。被験者には，いくつかの DRM リストが高速で視覚呈示された（すなわち，リストにある 15 語すべてが 1 秒以内で呈示され，視覚的ノイズでマスキングされた）。各リスト呈示後，被験者は，知覚したすべての単語を，もし必要ならば推測して記述するように求められた。このような学習・知覚試行を数回し終えた後，被験者には，二肢強制選択再認テストが与えられ，そこでは各リストについての関連ルアー項目と統制語が呈示されており，被験者はどちらが呈示されたかを推測しなければならなかった（実際は，どちらの単語も呈示されていない）。Gallo & Seamon は，被験者が学習直後の知覚・再生テストにおいて関連ルアー項目を生成していないようなリストにおいてでさえも，最終再認テストにおける関連ルアー項目の選択率（57%）は，チャンスレベル（50%）を有意に超えていたということを見出した。その他のいくつかの研究においてもまた，リスト語がきわめて高速に呈示され，学習時における関連ルアー項目の意識的生成がわずかであるような条件で，関連ルアー項目の虚記憶効果が見出された（第 5 章参照）。

これと関連した知見では，Dodd & MacLeod（2004）が，学習リストの呈示に関してうまく偽装され，そのため学習時における関連ルアー項目の意識的生成がありそうもないような偶発的手続きに引き続いて，関連ルアー項目の頑健な虚再認を報告した。これらの研究結果をまとめると，学習時における関連ルアー項目の意識的活性化は，虚再生と虚再認効果を引き起こすのに必須というわけではないが，標準的な条件においてはその関与があるだろうという考えと一致する。

　先行研究（Seamon et al., 1998）とは対照的に，Gallo & Seamon（2004）による研究結果は，リスト語に関するある種の意識的処理が，関連ルアー項目の有意な再認には必要であるというものであった（Zeelenberg, Plomp, & Raaijmakers, 2003 も参照）。図 3.5 に示されているように，学習時にどのリスト語も知覚・再生されなかったとき，関連ルアー項目の再認はチャンスレベル（50%）であったが，より多くのリスト語が知覚・再生されるに従って増加した。このような研究結果から示唆されることは，短時間呈示されたリスト語から生じたかもしれない長続きしない意味プライミングは，意味プライミングに関する文献（例えば，Roediger, Balota, & Watson, 2001a）で見出されたものと同種であり，この研究において関連ルアー項目の長時間続く再認を引き起こすためには十分ではなかったということである。その代わりに，リスト語の意識的処理が，おそらく学習時に関連ルアー項目に関するさらに多くの連想活性化をもたらすため，もしくは，重複した意味的特徴や主題・ジスト表象のよりよい符号化をも

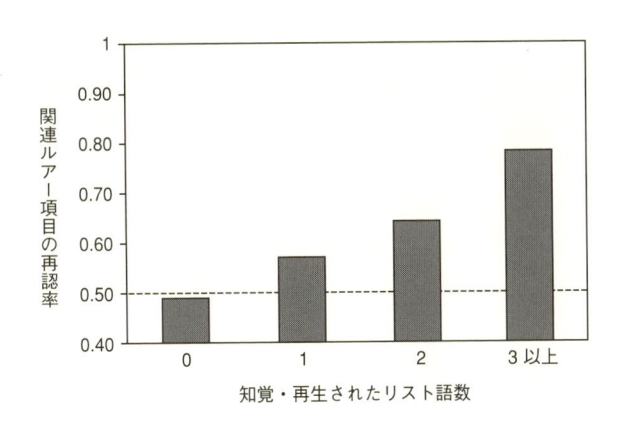

図 3.5　学習中に知覚・再生されたリスト語数に応じた関連ルアー項目の再認率（Gallo & Seamon, 2004）強制選択テストのチャンス率は 50% であった（点線）。(Gallo, D. A., & Seamon, J. G., 2004, Are nonconscious processes sufficient to produce false memories? *Consciousness & Cognition*, *13*, 158-168. より複製）

たらすために必要となるのである（さらなる考察については，Gallo & Seamon, 2004 に対する返答である Raaijmakers & Zeelenberg, 2004 を参照のこと）。

　これらの研究結果について可能な説明は他にもあり，それは学習時におけるリスト語の意識的処理が，テスト時にリスト語の回想をもたらしたというものである。このようなリスト語の回想が，続いて，関連ルアー項目の活性化を可能にした（それゆえ，虚記憶が増加した）のかもしれない。そのようなテスト段階にもとづいた連想活性化は，典型的な DRM 効果に寄与することが可能であるが，関連ルアー項目の記憶信号には必ずしも必要でないということを示すデータもある。既に述べられたように，関連ルアー項目においては，被験者がリスト語を回想しようと試みることがないように思える潜在記憶テストでプライミング効果が得られる。さらに，Cleary & Greene (2004) は，テスト語が短時間で瞬間呈示され，被験者がテスト語を知覚することができないような条件下においてでさえも，無関連ルアー項目とくらべて，関連ルアー項目を学習した可能性のある項目として判断しやすいということ（つまり，同定がない再認現象(a recognition-without-identification phenomenon)）を見出した。この課題においては，テスト語が同定されていないため，学習段階に対応する回想は考えにくい。この興味深い研究結果は，（テスト時の）リスト語の意識的回想，および，（テスト時の）関連ルアー項目の意識的同定のいずれも，関連ルアー項目の記憶信号には必要がないということを示唆する。潜在記憶研究と同様に，この課題は，学習時における関連ルアー項目に関する連想語の処理で生起するような，関連ルアー項目の無意識的なプライミングを感知しやすいであろう。Cotel, Gallo, & Seamon (2006) による研究では，Cleary & Greene (2004) の結果が追認され，さらに，（テスト時の）関連ルアー項目の同定がない再認現象は，学習時においてこの項目の意識的生成を必要としないということを明らかにした。彼らは，関連ルアー項目の虚再認信号は，もっぱら無意識的なプロセスを通して作り出されると結論づけたが，この効果は直後テストのみにおいて認められた。つまり，この結果は，このような無意識的活性化が急速に衰えるということを示唆している。

　これまでに述べられた証拠は，学習時における関連ルアー項目の意識的生成が，虚再生や虚再認に必要不可欠ではないということを示している。しかしながら，そのような意識的生成が生起することがあるという証拠もいくつか存在する。(1) 上述された外的リハーサル課題は，関連ルアー項目が偶発的に，被験者のリハーサルに含まれることがあるということを示している。(2) テスト中に得られた主観的報告もまた，被験者が学習時に関連ルアー項目を思い浮かべるということを示している（例えば，Brédart, 2000; Multhaup & Conner, 2002, 第5章参照）。(3) Lövdén & Johansson (2003)

は，典型的な DRM 呈示条件におけるアナグラム解決課題を用いて，関連ルアー項目におけるプライミング効果を見出したが，第2実験において被験者が学習中に構音抑制を課せられたとき，このような効果は消失した（しかし，呈示項目におけるプライミング効果は影響を受けなかった）。彼らは，関連ルアー項目におけるプライミング効果が構音抑制によって最小限に抑えられるような，学習中の単語の意識的生成に依存するということを示すものとして，この結果を解釈した（Tajika et al., 2005 も参照のこと）。(4) Anaki, Faran, Ben-Shalom, & Henik（2005）は，学習された単語と同様に，低頻度の関連ルアー項目が高頻度の関連ルアー項目とくらべて再認されやすいのに対して，無関連ルアー項目に対する虚報は，逆のパターン（低頻度＜高頻度）を示すということを見出した。彼らは，このような効果が，学習時における関連ルアー項目の連想活性化に関係するものであると主張した。(5) 関連ルアー項目における，部分リスト手がかり効果，および，検索誘導性忘却効果もまた，関連ルアー項目の記憶表象が符号化時に形成されるということを示唆している（第6章参照）。これらすべての結果は，典型的な DRM 条件下で，学習時における関連ルアー項目の意識的生成を指し示している。

要点と結論

　数多くの研究によってもたらされた証拠は，連想活性化が典型的な条件下での DRM 虚記憶効果における主要な役割を果たしているということ，そして，主題一致性や特徴重複のいずれか一方，あるいは，それら両方もまた関与しているということを示している。いくつかの重要な疑問がまだ解決されてはいないものの，この種の理論的問題は，DRM 課題に限られたものではないということは強調されるべきであろう。第1章で述べられたように，類義語の虚再認に関する Underwood の内的連想反応理論と Anisfeld & Knapp の特徴にもとづいた理論との間の論争は，いまだに解決していない。意味プライミングに関する文献は，また別の事例を提供する。Hutchison（2003）は，その包括的なレヴューにおいて，特徴重複説と連想活性化説の双方について，十分な証拠が存在すると結論づけた。なおかつ，カテゴリー化については，特徴にもとづいた理論とプロトタイプ（または，主題一致性）にもとづいた理論の間の論争は，カテゴリー学習の分野で，いまだに盛んである（例えば，Zaki, Nosofsky, Stanton, & Cohen, 2003）。このような重要度の高い疑問は，その他の虚記憶課題にも広く適用することができる。新奇ではあるが，知覚的に関連した材料の虚再認（例えば，Posner & Keele, 1970）は，特徴重複性が原因なのか，それとも，抽象的なプロ

トタイプの生成が原因なのか。類似した画像やカテゴリー化された画像の虚再認（例えば，Koutstaal & Schacter, 1997）は，共通概念の活性化によってもたらされるのか，それとも，刺激で重複した知覚的特徴によってもたらされるのか。カテゴリー化リストにおける単語の虚再認は，上位カテゴリー表象へのアクセスによって引き起こされるのか，それとも，異なる単語間の連想によって引き起こされるのか。そして，同韻語の虚再認は，既存の音韻的連想によって引き起こされるのか，それとも，単語間の知覚的重複によって引き起こされるのか。

これらすべての課題において，主要な理論上の障壁は，「連想」，「主題」や「意味的特徴」，そして，しばしば明確に定義されていない方法で使われるその他関連用語（例えば，「意味」，「ジスト」，「関連性」，「プロトタイプ」など）で伝えられる情報の種類に関しての一般的な同意が得られていないことである。現代の記憶研究者の多くは，この状況に対して不満をあらわにしているが，このような申し立ては，歴史的に前例がないものではない。Tulving & Bower（1974）は，記憶エラーにおける特徴にもとづいた理論に関する考察との関連で，このような概念的な問題をうまく表現した。

　　特徴間の情報重複に関する問題は，その特徴が物理的刺激について識別可能な特性に関して記述されないとき，はるかに複雑になる。例えば，われわれはどのように意味情報を分類するべきなのだろうか。意味情報には，どのくらい異なった「種類」があるのだろうか。……必要となるのは，記憶実験を通して実証可能であるような，「意味」情報についての十分な分類法である（p. 281）。

同じ年に，J. J. Jenkins（1974）は，「われわれは意味のある記憶の理論を得ることができるのか」というタイトルの洞察力に富んだ文章を記した。その文章では，処理水準説の支持を期待した彼自身の研究に部分的にもとづいて，同様の論点が主張された。彼は，「有意味性は，説明としてではなく，説明されるべき変数として見なされなければならない」（p. 3）と主張した。研究に対するこのような処方箋があるにもかかわらず，われわれはいまだなお，この問題を解決に導く一般的に受け入れられるような分類法を手にしておらず，これらの概念についての考えは，理論家が異なれば，その姿を変えがちである。例をあげると，Arndt & Hirshman（1998）は連想強度が重要であることを見出し，彼らのモデルにおいて，連想を特徴重複の指標として考えた。また，Brainerd & Reyna（1998）は，主意テストにおいて，関連ルアー項目が他の単語とくらべて，その対応するリストのジストについての手がかりとなりやすいということを見出したが，これは，単語間の連想的接続性が原因

であると主張した。

　ここでの問題は，どのように単語と概念が有意味的に関連しうるのかについて概念化する複数の方法があるということである。「主題」は，学習された材料から符号化された「意味的特徴」の集合体なのだろうか。もしそうならば，単語間の連想的接続性に加えて，この特徴の集合体もまた，「連想」を介して接続されているのだろうか。そして，「活性化が拡散すること」は，検索時に，これらすべての情報を利用可能にするのだろうか。これらの基本的な疑問は回答することが困難であり，また，本書での当面の目的においては，尋ねられるべき種類の疑問でもないだろう。これらすべての理論的構成概念は，心理学的現象を説明し，予測するために作り出され，そして，当該水準における分析にとっては重要であるが，それらは単なるメタファーにすぎないということを心にとめておくことが重要である。物理的水準における分析では，単語と概念，そして，それら互いの関係性が，脳の生物学的基盤においてどのように実装されているかに関して，われわれは学ぶべきものがまだたくさんある。このような心理学の構成概念，および，それらと生理学的に関連するものは，1対1対応をしていないということもあるかもしれない。本書についての論評において，Valerie Reyna（私信，2005年9月15日）は，連想ネットワーク，特徴，そして，ジスト表象の関係性について考察したとき，ここで関連する主張を巧みに表現した。

　　……ジストのような構成概念は，意味的特徴や意味的ネットワークについての仮定と根本的に反するものではない。なぜなら，特徴やネットワークは，意味的なジストが表象されるだろう可能性のある方法だからである（あるネットワークにおけるノードが，ただ単に経験における近接性のみでなく，むしろ概念的関係性を表象しているならばなおさらである）。ファジー痕跡理論の理論家たちは，ジスト表象の「手がかりとなる」や，ジスト表象を「活性化する」といった言いまわしを用いてきた。このようなネットワークは，結局のところ，脳における特定のニューロンと文字通りに同一のものというよりはむしろ，メタファーである。このように，ネットワークや特徴，また，意味を表象するその他の方法への証拠は，ジスト自体への反証ではなく，逆の場合もまた同様である。

　このような心的構成概念のそれぞれは，どのように脳が有意味性を処理するかについて理解する異なった方法であり，それぞれの説明領域においては，有効である。しかしながら，これらのメタファーに，特定の情報処理仮説が組み合わされたとき，または，ある実験的な文脈で厳格な操作的定義がなされたとき，その結果として生じる

理論は検証可能になる（そして，反証されうる）。連想集束課題の場合，このような意味に関して異なった概念化にもとづいている主要な情報処理理論は，決定プロセス説，連想活性化説，主題一致性説，そして，特徴重複説である。本章で論じられた研究結果は，これらの異なった理論を支持したり，反証したりするいくつかの強力な証拠を提供するものである。

　本章で紹介した研究結果から以下のような結論が導き出せる。(1) 決定にもとづいたプロセス（例えば，基準変化や要求特性）は，主観的判断，プライミング効果，警告研究によって示されているように，DRM 虚記憶効果を説明することができず，このような虚記憶効果を引き起こすのに重要な役割を果たしているとは考えられない。(2) 既存の表象の活性化は，再生テストにおける関連ルアー項目の生成や，潜在記憶テストにおけるプライミング効果によって示されているように，DRM 課題において重要な役割を果たしている。(3) 単語の水準における既存の連想は，連想強度と虚記憶の間の強い相関や，意味的に関連した他の種類の材料（例えば，カテゴリーリストや同音異義語）における虚記憶効果との比較によって示されているように，この活性化プロセスにおいて，意味的な主題，ジスト，特徴のどのような役割も超えた，特別な役割を果たしていると考えられる。(4) 学習時における関連ルアー項目の意識的活性化や意識的生成は，典型的な課題条件において実際に生起し（外的リハーサル，プライミング，主観的報告，単語頻度効果，検索誘導性忘却，偶発学習，部分リスト手がかりの研究によって示唆されているように），そして，虚再生や虚再認に影響を与える。(5) 意識的活性化は，このような虚記憶効果のたった1つの原因ではない（保持間隔，外的リハーサル，偶発学習，高速呈示の研究によって示唆されているように）。(6) 知覚的に関連する刺激についての研究（意味的に関連する刺激ではなく）は，特徴重複や主題一致性が虚再認に実際に影響を及ぼし，ひいては，DRM 課題においておそらく何らかの役割を果たしているだろうという証拠を提供する。(7) DRM 課題におけるテスト項目の文脈の効果は，連想活性化理論よりも，虚再認に関するジストにもとづいた理論により合致する。(8) DRM 課題における保持間隔の効果に関する研究は，学習段階における連想活性化以外の何らかのプロセス，例えば，特徴重複，主題一致性，テスト段階の連想活性化などが，重要な役割を果たしているということを示唆する。

　考慮すべきもう1つの可能性は，これらの異なったメカニズムが，テストの種類（再生や再認）やその他の要因（例えば，符号化条件やテストのタイミング）によって，異なったかたちで虚記憶効果に寄与しているかもしれないということである。McEvoy et al. (1999) は，学習項目間の連想的接続性（項目間連想強度）が高いリ

ストほど，学習項目と関連ルアー項目の間の連想強度が一定に保たれたときでさえ，関連ルアー項目の虚再生が低下するということを明らかにした（ただし，Roediger et al., 2001c では，この効果が得られなかったが，Deese, 1959a, 1961 では，McEvoy et al. と同様に，負の相関が得られたことに留意すること）。McEvoy et al. は，学習語間で共有された連想的接続性によって，再生テスト中に学習語がお互いを活性化し，そのため関連ルアー項目の活性化が犠牲になり，その結果，関連ルアー項目の再生が多くの学習語の再生によって阻害されると主張した（すなわち，出力干渉メカニズム（output interference mechanism），Roediger, 1974 参照）。驚くべきことに，このような学習項目間の接続性は，再認テストにおいては相反する効果があり，学習項目間の接続性が高いほど，関連ルアー項目の虚再認率は高くなった。この逆転現象については，項目間連想強度が高いリストでは，より一貫した主題表象が形成され，そして，このプロセスが虚再生よりも虚再認に大きな影響を及ぼすという説明がある。他の説明もまた可能ではあるが，ここで重要な点は，連想活性化やジストにもとづいた類似性といったプロセスは，課題デザインに従って，パフォーマンスに異なった方法で影響しているかもしれないということである。Gallo & Roediger (2002) の研究では，BAS が最も強い虚再生の予測変数であったが，虚再認には弱い効果しかなかった（それでも有意であったが）という結果にもとづいて，同様の主張がなされた。彼らは，意味的特徴の重複やジストのいずれか，もしくはその両方の影響は，直後テストの虚再生よりも，遅延テストの虚再認においてより大きいだろうと主張した。

　最後の論点は，本章で論じられた研究を除くと，3 大理論のすべてが，虚記憶に関する文献において報告されている虚記憶効果のほとんどについて非常に類似した予測をするということである。その他すべての要因を同じにすると，関連ルアー項目に関する連想，ジスト，特徴が多く処理されればされるほど，その関連ルアー項目の虚記憶が多く生起する。このような理論的な類似性から，「活性化」という用語は，これら 3 つの理論のどれもが，ほとんどの状況において関連ルアー項目の記憶信号をもたらすことが可能であるという理解のもとで，本書の残りにおいてはあまり厳格ではない意味で用いられる（しかしながら，「連想活性化」という用語は，これらの異なったプロセスが区別されるべき事例において，この特定のプロセスのみのために用いられる）。これら 3 つの理論が機能的に類似していることから，多くの応用研究においては，それらの理論を区別することが重要とはされない。われわれの心は，世界を理解するために，既存の知識（例えば，概念間の連想的関係性，類似性情報）を利用する。そして，ここで論じられている虚記憶効果は，このような関係性（しかしながら，それらがそれぞれの理論の一番の特徴ではあるが）が記憶

エラーをもたらす可能性があるということを明確に実証している。このように，われわれは，虚再認効果について，そして，程度の差はあるものの，どのように人々がその影響を受けやすいのかについて，特徴，連想，ジストの用語間の違いに関するもっぱら哲学的な疑問を解明することなしに，伝えることができる。第5章で述べられることになる虚記憶のモニタリングのような，その他の諸問題についてもまた，たとえこの哲学的な問題に対して無頓着でも研究することが可能である。多くの研究者にとって，このような虚記憶における機能的な諸問題は，より興味深いリサーチクエスチョンとなっている。

4章 幻回想

　最もたちの悪い記憶のいたずらの1つは、幻回想（illusory recollection）、つまり、実際には決して生起していない出来事に以前に遭遇したという詳細にわたる主観的体験である。幻回想は、記憶テストにおけるエラー（虚再生や虚再認）の原因となりうるが、記憶エラーは幻回想の体験なしで起こりうるので、この2つの用語は同じ現象を意味するものではない。例えば、DRM課題において、われわれは、リストにおける関連ルアー項目の呈示に関する具体的な現象上の詳細を回想することなしに、虚再生したり、虚再認したりする。ルアー項目が、再生テストにおける反応として出現するためには、「心に浮かぶ」必要があるだけであり、そして、虚再認には、漠然とした熟知性の感覚で十分である。第2章で述べられたように、数多くの研究は、関連ルアー項目の虚再認が高い確信度をもってなされる——それは、必ずしもリスト語に対する確信度ほど高くはないが、無関連ルアー項目に対する確信度よりは常に高い——ということを実証してきた（呈示頻度判断課題を用いた同様の知見については、Brown et al., 2000 を参照のこと）。このような研究結果は、関連ルアー項目の記憶が抵抗しがたいものではあるが、そのような確信度判断が、テスト刺激についての強い熟知性の感覚のみ（回想ではなく）にもとづいている可能性があることを示している。幻回想が生じるのは、関連ルアー項目が、学習リストでのその実際の呈示に関する主観的な詳細（または、「クオリア（qualia）」）、例えば、見聞きした単語の知覚的性質、その呈示に対する認知的、感情的反応、他の項目となされた連想などを呼び起こしたときである。

　幻回想は、様々な虚記憶課題で実証されており（優れたレヴューについては、Lampinen, Neuschatz, & Payne, 1998 を参照）、そして、DRM課題において幅広く研究されてきた。その他ほとんどの虚記憶課題と異なり、DRM実験ではテスト段階よ

り前に，関連ルアー項目が被験者に呈示されないため，このような出来事に関する幻回想の生起はよりいっそう興味をひくものとなる。ある研究では，被験者は，学習語の生起についての詳細を想起すると主張するのと同じぐらいの頻度で，関連ルアー項目の生起についての詳細を想起すると主張する（例えば，Gallo et al., 2001a; Roediger & McDermott, 1995）が，しかし，別の研究では，被験者は，関連ルアー項目よりも学習語について多くの詳細を回想する（例えば，Mather et al., 1997; Norman & Schacter, 1997）。そのような差異が見られるかどうかは，正回想と幻回想に別個に影響を与えることができる課題パラメータ（例えば，以下で述べられるように，学習モダリティやリストの長さなど）が原因であり，そして，真実の記憶と虚記憶の間の差異を検出するために用いられる測定法の感度もまた原因となる。より重要な知見は，関連ルアー項目の幻回想が，ほぼ常に，無関連ルアー項目の幻回想よりも多いことである。

　研究者は，幻回想を測定するために，様々な種類の主観的判断やソース判断を用いてきた。このような錯覚体験に関する証拠は，おもに DRM 課題との関連で，様々な測定法に関する長所と限界とをあわせて，次に論じられる。それに引き続いて，幻回想の理論，および，幻回想に影響することがわかってきた要因について述べられる。第３章で論じられた虚記憶の３大理論は，幻回想を説明するには不十分であり，この現象を十分に説明するためには，さらなるプロセスを付け加える必要があることが明らかにされるだろう。

●「remember」／「know」判断

　連想集束課題において，最初に幻回想を実証したのは，Roediger & McDermott (1995)，および，Read (1996) であり，これらの研究では，それぞれ順に，再認テストにおける「remember」または「know」判断，そして，再生テストにおける「remember」または「know」判断が被験者に求められた。第２章で述べられたように，「remember」／「know」技法は，２つの意識的気づき（awareness）の主観的状態を区別する手段として，Tulving (1985) によって開発された（Tulving の原案は，エピソード記憶と意味記憶を区別するという文脈において提案されたが，これら２つの判断は，通常，エピソード記憶課題における２つの主観的状態を内省するために用いられるということに留意すること）。「remember」判断は，被験者がある先行する出来事の生起に関する具体的な詳細を想起することができるときになされ，回想（それが真実でも，幻影でも）を反映すると考えられている。それに対して，「know」判断は，被験者があ

る先行する出来事の生起に関する具体的な詳細を想起することはできないが，それでもなお，それが生起したということを信じているときになされる（例えば，それを見聞きした気がするが，その呈示の詳細は想起できない）。このような主観的判断は，記憶研究において広く使用されており，実験における解離は，回想と熟知性を推定する他の方法と合致するために（例えば，Yonelinas, 2001），主観的体験の2つの異なった状態を正確に反映するものであるという証拠として考えられている（例えば，Gardiner & Richardson-Klavehn, 2000; Rajaram, 1993）。

Roediger & McDermott（1995, 実験2）は，「remember」判断が，虚再認された関連ルアー項目の53%でなされたということを示した（以前にテストされていないものだけを考慮して）。この割合は，虚再認された無関連ルアー項目に対して報告された「remember」判断の割合（18%）よりもかなり高かった。それ以来，少なくとも40の研究が，DRM虚再認課題において，「remember」判断を測定している。表4.1は，最も典型的な呈示パラメータを用いた，20の研究における32の個別の実験結果をまとめたものである（実験の包含基準については表の脚注を参照）。この表からわかるように，すべての実験において，関連ルアー項目に対して与えられた「remember」判断の確率（平均 = .40）は，無関連ルアー項目に対して与えられたものよりも高く（$t(31) = 18.89$, $p < .001$），そして，この差異は，「remember」判断が，虚再認全体との割合で表されたときでも見受けられた（関連ルアー項目平均 = .56，無関連ルアー項目平均 = .29，$t(31) = 9.83$, $p < .001$）。このような研究結果は，非学習関連ルアー項目の幻回想における関連性効果を実証するものである。また，関連ルアー項目は，無関連ルアー項目とくらべて，原データの「know」反応を用いても（関連ルアー項目平均 = .29，無関連ルアー項目平均 = .12，$t(31) = 10.31$, $p < .001$），IRK手続きを用いて調整されたデータにおいても（関連ルアー項目平均 = .50，無関連ルアー項目平均 = .13，$t(31) = 17.49$, $p < .001$，表の脚注参照），より熟知性が高いと判断された。

表からわかるその他の3つの知見について言及しよう。まず1つ目に，正再認率と虚再認率の全体的な水準は異ならなかった（正再認率平均 = .73，虚再認率平均 = .71，$t < 1$，もとの論文に記載されている平均値を平均したもの）が，しかし，正回想率は幻回想率とくらべて，「remember」判断として測定されたときでも（それぞれ，正回想率平均 = .47，幻回想率平均 = .40，$t(31) = 3.44$, $p < .01$），割合値としての「remember」判断として測定されたときでも（正回想率平均 = .64，幻回想率平均 = .56，$t(31) = 6.67$, $p < .001$），高くなった。このようなパターンは，すべての主観的測度が，統制項目に対して（減法で）修正されたときでさえ保持された。このように，幻回想はかなり抵抗しがたいものである可能性があるにもかかわらず，平均的に

表 4.1 DRM 課題を用いた 32 の実験による「remember」判断 (pR) と「know」判断 (pK) が付与される確率，および，熟知性の IRK 推定値

		リスト語			関連ルアー項目			リスト語統制語			関連ルアー項目統制語		
		pR	pK	IRK	pR	pK	IRK	pR	pK	IRK	pR	pK	IRK
● 聴覚学習・視覚テスト													
Gallo et al.（1997）		52	24	50	55	27	60	3	12	12	6	10	11
Gallo et al.（2001a）	実験1	34	22	33	40	29	48	2	6	6	2	6	6
	実験2	37	17	27	37	24	38	5	9	9	6	8	9
	実験3	35	20	31	33	25	37	7	10	11	6	17	18
Gallo & Roediger（2002）	実験3	44	27	48	53	30	64	12	17	19	19	27	33
Gallo et al.（2001b）		48	22	42	69	19	61	7	14	15	10	21	23
Intons-Peterson, Rocchi, West, McLellan, & Hackney（1999）	実験1	37	30	48	32	39	57	2	8	8	3	12	12
	実験2	43	26	46	39	39	64	4	9	9	3	7	7
Johansson & Stenberg（2002）	実験1	32	34	50	34	39	59	1	6	6	1	7	7
Mather et al.（1997）	実験1	38	37	60	34	45	67	9	11	12	9	11	12
Neuschatz et al.（2001）	実験1	54	15	33	45	25	45	28	−4	−6	21	12	15
Norman & Schacter（1997）	実験1	53	26	55	39	26	43	1	7	7	0	13	13
Payne et al.（1996）	実験1	45	17	31	47	23	43	3	8	8	3	8	8
Roediger & McDermott（1995）	実験2	41	24	41	38	34	55	2	9	9	3	13	13
Seamon et al.（2002c）	実験1	39	28	46	45	32	58	4	14	15	5	14	15
Winograd, Peluso, & Glover（1998）		40	27	45	40	36	60	3	7	7	3	7	7
● 視覚学習・視覚テスト													
Arndt & Reder（2003）	実験1	71	18	62	52	25	52	4	6	6	6	11	12
	実験2	66	27	79	41	38	64	4	12	13	7	14	15
	実験3	68	19	59	44	28	50	5	10	11	9	14	15
	実験3	73	15	56	47	21	40	3	9	9	4	15	16
Gallo et al.（2001a）	実験1	31	27	39	36	28	44	2	6	6	2	6	6
	実験2	45	15	27	35	16	25	5	9	9	6	8	9
	実験3	39	17	28	23	24	31	4	8	8	7	13	14
Mintzer & Griffiths（2000）		67	18	55	54	24	52	4	5	5	5	5	5
Mintzer & Griffiths（2001a）		62	23	61	32	29	43	2	5	5	1	2	2

表 4.1　続き

		リスト語			関連ルアー項目			リスト語統制語			関連ルアー項目統制語		
		pR	pK	IRK	pR	pK	IRK	pR	pK	IRK	pR	pK	IRK
Mintzer & Griffiths (2001b)		67	21	64	41	19	32	4	6	6	2	8	8
Seamon et al.（1998）	実験1	37	44	70	33	43	64	8	11	12	14	14	16
	実験2	53	30	64	41	36	61	6	17	18	13	25	29
Seamon et al.（2002b）		56	19	43	49	24	47	5	11	12	9	23	25
Seamon, Luo, Schwartz, Jones, Lee, & Jones (2002d)	実験1	20	39	49	15	40	47	1	4	4	3	12	12
	実験2	33	23	34	23	28	36	4	10	10	2	13	13
Watson et al.（2003）	実験3	39	23	38	27	26	36	3	11	11	2	14	14
平均（すべて）		47	24	47	40	29	50	5	9	9	6	12	13
聴覚学習		42	25	43	42	31	54	6	9	9	6	12	13
視覚学習		52	24	52	37	28	45	4	9	9	6	12	13

注：典型的な方法に近似した条件のみが含まれている。通常は，若年成人が，意図的にいくつかのDRMリストを学習し（およそ1語につき1－2秒，聴覚呈示，または，視覚呈示），そして，最終の視覚再認テストを受けた。すべてのリストは少なくとも10の連想語が含まれ，主題ごとにブロック化されていた。必要に応じてまとめられた条件もあり，また，警告の条件，ソース操作の条件，および，先行する再生テストがある条件は含まれていない。太字で書かれた数字は，統制項目について，単一の基準率のみが報告されていることを示す。熟知性の独立 remember/know（IRK）推定は，想起と熟知性は独立していると仮定する（IRK = pK/［1－pR］，Yonelinas, 2002 参照）。

は，正回想率は幻回想率よりも高いのである。それに対して，正再認された単語と虚再認された単語の熟知性は，使用された測度によって，異ならなかったり，関連ルアー項目で高くなったりした（平均「know」判断：正再認 = .24，虚再認 = .29，$t(31)$ = 7.65, $p < .001$；IRK：正再認 = .47，虚再認 = .50，$t(31) = 1.05$, $p = .30$）。2つ目に，基準率効果（関連ルアー項目の統制語に対する虚報＞リスト語の統制語に対する虚報）もまた，全体的な虚再認において有意であり（関連ルアー項目統制語平均 = .20，リスト語統制語平均 = .15，$t(31) = 5.12$, $p < .001$），そして，大部分は熟知性の差異によってもたらされていた（「know」平均：関連ルアー項目統制語 = .12，リスト語統制語 = .09，IRK：関連ルアー項目統制語 = .13，リスト語統制語 = .09，両方とも $p < .001$）。このように，リスト語と関連ルアー項目の間には，関連ルアー項目に対応するリストが学習されていないときにおいても差異が見られるが，このような差異は回想ではなく熟知性を押し上げる傾向にある。最後の3つ目は，聴覚的学習モダリティ

と視覚的学習モダリティの間に差異が見られたことである。そのため，聴覚的にリストが学習されたとき，関連ルアー項目についての「remember」判断は，リスト語についての「remember」判断と同じくらいの頻度でなされる（両方の平均 = .42）が，それに対して，リスト語が視覚的に呈示されたとき，リスト語についての「remember」判断率は，関連ルアー項目についての「remember」判断率よりも高くなった（リスト語 = .52，関連ルアー項目 = .37，$p < .01$）。このようなモダリティ効果は，第5章でより詳しく論じられる。これらの知見についてここで触れたのは，正回想と幻回想の間に差異が見られるかどうかが，様々で，むしろ恣意的である課題に特有の条件に依存するという点を強調したいがためである。

再認テストを用いている数多くの研究とは対照的に，再生テストにおける「remember」/「know」判断は，ほとんど測定されていない。この相違は，おそらく，Roediger & McDermott（1995）が再認の後にのみ主観的判断を測定したということ，また，再生は，回想に依存するところが大きいと考えられている（そのため，「remember」と「know」の間の区別が，何となく不自然である）ことが原因だろう。それでもなお，Read（1996）と Pérez-Mata, Read, & Diges（2002）は，再生テストにおける幻回想を実証した。例えば，Read（実験1）では，虚再生された関連ルアー項目は，46%の割合で「remember」と評定されたが，それは，ある比較においてリスト語に対する判断と類似していた。しかしながら，Pérez-Mata et al. では，虚再生された関連ルアー項目で「remember」判断を与えられたものの割合（実験1の注意条件において40%）が，リスト語に対するものとくらべて低い傾向にあり，他の再生侵入語に対する「remember」反応（35%）とおおよそ類似していた。再生テストにおいて主観的判断を用いた研究が比較的少ないために，これらの結果における矛盾を説明することは難しいだろう。

警　告

学習後に（しかし，テスト前に）虚再認を回避させる目的で被験者に対して明確な警告を与えることは，関連ルアー項目に与えられる「remember」判断を減少させることがわかっているが，そのような警告の後でさえもなお，「remember」判断における関連性効果は得られている（Anastasi et al., 2000; Gallo et al., 1997; Gallo et al., 2001b）。例えば，Gallo et al.（2001b）の主要な学習後警告条件において，被験者は虚再認したうちの62%の関連ルアー項目に対して「remember」判断を与えたが，無関連ルアー項目に対してはたった15%だった。そのような警告の後でさえも，関連ルアー項目に対する「remember」判断の水準がかなり高いというこの結果は，非常に

興味深いものである。研究者らは，被験者が報告することについての正確さを何にも影響されずに評価することは困難であるという理由から，主観的判断について懐疑的である。虚記憶効果についてあからさまに警告された被験者が，関連ルアー項目の呈示についての詳細を「覚えている」と主張するという研究結果は，このような懸念を緩和するのに役立つだろう。このように警告された被験者は，虚記憶を報告してしまうかもしれないと知っており，そして，客観的な測度で，そのような被験者が関連ルアー項目を「だまされて」虚再認することを方略的に避けようとしているということが確認されている。つまり，関連ルアー項目の生起に関する情報を回想することができるという，このような被験者の主張を退けることは比較的困難である。では，こう考えてみてはどうだろう。重要な問題は，「彼らが覚えているのか」ということではなく，むしろ，「彼らは**何を**覚えているのか」ということではないだろうか。

意識的活性化

Roediger & McDermott (1995) は，連想活性化にもとづいて，このような「remember」判断に関する1つの説を提案した（関連する考察については，Arndt & Reder, 2003参照）。この理論によると，被験者は，学習時に関連ルアー項目を意識的に思いつき，この単語をリスト語と一緒にリハーサルする可能性があるかもしれない。もし，被験者が学習時に関連ルアー項目をリハーサルしたことを後に想起すると，彼らは，このルアー項目に「remember」判断を与えるかもしれない。この場合，「remember」判断は，先行する単語の処理の正回想にもとづいており，それゆえ，必ずしも「幻」回想の一例とはいえないだろう。学習段階で単語を外的にリハーサルするよう被験者に求めた研究結果は，この説明に一致するものもあれば，そうでないものもある（例えば，Goodwin et al., 2001; Lampinen et al., 2005a; Seamon et al., 2002b）。これらの研究では，学習段階において被験者が関連ルアー項目を頻繁にリハーサルするということを実証したものもあり，Lampinen et al. (2005a) においては，これらのリハーサルが，関連ルアー項目に対して「remember」判断を付与したことを正当化するものとして，（テスト時に）報告されることが多かった。しかしながら，Seamon et al. では，学習時における関連ルアー項目のリハーサルの頻度とその後の関連ルアー項目に対する「remember」反応との間の関係性が見出されず，関連ルアー項目が学習時に外的にリハーサルされていないときでさえ，「remember」判断は頻繁になされた（例えば，呈示時間が2秒の学習条件において62%）。このような研究結果は，関連ルアー項目に対する「remember」判断が，学習時におけるその単語の意識的生成によって完全に説明できるものではないということを示す。

学習中に関連ルアー項目を思いつくことは、「remember」判断を引き起こすのに欠かせないものであるというわけではないかもしれないが、学習段階における他の側面に関する正再認は、ある役割を果たしていると思われる。「remember」/「know」判断の典型的な教示には特に決まりがなく、もし被験者が、学習段階におけるその単語の呈示に関連するどのような詳細情報でも検索できれば、「remember」判断を与えるように求められる。Norman & Schacter (1997) は、このことに関連する研究結果をもたらした。この研究では、被験者が「remember」判断をしたときに回想したことに関する詳細にわたる説明を提供するように求められた。ほとんどの説明は、学習段階における連想情報を覚えているというようなあいまいな主張によって占められており、このことは、リスト語と関連ルアー項目の両方についての「remember」判断で該当した (Dewhurst & Farrand, 2004; Huron, Servais, & Danion, 2001; Read, 1996 も参照のこと)。Lampinen et al. (2005a) は、被験者に学習段階とテスト段階の間、声に出して考えさせるという異なったアプローチをとった。このようなプロトコルの分析によって、被験者が関連ルアー項目を「覚えている」と主張するとき、もともと学習時にリスト語との関連で発言した詳細を提供することが多い（そして、このようなエラーは、48時間の保持間隔の後も持続する）ということを示した。例えば、学習時に「suger［砂糖］」という単語が呈示されたとき、ある被験者は、「太っちゃうけど、おいしい」と思ったとする。テスト時に、この被験者は「sweet［甘い］」を虚再認し、そして、「私は甘いもの［sweets］は好きだけど、甘いものを食べると私は太っちゃうと思ったことを思い出したから」(p. 957) と、「remember」判断を与えた。このような場合、報告された回想には、具体的な情報が含まれているが、この情報は、そもそも学習時に呈示された連想語と結びついていたのである。

　この種の課題において、呈示に関する非常に具体的な詳細が虚記憶として報告されることがある。例えば、Dewhurst & Farrand (2004) のある被験者は、カテゴリーリストを学習した後、「家の玄関からグランドピアノを入れようとしているイメージ」(p. 408) を回想したと主張したが、被験者は、決して *piano*［ピアノ］という単語を学習してはいない。しかし、その他多くの場合では、報告された回想は、リストにおける他の項目とのより一般的な連想に関与したものであった（例えば、この研究の別の被験者は、非学習語 *cousin*［いとこ］について、「brother［兄弟］と sister［姉妹］もリストで見たから」(p. 408)、「remember」判断を与えた）。もっと複雑な出来事（自伝的記憶のような）とくらべて、単語リストから思い出されうる詳細情報がそう多くはないことを考えると、このようなより一般的な報告は驚くべきものではないだろう。いずれにしても、これらの研究結果は、関連ルアー項目に対して「remember」判断

を示している多くの場合で，被験者が関連ルアー項目に対して合理的に適用可能な，学習項目についてなされた連想（すなわち，イメージ，個人的連想，リスト構成項目など）を実際に想起しているかもしれないということを示している。後に述べられるように，正回想は，もしそれが誤って虚記憶に付加されたり，帰属されたりすると幻回想を引き起こすかもしれない。

ソース判断

　回想された様々な詳細情報にもとづいてなされることが可能な「remember」判断とは異なり，ソース判断は，先行する生起に関するかなり特定された回想に照準を合わせている。DRM課題においてこの種の幻回想を実証したのは，Payne et al. (1996) が最初の研究であった。被験者は，学習時にいくつかのDRMリストを聴いたが，あるリストでは1種類の音声で単語が呈示され（ブロック化ソース条件），別のリストでは2種類の音声で単語が交互に呈示された（混合ソース条件）。最終テストで再生された単語に関して，被験者は，それぞれの単語がどの音声で呈示されたかを示し，また，確かでない場合は「わからない」と伝えるよう教示された。「わからない」という選択肢があるにもかかわらず，被験者は，ある音声をリスト語（94％）や関連ルアー項目（87％）に帰属することが多かった。リスト語に関するほとんどの帰属は正確であり，正帰属率は，ブロック化ソース条件（84％）の方が，混合ソース条件（71％）とくらべて高かった。つまり，この研究結果は，リスト全体が単一のソースで呈示されたという知識が，そのリストに呈示された単語の正確なソース判断を促進することを示唆している。ソース判断は，ある単語の呈示に関する知覚的性質についての正回想を反映するだけではなく，課題の構造によって利用可能となる他の手がかりによっても影響を受けるのである。ただし，関連ルアー項目のソース判断は，ブロック化条件においてでさえも2種類のソースで均等に分布していたことからわかるように，この知識からの恩恵を受けていなかった。しかしながら，この最後に紹介した知見は，その他残りの関連研究において見受けられる特徴ではなく（以下において「一致効果（congruency effects）」の項で述べられる），それらの研究では，関連ルアー項目はその対応するリスト（ブロック化ソース条件において）のソースに帰属されることが多かった。このような研究の多くは，Payne et al. で用いられた反復再生手続きではなく，再認テストにおけるソース判断を測定している。

警告

Lampinen, Neuschatz, & Payne (1999) による研究は，関連ルアー項目についてのソース帰属が，このルアー項目がある特定のソースで呈示されたという実際の信念や回想ではなく，要求特性（すなわち，「私がこの単語をあるソースに帰属するのは，そのことを実験者が望んでいるからだ」）にもとづいているという考えを検証した。被験者は，男性の音声と女性の音声（各リスト内で混合された）を用いて呈示された，いくつかのDRMリストを学習した。ここでの目的において，この研究デザインの重要な側面は，被験者が最終視覚テストで「old［旧項目］」と再認した各単語について，「男性」・「女性」・「わからない」のソース判断をするということである。次に，被験者がそのテストを終えた後，実験者はなされたソース帰属の数（正・誤）を計算し，被験者が自分自身の間違いを訂正するために，これらの帰属結果の4分の1について変更するように求めた。はじめの（変更なしの）ソーステストにおいて，Lampinen et al. は，リスト語と関連ルアー項目が，無関連ルアー項目とくらべて学習ソースに帰属されやすいということ（すなわち，ソース判断における関連性効果）を見出した。続くテストでは，被験者はリスト語についてのソース判断とくらべて，関連ルアー項目についてのソース判断を変更しやすかったにもかかわらず，関連ルアー項目についてのソース判断における関連性効果が持続した。

Neuschatz et al. (2001) の研究では，被験者が虚記憶を避けるよう促すために，もっと直接的な警告が（学習とテストの間に）用いられた。その第3実験において，被験者は，DRMリストを音読している2人の人物のビデオを見て，それから，ソース判断（「男性」・「女性」・「わからない」）に関する最終再認テストを受けた。被験者は，虚記憶と真実の記憶を区別するために役立つような特徴（例えば，知覚的詳細情報）を精一杯回想するように教示された。このような教示にもかかわらず，ソース帰属を与えられた再認語の割合において，警告は比較的小さな効果しかなかった。関連ルアー項目についてのソース帰属率（59%）は，リスト語についてのソース帰属率（76%）ほどは高くなかったものの，無関連ルアー項目についてのソース帰属率（34%）にくらべて，かなり高かったのである。その代わり，ソーステストが48時間の遅延時間後に与えられると，強い警告条件であったにもかかわらず，関連ルアー項目とリスト語のソース帰属率の間には差異が見られなかった（両方とも64%）。

Lampinen et al. (1999) と Neuschatz et al. (2001) において報告された知見は，前述したような，「remember」判断における警告の効果と類似している。それは，虚再認を方略的に回避しようとしている被験者が，主観的判断における関連性効果を取り除くことができなかったというものである。関連ルアー項目についてのソース帰属を

大きく変更しようとしないことは，このような判断が関連ルアー項目の先行する生起に関する現実の信念を反映しているという強力な証拠となる。これは，方略的な，もしくは，意図的な意識的推測が，関連ルアー項目についてのソース判断に関与していないといっているのではない。しかし，このことが示唆するのは，(1) そのような意図的推測が，すべてのソース判断において（学習語についてでさえも）欠かせないものであり，被験者は，それらを放棄したがらないということ，また，(2) より自動的なプロセス，もしくは不可避なプロセスもまた関与しているということの，いずれか，あるいはそれら両方である。いずれにせよ，ソースについての幻回想の原因となるプロセスは，一般的にソースを想起することという行為の中核をなすようである。

一致効果

Mather et al. (1997) は，ブロック化された音声と混合された音声の操作を用いて，いくつかの DRM リストを呈示し，その後，最終視覚再認テストを与えた（「わからない」という選択肢は用意されなかった）。Payne et al. (1996) の結果を追認するように，彼女らは，リスト語に関する正確な判断が，ブロック化音声条件 (.84) で，混合音声条件 (.65) よりも多いということを見出した。しかし，Payne et al. と異なり，ブロック化ソース条件において，関連ルアー項目についてのソース判断が対応するリストの音声と一致することが多く (.83)，この割合はリスト語と類似していた (.84) ことも見出した。単語が学習されたかどうかにかかわらず，被験者は，対応するリストを呈示した音声に単語を帰属しやすいのである（つまり，「一致」判断）。Gallo et al. (2001a) は，学習リストが聴覚呈示，または，視覚呈示され（ブロック化ソース条件），被験者は最終視覚再認テスト（ソース判断において「わからない」という選択肢は含まれていた）を受ける状況において，同様の一致効果を得た。図 4.1 は，先行再生テストを含んでいない条件の結果を示している。リスト語と関連ルアー項目の両方とも，対応するリストを呈示したモダリティに最も頻繁に帰属され，リスト語と関連ルアー項目のソース帰属には差が見られなかった。対照的に，虚再認された無関連ルアー項目については，「わからない」という判断が最も与えられやすく (.86)，このような虚報はかなり稀であった (.07)。

ブロック化ソース条件において，Mather et al. (1997) と Gallo et al. (2001a) による研究は，関連ルアー項目についてのソース帰属が，無関連ルアー項目と比較して，リスト語についてのソース帰属と類似する（同じとまではいかなくても）ことを示している (Gallo & Roediger, 2003, および, Roediger, McDermott, Pisoni, & Gallo, 2004 もまた参照のこと)。混合ソース条件においては，この状況は明らかに異なる。こ

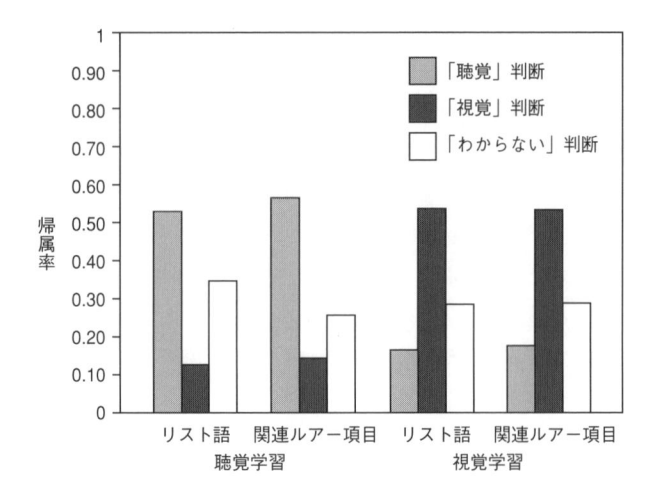

図4.1 Gallo et al.（2001a，実験1）における当該リストの学習モダリティに応じた，再認された各テスト項目のモダリティ帰属
無関連ルアー項目についてのモダリティ帰属判断は，.20（「聴覚」），.20（「視覚」），そして.60（「わからない」）であった。

の場合，各リストは1つ以上のソースと結びついており，それゆえ，関連ルアー項目が帰属される可能性があるソースはたった1つではない。Payne et al.（1996）やMather et al.（1997）では，このような条件における関連ルアー項目についてのソース帰属は報告されなかったが，Hicks & Marsh（2001）では報告されている（Anastasi et al., 2000 もまた参照のこと）。Hicks & Marsh は，2つのソースが似たようなものであるとき（すなわち，ある音声とまた別の音声），予測通り，いずれかのソースに同等に帰属されやすいということを見出した。

Roediger et al.（2004）は，ブロック化ソース条件と混合ソース条件の両方におけるソース帰属を報告した（学習時の聴覚呈示，および，視覚テストを用いて）。先行研究と一致して，ブロック化ソース条件において，関連ルアー項目がその対応するリストのソースに帰属されることが多いが，混合ソース条件では，ソースでより均等に分散するということを彼らは見出した。より重要なことに，どちらかの音声に帰属する（「わからない」という選択肢ではなく）全体的な確率は，これら2つの条件で類似していた（ブロック化ソース条件平均 = .38，混合ソース条件平均 = .40）。このパターンは，被験者が関連ルアー項目をあるソースに帰属するのは，単にこれらの単語が容易にそのソースと適合可能だから（すなわち，ブロック化ソース条件）ではないということを示しているために重要となる。関連ルアー項目が，明らかにある1つのソー

スに関連していないとき（すなわち，その対応するリストが2つのソースで呈示されたとき）でさえ，被験者は，無関連ルアー項目を帰属するのとくらべて，関連ルアー項目をあるソースに帰属しやすいのである。

学習・テスト適合

　考慮すべきもう1つの要因は，学習ソースとテストソースの間の適合である。これまで述べられたすべての再認研究の結果は，単語がテスト時に視覚呈示されたものであった。Roediger et al. (2004) は，テスト時にリストを聴覚呈示したが，彼らは，テスト語が視覚呈示されるか，それとも，聴覚呈示されるか（被験者間変数），そして，聴覚テストにおける単語が対応する学習リストと同じ音声で呈示されるか，それとも，異なった音声で呈示されるか（被験者内変数）を操作した。ソース帰属において，学習とテストの間でモダリティを変更することにおける一貫した効果は見受けられなかったが，この変数は実験間で操作されていたため，解釈が困難である。学習した音声とテストの音声が同じか異なるかについての効果は見受けられた。リスト全体がどちらか一方の音声で呈示されたブロック化ソース学習条件では，リスト語と関連ルアー項目の両方で，一致効果が見られた（すなわち，被験者は，テスト時の音声にかかわらず，たいていの場合，学習リストの音声に帰属した）。学習時に2つの異なった音声を用いてそれぞれのリストが呈示された混合ソース条件では，異なったパターンが見受けられた。この条件においては，被験者は，学習時の音声にかかわらず，リスト語と関連ルアー項目の両方を，テスト時に単語を呈示するために用いた音声に帰属しやすかったのである。この条件において，学習段階の音声に結びつけることができないと思われる関連ルアー項目に関してはもっともな結果であるが，リスト語に関しては，この結果を理解することは難しい。どうやら，ソースの正帰属とソースの誤帰属の両方が，学習変数とテスト変数に応じて複雑に変化するようである。このような学習・テスト交互作用を十分に理解するには，さらなる研究が必要である（関連した知見と考察については，Marsh & Hicks, 1998 参照）。

ソースの示差性

　使用されたソースの弁別可能性，もしくは，示差性（distinctiveness）は，考慮すべき重要な事項の1つである。これまで論じられたすべての研究結果においては，学習モダリティ操作（すなわち，聴覚呈示と視覚呈示の操作）を除くと，使用された異なるソースは，比較的類似していた（すなわち，2つの異なった音声）。既に述べられたように，Hicks & Marsh (2001) では，関連ルアー項目についてのソース判断は，

音声のみが用いられたとき、2つのソースに均等に分布することが見出された。しかしながら、2つのソースがお互いにより弁別可能（すなわち、リスト語を聴くこと、および、それらの単語をアナグラムから生成すること）であるとき、関連ルアー項目は示差性の低いソース（すなわち、単語を聴くこと）に帰属されやすくなることがわかった（再生テストにおける類似した知見については、Hicks & Marsh, 1999、直後再認テストにおける類似した知見については、Johansson & Stenberg, 2002 を参照のこと）。

　Johnson, Raye, Foley, & Foley (1981) は、この種の帰属バイアスを、「あなたに違いない (it-had-to-be-you)」効果とよんだ。情報ソースに関する2つの選択肢（例えば、実験者が呈示した単語、および、被験者自身が生成した単語）に直面したとき、被験者は、問題となっている出来事を外的ソース（実験者）に帰属しやすい。この考えは、単語を生成することが、単に単語を聴くことにくらべて、記憶に鮮やかな認知的操作の記録を残すというものである（すなわち、「生成効果」; Slamecka & Graf, 1978）。結果として、被験者は、自分自身で生成したこれらの単語には、より詳しい回想が存在するということを期待するため、このような回想が欠如することは、単語が実験者によって呈示されたに違いないと被験者に推論させることになる（例えば、「あなたがその単語を呈示したに違いない、なぜなら、私はそれを自分自身で生成したことを思い出せないからだ」）。Hicks & Marsh (2001) においては、関連ルアー項目が学習されていないため、学習時のアナグラム解決についての詳細にわたる回想を引き起こさなかった。それゆえ、被験者は、より示差性の低いソースに関連ルアー項目を帰属しやすかったのである。そのような決定プロセスと記憶のモニタリングは第5章で論じられる。

◐ 記憶特性質問紙

　幻回想を測定するもう1つの方法は、学習段階から想起することができる具体的な様相や主観的な詳細にもとづいて、それぞれの単語を被験者に評定してもらうことである。最も広く用いられている測定法は、記憶特性質問紙（MCQ: memory characteristics questionnaire）(Johnson, Foley, Suengas, & Raye, 1988) である。被験者が再生・再認したそれぞれの単語には、様々な次元における記憶の鮮明さを示すための数値評定（例えば、1〜5まで）が与えられる。例えば、Mather et al. (1997) は、被験者に、4つの次元に関する記憶の評定を求めた。それらは、「知覚的詳細」、「情緒的反応」、「連想」、「覚えよう（リハーサルしよう）としたこと」であった。ここでは、

MCQ判断が確信度評定とは同じではないということが被験者に強調された。代わりに，被験者は，それぞれの次元について，記憶の鮮明さにもとづいて評定するように求められた。Norman & Schacter（1997），Neuschatz et al.（2001），Gallo & Roediger（2003）もまた，DRM課題において，項目に特定的な回想を測定するためにMCQを用いたが，記憶を評定するのに使用された具体的な次元に関しては，研究間でいくらか異なっていた。

　表4.2は，これら4つの研究において典型的なDRM条件に最も類似している条件でのMCQ評定を表したものである。すなわち，学習リストがテーマごとにブロック化され，それぞれのリストは単一ソース（Mather et al. においては2つの音声のうちの1つ，Norman & Schacter においては単一の音声，Neuschatz et al. においてはビデオテープに録画された2人の実験者のうちの1人，Gallo & Roediger においては聴覚呈示，または視覚呈示された単語）で呈示されたものであり，そして，MCQ評定が最終視覚再認テストにおいて測定されたものである。Mather et al. と Neuschatz et al. のデータは10語リストにもとづいているのに対し，Norman & Schacter，および，Gallo & Roediger のデータは15語リストによるものが示されている。

　表からわかる重要なポイントは，ほとんどすべての比較において，リスト語に最も高い評定が与えられ，関連ルアー項目にはそれよりもいくらか低い評定が与えられ，そして，無関連ルアー項目には最も低い評定が与えられているということである。このパターンは，実際の単語呈示に関する詳細の回想に付随する判断（感覚・反応と知覚的詳細）に一貫して見られ，このことは，実際の呈示の信頼性のある効果（リスト語＞関連ルアー項目），そして，幻回想における信頼性のある関連性効果（関連ルアー項目＞無関連ルアー項目）を示している。特筆すべき例外の1つは，「連想」の評定であり，それは，Gallo & Roediger において関連ルアー項目とリスト語の間で違いがなく，Mather et al. において，関連ルアー項目で最も高かった。関連ルアー項目はリスト語との連想関係が強いため，関連ルアー項目についての「連想」の判断は，おそらく，呈示された連想語についての真実の記憶を反映したのだろう。全体として，このようなパターンはMCQの妥当性を示している。もし被験者が，単純に熟知性のみにもとづいて評定したとするならば，項目の種類間における差異は，すべての次元で一貫すべきである。リスト項目と関連ルアー項目の間において，「連想」ではなく，「知覚的詳細」の次元で差異が見られたことは，MCQがこのような基礎をなす構成概念の有効な測定法であることを示唆する。

表 4.2 DRM 課題を用いた 4 つの実験における記憶特性質問紙（MCQ）の結果

	Gallo & Roediger (2003)	Mather et al. (1997)	Neuschatz et al. (2001)	Norman & Schacter (1997)
	5段階評定（1-5）	5段階評定（1-5）	7段階評定（1-7）	7段階評定（1-7）
知覚的詳細				
リスト語	2.76	2.81	4.84	4.25
関連ルアー項目	2.68	2.57	4.30	3.35
無関連ルアー項目	1.94	2.08	2.66	NA
反応・感情				
リスト語	2.71	2.64	3.69	5.18
関連ルアー項目	2.65	2.72	3.11	4.61
無関連ルアー項目	2.01	2.13	1.93	NA
リスト内での位置				
リスト語	NA	NA	3.60	5.02
関連ルアー項目	NA	NA	3.05	4.14
無関連ルアー項目	NA	NA	1.80	NA
隣り合った単語				
リスト語	NA	NA	3.10	4.45
関連ルアー項目	NA	NA	2.74	4.11
無関連ルアー項目	NA	NA	1.63	NA
覚えようとしたこと				
リスト語	2.59	2.13	NA	NA
関連ルアー項目	2.43	2.11	NA	NA
無関連ルアー項目	1.84	1.83	NA	NA
連想				
リスト語	3.35	3.16	4.29	6.47
関連ルアー項目	3.36	3.57	3.72	6.22
無関連ルアー項目	1.05	2.51	2.32	NA

注：すべてではないが，多くの条件において，リスト語は関連ルアー項目にくらべて高く評定された。すべての条件において，関連ルアー項目は無関連ルアー項目にくらべて高く評定された。NA＝該当なし。

4章　幻回想

● 結合再認技法

　Brainerd, Reynaと共同研究者らは，ファジー痕跡理論に組み込まれた考えの1つである「幽霊回想」と名づけられた，ある種の幻回想を測定する客観的な方法を開発した。ファジー痕跡理論では，ジスト痕跡の検索は熟知性の主観的体験をもたらしうる（例えば，その事象が学習した主題と一致しているので，それを「old［旧項目］」と感じる）が，しかし，非常に強力なジスト痕跡の検索，または，ジスト痕跡の反復された活性化は，回想に関する，より詳しい主観的体験をもたらしうる。このような考えは，推論における虚記憶の初期研究（Reyna, 1995, 1998 参照）で発展し，後に，DRM課題にも適用された。その後の研究において，幽霊回想は，結合再認課題（conjoint recognition task）における多項式分析を用いて，数学的にモデル化されてきた（例えば，Brainerd et al., 1999; Brainerd et al., 2001; Brainerd et al., 2003a もあわせて参照のこと）。ここで留意すべきは，幽霊回想は幻回想の一種であるが，「幻回想」という用語は，本章の他の節においても，より一般的な用語として用いられており，そのため，ファジー痕跡理論における特殊な仮定と混同されるべきではないということである。

　結合再認課題において，被験者は，ある材料セット（例えば，DRMリスト）を学習し，それから，異なった教示条件のもとで再認テストを受ける。その手続きは，被験者が教示条件で異なった記憶プロセスを採用することを期待しているという意味で，Jacobyの対立パラダイム（opposition paradigm）と類似している（例えば，Jacoby, 1991）。結果的に，条件間の差異は，その基礎をなすプロセス（もしくは，このようなプロセスからもたらされる異なった主観的体験）における差異を反映し，そのプロセスは数学的に推定可能であると考えられる。「ヴァーベイティム」条件は通常の「はい・いいえ」で答える再認記憶テストと同様であり，被験者は学習されたターゲット語にのみ「はい」と応答するように教示される。この条件では，関連ルアー項目に対する「はい」反応は，幽霊回想，熟知性，反応バイアスのいずれか，または，それらの組み合わせを反映すると考えられている。「主意」条件では，被験者は，学習語に何らかのかたちで関連するすべてのテスト語で，学習語それ自体ではないもの（すなわち，関連ルアー項目のみ）に「はい」と反応するように教示される。この条件のもとでは，関連ルアー項目に対する「はい」反応は，熟知性と反応バイアスによって引き起こされるが，ここで幽霊回想によって，被験者は関連ルアー項目が学習されたものであり，除外されるべきものであると信じ込ませられるだろうから，「いいえ」反応がもたらされることになる。このような仮定をふまえると，これら2つの条件にお

ける関連ルアー項目に対する「はい」反応の違いは，幽霊回想によるものであるといえる（この基礎的な考えの数学的な実装は，もっと複雑ではあるが）。最後に，「ヴァーベイティム＋主意」条件では，呈示の記憶，または，関連性のいずれかにもとづいて「はい」と応答するように教示されるため，関連ルアー項目に対する「はい」反応は，ここでも，幽霊回想，熟知性，反応バイアスのいずれか，または，それらの組み合わせにもとづくであろう。この条件とヴァーベイティム条件の違いは，ヴァーベイティム条件では，被験者は関連ルアー項目を棄却する（第5章で述べられるモニタリング過程を通して）ために，ターゲット語の正回想を用いると考えられているが，それに対して，ヴァーベイティム＋主意条件（または，主意のみ条件）では，正回想が関連ルアー項目の受け入れをもたらすだろう。

　この結合再認モデルのより詳しい説明は本書では割愛するが，興味ある読者は，さらなる情報を得るために上述された論文を参照してほしい。ここでの重要点は，この手続きを用いたいくつかの実験で，Brainerd et al.（2001）が，DRMリストを用いて，虚再認における幽霊回想の有意な推定値を見出し，そして，幽霊回想の有意な効果が，類似した手続きを用いた再生テストにおいても見出されている（Brainerd et al., 2003a）ということである。さらに，DRM課題では，幽霊回想は関連ルアー項目の虚再生や虚再認の主要な誘因であり，長期の遅延時間の後（例えば，1週間後）でさえ持続することがわかっている。

　このような知見はいくつかの理由で有用であるが，ここでは，そのうち2つを強調する。1つ目に，結合再認（または，再生）手続きは，直接的な主観的な判断に依存していない。その代わりに，異なった主観的基準が各テストで用いられるという仮定のもとに，異なった教示の組み合わせにおける客観的な再認弁別に依存している。それゆえ，非常に異なった仮定と手続きの組み合わせを用いて，幻回想の存在を支持する証拠を提供する（幽霊回想の証拠を提供するまた別の種類の数学モデルについては，Lampinen et al., 2005bを参照のこと）。2つ目に，結合再認教示を行うために，すべての被験者は，再認テストが，呈示されてはいないがリスト語に関連している単語（すなわち，関連ルアー項目）を含んでいるということ，または，再生テストでこのような語を再生するかもしれないということをはっきりと伝えられ，具体的な事例を与えられた。つまり，このようなモデル化の手続きは，前述した警告研究を補足するものである。両方の場合において，幻回想の有意な効果は，被験者が学習されていない関連ルアー項目に「目を光らせている」ときでさえも，得られたのである。

幻回想の理論

　第3章では，虚再生，および，虚再認に関する3つの主要な理論について論じられた（連想活性化説，主題一致性説，特徴重複説）。実は，これらのどの理論も，幻回想を十分には説明できない。これらの理論は，少なくとも最も単純な形態では，どのように関連ルアー項目が生成されるか（再生テスト），熟知性が高くなるか（再認テスト），プライミング効果をもたらすか（潜在記憶測度）について説明しようとするだけである。幻回想を説明するためには，学習されていない出来事に関する主観的に詳細にわたる回想の起源について何かしら言及する必要がある。例えば，前述したように，「remember」判断は，学習段階からの曖昧で一般的な連想情報にもとづいており，そして，ソース判断は，知識にもとづいた推論（例えば，その対応するリストのモダリティを知っていること）にもとづいているかもしれない。そのようなプロセスは，幻回想の起源を説明することにおいては不十分であり，「知覚的詳細」や「感覚」のような，関連ルアー項目に関する，より具体的な回想を説明することはできない。同様に，ファジー痕跡理論はジスト痕跡が虚記憶の原因であるが，定義上，ヴァーベイティム痕跡のみが回想された詳細を含むということを提唱している。幻回想が厳格な警告や結合再認教示のもとで持続するという事実は，被験者が学習時における関連ルアー項目の呈示の様子を実際に覚えていると信じていることを示す。この詳細にわたる（それでいて，虚偽である）情報はどこから来るのだろうか。

　ここでは，この詳細にわたる情報の源を考察するために，**内容借用説**（*content borrowing*）と**想像説**（*imagination*）とよばれる2つの理論を紹介する。内容借用は，もともと，Lampinenと共同研究者ら（例えば，Lampinen et al., 2005a）によって用いられた用語であり，他の研究者も関連した考えを提案している（例えば，Gallo & Roediger, 2003; Reyna & Titcomb, 1996; Schacter et al., 1998a）。この考えは，関連ルアー項目について被験者が回想した特徴が，実際にリスト語の処理の結果として，記憶に符号化されているというものである。テスト時に関連ルアー項目が呈示される（または，学習時に関連ルアー項目が生成される）と，もともとは，リスト語の呈示に対応している詳細が検索され，そして，関連ルアー項目に誤って帰属される。例えば，被験者は，「bed［ベッド］」という単語を学習したときに，「しんどいなあ」と思ったかもしれないが，テスト時に，関連ルアー項目である「sleep［眠る］」が呈示されたときに，この反応を思い出し，そして，この反応を学習時の「sleep」の呈示に誤って帰属してしまうということである。このような内容借用は，知覚的な課題において観察されるような古典的な結合エラー（例えば，Treisman & Schmidt, 1982）と類似した，

特徴結合の破綻を意味する。リスト語に漠然と結びついた特徴が検索され，そして，誤って関連ルアー項目の記憶へと結びつくのである。

　ファジー痕跡理論は，この錯覚結合現象を概念的に説明する1つの方法を提案する。この理論では，ヴァーベイティム痕跡は時間が経つごとに崩壊していくため，一度学習項目と連想づけられた知覚的な具体的情報が，ジスト痕跡と結合するようになることが可能である（例えば, Reyna & Titcomb, 1996）。関連ルアー項目が呈示されたとき，このような詳細情報が含まれたジスト痕跡の検索は，幻回想的現象（幽霊回想）という結果をもたらすだろう。この概念化において，内容借用は，幽霊回想の検索以前のある時点で生起する。例えば，ジスト表象を繰り返し活性化することは，ジスト表象がヴァーベイティムの断片と結合するようになる原因となる可能性があり，その結果，後のテスト時に幽霊回想として検索されうる詳細情報の含まれたジスト痕跡を貯蔵することになる。もう1つの方法として，ヴァーベイティムの詳細がジスト痕跡へ実際に結合することが検索中に起こる可能性があり，その結果，記憶がテストされるときに，その場で幽霊回想を作り出すことになる。例えば，Lampinenと共同研究者らは，熟知性＋確証メカニズム（familiarity + corroboration mechanism）を提案した（例えば, Lampinen et al., 1999; Lampinen et al., 2005a; Odegard & Lampinen, 2004）。この考えは，テスト時に熟知性の高いルアー項目が呈示されることで，それを支持する詳細を求めて被験者が記憶内を探索することが促されるというものである。いったんこのような詳細情報がリスト語から検索されると，それらは（意識的，または，無意識的に）関連ルアー項目に帰属される。ここで留意すべき点は，ファジー痕跡理論では，幻回想を説明するためにジストをもとにしたプロセスを必要とするが，連想活性化理論にもとづいた他の数学的モデル（例えば, PIER2）や特徴重複にもとづいたモデル（例えば, MINERVA2）もまた，この種の錯覚結合を説明することが可能である（考察について Hicks & Starns, 2006 参照）。

　想像もまた，虚記憶における主観的詳細の起源として可能性があり，他の課題において虚記憶を引き起こすことで知られている（例えば, Goff & Roediger, 1998）。その詳細情報が学習段階より回想される内容借用とは対照的に，想像された特徴が記憶の「真の」構成要素である必要はない（例えば, Gallo & Roediger, 2003）。その代わり，被験者があるテスト項目の呈示に関する様々な特徴の回想（例えば，知覚的詳細）を求められたとき，被験者は想起しようとしてテスト語の呈示を想像する。幻回想は，この想像がある記憶と間違えられたとき作り出される（例えば，リアリティモニタリングエラー）。例えば，被験者は，「sleep［眠る］」が学習時に実験者によって発話されていたらどのように聞こえるだろうか想像し，その後，このイメージ（心象）を実

際の回想として誤って認識するかもしれない。リスト語の記憶は，そのようなプロセスに確かに情報を与えることができるだろう（例えば，実験者の声がどのように聞こえるかを覚えておかなければならない）が，しかし，必ずしもそうとは限らない（例えば，単語「sleep」は，授業中に寝ているイメージを呼び起こすかもしれないし，このイメージは，それが学習時に形成されていなくても，記憶として受け入れられうる）。この説明は，Lampinen et al. (1999) の熟知性＋確証説と非常に類似しており，両説とも，検索時に幻回想が作り出されるということに焦点を合わせている。この 2 つの説のおもな違いは，主観的詳細の起源（想像に対して，正回想）である。

　内容借用説と想像説の間には重要な違いがあるものの，両者とも帰属プロセスに関与している。記憶の帰属に関して独創性に富んだ論説である Jacoby et al. (1989) は，想起の主観的体験は記憶痕跡に貯蔵されているのではなく，むしろ，ある種の無意識的な推論に関係していると主張した。彼らの帰属の理論的枠組みは，熟知性の主観的体験を説明することに，おもに焦点を合わせていたが，幻回想を含むすべての想起という活動に広く適合する（Higham & Vokey, 2004 参照）。Jacoby et al. によって紹介された以下の事例を見てみよう。

　　例えば，「2, 3 週間前に，La Casa で夕食を食べましたか」というような質問に答えようとすることを考えてみよう。あるレストランで席に着いているというイメージは容易に心に浮かんでくるかもしれないが，そのイメージはそのレストランへのある特定の訪問を明確にするのに十分ではないだろう。それならば，ある出来事を特定できるまで，一連の思考を綿密に詳述するかもしれない。「あ，そうだ。選挙結果について議論したんだ」というように，数週間前のある特定の出来事を本当に「想起していること」を推測させるような，さらなる詳細情報が思い浮かぶかもしれない。イメージは流れるように生み出され，そして，そのイメージはある特定の体験に特徴的である具体的な詳細情報を含む。数週間前の実際の出来事と後のその出来事についての流暢なイメージ化の間に，転移が発生すると想定される。しかし，詳細情報が流暢に生成されたとしても，作話（confabulation）の症例や再構成エラーの場合のように，エラーとなりうる（p. 398）。

　要するに，記憶は単に貯蔵された痕跡から検索されるのではなく，代わりに，想起の主観的体験は，検索のそのときに，「その場で」作り出されるということである。このように，想起の主観的体験は，記銘時と検索時の両方で，認知的な文脈の影響を受ける。このような概念化のもとでは，第 3 章で論じられたような「記憶信号」と「決

定プロセス」の間のはっきりとした区別が曖昧になってしまう。想起の主観的体験は，記憶からの情報の検索によって影響を受けるだけでなく，自動的に生起する帰属や，より顕在的な決定プロセスで生起する帰属のうちいずれか，あるいは，その両方によって影響されうるのである。

　誤帰属は，様々な種類の記憶エラーの原因となると考えられており，そして，帰属は，人間の記憶に関する多くの理論において中心的な役割を果たしている（例えば，Johnson & Reye, 1981; Whittlesea & Williams, 1998）。DRM課題にこの考えを適用すると，関連ルアー項目が無関連ルアー項目よりも流暢に処理され（連想活性化，主題一致性，特徴重複のために），そして，その流暢性が（借用された，もしくは，想像された）知覚的詳細を実際の呈示に誤帰属する原因となるということになるだろう。ある意味では，帰属は，DRM課題においてあるどこかの段階で，必ず関連していなければならない（考察については，Whittlesea, 2002 参照）。関連ルアー項目は決して呈示されていないため，その生起に関する詳細にわたる回想は，別のソースからもたらされ，そして，関連ルアー項目に誤帰属される必要があるからである。より重要な——そして検証可能な——考えは，このような帰属が，関連ルアー項目の促進された処理流暢性によって引き起こされているというものである。

幻回想に影響を与える要因

　帰属理論によると，詳細情報は，どのくらい流暢にルアー項目が処理されるかに応じて，ルアー項目の記憶に帰属されることになる。連想活性化，主題一致性，特徴重複のうちいずれか，あるいはそれらの組み合わせによって，関連ルアー項目は無関連ルアー項目とくらべてより流暢に処理されるため，無関連ルアー項目よりも，関連ルアー項目でより多くの幻回想が体験される。帰属理論では，関連ルアー項目の活性化に影響するために処理流暢性に影響を与える変数もまた，幻回想に影響するだろうと予測される。そして，この予測は，いくつかの研究で支持されている。

　第3章で述べられたように，リスト語から関連ルアー項目への連想的つながりの強度（BAS）は，虚再生と虚再認の最大の予測変数であると確認されている（例えば，Deese, 1959b; Roediger et al., 2001c）。Gallo & Roediger（2002，実験3）は，被験者に連想強度の高いリストか連想強度の低いリストのいずれかを学習するように求め，それから，被験者は，最終再認テストにおいて，確信度評定，または，「remember/know」判断を行うように求められた。Gallo & Roediger は，「remember」判断の割合が，連想強度の低いリスト（.33）とくらべて，連想強度の高いリストの関連ルアー項目（.59）

で高く,同様の差異が確信度評定においても見受けられるということを見出した。Brainerd et al. (2003a)は,再生テストにおいて,幽霊回想の推定値(結合再生法による)は,連想強度が高いリストで大きいという類似した効果を報告した。

関連ルアー項目の活性化に影響する他の変数もまた,幻回想の様々な測度に影響することがわかってきた。Mather et al. (1997)は,学習リストをブロック化することが,学習時に異なったリストからの単語を混合して呈示するのとくらべて,関連ルアー項目についてより多くの「remember」判断と高い MCQ 評定をもたらすということを明らかにした。Brainerd et al. (2001)は,カテゴリーリストで,非学習事例に関連する学習語数を増加することが,結合再認課題による幻回想の推定値を増加させることを見出した。同様に,Gallo & Roediger (2003)は,学習リストの長さを増加すること(5項目から15項目へ)が,DRM 課題における虚再認の水準を引き上げ,また,(1) あるソースに帰属されて虚再認された項目の割合,および,(2) 様々な MCQ の次元についてこれらの項目に与えられた評定値を増加させることを見出した。最後に,Brainerd et al. (2003a)は,結合再生法と類似している反復再生法を用いて,幻回想の推定値が様々な要因(例えば,ブロック化学習と混合学習,反復テスト,学習反復)の影響を受けるということを見出した。

このような様々な知見は,幻回想についての流暢性にもとづいた帰属理論に一致するものの,この推論の方向性には2つの限界がある。まず,これらの変数それぞれが関連ルアー項目の処理流暢性に影響するという仮定が,誤りである可能性がある。潜在記憶テストで,関連ルアー項目においてプライミング効果が得られるという事実(第3章で論じられた)は,関連ルアー項目が流暢に処理されているということを示唆するが,上述されたようなある操作(例えば,ブロック化)もまた流暢性に影響しているかどうかについては,直接は測定されていない。(これらの変数のうちのいくつかは,第3章で論じられているが,その他のものは第5章,第6章でより詳しく述べられる)。次に,上述されたすべての変数は,幻回想に加えて,虚再生と虚再認の全体的水準に影響を与える。もし幻回想が虚再生と虚再認の原因になるのなら,幻回想と全体的なエラー率の間に正の相関が必ず得られるに違いない。つまり,このような関係性によって,ある変数が単に記憶エラーに影響したことのみで,流暢性に影響すると仮定されることが問題となる(なぜなら,流暢性以外の要因もまた記憶エラーに影響するからである)。このような場合,循環論となってしまうのである。

この循環論を避ける1つの方法は,虚再認の全体的水準が一定に保たれた条件で,幻回想を操作することである。Hicks & Hancock (2002)は,リストの半分の項目をある音声で音読し,残りの半分を別の音声で音読する条件(混合ソース条件)を用い

て，被験者にDRMリストを呈示した。この実験において重要な操作は，1つのソースで関連ルアー項目と強く関連している項目を呈示し，もう一方のソースで弱く関連している項目を呈示するということである。リスト語の帰属は2つのソースで同等に正確であったが，関連ルアー項目は，弱いソース（.34）とくらべて，強いソース（.48）へ帰属されることが多かった。ソースがリスト内で操作されているため，ソース帰属におけるこの強度の効果は，関連ルアー項目の虚再認の水準差や，活性化の水準差によって説明ができない。その代わり，Hicks & Hancock は，学習時に，強い連想関係の項目によって関連ルアー項目が思い浮かびやすく，そのため，関連ルアー項目がこれらの項目のソースに帰属されると提案した。その他の可能性として，関連ルアー項目が強い連想関係にある項目からの知覚的特徴を借用しやすいということや，強い連想語を呈示したソースで関連ルアー項目を想像しやすいということもある。これらすべての場合において，流暢性にもとづいたプロセスが帰属を促進する可能性があるが，ここでも，このプロセスは直接測定できない。正確な原因は不明のままだが，Hicks & Starns (2006) は，Hicks & Hancock (2002) の基本的な効果を追試し，そして，関連ルアー項目のソース判断は，方略的な推測や意識的推論プロセスではなく，ソースに特定の情報に関する幻回想が原因であるという証拠を提供した。

　本章をまとめると，注目すべきは，幻回想の理論的な理解が，虚再生や虚再認のエラーの理解とくらべてまだ初期の段階であるということである。この差異は，虚再認と虚再生は，一般に承認されている課題（再生と再認）を用いて客観的に測定されるのに対し，幻回想は，それほど頻繁に用いられてはおらず，解釈がより難しいような，主観的判断（「remember/know」やMCQ）や他の種類の判断（例えば，ソース判断や結合再認）で測定されるという事実から生じるのだろう。このことは，幻回想が虚記憶において最も興味をかきたてる特徴の1つであることから，不幸な状況である（実際，幻回想はこのような再生・再認エラーの最も近接した原因であると考えられている）。被験者が方略的に虚記憶を避けようとしているときでさえ，幻回想が様々な測定法を用いて確実に実証されているという事実は，幻回想が扱うことが可能な心理学的現象だということを示唆している。それゆえ，この領域における独創的な研究にとって，そして，幻回想についての理解を広げるような新しい測定法の開発にとって，扉は大きく開かれている。

5章 虚記憶を減らすプロセス

　前章では，帰属プロセスが，記憶エラーの生起において中心をなす考えとして紹介された。ある学習されていない出来事は，幻回想や熟知性の感覚のいずれか一方，あるいはその両方を喚起することがあり，そして，このような主観的体験は，もしこれらが過去に帰属されれば，虚記憶を引き起こしうる。この考えの裏を返せば，もし熟知性や幻回想が過去に帰属することを回避することができるのなら，虚記憶もまた回避することができるということになる。研究者らは，検索モニタリングや編集プロセスを促進することによって，被験者が虚記憶を回避するのに役立つ数多くの変数を見出してきた。このようなプロセスは，広くは「メタ記憶」，「メタ認知」，「認知的コントロール」に含まれる。このような用語は，虚記憶のモニタリングに適用されるとき，しばしば（常にではないが），ある出来事を虚偽として棄却するために様々な種類の情報を用いる，意識的，または，意図的決定プロセスを意味するようになる。
　この分野の研究や学説に大きな影響をもつ2つの理論的枠組みは，二重過程理論（dual-process framework）とソースモニタリング理論（source monitoring framework）である。二重過程理論は，記憶検索（そして，その結果として生じる主観的体験）が，先行する生起に関する具体的な詳細の回想，または，熟知性の脱文脈化された感覚に関与すると仮定する（Atkinson & Juola, 1974; Jacoby, 1991; 包括的なレヴューについては，Yonelinas, 2002 参照）。二重過程理論は，通常は，再認記憶に適用されるが，もし，生成＋再認モデルが導入されれば，再生テストにおける記憶にも適用可能である（例えば，Bahrick, 1970; Jacoby & Hollingshead, 1990; Kintsch, 1970）。虚記憶は，通常は，熟知性から生じると考えられている（幻回想にはほとんど焦点が合わされることはなかった；Higham & Vokey, 2004 参照）のに対して，回想は，熟知性にもとづいたエラーを減らすことが，ある状況下においては可能である，正確な

記憶を支えるものと考えられている。ほとんどの概念化において，この種の回想にもとづいたモニタリングは，意識的にコントロールされたプロセスや方略的なプロセスとして考えられている。第3章で述べられたように，ファジー痕跡理論は，一種の二重過程理論であり，正回想が，そうでなければジストにもとづいた類似性によって引き起こされてしまう虚記憶を抑制したり，編集したりするようなメカニズム（例えば，次章でより詳しく述べられる「回想棄却（recollection rejection）」）を含んでいる。しかし，古典的な二重過程理論と異なり，ファジー痕跡理論におけるモニタリングプロセスは必ずしも意識的ではない。

ソースモニタリング理論は，回想と熟知性の間の区別にはあまり焦点を合わせていない。この理論的枠組みによると，検索は，記憶の様々な特徴や属性（例えば，符号化時に随伴した，知覚的詳細，情緒的反応，認知的操作）の想起や回想をともなう。このような特徴は，想起されるべき情報の状況や種類に従って，程度の差はあるが想起され，そして，それらは，モニタリングプロセスに従って，異なったソース（例えば，夕方のニュース，会話，白昼夢など）に帰属される。このようなモニタリングプロセスは，系統的（systematic）（比較的意識的で，意図的）であることもあり，また，発見的（heuristic）（比較的短時間でなされ，自動的）であることもあり，そして，利用可能な情報に依存する（Johnson & Raye, 1981; Johnson et al., 1993）。記憶エラーは，モニタリングプロセスがしくじったときに生じ，そして，虚記憶は，モニタリングプロセスが「きちんと決着をつけた」ときに回避される。Roediger, McDermottと共同研究者らによって考案された活性化−モニタリング理論（activation-monitoring framework）は，DRM課題における多くの研究結果を説明するために，連想活性化プロセスに加えて，この種のモニタリングプロセスを重要視する（例えば，McDermott & Watson, 2001; Roediger et al., 2001c）。

二重過程理論とソースモニタリング理論は，主として別々の研究系統で発展しており，両理論間の関連性を概念化する多くの方法が存在する。ここでの目的にとって最も重要なことは，各々の理論的枠組みが，2種類の異なった虚記憶モニタリングプロセスに関連する豊かな研究を生み出す役割を担ってきたということである。Gallo（2004），および，Gallo, Bell, Beier, & Schacter（2006a）によって設定された区別にもとづくと，これらのプロセスは，**欠格モニタリング**（*disqualifying monitoring*）と**診断モニタリング**（*diagnostic monitoring*）とよばれる。これら2つのモニタリングプロセスは，正回想が虚記憶を回避するために使用されることが可能な，2つの基本的に異なった決定プロセスを表すと考えられる。この理論的区別は異なったモニタリングプロセスを分類するために有用であり，根本にある決定プロセスのロジックにもとづい

て，異なったモニタリングプロセス（または，モニタリングプロセスが原因であると考えられる異なった効果）を区別している。

欠格モニタリングは，ある出来事の正回想によって，より疑わしい出来事を生起していないものであるとして棄却することが論理的に可能なときに生じる。例えば，ある疑わしい出来事（例えば，「私は休暇のための飛行機のチケットを買った」）について心当たりがある（熟知性が高い）ように思えるかもしれないが，もしつじつまの合わない情報（「いや，オンライン予約はしたけど，クレジットカードをなくしたのを思い出したから，チケットを買ったはずがない」）が思い出されれば，虚偽として棄却されうるだろう。二重過程理論に関する研究は，排斥課題（exclusion task）を用いて，この種の決定プロセスを利用してきた。例えば，リストにもとづいた排斥課題では，ある1つの文脈（リスト1）で生起したものとして，ある単語を棄却できるのは，その語が別の文脈（リスト2）で呈示されたということを想起することができ，かつ，単語がどちらか一方のリストにのみ呈示されている場合である（Jacoby, 1991）。変換複数形課題（changed-pluralization task）では，ルアー項目（computers［コンピュータ］）を，もしその語の単数形（computer）が学習されたことを想起することができ，そして，もし単語がいずれか一方の形式で学習されていれば，棄却することができる（Hintzman & Curran, 1994）。最後に，連合再認課題では，テスト対（plant-guiter［植物-ギター］）を，もしこれらの単語が異なった対（plant-road［植物-道路］；candle-guiter［ろうそく-ギター］）で学習されたことを思い出し，そして，もし単語が学習時に一対のみで呈示されていれば，棄却することができる（Rotello et al., 2000; Yonelinas, 1997）。このようなすべての状況において，課題はある文脈における項目の想起が，他の文脈におけるその生起と互いに排反的であるようにデザインされており，それゆえ，ある項目が別の文脈で起こったということを棄却することが可能となる。この種の欠格モニタリングプロセスは，想起棄却（recall-to-reject）とよばれており，意識的決定が関与する顕在的，または，方略的なプロセスだと考えられている。

診断モニタリングは，期待された情報の回想における失敗により，疑わしい出来事が起こっていないということを論理的に推論できるときに生じる。ある出来事（例えば，「クレジットカードの紛失をあなたに伝えたこと」）がありそうなことであっても，期待された回想が欠如していることは，この出来事が生起していないという決定をもたらすことを可能とする（「いや，聞いてない。だって聞いたとしたら覚えているはずだから」）。この場合，決定プロセスは，期待された回想の欠如にもとづいている。診断モニタリングの優れた実証研究には，古くはBrown, Lewis, & Monk（1977）があ

る。彼らの実験では，被験者が自分自身の名前を普通名詞のリストで学習したと虚再認することの可能性は低かった。Brown et al. は，被験者がとても記憶に残りやすい，自分自身の名前を回想可能であることを期待しており，それゆえ，そのような期待された回想の欠如にもとづいて，それが生起したということを棄却することができたと主張した。これと関連した診断モニタリングプロセスは，ソース記憶研究における「あなたに違いない」効果との関連で，第4章において述べられたが（例えば，Hicks & Marsh, 2001; Johnson et al., 1981; また，Brown et al., 2000; Ghetti, 2003 もあわせて参照のこと），それは，「記憶しやすさ」ヒューリスティック（例えば，Hicks & Starns, 2006）や，「示差性」ヒューリスティック（後の節で詳しく紹介される）とよばれている。重要なのは，このような効果が決して学習されていない出来事についても生じるため，その場合は，その出来事があるソースやまた別のソースで生起していないと被験者が欠格判断することが可能となるような，その出来事の「正回想」が存在しえない。その代わり，診断決定プロセスが，そのルアー項目が呈示されていないということを推論するために，もしくは，（期待された回想の欠如において）ルアー項目が，おそらくある一方のソースで呈示されたということを決定するため用いられる。まさに欠格モニタリングと同様に，このプロセスは，通常は，顕在的，または，方略的な方法で生じると考えられているが，時に，より自動的な水準でも生じると考えられている。

　これら2つの決定プロセスは，真実の想起や回想が記憶の正確さをモニタリングするためにどのように用いられうるかに焦点を合わせているが，ここで注目すべきは，他の種類の知識（例えば，信念，もっともらしさ）もまた，疑わしい出来事を棄却するために用いられうるということである。例えば，宇宙人による誘拐の幻回想を，「宇宙人がいるとは思わないので，誘拐されたはずがない」と結論づけることで，退ける者もいるかもしれない。この場合，彼らは，回想された情報の存在や欠如の代わりに，ある信念にもとづいて記憶を棄却しているといえる。熟知性にもとづいた期待もまた，もしあるテスト項目が学習されたと見なされるほど十分に熟知性が高いと判断されなければ（古典的な信号検出理論における反応基準の設定によって説明されるように），被験者がその項目を棄却することになるという意味では，一種の診断モニタリングとして考えることができる。このように他の可能性もあるが，虚記憶課題における基礎研究のほとんどは，想起や回想が記憶の正確さをモニタリングするためにどのように利用可能であるかに焦点を合わせており，そして，そのような研究について以下で概説される。まず，欠格モニタリングで説明することが可能な知見が紹介され，その次に，診断モニタリングで説明されうる知見が紹介される。もちろん，このような効果

に関する他の方法での概念化も可能であり，そのいくつかについては本章の終わりに述べられる。ここで留意すべきは，「想起」と「回想」という用語は，検索手がかりには存在しない，過去からのすべての具体的な情報の検索という意味で，ここではいくぶんお互いに置き換え可能な意味で用いられているということであるが，「想起」は，しばしば，学習語の検索を言及するために用いられるのに対し，「回想」は，このような学習語と連想関係にある詳細の検索に言及するために用いられる。

欠格モニタリング

想起が関連ルアー項目を生起したものではないと欠格判断することを可能とする方法が，連想集束課題（DRMリスト，または，カテゴリーリストを用いて）において，少なくとも3種類明らかにされている。これらは，本書では，**同定－棄却**（*identify-and-reject*）**プロセス，ソースにもとづいた排斥**（*source-based exclusions*）**プロセス，完全想起棄却**（*exhaustive-recall-to-reject*）**プロセス**という名称で述べられる。最初にあげられたプロセスは，警告研究によって実証されている。第3章で論じられたように，いくつかの研究において，リスト学習の前に，虚記憶効果について被験者に情報を与えて警告することで，警告を受けていない被験者群と比較して，虚再認が大幅に減少しうるということが見出されている。Gallo et al. (1997) では，情報を与えられた被験者は学習リストを方略的に符号化することが可能であり，さらに，関連ルアー項目を同定し，そして，心の中でそれらに「非呈示」という印をつけようと試みるのではないかと推論された。そして，被験者は，テスト時にこの項目は呈示されていないものであると自ら発見したことを思い出すことで，そのような関連ルアー項目の再認を避けることができるのだろう。この考えを支持するように，Gallo et al. は，情報を与えられた被験者が自由回答形式のテスト後，質問紙においてそのような方略を使用したと主張することを見出した（16人中7人の被験者がこの方略を使用したと報告した）。興味深いことに，32人中5人の情報を与えられていない被験者もまた，そのような方略の使用を報告した。このことは，少数ながら警告を受けていない被験者にも，典型的なDRM課題において，この方略を自発的に用いるものがいることを示唆している。

Multhaup & Conner (2002) は，そのような**同定－棄却**プロセスのさらなる証拠を示した。彼女らは，被験者が適切な反応選択肢を与えられたとき，テスト項目を，学習時に生成したが，呈示されていないものとして同定判断することがよくあることを見いだした。Brédart (2000) の研究もまた関係があり，彼は，関連ルアー項目（こ

の場合，非呈示の名前）を虚再生していない被験者が，リストに呈示されてはいないが，リストの他の単語と関連していると同定した単語を再生するように求めたとき，関連ルアー項目を報告しやすいということを示した（Libby & Neisser, 2001; Mukai, 2005 もまた参照のこと）。Neuschatz, Benoit, & Payne（2003）は，別のアプローチをとった。彼らは，リストによって，被験者が関連ルアー項目を同定することがより簡単なものがあるはずで，そして，このようなリストにおける虚再認は，もし同定方略が使用されれば，（学習前に与えられた）警告によってより大きな影響を受けるはずだと推論した。その予測と一致して，（別の関連ルアー項目同定課題で測定されたものとして）高い割合で同定可能な関連ルアー項目をもつリスト（警告なし群の平均虚再認率 = .53，警告あり群 = .22）は，低い割合で同定可能な関連ルアー項目をもつリスト（警告なし群の平均虚再認率 = .45，警告あり群 = .38）とくらべて，学習前警告の影響をより大きく受けることがわかった。このような研究結果は，以前に紹介したものとあわせて考えると，学習前に警告が行われたときに，同定－棄却方略が用いられることを示している。

　想起棄却が連想集束課題において実証されている2つ目の方法は，**ソースにもとづいた排斥法則**を適用できるように手続きを変更することによるものである。Smith, Tindell, Pierce, Gilliland, & Gerkens（2001，実験1）では，被験者はいくつかのカテゴリー化された単語のリストを，最終カテゴリー手がかり再生テストのために学習した。リスト学習段階に先立って，被験者は様々な単語について，快－不快評定（「深い」処理水準）や母音数の評定（「浅い」処理水準）のような，表向きは無関連とされている単語評定課題が実施された。この時に被験者に気づかれないように，学習カテゴリーのいくつかから重要欠損事例がこの段階で呈示されていた。最終手がかり再生テストでは，被験者は次の3つの教示のうちの1つを与えられた。標準群では，被験者はリスト学習段階において学習したカテゴリーのすべての単語を再生するように求められたが，リスト学習段階と偶発学習段階（単語評定課題）との関連性については触れられなかった。包含条件と排斥条件の被験者には，偶発学習段階において，リスト学習段階に呈示されなかったが，学習カテゴリーの事例であるような，いくつかの単語が含まれていたとテスト時に伝えられた。被験者は，このような偶発的に学習された事例を，再生に含むように求められるか（包含条件），それとも，このような項目の再生を避けるように求められるか（排斥条件）であった。

　これら3つの条件における結果は，図5.1に示されている。標準条件において，関連ルアー項目（重要欠損事例）の虚再生率は，偶発学習段階で「先行呈示された」とき，浅い処理の後（非呈示平均 = .19，呈示平均 = .30）でも，深い処理の後（非呈示

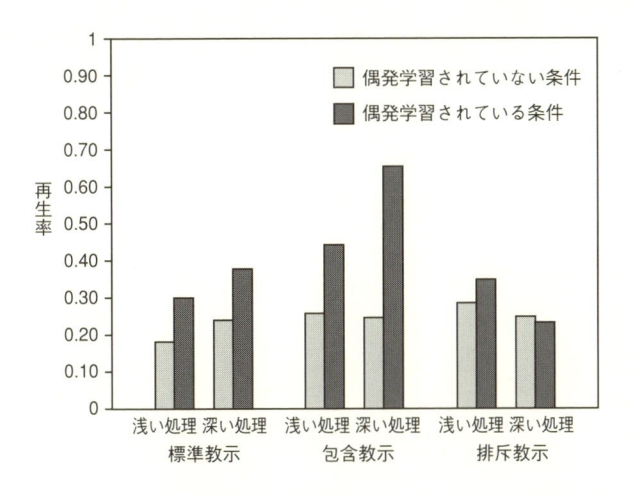

図5.1 Smith et al.（2001，実験1）における，関連ルアー項目が偶発学習リストで学習されたかどうか，および，テスト教示に応じた関連ルアー項目の再生

平均＝.24，呈示平均＝.38）でも，高くなった。このような効果はソース混同を実証したものであり，このソース混同は，偶発学習課題で関連ルアー項目を呈示することが，再生テストにおいて，この項目をより利用しやすくなるか，この項目の熟知性を高くするかのいずれか，あるいは，その両方をもたらし，そして，この強められた記憶信号が，ある1つのカテゴリー学習リストでの呈示に誤って帰属されたということによるものである。さらに大きな偶発呈示の効果が，このような偶発的に学習された事例を再生に含めるように被験者が求められた包含条件において見出された。最も重要な結果は，被験者が偶発的に呈示された項目を再生から排斥するように求められたとき，彼らは浅く処理された項目の偶発呈示効果を減少させることができ（非呈示平均＝.29，呈示平均＝.35），そして，深く処理された項目の偶発呈示効果を消去させることができた（非呈示平均＝.25，呈示平均＝.23）というものである。このように，被験者は，想起棄却方略を用いるように教示されたとき，ソース混同を克服することができ，そして，その方略は，深く処理された（再生しやすい）項目で最も効果的であった。

　Dodhia & Metcalfe (1999) もまた，想起棄却排斥法則の証拠を提供した。被験者は，2つのDRMリスト（異なった色彩で呈示された）を学習し，その後，各々についての排斥再認テスト（すなわち，ターゲットリスト「青色」からの単語に「はい」と反応し，排斥リスト「赤色」からの単語や非学習語に「いいえ」で反応する）を受けた。

ある試行において，関連ルアー項目は排斥されるべきリストで学習されたのに対し，その連想語のいくつかは，ターゲットリストで学習された。リスト同士は互いに排反的なものであると具体的に伝えられていないのにもかかわらず，虚再認は，関連ルアー項目が非ターゲットリストで呈示されたときに，関連ルアー項目が決して学習されていない条件と比較して，減少することがあった。この研究結果は，被験者がもし非学習リストからの単語を想起したら，ターゲットリストにあったということを棄却するというような，想起棄却法則を使用したという考えに一致する。Gallo et al. (2006a) は，被験者が排斥されるべきリストで呈示された関連ルアー項目を棄却するように明確に教示されるような，類似した DRM 課題において，同様の結果を報告した。

これまで述べられてきたような，想起棄却プロセスは，被験者がある文脈において関連ルアー項目を想起することで，別の文脈でそれが生起したということを棄却したり，欠格判断したりすることが可能になることよる，排斥法則の適用に依存していると考えることができる。前述した警告研究では，関連ルアー項目は，それが個人的に生成されたものであり，「非呈示」として同定されたものであることを想起することによって棄却され，そして，ソースにもとづいた排斥研究では，関連ルアー項目が非ターゲットソースで呈示されたということを想起することによって棄却された。連想集束課題における想起棄却プロセスに関する第 3 番目の実証は，関連ルアー項目が必ずしもどの文脈からも想起されるとは限らないような状況によってもたらされる。この状況が起こるのは，被験者がリストに呈示されたすべての学習項目を完全に想起することができるために，関連ルアー項目がリストに呈示されるはずがないとわかっているときである（**完全想起棄却**プロセス）。

Gallo (2004) は，被験者が最終再認テストのために，いくつかのカテゴリー化された単語リストを学習するという連想集束課題において，そのような完全想起棄却プロセスの証拠を報告した。実験 1 では，各々の重要学習カテゴリーは 3 項目から構成されており，そのため，被験者はあるカテゴリーで呈示されたすべての項目を高頻度で再生することが可能であった（再生は，別の手がかり再生テストを用いて測定された）。このような条件下では，虚再認と正再生の間には負の相関関係があるため，非学習事例の適切な棄却を導いたカテゴリーは，虚再認を導いたカテゴリーとくらべて，より高い水準の正再生をもたらす（単一連想語課題における同様の結果については Tulving, 1983 の第 15 章，メタファーの記憶をテストしたときの同様の結果については Reyna & Kiernan, 1995 を参照のこと）。さらに，虚再認率は，完全に再生されたカテゴリー（条件全体の平均 = .12）において，完全に再生されなかったカテゴリー（平均 = .41）よりも低かった。このようなパターンは，被験者が関連するカテゴリーで

学習したすべての単語を想起できたとき，関連ルアー項目を最も棄却しやすいということを示唆している。Gallo (2004) の実験2では，各重要学習カテゴリーはより長いため（5単語），被験者はカテゴリーのすべての単語を完全に想起することはまれであり，それゆえ，彼らは，ルアー項目の欠格判断をするために完全な想起を利用することはできないだろう。この考えと一致して，この第2実験においては，正再生と虚再認の関連は見られなかった。被験者は相互排反性の論理（すなわち，「このカテゴリーで学習した単語を全部想起できるので，このテスト項目を学習したはずがない」）を適用できないとき，虚再認を減らすために想起を利用できなかった（関連する知見については，Libby & Neisser, 2001 参照）。

　これらすべての研究から導き出せる一般的な結論は，被験者がターゲットリストにおけるルアー項目の生起に関する出来事と一致しない情報を想起することによって虚再認を減らすことができるということである。被験者が他の課題（例えば，リストにもとづいた排斥課題，変換複数形課題，連合再認課題）で想起棄却を使用できるということを考えると，連想集束課題においても，そのような方略を被験者が使用可能なのは驚くべきことではないだろう。しかしながら，これらの知見は，少なくとも2つの理由で，留意しておくことが重要となる。1つ目に，連想集束課題において，被験者は幻回想を体験することが多い（第4章で述べられたように）のに対して，これらその他の課題において，虚再認の原因となるのは熟知性だと考えられているということである。幻回想しやすい条件下での想起棄却についての研究結果は，被験者が幻回想と正想起を区別できるということを示す。2つ目に，被験者は，特別な教示がないときでさえ，虚再認を減少させるために想起棄却を用いるという証拠が存在することである（例えば，Dodhia & Metcalfe, 1999; Gallo, 2004; Gallo et al., 1997; あわせて，Rotello et al., 2000 も参照のこと）。このような研究結果は，(1) 被験者は，熟知性のみにもとづいた再認記憶のモデルとは対照的に，再認記憶課題においてしばしば自発的に想起を利用し，そして，(2) 想起棄却は，少なくとも，被験者が関連ルアー項目を生成し，それを「非学習」として同定するという意味においては，DRM課題を用いたどのような研究においても可能性のある要因として考慮されなければならないということを示唆する。

◯ 診断モニタリング

　想起棄却欠格プロセスとは対照的に，診断モニタリングは，情報の想起（または回想）の欠如が記憶エラーを減少させるために用いられる。既に述べられたように，ソ

ースモニタリング理論では，回想された情報を別のソースから回想されると期待される情報と比較するという，決定プロセスの結果であるとして記憶の帰属をとらえており，この理論において，このようなプロセスは中心的な役割を果たしている（例えば，Mitchell & Johnson, 2000）。いくつかの研究は，そのようなプロセスが連想集束課題に関与しているが，診断モニタリングが虚記憶を減少させることができるかどうかは，ある程度，学習材料が利用可能にする（それゆえ，被験者が検索することを期待する）回想の種類や質によって決まるということを示している。そのため，次項で述べられるように，ソースモニタリング操作にもとづいた減少は見受けられることがあるが，常にではない。

ソーステストについての考察に引き続いて，診断モニタリングによって虚記憶を減らすと考えられている他の変数が概説される。診断モニタリングプロセスが関与するという最も揺るぎない主張は，学習時の呈示形式（例えば，画像，フォント，音声化，筆記，モダリティ）や，関連ルアー項目の特性（例えば，情動性，語長，具体性）を操作した研究からもたらされる。また，学習語呈示時間，学習リストの反復回数，学習・テストの反復回数，テスト時の反応時間を操作した研究も紹介される。以下に述べられるように，このような後者の操作は，診断モニタリングプロセスか欠格プロセスのどちらか（またはそれら両方）に影響した可能性があるために，何ぶん解釈がはっきりしない。

ソーステスト

診断モニタリングを実証する1つの方法は，被験者が記憶の可能性のあるソースを決定しなければならないようなソース記憶テストにおいて，すべての学習語を再生したり，再認したりするような通常の記憶テストにくらべて，ソースの種類に関係なく，記憶の混同が少ないということを明らかにすることであった（Dodson & Johnson, 1993; Lindsay & Johnson, 1989）。一般的な考えは，ソーステストが，あるソース，または，別のソースに特徴的である詳細情報の回想に関する記憶をより注意深くモニタリングすることを被験者に余儀なくさせ，その結果，診断的な決定によってエラーを減少させるというものである。

意外にも，連想集束課題における研究は，ソースモニタリングを奨励することが，必ずしも虚再認を減らす結果とならないということを示す。既に述べられたように，Gallo (2004) は，学習カテゴリーのいくつかの項目（すべてではない）を再生することが，虚再認を減少させるという証拠をつかめなかった。いくつかの学習項目を思い出すことで，被験者は呈示について診断的であると思われる詳細情報に焦点を合わせ，

その結果,被験者は関連ルアー項目に関して,そのような詳細情報を回想していないということに気づくことになると考えられていた。ところが,そのようなプロセスに関する証拠は得られなかったのである。また別の方策を利用して,Hicks & Marsh (2001) は,2つの呈示ソースのうち1つを使用して,被験者にDRMリストを学習してもらい,それから,標準的な「はい」・「いいえ」の再認テスト,または,ソーステストを受けてもらった。彼らの実験2B(男性ソースと女性ソースを使用)の結果は,表5.1に示されている。ソースモニタリング理論の予測に反して,彼らは,標準テストと比較して,ソーステストにおいて虚再認率が高くなることを見出した。前章で述べられたNeuschatz et al. (2001) の研究結果もまた,これと関連する。その研究では,被験者に虚再認を避けるようテスト前に警告すること,および,真実の記憶と虚記憶の区別を援助する可能性があるような特徴の回想に焦点を合わせるように教示することが,関連ルアー項目の虚再認にほとんど効果を及ぼさなかった。まとめると,これらの研究は,テスト時に被験者をソースモニタリングプロセスに集中させることが,この種の虚記憶効果の減少を可能にするという証拠をほとんど提供しなかったのである。

　Multhaup & Conner (2002, 実験2b) は,ソーステストにおいて,被験者に4種類の反応選択肢(「この単語を聞いていない」;「この単語を聞いていないが,それを自分自身で生成した」;「この単語を聞いたし,自分自身で生成もした」;「この単語を聞いた」)を与えることによって,標準的な「はい」・「いいえ」再認条件と比較して,DRM虚再認が減少することを見出した。しかしながら,このソーステストは,それぞれの学習リスト呈示後に実施されたため,最初のリストの学習・テストの後,被験者は,引き続く学習試行においてそのようなルアー項目を同定しようとしやすかったのかもしれない。このように,この実験で得られた虚再認の減少が,「同定・棄却」

表5.1　Hicks & Marsh (2001, 実験2B) におけるソース記憶テストでの真実の記憶と虚記憶の増加

	リスト語		関連ルアー項目	無関連ルアー項目
	男性	女性		
再認テスト	.69	.65	.76	.05
ソース記憶テスト	.78	.80	.90	.17
差異	.09	.15	.14	.12

注:学習語呈示音声(男性,または女性)は各リスト内で変化し,テストの種類(「はい」・「いいえ」再認,または,「男性」・「女性」・「新しい」ソース判断)は,被験者間で操作された。

方略（学習時）か，ソースモニタリングプロセス（テスト時）のいずれか，それともその両方が原因だったのかははっきりとしない。

このような研究において，ソースモニタリング操作がたまにしか虚記憶を減少させない（そして，通常は効果的でない）理由には2つの可能性がある。1つ目の理由として，被験者は，特別な教示や反応選択肢がない場合，標準条件において診断モニタリングプロセスを自発的に使用しているかもしれないということがある。Gallo（2004）で述べられているように，もし被験者が，記憶に関する判断をするときに，回想に関する期待を自然と利用するならば，テスト判断に先立って被験者に学習語のいくつかを思い出してもらうことや，学習語に関して想起されるべき詳細情報に被験者を集中させることは，何ら役に立つ情報を付加しないだろう。Lampinen et al. （2005a）は，被験者がこの種のモニタリングプロセスを実際に自分自身で用いているという説得力のある証拠を提供した。この実験では，被験者が実験中に考えていることを発話するように求められていたこと以外は，典型的な DRM 手続きが用いられた。そして，回想にもとづいたモニタリングプロセスの証拠は，被験者が正しくルアー項目を棄却した多くの試行で見受けられた。例えば，「view［眺め］」というルアー項目を棄却するとき，ある被験者は，「私のカリフォルニアのアパートからよい眺め［view］が見えたのだが，それについて発言したことを思い出せないから」（p. 958）と指摘した。この正当化は回想に関する期待の形成についての明確な一例であり，ルアー項目を棄却するためにこの期待されている回想の欠如を利用したものである（すなわち，診断モニタリング）。本章の後半で述べられるように，関連ルアー項目の棄却を正当化するために使用された具体的な決定プロセスは，この研究においては，いずれにせよ，明白であるとはいえない。それでもなお，このような結果は，被験者が実験者に促されることなく，自発的に回想にもとづいたモニタリングプロセスを利用していたことを示している。

ソースモニタリング操作でたまにしか虚記憶が減少しない理由のもう1つの可能性は，典型的な DRM 条件において，このようなモニタリングプロセスが効果的に働くだけの回想の詳細情報が十分に存在しないかもしれないということである。これらの研究の多くに共通するある特徴は，特に上述されたような条件では，学習材料が比較的同質のソースを用いて呈示されたということである。つまり，すべての学習項目は，（コンピュータ画面に）視覚的に呈示された単語か，または，（1種類か2種類の音声で）聴覚的に呈示された単語であった。このような状況では，診断モニタリングプロセスは，正回想が学習項目間で十分に変化していないために，あまり効果的でないかもしれない。もしより異質な学習材料が準備され，そして，各学習項目から回想される可能性がある特徴や属性がより多く存在すれば，診断モニタリングプロセスが虚記憶に

より大きな効果をもつということが研究によって示されるだろう。

この推論の方向性と一致して，Hicks & Marsh (1999) は，ソースを交互にしてDRMリストを呈示することが，虚再生を減少させるということを明らかにしたが，それは，そのソースが十分に異なる場合のみであった。一連の実験の中で実験3は，特に効果的であった。その実験では，各リストの単語は，視覚呈示されるか，または，アナグラムから解かれるかであった。ある群の被験者にとって，これら2つのソースはリスト間で交互にされた（ブロック化ソース条件）のに対し，もう一方の群では，ソースはリスト内で交互にされた（混合ソース条件）。そして，各リストは直後自由再生でテストされた。本章の冒頭で述べられたように，被験者は学習されていない出来事を，アナグラム解決よりも外的ソース（聞くこと）に帰属しやすいということが研究によってわかっている。この「あなたに違いない」効果は，異なるソースで引き起こされる回想にもとづいた期待が異なること，そして，このような期待がソース帰属に影響を与えることを示している（第4章参照）。Hicks & Marshは，このようなソースモニタリングプロセスは，テスト時に被験者がソース帰属を行うようにはっきりと求められていないときでさえも，虚再生の全体的な減少をもたらすかもしれないと推論した。この仮説に一致して，彼らは，虚再生が混合ソース条件（.22）において，ブロック化ソース条件（両ソース全体で.42）と比較してかなり減少するということを見出した。その一方，2つのソースの示差性が低いとき（例えば，実験2aにおける男性の音声と女性の音声），有意な減少は見受けられなかった（混合ソース条件平均=.45，ブロック化ソース条件平均=.46）。

Hicks & Marsh (1999) の研究結果は，診断モニタリングプロセスにおける刺激特性の重要性を強調する。テストにおいてソースモニタリングプロセスを利用するように明確に教示すること自体は比較的効果的ではない（例えば，Hicks & Marsh, 2001; Neuschatz et al., 2001）のに対し，学習材料から符号化される情報の種類に影響するような呈示操作は，直接的には，より正確な診断モニタリングを助長することによって，虚記憶に大いに影響を与えうる。学習段階の呈示方法に関するいくつかの操作は，連想集束課題における虚記憶に影響を与える（すなわち，呈示形式，呈示時間，学習反復，および，学習・テスト反復）。重要なことは，これらの多くの場合，このような操作は，連想活性化，主題一致性，特徴重複に影響するとは考えられておらず，また，もしこれらの操作が実際に連想プロセスに効果を及ぼすならば，それはこのような虚再生や虚再認の結果を予測しないような方向においてであると考えられるということである。次に概説されるように，当然のことながら，また別のモニタリングプロセスが関与しているに違いない。

学習形式操作

　ある学習形式の変更をすると，その呈示操作によって学習された材料は，より示差的な特徴に富んでいる，または，詳細化されている回想を引き起こす，と考えられている。このような回想の促進は，より高い水準でリスト語の真実の記憶をもたらすことがあるが，必ずしもそうなるとは限らない。いずれにせよ，形式の変更は示差性の低い条件と比較して，あるテスト項目の学習段階への帰属以前に，被験者により豊富な，または，より示差的な回想を期待させるため，そのような回想を引き起こすことがありそうもない非学習項目の虚再生や虚再認を減少させると信じられている。このような期待された回想の欠如は，記憶の判断をする際に情報として用いられ，そして，われわれが回想すると期待する情報が多ければ多いほど，そのような回想の欠如が，非生起に関する診断にますます用いられるようになる。また，このような診断モニタリング効果を，幻回想を介して見ることもできる。学習材料がより示差的になればなるほど，その示差的な形式で生起する関連ルアー項目についての抵抗しがたい幻回想が存在する可能性は低くなるだろう。

　この種の学習形式効果は，Hicks & Marsh（1999, 2001），および，Johansson & Stenberg（2002）において，なぜ虚記憶された関連ルアー項目が，示差性が低いソース（例えば，読むこと）とくらべて，より示差的なソース（例えば，アナグラム）に帰属されにくいのかということを説明するために，第4章で述べられた。類似したプロセスが，学習材料の示差性が被験者間で操作されている場合（ほとんどの場合）を除いて，以下で述べられるような操作で生起していると考えられ，そして，通常は，ソーステスト（すなわち，いずれかのソースを選択するテスト）の代わりに，判断が「はい」か「いいえ」の再認テストが使用されている。このような状況において，関連ルアー項目を示差的なソースに帰属することを回避するような傾向は，より少ない割合の「old［旧項目］」判断という結果になり，それゆえ，低い水準の虚再認につながる。ここで留意すべきは，学習材料がより示差的であるとき，もし被験者が関連ルアー項目を生成したが，すぐさま生起したものではないと棄却したならば，このような診断モニタリングプロセスは，DRM課題の学習段階中にも生じるかもしれないということである（しかしながら，得られている証拠はおもにテスト段階にもとづいた所在を示唆している）。また，比較的示差的でない学習条件と示差的な学習条件との間の虚再認における差異は，促進された診断モニタリングの証拠として採用されるが，しかし，このことは，そのようなモニタリングが示差的でない条件において生じていないということを意味するものではないことにも留意すべきであろう。ある見方では，被

験者は常にこの種の検索モニタリングに携わっており，そして，条件における差異は，単に，（強められた示差性が原因の）より高い成功度を反映するだけであるといえる。この節の残りでは，最も広く探求されてきた画像操作をはじめとして，学習形式変更に関する研究を概説する。学習がいくつかの変数に関与するような条件では，関心のある構成概念を最も純粋に反映する条件からの結果のみが示される（例えば，先行する再生テストと交絡していない再認テスト）。第1章から6章において述べられた数多くの実験と同様に，健康であり，大学生ぐらいの年齢の成人被験者（または，神経心理学研究における統制条件の被験者）による結果が以下で論じられる。

画　像

　Schacterと共同研究者らは，知覚的に示差的な学習形式を使用した結果，なぜ虚再認が減少するのかを説明するために，「示差性ヒューリスティック（distinctiveness heuristic）」という用語を用いた（Schacter, Israel, & Racine, 1999，あわせてIsrael & Schacter, 1997も参照のこと）。Schacter et al.（実験1）では，各々のDRMリストが，被験者に聴覚呈示された。単語のみ条件においては，それぞれの聴覚呈示された単語は，同時に，コンピュータ画面で視覚的に呈示された。画像条件においては，それぞれの聴覚呈示された単語は，同時に画像で呈示された。テストでは，聴覚形式（すなわち，画像条件の被験者は，熟知性を頼りにするか，画像についての回想の記憶を探索するかのいずれか，あるいは，その両方が可能である），もしくは，聴覚と視覚形式（すなわち，画像条件においては，テスト時に画像が呈示される）のどちらかで，単語が呈示された。図5.2の左図は，聴覚テスト条件における学習形式に応じた再認データを表している。リスト語の正再認率は，学習呈示条件に応じて変化しなかったが，関連ルアー項目の虚再認率は，単語のみ学習条件（.64）から画像条件（.41）へとかなり低下した。無関連ルアー項目に対する虚再認率もまた，画像条件（.08）において，単語のみ条件（.26）とくらべて低かった。また，同様の（あるいは，さらに差異の大きな）結果が，テストに視覚呈示を用いた条件で得られた。それは，直接的には，ルアー項目に関する新奇な画像を呈示することが，それらの画像についての回想の欠如をよりいっそう顕著にするからであろう（しかしながら，この条件の被験者は，回想にもとづいた反応ではなく，呈示されたテスト画像の熟知性を頼りにすることが可能であるため，このような効果の原因が回想の示差性であると見なされるべきかどうかは不明確である）。Schacter et al. は，画像条件の被験者が，単語のみ条件の被験者とくらべてより示差的な回想を期待することができるため，虚再認をうまく減少させることができたと主張した。つまり，画像に関する回想の欠如は，関連ルアー項目が

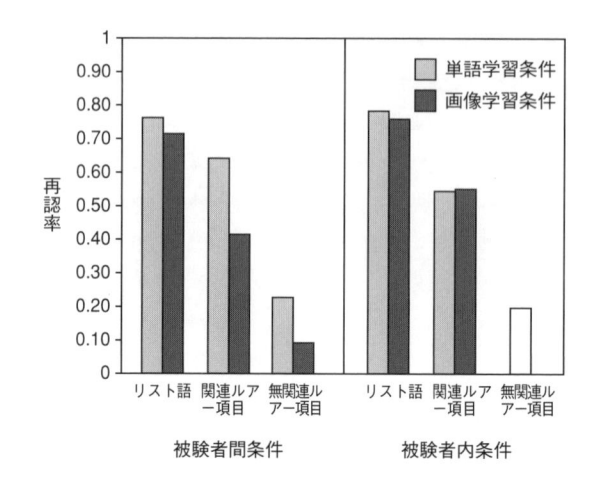

図 5.2 正再認と虚再認における学習形式の効果（Schacter et al., 1999）
無関連ルアー項目に対する虚報は，リスト語統制語と関連ルアー項目統制語でまとめられている。学習形式が被験者内で操作されたときには，無関連ルアー項目について 1 つのみの虚報率しか示されていない。

呈示されていないということを，被験者が決定するために有用であったということである。

　この示差性ヒューリスティック仮説を検証するために，Schacter et al. (1999) は，被験者内で学習形式が操作された条件を用いて，さらなる実験を行った。学習形式が被験者内で操作されたとき，被験者は，すべての学習項目から示差的な画像を回想することが期待できないため，示差性ヒューリスティックを行使する可能性が低いだろうと考えられた。この条件のデータ（ここでも聴覚テストを用いたもの）が，図 5.2 の右図に表されている。再度，正再認は，2 つの呈示条件で異なることはなかったが，しかし，より重要なことに，虚再認もまた単語リストと画像リストで異なることはなかった。Schacter et al. は，この結果が，テスト時における示差性ヒューリスティックの全体的な活用と一致すると主張した。被験者内計画における被験者は，あるヒューリスティックを利用しようした可能性があり，標準的な単語のみ条件（被験者間デザインにおける）と比較して，虚再認の水準が抑制されたが，この減少は単語リストと画像リストの両方で観察された。図 5.2 におけるこのような結果のパターンは，Schacter, Cendan, Dodson, & Clifford (2001) によって追認されており，また，Gallo et al. (2006a) は，単一の実験において，示差性ヒューリスティックと想起棄却方略のそれぞれの影響を実証した（第 8 章においてより詳しく述べられる）。

真実の記憶における画像優位性効果（picture-superiority effect）（画像＞単語，Mintzer & Snodgrass, 1999; Paivio, 1971）は，Schacter (1999, 2001) や Israel & Schacter (1997) の言語テスト条件において常に見出されるわけではない。このような効果が見られなかったという結果は，テスト項目が言語的に呈示されるため，言語のみ条件において学習された項目は，学習形式とテスト形式の一致による利益を得たという事実が原因となったのかもしれない（例えば，符号化特定性原理；Tulving & Thomson, 1973）。テスト項目が視覚的に呈示されたとき，つまり，画像がテスト時に再呈示されたとき，典型的な画像優位性効果のパターンが，これら3つの研究のそれぞれにおいて得られた。

　Arndt & Reder (2003) は，示差性ヒューリスティックや他の診断モニタリングプロセスのような決定にもとづいた説明を，虚再認における示差的形式効果の説明として疑問視した。代案として，より示差的な形式で学習単語を呈示することが，より項目特定的な処理をもたらし，それが関係性処理（relational-processing）を減じるように働くのではないかと提案した（例えば，Einstein & Hunt, 1980; Hunt & McDaniel, 1993）。本書での用語では，DRM リストの関係性処理を減らすことが，関連ルアー項目の活性化を減少させ，それゆえ，関連ルアー項目の記憶信号を減少させる（例えば，それほど熟知性が高くなくなる）ということになる。結果的に，虚再生と虚再認は，示差的な学習形式の後に，低くなるだろう。Arndt & Reder の実験では，学習語を示差的なフォントで呈示すること（例えば，各リスト項目を異なったフォントで呈示すること）が，示差性がより低い条件（例えば，各リストが同じフォントで呈示される条件）とくらべて，虚再認を減少させた。彼らは，このような効果は示差性が被験者間で操作されたときと，被験者内で操作されたときの両方で得られたため，すべてのテスト語に適用される全体的な示差性ヒューリスティックの使用では説明できないと主張し，そして，その代わりに，「記憶にもとづいた」説明を提案した（すなわち，学習時の関係性処理を減少させることが，関連ルアー項目の記憶信号を減少させた）。この減少関係性処理説は，被験者が，示差的な学習形式で学習したからといって，たとえ同量の関係性処理があったとしても，項目特定的な記憶により依存することを方略的に選択するという主張とは異なっている。虚再認を減らすために項目特定的な記憶により依存することは，より示差的な回想を要求することと同じことだろうから，示差性ヒューリスティックのような，診断モニタリングプロセスに相当する。

　この関係性処理説は，Arndt & Reder (2003) によって用いられた示差的フォント操作や，また，他の操作（第6章の「符号化文脈」の項を参照）にも適用できるかもしれないが，いくつかの証拠は，示差的画像操作を完全に説明できるわけではないと

いうことを示唆する。まず最初に，既に述べられたように，あるリストを画像形式で，残りのリストを単語のみ形式で学習することによって，虚再認が選択的に減少することはなかった（すなわち，Schacter et al., 1999 と 2001 の被験者内条件）。もし画像を学習することが，関係性処理を減少させるならば，画像リストは，学習段階における他のリストの形式にかかわらず，虚再認を減少させるであろう。次に，Schacter et al. (2001) は，標準的な再認テストではなく，主意にもとづいたテストに変更することで，この減少したジスト説を直接検証した。主意テストにおいて，被験者は，テスト語自体が実際に学習されたと思うかどうかにかかわらず，リスト語に関連するように思われるすべての単語（すなわち，リストの主題やジストに一致するすべての単語）に「はい」と答えるように教示されていた。この主意テストは，単語が学習されたかどうかをモニタリングする必要性を取り除くものであった（それゆえ，示差性ヒューリスティックを排除するべきものであった）が，その結果はそれでもなお，条件間の関係性処理における差異に影響を受けたのであった。Schacter et al. (2001) は，この主意テストにおいて，画像条件で，単語のみ条件とくらべてある程度の減少（画像条件平均 = .75，単語のみ条件平均 = .87）を見出したが，この結果は，多少の関係性処理の減少があった可能性を示唆するものである。しかし，この効果は，標準的な再認テストにおけるもの（画像条件平均 = .28，単語のみ条件平均 = .66）と比較してずいぶん小さかった。Schacter et al. (2001) は，この交互作用が基準率で修正した得点においても変わらずに得られたことを受け，標準的な再認記憶テストにおいて画像学習後に虚再認が減少することを説明するために，示差性ヒューリスティックがなお必要であると主張した。

　ここで最後に紹介する診断モニタリングの考えに一致する証拠は，画像を学習することで，連想集束に依存しないその他の課題においても虚再生が減少する（単語のみを学習する条件と比較して）というものである。Dodson & Schacter (2002a, 2002b) は，熟知性にもとづいた虚再認を誘発するために，反復ラグ課題（repetition-lag task）を用いた。この課題では，被験者は無関連項目のリストを学習し，その後，再認記憶テストを課される。このテストでは，ルアー項目のいくつかが反復してテストされる（すなわち，それらはテストリストにおいて1回以上出現する）。このようにルアー項目を反復することは，その項目の熟知性を高くするか，ソースの混同を増加するかのいずれか，もしくは，その両方をもたらし，そして，被験者がそのような単語を学習段階で生起したものとして虚再認する可能性を増加させる。示差性ヒューリスティックによる予測と一致して，Dodson & Schacter (2002a, 2002b) は，学習項目が画像で呈示されたときに，単語のみ学習条件と比較して，被験者が反復されたルアー項目を虚

再認する可能性が低くなることを見出した。この課題では，虚記憶を誘発するために連想集束性が用いられていないので，関係性処理説ではこのような画像学習の効果を説明できない。同様に，Gallo, Weiss, & Schacter (2004b) は，彼らが「基準回想課題 (criterial recollection task)」と名付けたソース混同課題において，示差性ヒューリスティックの証拠を提供した。これらの実験では，被験者が，単語（すなわち，単語再認テスト）ではなく，画像を回想することを期待するとき（すなわち，画像再認テスト），ルアー項目を虚再認しにくくなるということが明らかにされた。重要なことに，このような効果は，単語が画像よりも熟知性が高いときでさえも得られた。最後に紹介したこの研究結果は，虚再認における示差性の効果が，熟知性や記憶強度にもとづいた期待（すなわち，熟知性にもとづいた基準変化）ではなく，回想にもとづいた期待にもとづいているということを示している。Gallo et al. はまた，ソーステストにおいて，被験者が，より示差性の高いソース（画像）とくらべて，より示差性の低いソース（単語）に虚再認されたルアー項目を帰属しやすいということを見出したが，これはソースモニタリングの研究における「あなたに違いない」効果と類似したものである。

　全体として考えると，画像学習形式を用いた研究からの証拠は，示差的な画像の回想を期待することが，示差性の低い回想（例えば，単語）を期待することとくらべて，虚再認を減少させることが可能であるということを示している。虚再認におけるこのような豊富な証拠を考えると，虚再生において類似した効果が一貫して報告されていないのは驚くべきことであろう。Ghetti, Qin, & Goodman (2002) では，実験者によって音読されたリストを聴いた被験者の虚再生率（15％）は，リストを聴き，そして，画像で呈示された被験者の虚再生率（15％）とくらべて差異が見られなかった。しかしながら，この研究では，幼児や児童（5歳から7歳）をテストする目的で，7語リストを用いられたため，若年成人にとって，そのパフォーマンスは上限に近かった（正再生は約90％）。Hege & Dodson (2004) は，再生テストにおいてこの効果を見出したが，彼女らは，主意にもとづいた再生テスト（すなわち，学習された項目と，意味において類似したすべての項目を再生するテスト）においても，大きな効果を見出した。この後者の研究結果は，関係性処理説が，再生テスト状況においては，なお有効な選択肢である可能性を示唆している。このように，いくつかの異なった課題を用いて，示差性ヒューリスティックが虚再認における画像・単語効果に関与するという証拠が集まっているが，しかし，再生テストにおけるこのような効果を探求するには，より多くの研究が必要となるだろう。

モダリティ

　学習時にリスト語を視覚的に呈示することが，虚再生（筆記テストにおいて）と虚再認（視覚テストにおいて）を減少させるということを最初に報告したのは，Smith & Hunt (1998) であった。それ以来，少なくとも 4 つの公刊された研究が筆記テストの自由再生におけるこの効果を実証し，全部あわせると 10 の実験条件が存在する（Cleary & Greene, 2002; Gallo et al., 2001a; Kellogg, 2001; Smith, Lozito, & Bayen, 2005）。さらに，このような効果は，少なくとも 4 つの公刊された研究で，視覚再認記憶テストを用いた 6 つの異なった実験条件における効果で実証されてきた（Cleary & Greene, 2002; Gallo et al., 2001a; Gallo & Roediger, 2003; Smith & Hunt, 1998）。多くの場合，視覚学習は，聴覚学習と比較して約 10％の虚再生と虚再認を抑制した。ところが，このような再認におけるモダリティ効果の逆転現象を示した研究が 1 つだけ公刊されており（Maylor & Mo, 1999），また，Cleary & Greene は，関連が弱いルアー項目において逆転モダリティ効果（視覚学習＞聴覚学習）を見出した。しかしながら，このようなパターンは解明されていない例外である。

　視覚再認テストにおける学習モダリティ効果はとても頑健であるため，実験間の比較においてでさえも見受けられる。表 4.1 は，32 の DRM 研究における再認テスト結果が，聴覚学習と視覚学習に分割されて報告されたものである。それぞれの学習条件の研究において，虚再認された関連ルアー項目の割合の平均を計算すると，信頼性のあるモダリティ効果が得られ（聴覚呈示平均 = .75，視覚呈示平均 = .67，$t(30) = 2.90, p < .01$），そして，この効果は虚報の基準率で修正したデータでも得られた。興味深いことに，視覚学習（.77）は，聴覚学習（.68）にくらべて，正再認率が高かった（$t(30) = 2.44, p < .05$）が，しかし，そのような正再認におけるモダリティ効果は常に得られるわけではない（考察のために，Gallo et al., 2001a 参照）。これらの研究においては視覚呈示テストが用いられているため，真実の記憶における学習モダリティの効果は，単に，学習とテストの間の呈示モダリティの一致を反映するだけなのかもしれない（例えば，符号化特定性原理；Tulving & Thomson, 1973）。

　虚再認における学習モダリティの効果を説明するために，Smith & Hunt (1998) は，視覚呈示がリスト語のより示差的な処理，または，項目特定的な処理をもたらし，その結果，虚記憶が抑制されると提案した。例えば，もし被験者が，リストを学習する間に関連ルアー項目を心的に生成すれば，単語が聴覚呈示されるよりも，視覚呈示されたときに，この関連ルアー項目に関する思考を実際の呈示から区別することがより簡単になるかもしれない。Gallo et al. (2001a) はこの見解に同意し，モダリティ効果もまた，示差性ヒューリスティックと同様に，検索時のモニタリングプロセスの結果

から生じるのかもしれないと示唆した。この結論は，モダリティ効果が視覚再認テストで得られるが，テスト項目が聴覚呈示されたときには得られないという彼らの研究結果に一部もとづいている（Israel & Schacter, 1997もあわせて参照のこと）。視覚的なテスト呈示は，示差的な視覚情報の処理をより顕著にし，そして，その結果，虚再認を抑制することができるモニタリングプロセスを促進する（先に述べられたように，テスト時の画像呈示が，虚再認おける画像・単語効果を強化できるのと同じように）ということが示唆された。

　Kellogg (2001) は，再生テストにおいて，同様の学習・テスト交互作用を明らかにした。その実験において，虚再生におけるモダリティ効果は，筆記再生テストでは追認されたが，発話再生テストでは得られなかった。Kelloggは，筆記再生が発話再生とくらべて，単語の綴り方の示差的な特徴をより顕著にするため，虚再生を抑制することが可能なモニタリングプロセスを促進すると主張した。この「示差的視覚情報」説は，Kelloggの第2実験によっても支持された。学習時にリスト語の文字を視覚化する（または，想像する）ように被験者に求めたとき，筆記再生におけるモダリティ効果が消滅したが，しかし，ある二次的な学習課題（1から5まで繰り返し数えること）もあわせて使用された統制条件においては，モダリティ効果が追認された。Kelloggは，聴覚条件と視覚条件の両方において，視覚化課題によって，被験者がリスト語の示差的な綴り方情報を符号化することが可能となり，その結果，視覚呈示の優位性が消滅したと主張した。

　画像・単語効果の場合と同じように，虚記憶における学習モダリティ効果に関するまた別の説明は，減少関係性処理説である。つまり，視覚モダリティでリスト語を呈示することが，学習時の関係性処理を減少させ，その結果，虚記憶における関連性効果を減少させたというものである。しかし，この可能性は，現在ある証拠によっては支持されない。もし視覚的処理が関係性処理を減少させるならば，視覚的に学習されたリストの虚記憶は，テストモダリティに関係なく，減少するべきであろう。しかしながら，学習モダリティとテストモダリティの間の交互作用（Gallo et al., 2001a; Kellogg, 2001）は，検索プロセス（診断モニタリングのような）が，重要な役割を果たしているということを示す。減少関係性処理説に相反する他の証拠には，Pierce et al. (2005a) がある。この実験では，典型的な学習モダリティ効果が，標準的な再認テストで得られたが，被験者がその代わりに主意テスト（検索時に学習呈示のモニタリングを必要としない）を与えられたとき，その効果は消滅した。画像・単語効果に関連して既に述べられたように，減少関係性処理説は主意テストにおけるモダリティ効果を予測するだろう。また，Pierce et al. は，学習モダリティ効果（再認テス

トにおける）が，カテゴリーリストにおける虚再認でも得られることを見出したが，この知見は検索モニタリング説に一致すると主張した（カテゴリーリストではあまり頻繁に生起しないと考えられている，学習段階中のモニタリングではない；Smith et al., 2002，および，第3章参照）。

虚再生と虚再認における学習モダリティ効果（視覚テストを用いて）に関しては，十分に裏付けがあるにもかかわらず，1つの未解決の問題が残されている。もしモダリティ効果が，示差性ヒューリスティックのような診断モニタリングプロセスの全体的な適用によってもたらされるならば，その効果は，画像・単語効果の場合と同様に，学習モダリティが被験者内（ただし，リスト間）で操作されたときに見出されるべきではないだろう（例えば，Schacter et al., 1999）。この予測に反して，Gallo et al. (2001a) は，学習モダリティが被験者内で操作されたとき（実験2），そして，被験者間で操作されたとき（実験3）に，視覚テストにおいて同等のモダリティ効果を見出した。この結果を説明するために彼らが主張したことは，被験者がテスト時にリスト特定的な情報にアクセスした可能性があり，その結果，示差性ヒューリスティックをより部分的な水準で利用したのかもしれないということであった。しかしながら，なぜ被験者が，Schacter et al. (1999) の画像・単語条件において，示差性ヒューリスティックを利用するために，そのようなリスト特定的な情報を使用しないのかが不明瞭になる。学習モダリティ効果が画像・単語効果と異なった心理学的プロセスによって引き起こされるかもしれないという他の証拠については，モニタリングプロセスにおける加齢の効果との関連で，第9章において述べられる。

音声化

Dodson & Schacter (2001) は，被験者に学習語を視覚的に呈示し，それぞれの単語を音読させるか（示差的な符号化を促すために），または，黙読させた（統制条件）。彼らは，Schacter et al. (1999, 2001) と同様に，示差的な形式が被験者内で操作されたときではなく，被験者間で操作されたときに，虚再認が選択的に減少する（黙読＞音読）ことを見出した。これもまた，Schacter et al. (1999, 2001) と同様に，彼らは，虚再認が，示差性の低い被験者間条件（黙読）と比較して，被験者内条件において全体的に低いことを見出した。しかし，これらの先行研究とは異なり，無関連ルアー項目に対する基準率虚報における同等の効果は見受けられなかった。全体として，Dodson & Schacter は，このような結果を，虚再認における示差性ヒューリスティックのさらなる証拠として考えた。

他にも，学習材料を音声化することが，虚再認の水準の低下をもたらすという考

えを支持する証拠があるが，このような効果は，画像・単語効果のように明確なものではなく，そして，虚再生において得られるこの効果もまたほんのわずかである。Cleary & Greene (2002) は，これと関連する条件について報告した。彼女らの研究では，被験者は，直後再生テストのために，被験者内で呈示形式が操作されている条件（ただし，異なった学習・テストブロックにおいて）で，いくつかの DRM リストを学習した。第1実験においては，被験者が黙読したリストの関連ルアー項目の虚再生率 (.27) と音読したリストの虚再生率 (.24) の差異は報告されず，第2実験の結果においても，有意差は得られなかった（それぞれの平均 = .21 と .23）。関連ルアー項目の虚再認における効果もまた見出されなかったが，その再認テストは先行する再生テストと交絡していた。ただし，弱くしか関連していないルアー項目（先行する再生テストで再生されることがあまりないもの）においては，予測された効果（黙読＞音読）が両方の実験で見出された。この結果は，虚再認における音声化の示差性効果に関する1つの証拠であろう。Seamon et al. (2002b) の研究もまた関連している。彼らの実験では，リスト語を読み，黙ってリハーサルするか，もしくは，リスト語を読み，声に出してリハーサルするかのどちらかが被験者に求められた。彼らは，これら2つの条件間で，関連ルアー項目の虚再生や虚再認における差異に関する証拠を見出すことができなかった。しかしながら，被験者は，外的リハーサル条件において関連ルアー項目を生成することがあったので，「声に出された」情報が，後のテスト時に，関連ルアー項目のために回想され，そして，この情報は（そのような回想の欠如にもとづく）示差性ヒューリスティックを不確かにした可能性がある。この解釈と一致して，再認テストにおける無関連ルアー項目の虚報において音声化の効果が見られた（無声リハーサル＞外的リハーサル）。このように，学習時に言語化される可能性があまりないようなルアー項目については，学習材料が言語化されたときの方がそうでないときよりも，虚再認率は低下した。

筆記

　Seamon et al. (2003) は，様々な学習形式の操作を比較した。そのうちの1つは，各単語を声に出して言うことと類似したものであったが，相違点は，被験者が単語を音読する代わりに，筆記することであった。実験1では，被験者は，最終再生テストのために，いくつかの DRM リストを学習した。被験者群の1つはリストを聴き，別の被験者群はリストを聴くのと同時に紙にその単語を筆記した（3つ目の被験者群は，各単語の2番目の文字を筆記したのだが，この条件はより示差的な符号化条件かもしれないと考えられていた。この被験者群の結果は，単語全体を筆記した被験者群と類

似していた)。最初の学習・テスト試行において,リスト語の正再生率は,単語を聴取するだけの条件(.37)と,単語を聴取し筆記する条件(.33)の間で差異がないということがわかった。より重要なことに,虚再生率は,聴取+筆記条件(.20)において,聴取のみ条件(.38)とくらべて低かったが,この効果は,いくつかの学習・テスト試行を終えた後でのみで有意であった。この研究結果は,それぞれの単語を筆記することが(それぞれの単語を声に出して言うのと同様に),単に学習時に単語を聴取することと比較して,より示差的な回想を提供するという考えに一致する。同様の結果が,再認テストが課された第2実験において得られた。最初の学習・テスト試行において,正再認率は,聴取のみ条件(.76)と聴取+筆記条件(.77)で違いはなかったのに対して,虚再認率は,後者で低くなった(聴取のみ条件平均=.75,聴取+筆記条件平均=.55)。ここで留意すべきことは,同様の結果が無関連語に対する虚報において得られたため(聴取のみ条件平均=.17,聴取+筆記条件平均=.09),修正された虚再認における差異は有意ではなかったということである。しかしながら,基準率で修正することは,この状況においては問題がある。示差性ヒューリスティックは,Schacter et al. (1999, 2001) によって実証されたように,すべてのルアー項目に対する虚報に影響する可能性があるため,基準率で修正することは,興味のある効果を本質的に取り除いてしまうことになりかねないのである。

ルアー項目の特徴

情動性

関連ルアー項目の様々な特徴は,診断モニタリングプロセスを介して,虚再生や虚再認に影響を及ぼすと考えられている。例えば,Pesta, Murphy, & Sanders (2001) は,情動的に中性なルアー項目,または,情動をともなうルアー項目に綴り方が類似した単語のリストを作り出した(例えば,「bark [ほえる]」,「dark [暗い]」,「hark [傾聴する]」などは関連ルアー項目「park [公園]」のために学習され,また,「bell [鐘]」,「dell [小さな谷]」,「fell [落ちた]」などは,関連ルアー項目「hell [地獄]」のために学習された)。ルアー項目が,語彙頻度,語長,綴り方における類似語の数と密集度において均等にされたにもかかわらず,Pesta et al. (実験1) は,情動的に示差性の高い関連ルアー項目(平均=.18)が,中性な関連ルアー項目(平均=.64)とくらべて,虚再認が起こりにくいということを見出した。このような差異は,対応するリストが学習されていないときのまったく同じルアー項目に対する基準率虚報においても得られ(情動ルアー項目統制語平均=.05, 中性ルアー項目統制語平均=.33),そして,

この効果は，他の3つの実験においても追認された。Pesta et al. は，情動語は中性語より示差的であり，その結果として，このような単語を学習していないということに被験者が気づくことによって，情動語の虚再認を回避することができるのではないかと主張した。ここで用いられている用語では，情動をともなう単語は，項目にもとづいた示差性ヒューリスティックのかたちで，診断モニタリングプロセスを促進するということになる。つまり，被験者は，「'hell'はとても記憶に残る単語で，もしそれが呈示されていたら覚えているはずだから，'hell'は学習されてない」と推論することが可能だろう。この示差性説に一致して，Pesta et al. は，その他の情動をともなう単語をリストに呈示することによって，情動をともなうルアー項目の示差性を減らすことが，虚報における情動性の効果を減少させるということを見出した（同様の結果については，Lenton, Blair, & Hastie, 2001 参照のこと）。Kensinger & Corkin (2004) は，虚再認における同様の効果を追認し，知見を拡張したが，虚再生においてはより小さな効果しか見いだせなかった。彼女らもまた，示差性はこの効果の基礎となっていると主張したが，情動的示差性，もしくは，概念的示差性が関与した可能性があると付け加えた。

語　長

　典型的な DRM 課題において，Roediger et al. (2001c) は，関連ルアー項目の語長，つまり，関連ルアー項目の綴り方の示差性は，虚再生，および，虚再認と負の相関があるということを見出した（虚再生の平均二変量相関 = -.37，虚再認の平均二変量相関 = -.27）が，重回帰分析で他の要因もあわせて考慮されたとき，再認における効果のみが有意のまま残った（第3章参照）。Madigan & Neuse (2004) は，Roediger et al. によって用いられたデータを再分析し，関連ルアー項目の相対的な長さ（リスト語と比較して）が，絶対的な長さよりも，虚再認のさらに強い予測変数であるということを見出した。彼らは，このような語長効果を，また別の再認実験においても追認した。Roediger et al. は，より示差的な単語はソースモニタリングプロセスを促進するため，「butterfly［蝶］」のように語長がより長く，示差的な関連ルアー項目は，「soft［柔らかい］」のように語長がより短く，示差性の低い関連ルアー項目とくらべて，虚再認されにくいと主張した。ここで用いられている用語では，このプロセスは，ここでも再び，項目特定的な示差性ヒューリスティックと考えることができる。

具体性

　Pérez-Mata et al. (2002) は，リスト語と関連ルアー項目の両方が，具体的な単語

（例えば，被験者が「butter［バター］」，「food［食べ物］」，「sandwich［サンドイッチ］」などを，関連ルアー項目「bread［パン］」のために学習），または，抽象的な単語（例えば，「rest［休息］」，「awake［目覚める］」，「tired［疲れた］」などを，関連ルアー項目「sleep［眠る］」のために学習）のいずれかであるように変更されたような，いくつかのDRMリストを被験者に学習してもらった。その結果，直後再生テストにおいて，注意学習条件では，具体的なリストが抽象的なリストにくらべて高い正再生率をもたらした（実験1において，具体的リスト平均＝ .65, 抽象的リスト平均＝ .56）。つまり，この結果は，単語再生における古典的な具体性効果を追認した（直接的には，具体的な単語は，自動的に生起する心的イメージからより多くの利益を得るためである；Paivio, 1971参照）。より興味深いことに，具体的な関連ルアー項目の虚再生率は，抽象的な関連ルアー項目の虚再生率よりも低かったということである（具体的リスト平均＝ .31, 抽象的リスト平均＝ .43）。このような効果は第2実験においても追認され，そして，学習時に注意が分割されたときにも見出された（注意分割の効果については，第6章で述べられる）。この研究結果に関する1つの解釈は，具体的な単語に関しては，先に述べられたような画像・単語示差性ヒューリスティックと類似するような，より診断的なモニタリングが行われたということである。つまり，被験者は，抽象的な関連ルアー項目とくらべて，具体的な関連ルアー項目の心的イメージを回想することを期待しやすく，そのようなイメージの欠如は，そのルアー項目が生起していないという診断に用いられるのである。しかしながら，ここで留意すべきは，Roediger et al. (2001c) では，重回帰分析において，関連ルアー項目の具体性と虚再生，または，虚再認の間の関係性が見出されなかったということである。

その他の関連する実験操作

学習語呈示時間

　各リスト語の呈示時間を長くすることで，それらを処理するためにより多くの時間をかけられるため，正再生や正再認は向上するはずである。DRM課題における虚記憶の3大理論によると，リスト項目の処理が増すことで，リスト項目を意味的に処理することにより多くの時間が費やされ，その結果，関連ルアー項目の活性化を増加させることになり，関連ルアー項目の虚記憶を増加させるかもしれない。しかしながら，リスト項目の処理の増加は，各学習項目に関する，より示差的で，項目特定的な回想を被験者に期待させることにもなり，その結果，虚記憶を減少させると思われる診断モニタリングプロセスを促進する。McDermott & Watson (2001) は，被験者間で，

広い範囲において呈示時間を操作し（1項目につき約50ミリ秒から5秒まで），その結果，予測通り，正再生は順調に増加した。しかしながら，DRMリストからの虚再生は，単調関数の軌跡を描かなかった（図5.3参照）。非常に短い時間範囲では，呈示時間を長くすることが虚再生の増加をもたらした。この結果は，リスト項目の処理が最も短い呈示時間では最小限であるため，関連ルアー項目の最小限の活性化という結果をもたらし，そして，呈示時間を長くすることで，リスト項目のより多くの処理が可能となるため，関連ルアー項目のより高水準の活性化という結果をもたらしたという考えに一致する。本章での関心事にとってより重要なことは，呈示時間がさらに長くされたとき，また別の認知プロセスが貢献しはじめ，虚再生の減少をもたらしたということである。McDermott & Watson は，この別のプロセスがモニタリング要素であると主張した。Gallo & Roediger (2002) もまた，呈示時間を長くすること（1項目につき500ミリ秒から3秒まで）が虚再生を減少させることを明らかにし，そして，Seamon et al. (2002b) は，2秒と5秒の呈示時間を用いて（ただし，学習時に，被験者が項目を外的にリハーサルしたときにのみ），同様の結果を報告した。

　呈示時間に関連した虚再生の減少はモニタリングプロセスに関係していると考えられるが，少なくとも2つの疑問が残る。まず，このようなプロセスが，診断モニタリングプロセスなのか，それとも欠格モニタリングプロセスのどちらなのか（または，その両方なのか）がはっきりしない。既に述べられたように，呈示時間が長くなると，リスト語の処理が増加し，それゆえ，期待される回想的詳細情報の量を増加させるこ

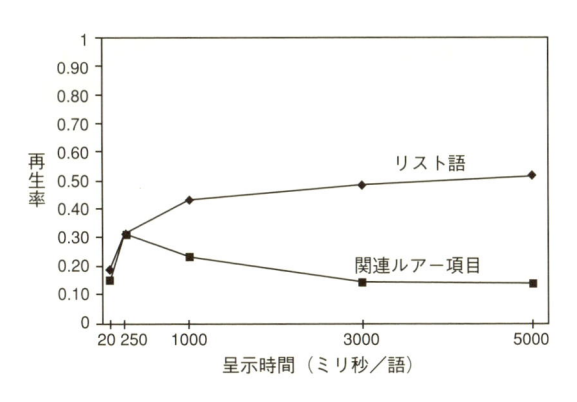

図5.3　正再生と虚再生における学習語呈示時間の効果（McDermott & Watson, 2001）
　　　その他の再生侵入語の割合は報告されていない。
　　　（McDermott, K. B. & Watson, J. M., 2001, The rise and fall of false recall: The impact of presentation duration, *Journal of Memory & Language, 45*, 160-176. からElsevierの許可を得て転載）

とによって，診断モニタリングに貢献するかもしれない。しかしながら，そのような長い呈示時間は，被験者に関連ルアー項目を「見つけ出す」ための多くの時間を与え，後にそれを生起したものでないと棄却させることで，同定－棄却方略にもまた貢献するかもしれない。次の疑問は，虚再認における呈示時間の効果が，虚再生における効果とくらべて，一貫性に乏しいということである。いくつかの研究は，非常に短い呈示時間（例えば，1項目につき1秒以下）からかなり長い呈示時間（例えば，1項目につき2，3秒）まで，呈示時間を長くすることが，虚再認の増加をもたらすということを明らかにしており（Arndt & Hirshman, 1998; Kawasaki-Miyaji & Yama, 2006; Seamon et al., 1998, 2002d; Zeelenberg et al., 2003），これは，関連ルアー項目の活性化が，リスト語のさらなる処理によって強化されるという考えに一致する。しかしながら，呈示時間における有意な効果は，虚再認では常に得られるとは限らず（例えば，Gallo & Roediger, 2002; McCabe & Smith, 2002; Seamon et al., 1998, 2002b, 2002d），そして，虚再生とは異なり，虚再認が長い呈示時間で最終的に減少するということは，これらの研究のいずれにおいても見出されていない。

学習反復

　学習項目の記憶を強化するもう1つの方法は，記憶テストが与えられる前に，学習リストを反復することである。まさに呈示時間と同様に，反復は，(1) リスト項目の処理を増加させ，その結果，関連ルアー項目の活性化を増加させるが，(2) 虚記憶の減少をもたらすことが可能であるモニタリングプロセスを促進する，と仮定することができるだろう。Benjamin（2001, 実験2）は，DRM課題におけるこれら2つの相対するプロセスを巧妙に実証した。自己ペースで応答する標準的な再認テストにおいて，リスト語を3回反復することは正再認を増加させたが，虚再認を減少させた（図5.4の左図参照）。虚再認におけるこの減少は，反復が，虚再認を抑制するモニタリングプロセスを強化するという考えと一致する。反復は，Mintzer & Griffiths (2001c) やSeamon et al.（2002d）による研究においても，虚再認を減少させ，そして，Brainerd et al.（2003a）やMcKone & Murphy（2000）による研究において虚再生を減少させた（Cleary & Greene, 2002 もあわせて参照のこと）。

　Benjamin（2001）の別の条件では，学習条件はまったく同じなのだが，被験者は再認判断を非常に短い時間（約750ミリ秒）で行うように強制される。このような条件では，図5.4の右図に表されているように，正再認と虚再認の両方が反復によって増加する。Benjamin は，急かされた被験者は，回想（もしくは，回想にもとづいたモニタリングプロセス）ではなく，熟知性に頼らざるを得なかったと推論した。反復

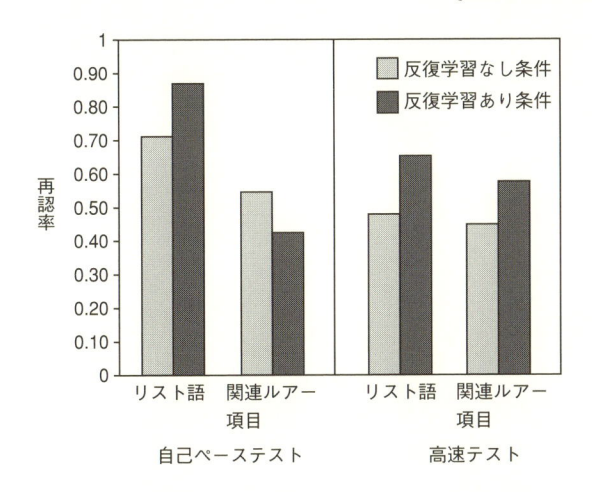

図5.4 正再認と虚再認における学習反復の効果（Benjamin, 2001, 実験2, 図2から概算されたデータ）
無関連ルアー項目に対する虚報は，自己ペース条件で約 .10，高速条件で約 .20 であった。
(Benjamin, A. S., 2001, On the dual effects of repetition on false recognition. *Journal of Experimental Psychology: Learning, Memory, & Cognition, 27*, 941-947, APA. 許可を得て転載)

は関連ルアー項目の活性化を増加することで，それらの熟知性を増加するため，診断モニタリングプロセスがこの熟知性を阻止することができなかったとき，より多くの虚再認をもたらすことになる。Seamon et al. (2002d, 実験1) もまた，これら2つの対立する反復の効果を実証した。この研究における標準的な呈示時間の条件では，リストを5回反復することで，1回しか呈示されないリストとくらべて，直接的には，関連ルアー項目の活性化を増加させることによって，虚再認率が増加した（5回反復リスト平均 = .65，1回呈示リスト = .54）。それに対して，さらに多く反復すること（10回）で，直接的には，モニタリングプロセスが原因で虚再認率が減少した（10回反復リスト平均 = .46）。このように結果が単調関数を示さなかったことは，Seamon et al. (2002d) の第2実験でも追認されたが，反復が被験者内で操作されていたため，基準率虚報の差異は，反復条件間で存在しなかった（それゆえ，同じパターンが基準率で修正されたデータにおいて得られた）。虚記憶における，このような反復の競合する効果は，呈示時間との関連で McDermott & Watson (2001) によって報告されている効果と同類であり，そして，それらはなぜいくつかの初期の研究が，虚記憶における反復に関連する減少を見出すことができなかったのかを説明するかもしれない (Shiffrin et al., 1995; Tussing & Greene, 1997)。

呈示時間の場合と同様に，反復が診断モニタリングプロセスを促進するのか，それ

とも，欠格モニタリングを促進するのかということははっきりしない。反復は，リスト項目のより多くの処理を可能にするため，回想的示差性と診断モニタリングを促進することになるだろう。しかしながら，反復は，関連ルアー項目を「見つけ出す」ためのより多くの機会もまた提供し，そのため，同定-棄却方略を使用するということにもなるだろう。ここでもまた，どちらか一方の説明を支持する証拠は存在しないのである。

学習・テスト反復

　単一テストの前に学習リストを反復することより，学習・テストのサイクル全体を反復した研究者もいる。McDermott（1996, 実験2）は，被験者に，3つのブロック化されたDRMリストを学習してもらい，それから，再生テストを受けてもらった。その3つのリストからの単語を再生した後に，被験者は，その3つのリストを再学習し，そして，もう1回再生テストを受けた。この手続きは，5回の学習・テストサイクルで反復された。リスト語の正再生率は，5回の学習・テスト試行で上昇したが（McDermottの図5からの推定された平均再生率は，第1試行で39%であり，第5試行で85%であった）が，しかし，虚再生率は，試行を重ねるごとに着実に減少した（第1試行平均＝約58%，第5試行平均＝約31%）。このような効果は，Seamon et al.（2003）やKensinger & Schacter（1999）の再生テストにおいて，また，Budson, Daffner, Desikan, & Schacter（2000）；Budson, Sullivan, Mayer, Daffner, Black, & Schacter（2002c）；Kensinger & Schacter（1999）；Schacter, Verfaellie, Anes, & Racine（1998b）；そして，Seamon et al.（2003）の再認テストにおいて追認された。

　学習反復のみの場合と同様に，このような反復された学習・テストサイクルは，モニタリングプロセスが虚再生を抑制するということを示唆するが，ここには欠格モニタリングプロセスと診断モニタリングプロセスの組み合わせが，関与しているかもしれない。また，テストサイクルの反復により，後続する試行の虚再生と虚再認が，それ以前のテストにおける関連ルアー項目の処理とのソース混同に起因しているかもしれないという意味では，その解釈はさらに複雑になる。しかし，そのようなソース混同は，どちらかといえば，これらの研究で観察されたような減少ではなく，虚再生や虚再認の増加をもたらすと考えられるため，ここで述べられた学習・テスト反復の効果を危うくするものではない。しかしながら，このようなソース混同については，他の集団（例えば，高齢者，アルツハイマー病患者）の研究について論じられる際に，留意しておくことが重要だろう。

高速反応

Heit, Brockdorff, & Lamberts（2004）は，テスト時の反応時間の長さが変化することが，どのように正再認と虚再認に影響しうるのかを検討するために，反応信号手続き（response-signal procedure）を用いた。この手続きでは，被験者は，いくつかのDRMリストを学習し，それから，様々な範囲の時間的制約で，再認テストを受けた（すなわち，各テスト後の呈示の後，被験者は，500ミリ秒から1400ミリ秒の時間範囲で反応するように合図された）。この種の手続きは，短い反応時間帯では，被験者はテスト刺激の熟知性に依存すると考えられているが，より多くの検索時間を与えられたときには，回想的情報がより多く生じると仮定されるために，このことが再認反応に影響を与えるという考えにもとづいている（Benjamin, 2001; Hintzman & Curran, 1994と比較すること）。彼らの実験2における2つの条件の結果は，図5.5に示されている。

包含条件において，被験者は，DRMリストの構成について伝えられ，リスト語と関連ルアー項目に対して「old［旧項目］」反応を，そして，無関連ルアー項目に対して「new［新項目］」反応をするように教示された。図5.5（左図）から，被験者はすべての反応時間においてこの教示に従ったことがわかる。このような反応時間操作の手続きにおいて典型的に見出されるように，学習語（リスト語）に対する「old」反応は，直接的には，付加的な情報の検索によって，より多くの反応時間が与えられたときに増加した。それに対して，無関連ルアー項目に対する「old」反応は，おそらく，

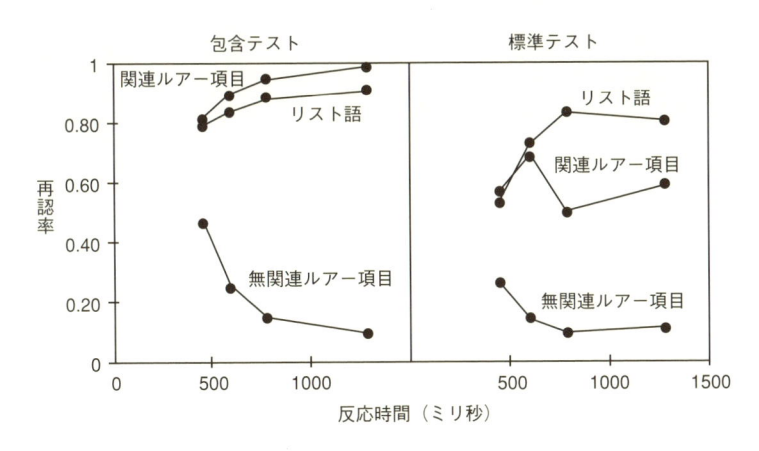

図5.5　正再認と虚再認における反応時間の効果（Heit et al., 2004）
　　　　包含条件の被験者は，リスト語と関連ルアー項目に対して「old」と反応するように伝えられたのに対して，通常条件の被験者は，典型的な教示（リスト語のみに対して「old」）を与えられた。

さらなる反応時間でより詳しい検索についての期待を使用するために減少した。つまり，被験者は，長い時間があるとより多くの情報を回想することを期待するため，診断モニタリングプロセスによって，無関連ルアー項目をより適切に棄却できたのである。非常に興味深いのは，関連ルアー項目に対する反応パターンであった。教示通り，被験者はこれらの単語に「old」と反応し，そして，検索時間が増加すると，リスト語のように，この再認判断を支える情報（例えば，熟知性や幻回想）の影響が増加した。

次に，被験者がリスト語のみに「old」と反応するように教示された，標準条件の結果（右図）を見てみよう。包含条件の場合と同様に，リスト語の正再認は，反応時間とともに増加し，そして，無関連語に対する虚報は減少した。しかしながら，関連ルアー項目の虚再認は，これらの単語の記憶信号が増加する時間がより多くあったのではないかということから期待されるように（包含条件の結果で明らかにされたように），反応時間にともなう増加を示さなかった。その代わりに，関連ルアー項目の虚再認は，反応時間にわたって，比較的変化が少なかったのである。このパターンは，長い反応時間における熟知性（または，幻回想）のさらなる獲得が，無関連ルアー項目に対する虚報の減少を説明するために上述された診断モニタリングのような，モニタリングプロセスの促進によって相殺されたということを示唆する（示差性ヒューリスティックの研究における同様の知見については，Dodson & Hege, 2005 を参照のこと）。欠格モニタリングプロセスについてもまた，Benjamin（2001）と同様に，Heit et al.（2004）において反応時間が長くなると，その関与の可能性がより高くなるだろうが，このデータだけでは判断することができない。被験者が（学習前に）虚再認を回避するために警告を受けるようなまた別の条件が，この問題により関連している。そのようなデータは，警告が，最も長い反応時間帯でいくらかより効果的であることを示唆したが，この効果は有意ではなかった。この研究を受け，Endo（2005）は，さらに長い反応時間（4秒と8秒）を設けたが，その結果，虚再認における警告の効果がより長い反応時間の条件で大きくなったことを報告した。

◯ モニタリングに関するその他の問題

本章で概説された研究結果は，2つの異なった種類の決定プロセスである，診断モニタリングプロセスと欠格モニタリングプロセスを中心にまとめられてきた。この区別は，文献で報告されている回想にもとづいたモニタリングプロセスの多くに適用されるが，実は，その決定プロセスは常に明白であるとは限らない。その好例は，既に述べられた，Lampinen et al.（2005a）の発話思考プロトコルに見受けられる。ルアー

項目「trash［ごみくず］」を棄却するとき,ある被験者は,「この単語は新項目［new］だ。trash は覚えていない。あれは garbage［ごみくず］だったから」(p. 958) と言及した。この状況における決定プロセスは曖昧である。相互排反性法則の論理はあてはまらない（すなわち,「garbage」と「trash」の両方が, 学習リストに呈示されていた可能性がある）にもかかわらず, 思考プロセスは, 欠格決定プロセスに特有のものである（例えば, ある連想語を思い出すことは, 別の単語が呈示されたことを排斥する）。1つの解釈として, 欠格モニタリングプロセスが, 完全にあてはまらない状況のときでさえも, 適用されることがあるというものがある。また別の解釈としては, 決定自体は完全に合理的だが, 被験者は棄却の理由を十分に言語化できないというものがある。おそらく, 彼らは,「garbage」に対する反応として, 学習時に「trash」を思いついたことを回想し, そして, それを呈示されていないものとして, 心の中で印をつけたのかもしれない（欠格決定プロセス）。または, 被験者は, 単に,「trash」の回想が, テスト時に「garbage」の回想と同じぐらい鮮明だと思わなかったのかもしれない（診断決定プロセス）。言語報告では, はっきりとはわからないものの, このようなプロセスが生起していないということを意味してはいない。

回想棄却

これまでの節では深く考慮されなかったような, 回想にもとづいたモニタリングに関する重要な多数の証拠は, ファジー痕跡理論によってもたらされる（例えば, Reyna & Kiernan, 1994, 1995）。本章のはじめにも述べられたが, ファジー痕跡理論は二重過程理論である。ある状況においては, ヴァーベイティム痕跡の検索は, ジスト痕跡の影響より優勢になることが可能であり, 関連ルアー項目の棄却をもたらす（回想棄却と名付けられたプロセス, 例えば, Brainerd & Reyna, 2002; Brainerd et al., 2001; レヴューとして Brainerd et al., 2003b 参照）。被験者が関連ルアー項目に遭遇したとき, ある1つの（または, 多くの）関連する学習語を検索するかもしれない。この理論によると, 学習語の検索は, 結果的に「非同一」判断, すなわち, 実際に学習したこととテストルアー項目の間の不一致の感覚をもたらしうる。顕在的な決定プロセスは, このような棄却の決定に情報を与えることができるのだが, この理論のもとではそれは必要ではない。その代わりに, 決定に関する明確な, あるいは論理的な正当化が, その被験者にとって利用可能でないときでさえ, 不一致の感覚が関連ルアー項目の棄却をもたらしうるということが提案されている。

この回想棄却プロセスは, 結合再認課題を用いてモデル化されており（第4章で述べられたように）, Brainerd et al. (2003b) は, 学習語の呈示間隔, 呈示反復, 学習

−テスト遅延時間のような様々な操作が,系統的に,予測可能な方法で,回想棄却のパラメータの推定値に影響するということを明らかにした。Brainerd et al. (2003b) は,「誤った回想棄却」,すなわち,棄却プロセスの誤用にもとづいた学習語の誤った棄却の証拠もまた提供した。信号検出理論における受信者操作曲線(ROCs : receiver operating curves)の計算に関係する,ある別のモデル化技法を用いて,Lampinen et al. (2005b) は,回想棄却のさらなる証拠を提供した。この数多くの(そして,その数がさらに増大している)研究結果は,連想集束課題や他の課題における,回想にもとづいたモニタリングプロセスに集約する証拠を提供する(例えば,Lampinen, Odegard, & Neuschatz, 2004)。

このようなモデル化アプローチの強みは,基礎をなすプロセスの正確な推定値を計算できるということである。しかしながら,回想棄却に貢献する決定プロセスが曖昧にされているという限界もある(考察のために,Lampinen et al., 2005a 参照)。理論で仮定されているような,比較的自動的な不一致の感覚と同様に,診断モニタリングプロセスと欠格モニタリングプロセスの組み合わせが,このようなモデル化の実現に使用されている多くの操作に影響しているだろう。ただし,この曖昧さは,モデルに内在するものではなく,その代わりに,このようなモデルが比較的新しいという事実に起因するものである。活性化−モニタリング理論におけるモニタリングプロセスの扱い(例えば,McDermott & Watson, 2001)もまた,ほとんど同じ理由で曖昧であるか,また,少なくともあまりにも大まかである。このような異なった理論のさらなる精緻化が,虚記憶の編集についてのわれわれの理解,特に,ここで述べられたような異なった種類の決定プロセスがどのように検索モニタリングに貢献しうるかについての理解を広げるために役立つだろう。

モニタリングと帰属

これまで,モニタリングプロセスは,記憶の帰属に影響するメタ認知的決定プロセスの観点から表現されてきたが,決定プロセスと帰属プロセスの間の正確な関係性の考察ははじまったばかりである。ある場合においては,比較的自動的な帰属プロセスの結果,被験者が関連ルアー項目に対して熟知性や幻回想を体験するかもしれないが,しかし,このような検索の主観的産物は,その後,メタ認知的な決定プロセスを介してモニタリングされ,そして,棄却される。画像・単語示差性ヒューリスティックを例として考えてみよう。関連ルアー項目は,画像学習条件の文脈において,とても熟知性が高く感じられるかもしれないが,それでもなお,示差的な回想を期待することによって,この熟知性を「old [旧項目]」反応に見合うほど十分な記憶信号ではない

と棄却することで，虚再認を回避できるかもしれない。また別の場合では，メタ認知プロセスが，帰属プロセスより優勢になる可能性があり，それが，そもそも熟知性の感覚や幻回想を妨げる可能性があるため，もはやそこには，より顕在的な決定プロセスで「編集される」べきものは何も残っていないこともある。例えば，被験者が，意識的に，示差的な画像の回想のみをもとに反応しようとしているとき，関連ルアー項目は，被験者がそのような示差的回想を要求していないときとくらべて，「熟知性が高く感じられない」かもしれない（この考えは，Whittlesea et al., 2005 によってなされた提案と類似する）。

　Jacoby, Kelley, & McElree（1999）によって用いられた術語を使用すると，最初の例は，検索の主観的産物（熟知性や幻回想）が体験された後にのみ，モニタリングプロセスが関与しているという意味で，「後期修正（late correction）」モニタリングプロセスとなるだろう。この種のプロセスを記述するために用いられる用語は，検索後モニタリング（post-retrieval monitoring）である。対照的に，誤った主観的状態の生起を回避したり，それを妨げたりするための回想の使用は，記憶モニタリングの「初期選択（early-selection）」モデル，もしくは，検索前方向づけ効果（pre-retrieval orientation effect）となるだろう。本章のはじめにおいて既に述べられた，Johnson と共同研究者らによる「系統的」ソースモニタリングと「発見的」ソースモニタリングの間の区別もまたこのことと関連しており，検索後効果はより系統的である可能性があり，また，検索前効果はより発見的である可能性がある。問題の核心にあるのは，記憶検索中の自動的な帰属と意識的な決定プロセスの間の複雑な交互作用であり，ある事例では分離可能であると考えられるが，そうではない場合もある。

　さらなる理論的問題は，本書では（そして，ほとんどの文献においてもそうであるが），誤った反応に対抗するために回想を用いるという意味で，比較的に制約のある「モニタリング」の見方をしているということである。Koriat & Goldsmith（1996）は，被験者が記憶テストにおいて反応するか否かを最終的に決定するという，決定プロセスの複雑な組み合わせを記述するために，この用語を用いることで，より一般的なその使用法を提唱した。ここでの目的にとって重要な考えは，被験者が適切な記憶判断をすることができず，それゆえ，全体的に反応することを差し控えるという決定をするかもしれないということである。再生テストでは，この決定は，全体的に少ない反応数というかたちで出現するかもしれないのに対し，再認テストでは，より多くの「new［新項目］」反応，または，もし選択肢があれば，より多くの「don't know［わからない］」反応というかたちで出現するかもしれない。この考えによると，単純に記憶エラーの数を見ているだけでは十分とはいえない。記憶のパフォーマンスの全体

的な質(すなわち,正答数に対するエラー数)もまた重要になる。以下のような思考実験を検討してみよう。以下のどちらの被験者がより「正確」だろうか。リスト語の70%を再生し,関連ルアー項目の40%を再生した被験者だろうか。それとも,リスト語の30%を再生し,関連ルアー項目の20%を再生した被験者だろうか。ある絶対的な水準においては,前者の被験者は後者の被験者にくらべて,20%も多くの関連ルアー項目の虚再生をしているが,しかし,正再生に対する虚再生の割合は,前者にくらべて,後者の方が10%大きい。この疑問に対する答えは,もちろん「正確さ」の定義次第であり,それは同様に,主張しようとする論点次第であろう。

　この解釈の問題は,個人差に焦点を合わせていない集団の水準においては,これまで述べられたようなモニタリング効果において問題とはならなかった。その理由は,虚再生と虚再認の絶対的水準を低下させることが明らかにされているような変数(例えば,学習反復)は,真実の記憶を増加させるか,影響しないかのどちらかであるからだ。このように,上述されたような虚再生や虚再認における絶対的な減少もまた,割合における減少として表現することができ,そして,記憶の正確さにおけるこのような変数の効果は,いずれの測度でも同じである。この解釈の問題は,後の章で述べられるように,通常とは異なった水準の真実の記憶と虚記憶をもつような,個人間や集団間の差異を理解するためにはより重要となる。

6章 さらなる学習・テスト操作

　本章以前の3つの章では，虚記憶の原因，幻回想の原因，モニタリングプロセスの原因という観点で容易に表現することができると思われる研究結果が概説された。連想強度や学習連想語数のような，いくつかの変数は，おもに，虚記憶の原因となる情報の符号化（連想活性化，主題一致性，特徴重複を介する）に効果があると思われる。学習形式や学習反復のような，その他の変数は，おもに，虚記憶を減少させるのに役立つ情報の符号化（診断モニタリングプロセスや欠格モニタリングプロセスを介する）に効果があると思われる。いうまでもなく，このようなプロセスはすべてお互いに関連しており，ある変数がどちらの文脈で議論されるかは，最終的な結果（すなわち，虚記憶が増加するか，減少するか）によって決まり，そして，その最終的な結果は，課題に特定の条件によって決定する。

　本章は，いうなれば「何でも箱」の役割を果たし，虚再生や虚再認（主としてDRM課題での）における，さらにいくつかの変数の効果について概説される。簡単にするために，これらの変数は，学習段階における実験操作，テスト段階における実験操作，複数テストに関与する実験操作，そして，社会的（または，集団）条件における想起に関連する実験操作に分けられている。ほとんどの場合で，これらの実験によって得られた効果は，1つ以上のプロセスによって説明可能である。このように，これまでの章で概説された知見とは異なり，本章で概説される知見が理論的に意味するものは，常に明白とは限らない。それでもなお，これらの多くの知見は，文献において多く引用されており，その多くの操作は，その他の研究でも用いられてきた（次章で紹介される）。それゆえ，このような研究の基本的な知見に関する記述，および，その可能な説明が必要となるのである。

学習の要因

リストのブロック化

　虚記憶効果に影響する1つの変数は，学習時に連想語がブロック化，すなわちグループ化されているか，それとも混合された方法で呈示されるかである。最終自由再生テストを用いて，McDermott（1996, 実験2, 試行1）は，リストをブロック化することで，リストを混合することとくらべて，虚記憶の水準が高くなったことを見出し（McDermottの図5から概算された平均値は，ブロック化リストが.58，混合リストが.30であった），そして，正再生においても同様だが，より小さい効果が見受けられた（ブロック化リスト平均=.39，混合リスト平均=.30）。ブロック化の効果は，この研究においては，統計的に有意ではなかったが，Toglia, Neuschatz, & Goodwin（1999），および，Brainerd et al.（2003a）の両研究は，交互作用と同様に，正再生と虚再生において類似したブロック化の効果を報告し，また，同様の効果は最終再認テストにおいても報告された。Mather et al.（1997）は，ブロック化されたリストが，混合リストとくらべて，高い虚再認率をもたらすということを見出し（ブロック化リスト平均=.80，混合リスト平均=.62），そして，正再認においては，より小さな効果が見出された（ブロック化リスト平均=.76, 混合リスト平均=.69）。しかしながら，2人の話者が，各リストの項目を交互に音読したとき，ブロック化の効果は見られなかった。Tussing & Greene（1997）もまた，リストをブロック化することが，リストを混合することとくらべて，より多くの虚再認をもたらすことを見出した（ブロック化リスト平均=.83，混合リスト平均=.80）。

　McDermott（1996）によって考察されたように，このようなブロック化効果については，いくつかの説明がある。まず，学習される連想語をブロック化することは，連想活性化を促進するかもしれない。それは，リスト語の関係性処理が促進され，そして，連想活性化が学習項目間で合計される可能性があるためである。そのような活性化によって，虚記憶が増加し，そして，それほどではないにせよ，リスト語の真実の記憶もまた増加するだろう（すなわち，項目間連想と体制化を促進させることによって）。学習時に連想語をブロック化することは，リストの主題表象やジスト表象の符号化，または，重複した意味的特徴の符号化も促進する可能性があるため，これらのメカニズムにより虚記憶が増加する可能性もある。真実の記憶もまた促進されるだろうが，特に，主題一致性が虚記憶により大きな効果があると仮定される場合には，その程度はより少なくなる（例えば，Brainerd et al., 2003a）。モニタリングプロセスにもとづいた説明もまた可能ではあるものの，比較的，その根拠に乏しい。混合呈示は，

項目特定処理を促進するため，被験者がより示差的な項目特定的回想を期待することによって，虚記憶が減少するという主張もあるかもしれない（診断モニタリングプロセス）。この説明の難点は，正再生率と正再認率がブロック化呈示で高くなることがあるため，ブロック化条件では，回想にもとづいたモニタリングがより効果的になるはずだという主張が可能なことである。

処理水準

　ほとんどの DRM 研究では，被験者に後続の記憶テストのために材料を覚えておくように求めるものの，ある特定の学習方略を指示しないという意図的符号化の教示が使用されているが，しかし，虚記憶における異なった符号化課題の影響を調査した研究者もいる。最もよく調査されている符号化課題は，処理水準理論 (Craik & Lockhart, 1972; Lockhart & Craik, 1990) の範疇に含まれるものであり，「浅い」処理（単語の知覚的，あるいは，綴り方・音韻的詳細に注目する）と「深い」処理（単語の意味，あるいは，意味的詳細に注目する）を比較したものである。深い処理水準は，単語の正再生や正再認を促進することができるということは十分に確立されており，単一連想語虚再認課題におけるいくつかの初期の研究は，深い処理によって虚再認率もまた高くなるということを実証した (Coltheart, 1977; Elias & Perfetti, 1973; Parkin, 1983)。このパターンは，DRM 虚再認においても確認されている。図 6.1 で明らかにされているように，Thapar & McDermott (2001, 実験 2) は，深い処理水準（快−不快評定）が浅い処理水準（母音数判断，または色彩判断）とくらべて，正再認と虚再認のより高い水準をもたらすということを見出した。この研究においては，処理水準が被験者内で操作されていたため，条件間の基準率虚報の差異は問題にならない。Tussing & Greene (1997) は，虚再認において，快−不快評定効果，および，母音数判断の効果を見出せなかったが，正再認においても処理水準の効果を見出せなかった。このことは，彼女らの研究が処理水準効果を検出するのに敏感でなかったということを示唆している。

　図 6.1 のパターンと類似したものは，正再生や虚再生においても報告されている。Toglia et al. (1999) は，被験者に各リストを学習してもらい，そして，各単語について快−不快評定（深い処理課題），または，各単語が「a」の文字を含んでいるかどうかの判断（浅い処理課題）をしてもらった。直後自由再生において，正再生率は，深い処理課題 (77%) の方が，浅い処理課題 (66%) にくらべて高くなった。虚再生率もまた，深い処理課題 (58%) の方が，浅い処理課題 (44%) とくらべて高くなった。Rhodes & Anastasi (2000) は，母音を数えることを浅い処理課題に，具体性・抽

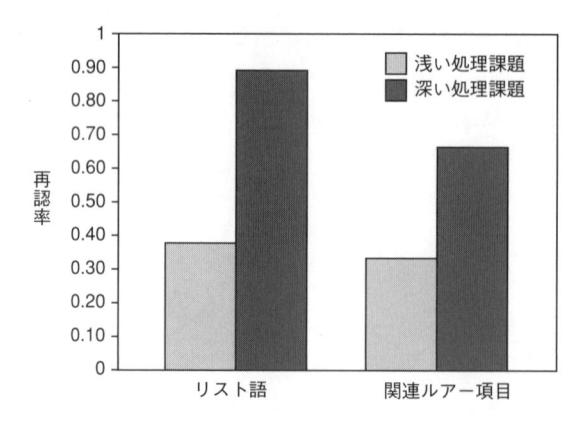

図 6.1　正再認と虚再認における処理水準効果（Thapar & McDermott, 2001, 実験2, 直後テスト）快－不快評定が，深い処理をもたらす課題として用いられ，母音判断や色彩判断が浅い処理課題として用いられた（それらは類似した結果を示したため，図におけるデータは2つの浅い処理課題でまとめられたデータである）。無関連ルアー項目に対する虚報率は.04であった。

象性評定（実験1），または，カテゴリー判断（実験2）を深い処理課題として用いて，同様のパターンを得た。最後に，Thapar & McDermott（2001, 実験1）は，再認実験と同じ符号化課題を用いて，再生でこのようなパターンを追認した。Thapar & McDermott において，正再生は，虚再生よりも影響を受けたが，Rhodes & Anastasi（実験1）は，正再生よりも，虚再生において大きな効果を見出し，そして，Toglia et al. と Rhodes & Anastasi（実験2）は，正再生と虚再生において同様の大きさの効果を見出した。このように，深い処理水準は，これらすべての研究において，より高い水準の正再生と虚再生をもたらしたが，その効果が，正再生と虚再生において同じくらいの大きさなのかどうかははっきりとしない。

　ブロック化効果の場合と同様に，虚再生や虚再認におけるこのような処理水準効果に関する説明は，いくつか存在する。意味的処理は，連想活性化か，意味的主題や特徴の符号化のいずれか，あるいはその両方を，検索時におけるそれらへの依存と同様に促進したのかもしれない。そして，これらのどれもが虚記憶効果を増加させる可能性がある。また，浅い処理は，診断モニタリングプロセスを介して，結果的に虚再認を減少させるような，より項目特定的な情報をもたらすことがあるかもしれない。しかし，「深い」処理（すなわち，快－不快評定）が項目特定的な符号化を促進すると考える研究者もいるということを考慮すると（以下で述べられるように，Smith & Hunt, 1998 参照），この後者の説明はありそうもないだろう。

虚再生と虚再認における，これらすべての処理水準効果が，意味的に関連したルアー項目によるものであることは強調されるべきであろう。しかしながら，先に述べられたような，単一の連想語を用いた研究においては，再認テストにおいて，音韻的に類似したルアー項目や，綴り方が類似したルアー項目も含まれていた。この種のルアー項目では，虚再認は，浅い処理が深い処理にくらべて，大きくなるということが一般的にわかっている（Coltheart, 1977; Elias & Perfetti, 1973; Parkin, 1983）。Chan, McDermott, Watson, & Gallo (2005) は，連想集束課題において，リストの種類（意味的連想語，または，音韻的連想語）と処理の種類（意味処理，または，音韻処理）を直交させることによって，この交互作用を巧妙に実証した。意味的処理は意味的に関連しているルアー項目の虚記憶を増加させたのに対し，より知覚的な処理は知覚的に関連するルアー項目の虚記憶を増加させたのである。このような結果は深い処理や意味的処理自体には，より高い水準の虚記憶を必然的にもたらすようなものは内在していないということを意味するために，とても重要となる。この一般的なパターンは，転移適切性処理理論による処理水準効果の説明に一致し（例えば，Morris, Bransford, & Franks, 1977），そして，潜在記憶テストにおける同様の研究結果と類似している（さらなる考察については，Roediger & Gallo, 2001 参照）。

符号化の文脈

　第5章で述べられたように，Arndt & Reder (2003) は，異なった種類のフォントでリスト語を呈示することが，1種類のフォント条件とくらべて，虚再認を減少させるということを見出した。この種の操作で虚再認が減少するのは，次の2つの方法のうちのどちらか1つだろう。1つ目は，より項目特定的な処理によって，被験者は，学習段階からのより示差的な情報を覚えていると期待し，その結果，テスト段階における診断モニタリングプロセス（示差性ヒューリスティックのようなもの）を介して，虚記憶を減少させるのかもしれない。2つ目に，学習段階における関係性処理を減少させることによって，関連ルアー項目における記憶信号自体が減少するのかもしれない（例えば，より低い連想活性化，または乏しいジストにもとづいた記憶）。画像・単語効果や，聴覚・視覚効果（第5章参照）のような研究結果をいずれか単独の方法で説明するとすれば，この後者の減少関係性処理説の可能性に相反する証拠があるものの，この説はフォント操作のような，他の効果についてのもっともらしい説明を提供する。

　これと関連した実験を行ったのは Goodwin et al. (2001) である。彼らは，各リスト語を，もともとのリストの連想構造と一致しないような，ある連想語と対にした。

例えば，関連ルアー項目「soft［柔らかい］」についての連想語のリストでは，リスト語，「hard［硬い］」，「light［軽い，明るい］」，「pillow［枕］」は，それぞれ「hat［帽子］」，「bulb［電球］」，「case［入れ物］」という単語（フィラー語）と対にされた（それぞれ，「hard hat［ヘルメット］」，「light bulb［電球］」，「pillow case［枕カバー］」となる）。対照条件においては，これらと同じリスト語とフィラー語が学習されたが，それぞれもともとのリスト語の符号化を偏向させないような異なった順番であった（すなわち，Robinson & Roediger, 1997 のように，DRM 語がまず学習され，フィラー語が続いた）。Goodwin et al. は，もともとのリストの連想構造を妨害することが，正再生を増加させたということを見出した。これは，おそらく，ある特有の連想語に関連して各リスト語を学習すること（例えば，「hard-hat」，「light-bulb」，「pillow-case」）が，精緻化プロセスを促進したためだろう。より重要なことに，この操作は虚再生を減少させた。これは，おそらくフィラー項目が，関連ルアー項目に関する意味的情報（例えば，連想，ジスト，特徴）の符号化を減少させたためであろう。促進された診断モニタリングプロセスもまた，この効果に貢献したかもしれない（例えば，「学習時に「soft」が他の単語と対になっていたことは思い出せないから，それはたぶん学習していない」），が，いくつかの学習語のみに対してフィラー語を対にすることもまた虚再生を減少させるが，その減少の大きさは，フィラー語と対にされた学習語の数と直接関連していた。このような場合，被験者はすべての学習語について，その学習対を想起することは期待できないため，そのような診断モニタリングプロセスを利用したかどうかははっきりとしない。

　Thomas & Sommers (2005) は，虚再認において，フィラー学習語に関する類似した効果を報告した。フィラー語が，リストの連想構造から遠ざけるように符号化を偏向させるとき（例えば，「sleep［眠る］」の連想語リストにおいて，「mattress-bed［マットレス－ベッド］」ではなく，「river-bed［河－ベッド（河床）]」），関連ルアー項目の虚再認は減少した。この結果は，診断モニタリングではなく，この種の操作に関する減少関係性処理説を支持する，さらなる証拠を提供する（これら 2 つの符号化条件の両者で単語対が学習されているため，診断モニタリングは条件間で変化しないはずである）。Goodwin et al. (2001) と違って，真実の記憶は，学習時の文脈偏向語によって影響を受けなかった。それはおそらく，この研究では，それぞれの条件において，対になった連想語が用いられたからであろう。また，Thomas & Sommers は，文章というかたちで学習語を呈示することが，学習時に単語のみを用いることと比較して，関連ルアー項目の虚再生や虚再認を減少させるということも見出した。これもまた，おそらく学習時に，各リストの連想的処理または関係性処理を減少させることによる

ものであろう。そのため，文章の呈示によって無関連ルアー項目の虚再生は，影響を受けず，そして真実の記憶は減少した。

　Bruce, Phillips-Grant, Conrad, & Bona (2004) もまた，学習時に付加的な言語情報とリスト語を対にすることが，異なったフォント，背景色，その他視覚的刺激のような，学習時における他の文脈の付加と同様に，虚再認を減少させるということを見出した。この研究では，他の測度が存在しないために，このような文脈効果が，学習時の低下した関係性処理によるものか，それとも促進された示差性（それゆえ，テスト時の診断モニタリング）によるものか，またはそれら両方によるものなのかを理解することは難しい。

項目特定処理と関係性処理

　符号化の文脈の項において，ある特殊な文脈でリスト語を呈示すること（例えば，異なったフォント，文脈偏向語など）が，関係性処理を犠牲にして，項目特定処理を促進するということが提案された。この減少した関係性処理の結果として，関連ルアー項目における虚記憶効果が減少した。このような事例では，関係性処理における文脈操作の効果が，結果のパターンから間接的に推定される。McCabe, Presmanes, Robertson, & Smith (2004) は，学習時に被験者に与える教示を操作することによって，より直接的なアプローチをとった。被験者は，リストにあるすべての単語をお互いに関連させるという教示，もしくは，項目特定的な特徴が中心となるような方法で各単語を符号化するという教示のいずれかで，いくつかのDRMリストを学習した。リスト語の正再認率，または，無関連ルアー項目の虚再認率のいずれも，この符号化課題によって影響を受けなかったが，関連ルアー項目の虚再認率は，関係性符号化 (.79) の方が，項目特定的な符号化 (.61) とくらべて高かった。McCabe et al. は，減少した関係性処理が，もしそうでなければ虚再認を支援するだろうと思われるメカニズム（連想活性化やジスト）を弱めたのではないかと主張した。もちろん，診断モニタリングプロセスもまた，項目特定的な条件において被験者はより示差的な回想を期待するため，関与するかもしれないだろう。同様の効果は，符号化課題が被験者間で操作されるか，それとも，被験者内（ただし，別々のリストにおいて）で操作されるかにかかわらず見受けられた。このことは，全体的な診断モニタリングプロセス（示差性ヒューリスティックのような）の適用という見解に相反しているが，モダリティ効果に関連して述べられたような，リスト特定的なモニタリングプロセスの適用という見解はここでは排除されない。

生成効果

　Hicks & Marsh（1999, 2001），および，Johansson & Stenberg（2002）は，リスト語が視覚呈示されるか聴覚呈示される，もしくは，その代わりにアナグラムから生成されるかを操作した。これらの研究において，各リストの単語のいくつかをアナグラムで呈示することが，実際に虚再生や虚再認を減少させた。しかし，いずれか一方の符号化課題でリスト全体が学習された場合は，単一の実験内で直接比較されていない。Soraci, Carlin, Toglia, Chechile, & Neuschatz（2003, 実験1）は，生成課題（1字欠けている単語を見て，完全な単語をタイプすること）と転写課題（欠損のない単語を見て，タイプすること）を直接比較した。この実験では，生成課題はリスト間（ただし，被験者内）で操作されていた。最終再認テストでは，正再認率が生成条件において転写条件とくらべて高い（彼らの図1から推定された平均値は，生成条件＝約.90，転写条件＝約.78）ということがわかり，これまでの研究で確立されているような真実の記憶における生成効果と一致した。しかしながら，虚再認率においては，条件間で差異が見られなかった（両者の平均値は，およそ.70）。このパターンは第2実験においても追認され，そして，第3実験における虚再生にもあてはまった。

　Soraci et al.（2003）の研究結果は，生成することがより示差的な符号化課題であるために，診断モニタリングプロセスを介して虚記憶を減少させるに違いないという考えと矛盾する。しかしながら，第5章で述べられたように，そのような示差性のパターン（少なくとも，画像・単語効果において）は，通常，示差性が被験者間で操作されたときにより大きくなる。Soraci et al. は，2つの符号化課題を被験者内で操作したため，被験者間における減少は検証されなかった。もしこのような推論が正しいならば，学習時における生成の被験者間操作は，虚記憶効果の減少をもたらすに違いない。

種々の符号化課題

　Libby & Neisser（2001, 実験3b）は，意図的符号化条件，または被験者が，ある特定の文字で始まる単語のみを選択的にリハーサルする条件で，被験者にいくつかのDRMリストを学習させた。被験者には知らされていないが，ターゲットとなる文字は，関連ルアー項目の最初の文字かまた別の文字のどちらかであった。リスト語の再生において，選択的リハーサル教示による小さな干渉効果が見られた（統制条件平均＝.71, 両リハーサル条件平均＝.65）。より重要なことに，選択的リハーサルは，関連ルアー項目の虚再生を減少させたが，それは，ターゲット文字が関連ルアー項目の最初の文字と同じときだけであった（統制条件平均＝.20, 他の文字のリハーサル条件平均＝.18, 同じ文字のリハーサル条件平均＝.07）。Libby & Neisser は，被験者が関

連ルアー項目と同じ文字で始まる単語に焦点を合わせることで，ルアー項目を学習（そして，リハーサル）していないということに被験者が気づくかもしれないために，ルアー項目を棄却することが可能となると主張した。そのような効果を，診断モニタリングプロセスとしてみることもできるだろう（「この単語を学習していない。なぜなら，それをリハーサルした鮮明な記憶がないからだ」）。

Read（1996）は，学習時において，被験者に3つの符号化課題のうちの1つを行ってもらった。それらは，系列学習（単語群を順番に学習する），精緻化リハーサル（各単語の意味に注目する），そして，維持リハーサル（最後に呈示された単語を常に心に留めておく）であった。Read は，直後自由再生テストにおいて，精緻化リハーサル群（.70）では，維持リハーサル群（.62）とくらべて，リスト語の再生率が高かったこと，そして，維持リハーサル群は，系列学習群（.57）とくらべて正再生率が高かったとことを見出した。虚再生率は，精緻化リハーサル群（.73）と維持リハーサル群（.76）において，系列学習群（.50）とくらべて高くなった。精緻化リハーサル群と系列学習群の間の差異（正再生率，および，虚再生率における）は，処理水準効果を反映するものかもしれないが，しかし，なぜ維持リハーサル（「浅い」処理として見なされる）で，精緻化リハーサル群と比較して，虚再生の水準が低くならなかったのかははっきりしない。

その他様々な符号化課題におけるパターンは，さらに理解が難しくなる。Newstead & Newstead（1998）は，異なった被験者群に様々な符号化課題（意図的符号化，精緻化符号化，各単語について個人的な連想を行うこと，各単語についてのイメージを形成すること，それぞれの単語をあるストーリーでつなげること）を行ってもらった。精緻化することと，ストーリーでつなげることは，統制条件とくらべて，リスト語の再生を促進した（精緻化条件平均 = .74，ストーリー条件平均 = .76，統制条件平均 = .68）が，その他の群間の正再生率における差異は見られず，虚再生率においても差は見られなかった。このような結果は，すべての符号化課題が比較的「深い」，または意味に関連するとき，虚記憶は課題で比較的安定するということを示唆する。この研究とは対照的に，Hicks & Marsh（1999，実験4）は，関連ルアー項目の虚再生率が，快－不快評定で符号化されたリスト（.19）において，使用頻度評定（.12）と比較して有意に高かったと報告したが，その両方の課題は，ともに「深い」処理課題として見なされることが可能である。さらにややこしいことに，Smith & Hunt（1998，実験3）は，関連ルアー項目の虚再生率が，意図的符号化（平均 = .31）とくらべて，快－不快評定（学習モダリティでまとめられた平均 = .15）によって減少することを見出した。彼らは，快－不快評定は，各単語に関するより項目特定的な処理を可能にし，

そのことがリスト語と関連ルアー項目の間の弁別可能性を促進させるのだろうと主張した。そのような促進された示差性に関する1つのメカニズムが，診断モニタリングである（例えば，「この単語について快 − 不快評定をした覚えがないから，たぶんそれは学習してないだろう」）。しかしながら，そうなると，なぜ Hicks & Marsh において，快 − 不快評定が使用頻度評定よりも多くの虚再生をもたらすことが見出されたのかが理解できなくなる。使用頻度評定は，快 − 不快評定よりも「項目特定的」なのだろうか。実験に先立ってなされた，虚記憶における符号化課題の効果に関するある特定の予測なしでは，この種の結果を解釈しようとするときに，循環論に陥りやすくなる。

注意分割

学習時の注意分割は，実際に生起したことに関する記憶を減少させ，そして，回想にもとづいたモニタリングプロセスの使用を阻害することで，虚記憶を増加させるだろうと考える人もいるかもしれない。このような予測は，ソース混同に依存する虚記憶課題において，裏づけられてきた（例えば，リスト1で学習した項目が，リスト2で生起したと誤って主張すること）。そのようなエラーは，ある並列課題や記憶負荷によって，学習時に注意が分割されるときに増加するということが研究によってわかっている（例えば，Jacoby, 1999）。

DRM 課題における注意分割研究の結果は，この予測からはずれてしまう。そのような初期の研究において，いくつかの証拠を提供したのは，Seamon et al.（1998）であった。この研究では，被験者は最終再認テストのために，注意条件（すなわち，被験者は後のテストのために単語を覚えるように教示される），または，並列記憶負荷条件（すなわち，被験者は，単語を学習する間，7桁の数字をリハーサルし，学習後，再認テストを受ける前にこの数字を再生しなければならない）のどちらかの条件で，いくつかの DRM リストを学習した。並列記憶負荷は，実験1においては被験者間で，実験2においては被験者内で操作され，そして，リスト語の呈示時間もまた操作された。実験1において，呈示時間条件でまとめられたデータでは，記憶負荷は，負荷なし条件にくらべて，リスト語の再認を阻害し（記憶付加条件平均 = .58，負荷なし条件平均 = .67），そして，同様の結果は，関連ルアー項目においても得られた（記憶付加条件平均 = .69，負荷なし条件平均 = .81）。この結果と同じパターンは，これらの再認率が基準率虚報で（減算によって）修正されたときにも得られたが，このような記憶負荷効果は，すべての呈示時間で得られたわけではなく，また，実験2においては有意ではなかった。虚再認において有意な注意分割効果が得られなかったという結果は，その他の研究でも報告されている。Dodd & MacLeod（2004）において，学習

時の注意分割（色彩命名課題において）は，正再認を減少させたが，DRM 課題における関連ルアー項目の虚再認では有意な効果が得られなかったことを見出した。また，Koutstaal, Schacter, & Brenner（2001a）は，類似画像課題において，同様のパターンを見出した。

　Seamon et al.（2003）では，いくつかの符号化条件の効果を調査するために，異なったアプローチがとられた。この研究では，被験者はいくつかの DRM リストを学習し，最終再生テスト（実験1），または最終再認テスト（実験2）のいずれかを受け，そして，この学習・テストの反復手続きは数回繰り返された。ここでの目的にとって最も関連する条件は，被験者がまもなく受けることになる記憶テストのために単にリスト語を聴くという，「聴取」条件であり，そして，被験者が3ずつ減算し，リスト語の呈示のペースでその計算書を記述していくという，「数唱」条件であった。第1回目の再生試行において，注意分割課題は正再生を減少させた（聴取条件平均 = .37, 数唱条件平均 = .14）。同様のパターンは虚再生においても見いだされた（聴取条件平均 = .38, 数唱条件平均 = .14）が，しかし，この効果は有意ではなかった。このようなパターンは，第1回目の再認試行においても得られ，正再認は注意分割課題によって阻害され（聴取条件平均 = .76, 数唱条件平均 = .39），そして，虚再認も同様に阻害された（聴取条件平均 = .75, 数唱条件平均 = .51）。そして，これら両効果とも，再認率が基準率虚報で（減算によって）調整されたときに有意であった。

　Pérez-Mata et al.（2002）は，学習時の注意分割が，関連ルアー項目の虚再生を上昇させるという証拠を提供した。学習時において，被験者は，注意条件，または注意分割条件（すなわち，ビデオクリップにおけるカメラの視点の変化をモニターする）のいずれかで，いくつかの DRM タイプのリストを聴取し，そして，各リストの呈示後，自由再生テストを与えられた。リストは，具体的なリスト語，または，抽象的なリスト語のどちらかで構成されるように変更されていた（第5章参照）。両方の種類のリストにおいて，注意分割は，注意条件とくらべて正再生を阻害したが（注意分割条件平均 = .38, 注意条件平均 = .61），しかし，注意分割は関連ルアー項目の虚再生を増加させ（注意分割条件平均 = .61, 注意条件平均 = .37），そして，同様の効果は，非重要侵入語においても観察された。この結果と同様のパターンは，リストの視覚的呈示，および，聴覚的注意分割課題（一連の数字と文字列をモニターする）を用いた第2実験において追認された。

　このようなすべての結果を考慮すると，虚再生と虚再認における学習時の注意分割の効果は多種多様であるといえる。その効果は常に有意にはならず，有意になるときは，ある条件では注意分割が虚再認を減少させるが，また別の条件では虚再生を増加

させることがわかった。このような効果を比較する際の1つの困難性は，研究間で異なった二次課題（すなわち，並列記憶負荷課題）が使用されているということである。これらの課題における差異に関する理論的重要性（もしあるならば）はまだわかっておらず，そして，どのように注意分割がこの種の虚記憶に影響を与えるかを理解するためには，より包括的な研究が必要となる。

ストレス

　日常における記憶の歪曲において重要な意味をもつもう1つの変数は，心理的ストレスである。心理的ストレスは，エピソード記憶障害の原因となりうる（Nadel, Payne, & Jacobs, 2002 参照）。それは，おそらく，ストレスが脳における記憶システムの機能を混乱させる糖質コルチコイドホルモンの分泌をもたらすからだろう（記憶の神経メカニズムについては次章でより詳しく述べられる）。ストレスと虚再認に関する研究において，Payne et al.（2002）は，直後再認記憶テスト（各リストが学習された後に行われた）のために，被験者にいくつかのDRMリストを学習してもらった。課題の直前に，緊張を引き起こす条件下（すなわち，最小限の準備で，覚え書きなしで，その姿を見られ，そして，録画されている状況であるという理解のもと）で，被験者に鏡の前でスピーチをしてもらうことによって，半数の被験者にストレスを生じさせた。正再認は群間で差異が見られなかったが，関連ルアー項目の虚再認率は，ストレス群（.77）において，統制群（.61）よりも有意に高かった。無関連ルアー項目の虚再認はほとんど生起せず，群間で変化しなかった。このような結果は，おそらくストレスが，符号化時もしくは検索時におけるモニタリングプロセスを阻害することによって，被験者が虚再認しやすくすることを示唆するが，しかし，この解釈には注意が必要である。まず，記憶システムにおける神経化学的効果自体ではなく，認知的プロセスが，パフォーマンスにおけるストレスの影響の原因となったのかもしれない（例えば，ストレス誘発手続きに気をとられたことが，注意分割をもたらした）。次に，Wenzel, Jostad, Brendle, Ferraro, & Lystad（2004）は，社会不安の問題を抱える個人のグループで，不安の問題がない個人のグループとくらべて，社会不安が誘発された条件下（例えば，記憶課題の後にスピーチをしなければならないと被験者に伝えることによって）で，虚再生，および，虚再認における差異を見出すことができなかった。記憶の正確さにおけるストレスの果たす役割の可能性について十分に理解するためには，さらなる研究が必要である。

気　分

　Storbeck & Clore (2005) は，虚再生における，(学習前に) 誘発されたポジティブな気分とネガティブな気分の効果を調査した。被験者は，ポジティブな気分を生じさせるためにモーツァルト (8 分間の *Eine Kleine Nacht Musik* [小夜曲]) を聴き，別の群の被験者は，ネガティブな気分を生じさせるためにマーラー (8 分間の *Adagietto* [アダージェット]) を聴いた。それから，被験者は，直後再生のためにいくつかの DRM リストを学習した (比較的短い 250 ミリ秒という呈示時間を用いて)。記憶課題の後に実施された感情に関する質問紙によって，誘発された気分の状態に関する操作チェックがなされた。実験 1 では，虚再生はネガティブな気分群において，ポジティブな気分群や音楽を聴取しなかった統制群と比較して，減少することがわかった (虚再生は，これら後者の 2 つの群で差は見られず，そして，正再生はどの群においても異ならなかった)。実験 2 の方法は，被験者が学習語，および，学習段階で心に浮かんだすべての単語を，たとえそれが学習されていなくても，再生するように求められたことを除いて，類似していた (この方法では，検索にもとづいたモニタリングプロセスが結果に寄与しないと考えられる)。このような条件下でもなお，関連ルアー項目の再生率は，ネガティブな気分群において，ポジティブな気分群と比較して，低かった。

　著者らは，このような効果は，ジストにもとづいた説明と一致すると主張した。ネガティブな気分でリストを学習したとき，被験者は，関係性情報を犠牲にして，項目特定情報を処理しやすくなる可能性があり，その結果，各リストの全体的な主題やジストの符号化を減少させるということである。しかしながら，本章におけるその他の研究結果と同様に，連想活性化や特徴にもとづいた説明もまた同様に可能である。また，項目特定処理が促進された可能性もあり，このことが診断モニタリングを高めたのかもしれない。Wright, Startup, & Mathews (2005b) による研究もまた，気分が DRM 虚記憶に影響を与える可能性があることを示したが，しかし，このような効果は，テスト教示に対して非常に敏感であった (そして，ある条件では，ネガティブな気分の被験者は，関連ルアー項目を虚記憶しやすくなった)。重要なことに，Storbeck & Clore (2005) と違って，Wright et al. (2005b) は，学習リストが学習された後で，リストが再生される前に，その気分を生じさせた (よって，気分の操作は学習時の関係性処理に影響していなかった)。この手続きにおける違いは，研究間の不一致を説明することができるかもしれないが，それぞれの研究における具体的な知見を説明できない。虚記憶におけるストレスの効果と同様に，虚記憶における気分の効果について，さらなる研究は当然必要になる。

指示忘却

　指示忘却課題において，被験者は，新しく学習した情報を忘れる努力をするように明確に教示される。指示忘却教示は，通常，被験者が忘却教示を与えられていない条件と比較して，忘れられるべき材料の再生を減少させるが，この理由は，忘れられるべき材料の検索が抑制されるためか，もしくは，あまり頻繁にリハーサルされないためかのどちらかである（例えば，Bjork, 1970, レヴューとして MacLeod, 1998 参照）。研究者らは，DRM 課題を用いて，忘却教示がそのような忘れられるべき単語に関連したルアー項目の虚再生にどのように影響するかを探求してきた。

　Seamon et al. (2002e) は，被験者にいくつかのリストを学習してもらい，それから，これらのリストに「忘却」教示を与えた（すなわち，被験者は，実験者が誤って不適切なリストを呈示したので，それらを忘れなければならないと伝えられた）。被験者は，忘却教示の後にも，さらにいくつかのリストを学習した。この第 2 リストセットを学習した後，被験者は，すべてのリストについて，最終自由再生テストを受けた（被験者は，この時点まで，すべてのリストについてテストされるとは伝えられていなかった）。2 つ目の被験者群は，「忘却」教示が与えられない他は，同様に扱われた——つまり，学習リストセットの間において，被験者は単に，リスト語を覚え続けておくように伝えられただけだった。Seamon et al. は，予測通り，最初のセットのリストを忘れるように被験者に教示することが，すべてのリストを覚えておくように教示された被験者群（.24）とくらべて，そのセットの正再生率の低下をもたらす（.19）ことを見出した。対照的に，忘れられるべきリストの関連ルアー項目の虚再生における指示忘却の効果は見られなかった（両方の平均 = .26）。同様のパターンの結果は，被験者内比較を用いても得られた。

　Seamon et al. (2002e) とは異なり，Kimball & Bjork (2002) は，被験者にまず 1 つの DRM リストを学習してもらい，その後に「記憶」教示（このリストの記憶がテストされると伝えられた），または，「忘却」教示（このリストは練習のためだけであると伝えられた）のいずれかが続き，そして，2 番目の DRM リストを学習してもらった。最終再生テストにおいて，被験者は，第 1 リスト，もしくは第 2 リストのどちらかの項目を再生するように教示された。予測通り，第 1 リストの正再生率は，「記憶」条件の被験者（.58）で，「忘却」条件の被験者（.46）とくらべて高かったのに対し，第 2 リストの正再生率は，第 1 リストからの順向干渉が少ないため，「忘却」条件の被験者で高かった（記憶条件平均 = .51, 忘却条件平均 = .60）。Seamon et al. の結果とは対照的に，第 1 リストの虚再生率は，被験者がリストを忘却するように教示されたとき（.70）に，それを記憶するように教示されたとき（.37）とくらべて，かなり高

くなった。なぜ Kimball & Bjork が虚再生における効果を確認したのに対し，Seamon et al. は効果を報告しなかったのかという理由ははっきりしていない。

虚再生における指示忘却効果の1つの説明として，Kimball & Bjork (2002) は，リスト語を忘れようとすることは関連ルアー項目の連想活性化に影響しないが，ソースモニタリングに影響を与えるのではないかと提案した。リスト語を忘却することが示差性の低い回想をもたらし，そのため，そうでなければ虚再生を減少させるだろう診断モニタリングプロセスを阻害したというものである。また別の説明は，リスト語の再生が阻害されたせいで，被験者は忘却教示の後に，意味的または主題的情報にますます頼り，このことが虚再生の水準を上昇させたというものである。さらに，3つ目の可能性として，正再生が指示忘却条件において抑制されるため，虚再生を抑制する出力干渉が少ないというものもある（第3章で述べられたように，McEvoy et al., 1999 と比較すること）。後になって，Kimball & Bjork とは異なった指示忘却教示（すなわち，項目特定的な方法）を用いているものの，指示忘却によって，DRM 虚記憶が**減少**するということを実証した研究（Marche, Brainerd, Lane, & Loehr, 2005），および，指示忘却によって，幼児や児童（5歳，7歳，11歳）の DRM 錯覚が減少することを明らかにした研究（Howe, 2005）が公表されたことにより，これらすべての解釈はさらに複雑になった。このような虚記憶における指示忘却効果が十分に理解されるには，ますます多くの研究が必要である。

◯ テスト要因

正再生

第3章で述べられたように，Roediger et al. (2001c) は，DRM リストにおいて正再生と虚再生の間に負の関係性を見出した。つまり，よりよく再生されたリスト（しかし，ほとんどの場合においては完全に再生されていないが）は，より低い水準の関連ルアー項目の虚再生をもたらしたのである。この1つの説明として，彼らは，促進された正再生が，虚再生の減少を可能にするモニタリングプロセスを容易にするのだろうと示唆した。被験者が学習時にルアー項目を同定することができ，後にこの語を「非呈示」語として想起する場合（欠格モニタリングプロセス）や，示差的な回想（例えば，画像）の欠如よって，ルアー項目が呈示されていないということを推論するという場合（診断モニタリングプロセス）のような，虚記憶を減少させるために想起を利用するいくつかの方法については，第5章で述べられた。しかしながら，想起棄却状況や示差性操作が欠如しているときに，単に学習語を想起すること，もしくは，学習語の想起可

能かもしれない特徴に焦点を合わせることだけで，連想集束課題において虚再認を減少させることが可能であるという証拠はほとんどない（例えば，Gallo, 2004; Hicks & Marsh, 2001; Neuschatz et al., 2001，あわせて第5章参照のこと）。このように，回想にもとづいたモニタリングプロセスが，最終再認テストとくらべて，直後自由再生テストで大きな影響を発揮すると仮定されない限り，これらその他の研究は，回想にもとづいたモニタリングプロセスが，Roediger et al. における正再生と虚再生の間の負の相関に関与しないということを示唆する。しかし，また別の可能性も考慮されるべきである。例えば，McEvoy et al.（1999）は，正再生を促進することが，出力干渉メカニズムを介して，虚再生を減少させると主張した（第3章参照）。同様のメカニズムは，Roediger et al. で確認されたような，正再生と虚再生の間の負の相関にも貢献したかもしれない。いずれにせよ，DRM 課題における虚記憶についての豊富な研究を鑑みると，正再生と虚再生の間の負の相関（リスト間における）の原因がいまだわかっていないということは，特筆すべきである。

部分リスト手がかり

　出力干渉に関連し，また別のテストにもとづいた要因で探求されているものは，部分リスト手がかり（part-list cuing，または part-set cuing）である（例えば，Slamecka, 1968; レヴューとして Roediger & Neely, 1982 参照）。部分リスト手がかり技法は，再生テストにおいて，学習された単語のいくつかを，学習リストにおける残りの単語の再生手がかりを提供するために，再呈示することをともなう。予測されるだろうこととは対照的に，テスト時におけるいくつかの学習語の呈示は，実際のところ，直接的には，残りの項目の再生を阻止する，または干渉することにより，残りの学習語の再生を阻害する。Reysen & Nairne（2002）は，直後再生テスト（15秒の計算問題で遅延された）のために，学習用の DRM リストをいくつか呈示した。彼らは，自由再生条件にくらべて，部分リスト手がかりとしてリスト語の半分を再呈示することが，正再生（実験1における自由再生条件平均 = .50，部分リスト手がかり条件平均 = .44），そして，虚再生（自由再生条件平均 = .41，部分リスト手がかり条件平均 = .21）の両方を阻害することを見出した。また，この結果は，第2実験において追認された。Kimball & Bjork（2002），および，Bäuml & Kuhbandner（2003）もまた同様の結果を報告した。Kimball & Bjork は，さらに，部分リスト手がかりを増加すること（4から8まで）で，虚再生がより大きく減少し，そして，リストのはじめに学習される単語のような，関連ルアー項目と強い連想的接続性をもつ手がかりが，虚再生をより妨げるということを見出した。このような部分リスト手がかり効果は，虚再

生において常に得られるとは限らない（Marsh, McDermott, & Roediger, 2004）が，しかし，いくつかの有意差のある実証研究は，その効果が存在するということを示している。

ある1つの説明として，Kimball & Bjork (2002) は，部分リスト手がかりが，手がかりとして呈示されなかったリスト語と関連ルアー項目の両者にとって，検索競合をもたらすということを提案した。正再生と虚再生の間の負の関係性との関連で上述されたような出力干渉効果と同じく，テスト中にいくつかのリスト語を呈示することが，そうでなければリスト語と関連ルアー項目を生成すると考えられる検索メカニズムに干渉する可能性がある。例えば，部分リスト手がかりの呈示は，これらの項目の記憶を，より明確に，またはよりアクセス可能にし，それゆえ，他の単語の検索を阻止する。ここで留意すべきことは，この説明が関連ルアー項目が学習時に意識的に生成され，そして，後のその再生が部分リスト手がかりによって阻止されうる（まさにリスト語と同じように）ということを意味するということである。さもなければ，テスト時にリスト語を追加して呈示することは，関連ルアー項目の活性化を増加し，その結果，虚再生を増加する（観察された減少とは逆に）と考えられる。

検索誘導性忘却

被験者が，あるリストから単語の一部を再生する練習をさせられたとき，練習されていない単語の再生は阻害される（例えば，Anderson, Bjork, & Bjork, 1994）。この効果の1つの説明は，部分リスト手がかりと同様に，検索が練習された単語の記憶表象を強化し，その結果，それらの単語が練習されていない単語の検索を阻止する可能性が増加するというものである。しかしながら，検索練習が，非練習語の再生を支援すると思われる非練習語連想を抑制するということを示唆する証拠もある。その基本的な効果を追認するために，Bäuml & Kuhbandner (2003, 実験2) は，いくつかのDRMリスト語を検索する練習（語幹手がかりを利用して）によって，後に行われる残りのリスト語の再生が，検索練習がない条件と比較して，減少する（検索練習条件 = .50，検索練習なし条件 = .60）ということを見出した。また，彼らは，検索練習が関連ルアー項目の虚再生を減少させる（検索練習条件 = .28，検索練習なし条件 = .36）ということも見出した。Bäuml & Kuhbandner は，リスト語を検索する練習が，（具体的には，学習中の意識的生成によって形成された）関連ルアー項目の記憶表象を抑制し，その結果，低い水準の虚再生をもたらしたと主張した。Starns & Hicks (2004) は，虚再認と手がかり再生技法を用いて，類似した知見を報告し，Bäuml & Kuhbandner のように，彼らも，検索練習が，貯蔵された関連ルアー項目の表象における抑制をも

たらしたと主張した。部分リスト手がかり効果や，第3章で概説したその他の効果と同様に，このような結果は，関連ルアー項目が学習時に生成されることがあり，その結果，抑制される（もしくは，少なくとも，検索阻止される）可能性のある記憶表象を形成するという見解を支持するものである。

テスト項目の順序

　虚再認に影響を与えると予測される可能性がある1つの変数は，テスト項目の順序（通常はランダム）である。テスト時にリスト語を呈示することは，引き続きテストされる関連ルアー項目を活性化させ（そうでなければ，その熟知性を高くし），その結果，虚再認を増加させる役割を果たすかもしれない。このような効果は，DRM課題においては一貫して観察されていない。Marsh & Hicks（2001）では，その対応するリスト語の文脈でテストされた関連ルアー項目の虚再認と，そうでない関連ルアー項目の虚再認の間に差異は報告されなかった。Marsh et al.（2004）もまた，関連ルアー項目の虚再認（実験1），および，手がかり再生における虚再生（実験2）で有意なテスト項目の順序効果を見出すことができなかった。しかしながら，彼らは，無関連ルアー項目の虚再認については有意なテスト項目の順序効果を見出した。無関連ルアー項目は，テスト時に関連ルアー項目によって先行されたとき（.49）に，そうでないとき（.31）よりも，虚再認されやすかった。この研究結果は，テスト語がお互いに活性化し合うという考えに一致するが，しかし，なぜ同様の効果が，学習リストに関連したルアー項目において見出されないのかがわからない。その後，Coane & McBride（2006）は，先行してテストされたリスト語の数に応じて，関連ルアー項目の虚再認が有意に増加することを実証し，この効果のより強力な証拠を提供した。

　考慮すべきもう1つの要因は，関連ルアー項目の直前にリスト語をテストすることが，虚再認を抑制する効果を引き起こすかもしれないというものである。Brainerd, Reyna, & Kneer（1995b）は，単一連想語課題を用いて，関連ルアー項目（例えば，dog［犬］）の直前に学習項目（例えば，cat［猫］）をテストすることが，学習語が直前にテストされないまま関連ルアー項目がテストされる条件と比較して，関連ルアー項目の虚再認における有意な減少をもたらすということを明らかにした。彼らは，関連学習項目を直前にテストすることが，学習項目の記憶と，関連ルアー項目の記憶を被験者に比較させることになり，その結果，そのルアー項目が呈示されていなかったことに気づくと主張した。この研究結果は，「非同一」判断の証拠として解釈され，ファジー痕跡理論における回想棄却の考えと一致する（第5章参照）。

　そのようなモニタリングは1つの可能性ではあるものの，いくつかの不明な点が残

っている。まず，Wallace, Malone, Swiergosz, & Amberg (2000) は，いくつかの条件において，このような虚再認取り消し効果の追認に失敗した（Gunter et al., 2005 もあわせて参照のこと）。次に，第 5 章で述べられたように，Gallo (2004) は，関連ルアー項目に関する再認判断をする直前にリスト語を想起することは，すべての対応するリスト語が想起されることが可能である（それゆえ，被験者は，ルアー項目が学習されていないことを推論することができる）ときにのみ，虚再認を減少させることにおいて有効であるということを明らかにした。この欠格モニタリング方略は，Brainerd et al. (1995b) では，各ルアー項目がたった 1 つの例示されているターゲット項目に関連しているために，実行された可能性があるだろう。

言語変化

　Cabeza & Lennartson (2005) は，フランス語，または英語の DRM リストを，バイリンガルの被験者に呈示した。それから，この変数は再認テストで用いられた言語と直交され（フランス語・英語），これらすべての言語変数は，被験者内で操作された。テスト時に，被験者は，まったく同じ単語（すなわち，同じ言語で）が学習されたならば，「old [旧項目]」と報告するように教示された。テスト時に用いられたのとまったく同じ言語で学習された単語のみを報告することを求めた教示と一致して，被験者は，同じ言語で学習されテストされたとき（.64）に，そうでないとき（.32）よりも，リスト語を報告しやすかった。関連ルアー項目もまた，その対応リストの呈示で用いられたのと同じ言語で呈示されたとき（.41），別の言語のとき（.32）とくらべて，再認されやすかった。この研究結果は，関連ルアー項目がその対応リストを呈示するために用いられたのと同じ形式で学習されたと被験者が信じていることが多いことを考慮すると，驚くべきものではない（第 4 章のソース帰属データを参照のこと）。言語変化効果がリスト語において関連ルアー項目よりも大きいという事実は，リスト語が実際に呈示されているために，学習とテストの間の一致が（符号化特定性原理を介して）リスト語により多くの恩恵をもたらしたということを意味しているかもしれない。このような知見は，虚記憶効果に関するすべての妥当性のある理論と矛盾がない。

　Kawasaki-Miyaji, Inoue, & Yama (2003) は，日本語と英語のバイリンガルで類似した研究を行ったが，Cabeza & Lennartson (2005) と異なり，被験者はテストの言語に関係なく，すべての学習項目を再認するように求められた。Cabeza & Lennartson，および，符号化特定性原理と一致して，リスト項目の再認率は，学習言語とテスト言語が一致したときの方が，一致しないときよりも高かった。Cabeza & Lennartson と異なり，日本語で関連ルアー項目をテストすることが，学習時にその対応リストを

呈示するのに用いられた言語にかかわらず，高い水準の虚再認をもたらした。このようなデータは，Cabeza & Lennartson の虚再認の結果が，実験で用いられた教示（すなわち，同じ言語で学習され，テストされた単語のみを報告すること）によるものかもしれないということを示唆するが，これらの研究間の直接比較は，材料と被験者における差異のために困難である（Kawasaki-Miyaji et al. の被験者は，日本語が第一言語であった）。この被験者の第一言語に関する考慮の重要性は，Anastasi, Rhodes, Marquez, & Velino（2005）による後の研究結果によって強調された。彼らは，学習リストを，一言語だけ利用する被験者の第一言語で呈示したときに，ほとんど，または，まったく経験のない第二言語とくらべて，DRM 虚記憶が生起しやすいということを見出した。当然のことながら，被験者は，彼らの第一言語のリストの関連ルアー項目を活性化しやすい，または，第一言語のリストのジストを抽出しやすいのである。

複数テスト

再認の前の再生

　第2章で言及されたように，Roediger & McDermott（1995）は，各リストを直後再生することが，直後再生されていないリストとくらべて，その後のリスト語と関連ルアー項目における再認の増加をもたらすということを見出し，そして，このような差異は，「remember」判断においても同様に見出された。このテスト効果は，一度情報を検索することが，付加的な符号化の機会としてだけではなく，後続の検索を練習する機会として，すなわち，それを「プライミングする」機会として機能するという意味では，驚くべきものではないだろう。情報が正しく想起されるとき，その後の真実の記憶は促進され，そして，情報が誤って想起されたとき，その後の虚記憶が促進される。DRM 課題を用いた研究に関する初期のレヴューにおいて，Roediger et al.（1998）は，正再認においては，この先行再生テスト効果の証拠が一致しているのに対して，関連ルアー項目の虚再認におけるその効果については，2, 3 の研究で見受けられるが，その他の研究では見受けられず，せいぜい結論を保留するのが精一杯であると結論づけた。このことをもって，他のテスト効果が虚記憶において見出されていないといいたいのではない（下記参照）。むしろ，典型的な DRM 課題で，後続する虚再認における，この特定の先行再生テスト効果が，いくらか信頼できないと考えられているということである。これは重要な理論的，方法論的問題であるので，ここでもう少し詳細にわたって検討する。

表6.1は，Roediger & McDermott（1995, 実験2）の条件と類似した条件を含む14の公刊された研究の結果をまとめたものである。つまり，DRMリストの学習から最終再認テストまでの間に，直後再生テスト，もしくは，計算問題（または，その他無関連の課題）が挿入されている条件である。特に断りのない限り，結果は若年成人や統制群のものであり，他の変数をまとめたデータで示されている。先行再生課題条件と計算問題条件の間の差異を報告しておらず，そのため，この変数間でまとめられた再認データのみを報告している研究（Melo, Winocur, & Moscovitch, 1999; Norman & Schacter, 1997）については，代わりにこのまとめられた平均が，再生条件と計算条件の両方に配置された（すなわち，第一種の過誤を最小限にするために，効果差がないものも統計的分析に含められた）。表からわかるように，正再認率（研究間での平均）は，再生テストが先行した条件（.75）の方が，計算問題が先行した条件（.68）よりも高かった（$t(19) = 5.94$, $SEM = .012$, $p < .01$）。また，これよりも小さい（が有意な）テスト効果が虚再認率において見出された（先行再生テスト平均 = .75，先行計算問題平均 = .73）（$t(19) = 2.42$, $SEM = .01$, $p < .05$）。同様の結果は，正再認されたリスト語についての「remember」判断において（先行再生テスト平均 = .55，先行計算問題平均 = .43，$t(9) = 5.04$, $SEM = .025$, $p < .01$），また，虚再認されたリスト語についての「remember」判断において（先行再生テスト平均 = .50，先行計算問題平均 = .43，$t(9) = 2.27$, $SEM = .028$, $p = .05$）も見受けられ，そして，このような後者の効果は，「remember」判断が各実験内での虚再認における全体的な割合として表現されたときに，明確であった（正再認では，先行再生テスト平均 = .73，先行計算問題平均 = .64，虚再認では，先行再生テスト平均 = .66，先行計算問題平均 = .59，両者とも$p < .05$）。

　このような研究結果は，もともとRoediger & McDermott（1995）で報告されたテスト効果の信頼性を，正再認と虚再認の両方において証明するものである。もしそうならば，なぜいくつかの研究において，この結果を追認できなかったのだろうか。1つの手がかりは，研究間における正再生と虚再生の全体的な初期水準を見るとわかる。もし先行再生テストがそこで再生された項目（それがリスト語でも，関連ルアー項目でも）の記憶を促進することによって，再認率が高くなるのならば，その再生テストにおける再生率が高いことは，再生テストのより大きな効果を生じさせるべきであろう。この問題を探求するために，表6.1における19のデータ（1つの研究は最初の再生テストにおける虚再生率を報告していなかった）で，虚再認におけるテスト効果の大きさ（先行再生テスト条件の虚再認率から先行計算問題条件の虚再認率を引いたもの）と，直後再生テストの虚再生率との相関が検討された。予測と一致して，先行再生テストにおける虚再生とその後の虚再認におけるテスト効果の間の相関はかなり高

II部　基礎的な理論とデータ

表6.1　正再認と虚再認，および，それぞれに対応する「remember」判断における先行課題（無関連課題（U）または，直後自由再生テスト（R））の効果

研究	再認率				「remember」判断			
	リスト語		関連ルアー項目		リスト語		関連ルアー項目	
	U	R	U	R	U	R	U	R
Brainerd et al.（2001，実験2）	.54	.65	.74	.86	na	na	na	na
Brainerd et al.（2002，実験3）	.67	.72	.61	.66	na	na	na	na
Gallo et al.（2001a，実験1）	.56	.68	.67	.70	.33	.51	.38	.45
Intons-Peterson et al.（1999，実験1）	.67	.74	.74	.80	.41	.52	.43	.53
Intons-Peterson et al.（1999，実験2）	.69	.84	.78	.80	.43	.63	.39	.53
Johansson & Stenberg（2002，実験1）	.65	.72	.72	.76	.32	.45	.34	.43
Lampinen et al.（1999，実験1）	.83	.86	.80	.77	na	na	na	na
Lampinen et al.（1999，実験2）	.76	.82	.77	.80	na	na	na	na
Melo et al.（1999）	.65	.65	.72	.72	na	na	na	na
Norman & Schacter（1997，実験1）	.79	.79	.71	.71	.54	.54	.36	.36
Norman & Schacter（1997，実験2）	.71	.71	.59	.59	na	na	na	na
Payne et al.（1996，実験2）	.55	.69	.66	.71	.37	.52	.42	.51
Roediger & McDermott（1995，実験2）	.65	.79	.72	.81	.41	.57	.38	.58
Roediger et al.（2004，実験1）	.70	.74	.75	.67	na	na	na	na
Roediger et al.（2004，実験2）	.70	.77	.78	.81	na	na	na	na
Roediger et al.（2004，実験3）	.68	.75	.73	.78	na	na	na	na
Roediger et al.（2004，実験4）	.70	.76	.76	.79	na	na	na	na
Schacter et al.（1996c）	.83	.85	.89	.83	.71	.71	.83	.70
Winograd et al.（1998）	.67	.73	.76	.80	.40	.49	.40	.46
Zoellner, Foa, Brigidi, & Przeworski（2000）	.55	.75	.63	.66	.36	.60	.42	.44
平均	.68	.75	.73	.75	.43	.55	.43	.50
効果	.07**		.02**		.12**		.07*	

注：すべてのデータは，Intons-Peterson et al.（1999, 実験1）を除いて，大学生，または，統制群のもので，若年成人と高齢者をまとめたものである。Brainerd et al.（2001）の結果は，標準（ヴァーベイティム）テストからのものである。**$p < .05$; *$p = .05$; na = 該当なし。

かった（+.60, $p < .01$）。この相関は，先行して再生することが，混同のさらなるソースを提供することで虚再認を促進すること，そして，いくつかの研究でこの効果がみられないのは，単に最初の再生テストにおける虚再生の水準が，影響を与えるのには低すぎたからであるということを示唆する。

先行する虚再生が後の虚再認を促進することに加えて，もう1つの重要な点は，先行する正再生が回想的な示差性を促進し，その結果，虚再認を**減少**させうる，診断モニタリングプロセスを促進するかもしれないということである。Gallo & Roediger (2002) は，さもなければ不可解である，結果のパターンを説明するためにそのような可能性について論じた。実験2において，被験者は，いくつかのDRMリストを学習し，直後再生テストを受け，それから，最終再認テストを受けた。実験3は同様にデザインされたが，先行再生テストが計算問題に置きかえられたため，再認はもはや先行する再生テストと交絡していなかった。予測通り，正再認は，リスト語が前もって再生されたときに大きくなったが，関連ルアー項目の虚再認は，先行再生テストが与えられたとき（特に，長い呈示時間が用いられたとき）に**低く**なった。さらに，彼らの実験デザインにおける12セルすべての比較において，先行再生テストがあるときの無関連ルアー項目に対する虚報は，先行再生テストがないときとくらべて，有意に低くなった（先行再生テスト条件全体平均 = .08，先行再生テストなし条件全体平均 = .25，すべての $p < .05$）。このような効果を説明するために，Gallo & Roediger は，先行再生がリスト語の回想的示差性を促進したと主張した。結果的に，被験者は，最終テストにおいて虚再認を抑制するために，診断モニタリングプロセスを用いやすくなったということである。この効果のさらなる立証として，再生テストがある研究とない研究について無関連虚報を考えてみよう（これらの研究は，別の目的ではあるが，第8章の表8.2にリスト化されている）。その結果，同様の知見（先行再生なし＞先行再生あり）が，これらのデータから得られた（先行再生なし = .17，先行再生あり = .08, $p = .01$）。このような知見は，先行再生が，回想的示差性をさらに強めるもう1つの変数としても働くため，診断モニタリングプロセスを促進するということを示唆する。

反復再生・再認

第5章で述べられたように，いくつかの研究において，学習・テスト試行を反復することで，虚再生と虚再認の減少をもたらすことが可能であることが明らかにされた。その1つの説明は，リストを学習する機会が反復されることで，被験者は，関連ルアー項目が呈示されていないということにより気づくことができるというものである。また別の研究では，虚記憶における反復テストの効果が，学習試行を反復するこ

となしに調査された。Payne et al.（1996）の被験者は，いくつかのDRMリストを学習し，それから，3つの連続した自由再生テストを受けた（すなわち，被験者は7分間で想起することが可能なすべてのリスト語を再生し，それから，その再生用紙は取り除かれ，そして，あと2回同じ手続きでリスト語の再生を繰り返した）。第3実験では，反復テストで約3％の正再生率の増加を見出し，小さいながらも記憶増進効果（hypermnesia effect）を実証した（例えば，Erdelyi, 1996; Roediger & Payne, 1982）。虚記憶においても，反復テストで有意な増加（6％）が見られ，この効果はリスト語とくらべて有意に大きかった。Brainerd et al.（2003a）もまた，同様の結果を報告した。このような「虚記憶増進」効果の1つの解釈は，反復テストの後，被験者はリストの主題，または，ジストに関する観念を強化し，そして，これが虚再生を促進するというものである。あるいは，反復再生が連想的体制化，そして，その結果として生じる活性化プロセスを容易にするとも考えられる。

　これと関連する知見は，虚記憶が1つのテストでうまくモニタリングされる（または，回避される）ことができたとしても，同じ虚記憶が後のまた別の時点で「再び現れる」ことがないということを保証しないことを示す。Marsh & Hicks（2001）は，たとえ被験者が直後テストにおいて関連ルアー項目を再生しなかったときでさえも，最終出力モニタリングテストにおいて，被験者は以前にこれと同じ項目を再生したと進んで主張することが多いことを明らかにした。Seamon, Berko, Sahlin, Yu, Colker, & Gottfriend（2006）は，学習・テスト反復で関連した効果を見出した（McDermott, 1996も参照のこと）。この研究では，被験者は，他の研究と同様に，虚再認を抑制するために，反復学習・テスト試行を使用することが可能であった。しかしながら，最終高速テスト，または，遅延テストにおいて，以前に編集されていたこのようなルアー項目が，今度は，**より虚再認されやすくなる**というような「リバウンド」効果を示した。このようなルアー項目の熟知性はおそらく非常に高いだろう（以前に処理され，棄却されているため）が，しかし，被験者はこれらの項目を以前に棄却したということを忘れてしまったのである。結果的に，虚再認が促進されたのである。

自由再生と強制再生

　その他にも，被験者にある一定のテスト語数を，もし必要ならば推測してでも，再生することを強制するというテスト操作がある。Payne et al.（1996, 実験2）では，6つの10項目DRMリストが被験者に呈示され，続いて，7分間の最終再生テストが実施された。ある1つの群の被験者には自由再生教示が与えられたのに対して，もう一方の群の被験者は強制再生テストを受け，そこで，被験者は，たとえ推測しなけれ

ばならないとしても，60語すべてを再生するように教示された。その結果，項目の再生を被験者に強いることで，正再生が増加した（自由再生平均＝.44，強制再生平均＝.53）が，関連ルアー項目の虚再生にはより大きな効果があった（自由再生平均＝.27，強制再生平均＝.46）。このような研究結果は，さらなる項目を再生することを被験者に強いることは，効果があるというよりむしろ害になりうるということを示唆する。McKelvie（2001; McKelvie, 1999もあわせて参照のこと）は，各リスト呈示の直後再生テストを用いて，強制再生で，リスト語の正再生よりもはるかに多く関連ルアー項目の虚再生が増加し，非重要ルアー項目の虚再生もまた増加するというような，同様の結果を報告した。当然のことながら，強制再生条件では，たとえ被験者が推測しなければならないとしても単語を再生するように教示されたため，虚再生された項目（関連ルアー項目と非重要侵入語の両方）の確信度評定は，強制再生条件において，この研究の自由再生条件とくらべて低くなる傾向にあった。より興味深いことに，強制再生教示条件での確信度評定が，非重要侵入語とくらべて，関連ルアー項目においてなお高かった。このことは，強制された虚再生でさえも，関連ルアー項目のものはより抵抗しがたいということを実証している。Meade & Roediger（2006）もまた，カテゴリー化リスト課題を用いて，被験者に項目の再生を強制することが，より多くの虚再生をもたらすことを見出した。さらに，被験者が以前に自ら生成した項目と実際に呈示された項目を混同したという理由で，被験者に単語の再生を強制することが，後続のテストにおける虚再認の増加をもたらしたということを明らかにした。

社会的検索

ここで最後に紹介する研究は「社会的検索（social retrieval）」，つまり，集団状況での情報の想起である。Bartlett（1932）は，系列再生産課題（serial reproduction task）（後に，「伝言ゲーム」として知られるようになる）を用いて，ある話題が，それをある人物が別の人物に記憶にもとづいて伝えるときに歪められてしまうことを見出した。この種の課題からの証拠は，後に，流言の伝達，つまり，どのように誤情報が社会で広まるかに関する研究において用いられた。本節での関心事に関連するのは，Deese（1961）が，連想的に関連するリスト（すなわち，後にDRM課題で用いられるリスト）を用いて，系列再生産実験を行ったことである。その目的は，Bartlettが広めた，スキーマの歪曲効果における連想プロセスの役割を理解することであった。Deeseは，ある被験者群に連想語リストを学習，再生してもらい，そして，2番目の被験者群には最初の被験者群が再生した単語を学習してもらうようにした。予測通り，

後の方の被験者群は，最初の被験者群とくらべて，オリジナルの連想語リストからの単語を再生することが少ないことを Deese は見出したが，これは必然的に得られる結果である（すなわち，彼らは先行する被験者群の再生語を学習しただけであるため，後続する被験者群は最初の群よりも多くのリスト語を再生することはできず，それに忘却も合わさって，再生が少なくなる）。また，最初の群から2番目の群の間で正再生が最も大きく下落したことは，1度リストが再生された後，その後残っている項目は後続の被験者にとってより記憶しやすいものであったことを示唆している（おそらく項目選択の結果によるものと，学習するリストが短くなったことによるものであろう）。Deese はまた，オリジナルのリストの連想構造（すなわち，項目間連想強度，つまり接続性）が，各被験者群において，どのリスト語が再生されるかを強く予測したことも明らかにした。このことは，連想プロセスが，被験者群で再生される項目に，強く影響するということを示している。

　ここでの目的にとってより興味深いことに，Deese (1961) は，再生侵入語が再生群を経るごとに増加する傾向があることを見出した（重要関連ルアー項目は，その他の侵入語と別々に分析されなかった）。また，Roediger, Meade, Wong, Olson, & Gallo (2003) も，類似した結果を得た。この研究では，4人からなる1つの被験者群の最初の被験者が，直後再生のために，いくつかの DRM リストを学習し，そして，その被験者によって再生された項目は，2番目の被験者によって，再生のために学習されるというように続く。Deese の研究と同様に，リスト語の正再生は，オリジナルのリストに対して得点化されたときに，再生群を経るごとに減少した（1人目平均 = .52, 2人目平均 = .35, 3人目平均 = .28, 4人目平均 = .23）。これとは対照的に，関連ルアー項目の虚再生は被験者群を経るごとに増加した（1人目平均 = .31, 2人目平均 = .40, 3人目平均 = .45, 4人目平均 = .43）が，この効果は統計的に有意ではなかった。関連ルアー項目はオリジナルのリストに非常に強く関連しているために，いったん最初の被験者が虚再生をしてしまうと，後続の被験者（虚再生された関連ルアー項目を実際に学習した被験者）がそれらを忘れることはあまりないのだろう。

　記憶に関するまた別の社会的な分析は，集団再生（すなわち，社会的な状況での情報の再生）の効果に関与する。Basden et al. (1998, 実験1) は，個人の被験者による再生と，同じ材料を学習し，再生する3人の被験者集団（共同集団）による再生とを比較した（個々の被験者データは，共同集団との比較のための名目集団を作成するために，実験後3人ごとの集団に統合された）。被験者は，最終再生テストのために，いくつかの DRM リストを学習した。共同集団の被験者は，リストを一緒に学習し，そして，交互に単語を再生した（1周期に1人1単語）。別の材料を用いた先行研究

を追認して，共同集団（.40）は，名目集団（.46）にくらべて，リスト語の再生率が有意に低く，そして，連想クラスター分析は，この集団的干渉効果が，検索体制化の妨害に該当することを示した。ちなみに，関連ルアー項目の再生率には条件間で差が見られなかった（共同集団＝.44，名目集団＝.43）が，共同集団において非重要侵入語が促進されたという証拠が得られた。第2実験では，カテゴリー化リストを用いて，非学習事例の虚再生率が共同集団で有意に高いことがわかった（共同集団＝.19，名目集団＝.12）。著者らは，カテゴリー化された材料では，共同集団が再生中にカテゴリーの知識により強く依存したのではないかと主張した。つまり，集団再生に参加するという社会的圧力のために，もし被験者が自分の順番でリスト語を再生できないとき，彼らは，カテゴリーの1つから，それらしい（しかし，誤った）項目を生成しやすいのだろう。また，これら両方の実験において，最終再認テストが実施された。もっとも興味深い結果は，リスト語において，被験者が自分自身で以前に再生した項目に対して，他の被験者が再生したものよりも，「覚えている（remember）」と主張しやすいというものである。それに対して，関連ルアー項目では，自分で再生した関連ルアー項目と他者が再生した関連ルアー項目の間の「remember」判断に差が見られなかった。このように，もしある被験者が再生中に関連ルアー項目を提案した場合，この関連ルアー項目は，他の被験者によって，誤って「remember」判断を下されやすい。

　Basden, Reysen, & Basden（2002）は，DRMリストの「知覚された」社会的再生実験に被験者を参加させた。この研究の被験者は，コンピュータによって提供されている項目は，他の被験者（他の部屋にいる）によって再生されたものであると思っていたが，実際は，事前に指定された単語がコンピュータで被験者に提供されているだけであった。Basden et al. は，被験者が自分自身のリストの再生に，提供されたルアー項目を誤って組み込んでしまいやすく，そして，その後，これらの単語を虚再認しやすく，さらに「remember」判断を与えやすいということを見出した。第2実験では，この再生における社会的準拠効果が追認されたが，被験者は，誤誘導単語が，記憶の「手がかりを与える」単語を提供するようにデザインされたコンピュータプログラムよりも，他の被験者に由来すると考えた時に，誤誘導単語に影響されにくいということが明らかになった。つまり，誤誘導単語の呈示はそれぞれの条件で被験者に影響するが，被験者は，他の被験者によって再生されたとされる単語により疑い深くなったのである。

　Roediger, Meade, & Bergman（2001b）は，誤情報を広めるために実際の人物を用いた。被験者は，スキーマ的な場面（例えば，台所）を学習し，その後，その場面か

らの項目を再生した。他の被験者に知られずに，サクラとなった被験者が，その場面には実際に存在しなかった誤誘導項目（例えば，鍋つかみ）を虚再生するように教示されていた。社会的再生は虚記憶の増加をもたらしうるという考えに一致して，誤誘導項目は，サクラの被験者によって提供されたときに，虚再生されやすかった（異なった種類の材料での類似した結果については，Wright, Mathews, & Skagerberg, 2005a を参照のこと）。さらに，Meade & Roediger (2002) は，DRM エラーと同様に，社会的伝染課題（social contagion task）によって誘発された記憶エラーは，その現象について警告された後でさえも，被験者にとって回避することが困難であることを明らかにした。さらに，それら両方の実験において，被験者は，提供された期待の高い項目（すなわち，台所にとてもありそうな項目）を，期待の低い項目とくらべて，記憶に組み込みやすいということがわかったが，このことは，DRM エラーにおける連想強度の効果と類似している。総合すると，このような社会的再生実験は，他の被験者による関連ルアー項目の呈示が自分自身の記憶に組み込まれるというような，ソース記憶エラーを被験者がしやすいということを実証する。このようなエラーは回避しがたく，錯覚的な「覚えている」という判断を引き起こすことができ，そして，異なる材料（すなわち，関連語や関連項目の画像）で一般性を示す。

# III 部

応用とデータ

7章
個人差と一般化可能性

　本章では，なぜ，他の人々にくらべて虚記憶をしやすい人々がいるのかに関する研究が概説され，そして，実験室で作り出された虚記憶と，実験室の外で作り出された虚記憶（例えば，自伝的記憶の歪曲）を比較する研究もまた概説される。これら2つの研究領域は密接に結びついている。実験室課題は，各個人を特徴づける心的能力の中核に敏感に反応し，そのため，ある課題におけるパフォーマンスは，その他の状況（例えば，目撃者記憶）における記憶の正確さを予測するために利用可能である。記憶の歪曲における個人差を識別し測定することは，とりわけ，法的状況，医学的状況，臨床的状況において，重要な実用に応用できる。重要な点は，課題のパフォーマンスが，一時的な方略や課題に特定した処理ではなく，安定した個人差によって決まる度合いを決定することにある。

　記憶エラーの個人差に関する初期研究のほとんどは，誤情報課題，または，被暗示性課題おけるソースエラーに関係するものであった（レヴューとして，Eisen, Winograd, & Qin, 2002; Schooler & Loftus, 1993 参照）。このような研究は，記憶エラーと相関するいくつかの変数，例えば，年齢，被催眠性，解離体験，心的イメージなどを特定した。先に述べられた変数の多くもまた，個人差に貢献する可能性がある様々な他の要素に加えて，DRM 課題やその関連課題において調査された。このような変数は，認知的差異（例えば，ワーキングメモリスパン，情報処理速度），パーソナリティ特性（例えば，解離体験，自尊感情，被暗示性），そして，集団差異（例えば，被虐待歴がある人々，トラウマがある人々，宇宙人による誘拐の信念をもつ人々）を含んでいる。以下のいくつかの節において，この領域における研究が概説される。発達，加齢，神経心理学的障害のような，その他の個人差についての変数は，以降の章において概説される。このような変数に関する研究を紹介する前に，DRM 課題内で

の安定した個人差の問題，および，DRM虚記憶と他の種類の虚記憶の間の相関関係が述べられる。

課題内安定性

DRM課題で虚記憶を生み出す可能性においては，安定した個人差が存在する。Stadler et al. (1999) と Gallo & Roediger (2002) は，数多くの大学生を用いた基準となる研究を行い，被験者間で，関連ルアー項目の虚再生と虚再認には正の相関があることを見出した（相関係数は，Stadler et al. で +.65，Gallo & Roediger で +.61 であった。Platt, Lacey, Iobst, & Finkelman, 1998; Wilkinson & Hyman, 1998; Winograd et al., 1998 もあわせて参照のこと）。もちろん，これらの研究ではすべてのリストが学習され，そして，再生された後に再認テストが行われたので，このような相関は，部分的には，先行する再生テストが後続する再認へもたらした影響によるものである（第6章参照）。しかしながら，Gallo & Roediger の結果を再分析すると，この再生テストによる効果ですべてが説明できないことがわかる。非重要ルアー項目（すなわち，その他の再生侵入語）の虚再生が，後続の非重要ルアー項目の虚再認（すなわち，非学習リストに由来するもので，それゆえ，先行する再生と交絡しない）と比較されたとき，それでも有意な正の相関が，被験者間で得られた（+.37）。このような結果は，単一の実験セッション内において，再生エラーをしやすい被験者は，再認エラーもしやすいということを示唆する。

このような測度にわたる変動性は，ある人々に虚記憶をしやすくさせるような根本的な認知的差異によるものなのか，それとも，状況的要因（例えば，たまたま運が悪い日だった）によるものなのであろうか。Blair, Lenton, & Hastie (2002) は，2回にわたるテスト状況（2週間の間隔）でのDRM課題における個人差の信頼性を研究することによって，この疑問を探求した。各セッションにおいて，被験者は，最終再認テストのためにいくつかのDRMリストを学習した（各セッションでは同じ材料と手続きが用いられた）。第1セッションでの関連ルアー項目の虚再認の全体的な水準は，第2セッションでの関連ルアー項目の虚再認と，被験者間で相関が見られた（r = +.76）。この関連性は，虚再認が無関連ルアー項目に対する虚報によって修正されたときでさえも持続した。すなわちこのことは，この相関がすべての項目に対して「old［旧項目］」反応するという傾向（すなわち，反応バイアス）によるものではないことを示唆しているが，しかし，確かにそのような反応バイアスは個人差に影響する可能性がある。また，リスト間においても有意な関連性が見出されたが，このことは，第

1セッションにおいてあるリストの関連ルアー項目を虚再認するという傾向が，被験者が第2セッションで異なった関連ルアー項目を虚再認するかどうかを予測したことを意味する。すなわち，これらの信頼性のある相関は，同じ材料が2回のセッションで用いられたという事実によるものではなかった。その代わりに，これらのデータは，ある人々が他の人々よりも虚再認をしやすく，この差異はテスト状況で安定しているということを示す。また，正再認においても個人差が見つかったが，この関係性は虚再認ほど強くはなかった。

課題間安定性

実験室記憶

いくつかの研究は，DRM虚記憶をする傾向における個人差が，その他の種類の虚記憶に一般化されるということを示す。Lövdén (2003) は，被験者における，DRM課題の虚再生と2つの別の課題——カテゴリー手がかり再生 ($r = +.30$)，および，類似画像の再認 ($r = +.21$)（例えば，Koutstaal & Schacter, 1997) ——における虚記憶との間に有意な相関を見出した。異なった種類の虚記憶課題を用いて，Eisenと共同研究者ら（Eisen et al., 2002に引用されている）は，DRM虚再認と誤誘導情報への被影響性との間の関連性を報告した。このような研究結果は，様々な虚記憶課題が，様々な点で異なっているにもかかわらず，ある共通の認知プロセスを利用しているということを実証する。この種の知見の重要性を考えると，課題間の相関関係に関するさらなる研究は，この研究分野に大きな影響をもたらすだろう。

自伝的記憶

2つの研究において，DRM課題における虚再生が，自伝的虚記憶に関連するかどうかが調査された。Platt et al. (1998) は，一般に広く公表された裁判事件の判決（O. J. Simpsonの刑事裁判）を聞いたときの大学生の記憶をテストした。その判決当日の夜，被験者は，判決を聞いた状況（例えば，場所，活動，情報ソースなど）に関する質問紙を記入し，そして，その同じ状況の記憶が数か月後にテストされた。セッション間における人々の自伝的記憶（最初の質問紙とその後の記憶の間の差異によって測定された）にかなりの歪曲があったということは，自伝的虚記憶を実証している。判決後およそ1年半たって，同じ被験者が，典型的なDRM虚記憶課題に参加した。この研究による重要な知見は，DRM課題における虚再生と，自伝的出来事についての記憶の正確さの間に有意な相関 ($r = -.30$) が見られたことであった（同様の相関関係

は，虚再認においても見受けられたが，このテストは先行再生テストと交絡していた）。このような相関関係は，関連ルアー項目を虚再生しやすい被験者が，歪曲した自伝的記憶ももちやすいことを意味する。このように，実験室で誘発された虚記憶における個人差は，実験外の出来事の虚記憶測度に一般化されたのである。

　Wilkinson & Hyman (1998) は，自伝的虚記憶を測定するために異なった方法を用いた。大学生は，まず，自分自身では思い出せないが，別のソース（例えば，家族の話，写真など）から知っている幼児期や児童期（2歳から10歳までの間）のある出来事の短い記述をするように求められた。それから，彼らは，その出来事を想像し，いくつかの詳細にわたる質問に答えるように求められた。そして，最後に，その記憶について，(1)「知っているだけ」から (7)「はっきりと覚えている」までの7段階で評定するように求められた。この7段階評定において評定値がより高くなれば，自伝的記憶の歪曲の量がより大きいと解釈された。Platt et al. (1998) とは異なり，この研究においては，DRM虚再生と自伝的記憶の歪曲の間に関係性は見られなかった。この研究とPlatt et al.の結果の間の不一致は，検定力における差異（Wilkinson & Hymanでは，5種類のDRMリストしか用いられていないのに対して，Platt et al.では，12種類のリストが用いられていた），または，自伝的記憶のエラーを誘発する方法における差異を反映するかもしれない。Platt et al.は，自伝的記憶の歪曲を直接測定したのに対し，Wilkinson & Hymanは，自伝的虚記憶が作り出されていたと間接的に推論した。また，被験者は，7段階評定を異なった意味で解釈していたかもしれず，統制条件（想像セッションがない条件）が含まれていないため，このスケールにおける差異が，自伝的虚記憶を真に反映したものであるかどうか断定することはできない。課題間における相関関係の場合と同様に，自伝的虚記憶と実験室で誘発された虚記憶のさらなる比較は，特に，いくつかの肯定的な関係性が報告されていることを考えると，この研究分野に大きな影響をもたらすだろう。

認知的差異

ワーキングメモリ

　Watson, Bunting, Poole, & Conway (2005) は，ワーキングメモリ（ワーキングメモリスパン課題で測定された）が優れた被験者（高スパン群）と劣った被験者（低スパン群）の虚再生を比較した。予測通り，高スパン群の被験者は，低スパン群の被験者とくらべて，リスト語を再生しやすかった。警告なし条件においては虚記憶の群間差異は見られなかったが，虚再生を回避するように（学習前に）警告されたとき，高ス

パン群の被験者は，低スパン群の被験者にくらべて，虚再生をうまく抑制することができた。このような研究結果は，学習前に警告を受けた被験者が，同定－棄却方略を介して，虚再生を減少させるという考えに一致する（第5章参照）。リストの関連ルアー項目を見つけ出すための能力と，リストの呈示中にこの単語を心に留めておく能力は，ワーキングメモリに依存する。Lövdén (2003) もまた，関連した結果を報告した。その研究では，DRM 虚再生と，情報処理速度，抑制機能，正再生，正再認を反映すると考えられるような課題を含む，様々な認知課題との間の有意な負の相関が得られた。これらの様々な測度がどのように虚再生に関与するかはまだわからないが，それらは虚記憶のモニタリングを導くような，前頭葉によって媒介される方略プロセスを利用するようである。もちろん，相関分析のみにもとづいて確固たる結論を導くということは難しい。前頭葉の機能と記憶モニタリングをつなげるさらなる証拠は，第8章と9章で述べられる。

イメージ

Winograd et al. (1998) は，DRM 虚再認と心的イメージ（視覚的イメージの鮮明さ質問紙 (VVIQ: Vividness of Visual Imagery Questionnaire)）の間に有意な正の相関を報告したが，このことは，より鮮明な心的イメージをもつ人は，虚再認された関連ルアー項目と無関連ルアー項目を「覚えている」と主張しやすいということを示している。しかしながら，Winograd et al. は，VVIQ は，社会的望ましさ（すなわち，他者に喜んでもらおうとすること）の測度とも正の相関があったと報告した。この関係性は，VVIQ と虚「remember」判断の間の相関関係は，要求特性によって影響されたかもしれないということを示唆する。Wilkinson & Hyman (1998) もまた，心的イメージのいくつかの測度が，虚再認と相関したことを報告した。

◯ パーソナリティにおける差異

解離体験

虚記憶の文献において，最も広範囲で研究されているパーソナリティ特性の1つは，解離体験への傾向である。DSM-IV では，解離は「意識，記憶，同一性，環境の知覚といった通常は統合されている機能の破綻」(p. 477) として定義されている。この傾向は，自己報告質問紙（すなわち，解離体験尺度，もしくは，DES (Dissociative Experience Scale); Bernstein & Putnam, 1986）によって測定可能であり，その質問紙では，ある部屋の中にいるのだが，それがなぜかわからないといったことや，夢と現

表 7.1　DES の項目例（Bernstein & Putnam, 1986）

- 自分がある服を着ていることに気づいたものの，その服を身につけた過程が思い出せないという体験をすること。
- 新しい持ち物が増えているのに気づいたけれども，自分がそれを買ったときの様子を思い出せないという体験をすること。
- 知らない人が近づいてきて自分のことを知らない別の名前で呼んだり，確かに自分にあったことがあると言い張ったりするという体験をすること。
- 鏡に映った自分の姿が誰だかわからないという体験をすること。
- 周囲の人，事物，世界が現実ではないように感じるという体験をすること。
- よく知っている場所にいるにもかかわらず，初めて来た知らない場所であるかのように感じるという体験をすること。
- 空想や夢想に熱中するあまり，それが実際に起きているかのように感じるという体験をすること。
- 通常なら困難であるはずの課題（例えば，スポーツ，仕事，社会生活など）を，ある場面で驚くほど簡単に，そして，自然に行うことができるという体験をすること。

注：被験者は，各体験が自分自身にあてはまる頻度（0%（まったくない）から100%（常にそうである）の尺度で）を評定する。

実を混同することなどのような，様々な体験の頻度を推定する（DES の項目例については表 7.1 参照）。だれもが少なくともこのような経験のいくつかをしているが，日常でこのような経験をする可能性には，かなりの個人差がある。DES 得点で測定されるものとしての解離体験の傾向は，いくつかの課題における虚記憶とその関連が調査されてきた。これらの課題は，繰り返して想像させることや，自伝的記憶に関する誤誘導質問を含む（例えば，Hyman & Billings, 1998; 理論的レヴューとして，Eisen & Lynn, 2001 参照）。具体的には，DES は効果的にリアリティモニタリングを行う能力の1つの指標を提供する。つまり，解離傾向が高くなればなるほど，記憶の正確さを正しくモニタリングすることができにくくなるのである。

　いくつかの研究は，DRM 虚記憶と DES 得点の間の関係性を報告してきたが，この関係性は，常に得られるわけではない。Winograd et al.（1998）において，大学生は，1つのセッションにおいて典型的な DRM 課題でテストされ，そして，様々なパーソナリティの測度がまた別のテスト機会に得られた。DES 得点と関連ルアー項目の虚再生の間の相関は有意ではなかったが，DES 得点と非重要再生侵入語の間に有意な正の相関が見出された（$r = +.37$）。この研究結果は，解離体験がより多い人は，再生侵入語もまた報告しやすいということを示す。また，リスト語の正再生と相関が見られた測度はなかった。先行する再生テストと交絡していない再認データのみを考慮すると，関連ルアー項目の虚再認と DES 得点の間（$r = +.32$），また，無関連ルアー項目の虚再認と DES 得点の間（$r = +.52$）にも有意な相関が得られた。このような正の相関関係は，「know」判断ではなく，「remember」判断に現れる傾向があり，このこ

とは，より解離傾向の高い人で，幻回想の程度が大きいことを反映する。

　Wilkinson & Hyman (1998) は，DRM 再生侵入語と DES のいくつかの下位尺度との有意な相関もまた見出したが，全体的な DES 得点は，DRM 虚再生とは相関がなかった。その他いくつかの研究においても，DRM 虚記憶と DES 得点の間に有意な相関は見受けられなかった（例えば，Bremner, Shobe, & Kihlstrom, 2000; Geraerts, Smeets, Jelicic, van Heerden, & Merckelbach, 2005; Platt et al., 1998; Wright et al., 2005b; あわせて，Eisen & Lynn, 2001 も参照のこと）。しかしながら，いくつかの研究は，被験者の標本が，被虐待歴をもつ人々のような，より極端な DES 得点の人々を含むとき（大学生だけではないとき）に，DES 得点と DRM 虚記憶の間に有意な関係性を報告した（例えば，Clancy, Schacter, McNally, & Pitman, 2000; Zoellner et al., 2000; あわせて，Clancy et al., 2002 も参照のこと）。このような研究結果は，解離傾向が，特に DES 得点において十分なばらつきがある集団において，DRM 虚記憶と関連が見られるという結論を支持する。

抑うつ

　いくつかの研究は，抑うつと DRM 虚記憶の間に正の相関を報告した。Zoellner et al. (2000) は，DRM 虚記憶（非重要侵入語）と抑うつ（ベック抑うつ質問票）の間に正の相関（$r = +.68$）を報告した。Clancy et al. (2002) は，抑うつ（この研究でもまた，ベック抑うつ質問票が用いられた）と DRM 課題における関連ルアー項目の虚再生，および，虚再認との間に，正の相関を報告した。また異なった測度では，Peiffer & Trull (2000) は，虚再生がネガティブな感情と正の相関があるということを見出した。最後に，Moritz, Gläscher, & Brassen (2005) は，医学的に抑うつ症である患者群が，統制群とくらべて関連ルアー項目を虚再認しやすいが，これらの関連ルアー項目が感情的であるときのみであったということを見出した。これらの研究結果は，抑うつの人々は，DRM 課題においてより記憶エラーをしやすいということを示すが，その解釈には注意を要する。以下に記すように，これらの研究すべては，特別な被験者集団（例えば，被虐待歴があるもの）を含んでおり，このような集団における他の差異が，このような相関関係をもたらしたかもしれない。また，2つの研究では，抑うつと DRM 記憶エラーの間の関係性が見られなかった（Bremner et al., 2000; Clancy et al., 2000）。被験者特性のさらなる統制，および，より詳細にわたる相関的方法（重回帰のような）を用いた研究が，抑うつとこの種の虚記憶の間の潜在的な関係性を十分に理解するために必要となる。

その他の特性

　その他様々なパーソナリティの変数において，DRM 虚記憶との相関が見られた（また，見られないものもあった）。しかしながら，これらの測度は，お互いに相関関係にあることが多く，DRM 課題のパフォーマンスのたった1つの側面（例えば，無関連ルアー項目の虚再生）だけに相関することも多い。また，その相関は研究間で信頼性が低いことがある。このような問題や，その他の解釈上の限界により，以下のような相関関係は，興味がある読者のために，単に列挙されるだけである。まず，DRM 虚記憶と有意な正の相関が，不安（Zoellner et al., 2000），没頭（absorption）と魔術的観念（Clancy et al., 2002），黙従（acquiescence）（Peiffer & Trull, 2000），そして，妄想観念（Laws & Bhatt, 2005）で報告された。また，DRM 虚記憶との相関が見られなかったテストや特性は，創造的想像尺度（Creative Imagination Scale），集団隠し絵テスト（Group Embedded Figures Test），Marlowe-Crowne 社会的望ましさ尺度（Marlowe-Crowne Social Desirability Scale），主観的記憶質問紙（Subjective Memory Questionnaire），独善主義尺度（Self-Righteousness Scale），言語的流暢性，語彙，そして，言語性大学進学適性試験（Verbal Scholastic Aptitude Test）（Winograd et al., 1998）；没頭と空想傾性（fantasy-proneness）（Platt et al., 1998）；そして，非暗示性と自尊感情（Peiffer & Trull, 2000）であった。

◯ 集団における差異

　いくつかの研究は，DRM 課題において虚記憶をしてしまう平均的な傾向について，様々な集団を比較した。このような研究の多くは，1980 年代と 1990 年代に盛んになった回復記憶・虚記憶議論によってもたらされた（概説と理論については，Alpert, Brown, Ceci, Courtois, Loftus, & Ornstein, 1998; Lindsay & Read, 1994; McNally, 2003; Pope, 1996 参照のこと）。この議論は，心的外傷の記憶（例えば，幼少期の性的虐待の記憶）が，無意識の状態に「抑圧」される可能性があり，そのため，臨床的介入の後に回復されるまで，何年にもわたって意識的気づきでは利用可能ではないという考えの正当性を中心とする。このような回復されたということになっている記憶を裏づける証拠がないために，心的外傷となった出来事が実際に生起した（そして，その記憶が抑圧された）のか，それとも，その記憶が偽りであり，それは，可能性として，治療技法が示唆的であるからなのかを知ることは難しい。Schooler, Bendiksen, & Ambadar (1997) は，これらの現象のいずれもが存在すると主張し，そして，それぞれに対応する事例研究を示したが，議論はなおも続いている。

当然のことながら，研究室における虚記憶課題がこの議論にどの程度の情報を与えることができるかが，論争となっている話題である（Freyd & Gleaves, 1996; Gleaves, Smith, Butler, & Spiegel, 2004; Kihlstrom, 2004; Roediger & McDermott, 1996）。解離体験と DRM 虚記憶の間の相関の例を取り上げてみよう。Winograd et al.（1998）によって論じられ，そして，以下に概説されるように，過去の虐待の記憶を回復したと主張する人々は，DES において高得点をとることが多い。DES と実験室における虚記憶の間の相関は，虐待についての回復記憶もまた偽りなのか，それとも，対照的に，実際の虐待が解離的パーソナリティをもたらし，そのため，記憶のモニタリングの問題を引き起こすのかということに関する問題を生じる。このような疑問には，明らかに，ケースバイケースの原則で対処する必要があり，実験室実験のみで答えが得られるようなものではない。それでもなお，以下の節で概説されている研究は，どのような観点からでも考慮されることが必要となる一般的なプロセスのいくつかを強調し，そして，理論的な水準でその議論に情報を与えることができるだろう。

虐待についての継続する記憶

　Bremner et al.（2000）は，幼少期の虐待に関して当時から継続する記憶を報告する（そして，その虐待の記憶は本物であると判断された）女性被験者における DRM 虚記憶を調査した。このような被験者は，新聞広告で募集された。虐待を報告した女性被験者は心的外傷後ストレス障害（PTSD，DSM-IV の基準，および，臨床面接にもとづく）の診断があるものと，PTSD の診断がないものに分けられた。Bremner et al. は，関連ルアー項目の虚再生が，統制群を含む被験者群間で異なることはなかったと報告した。しかしながら，PTSD と診断された虐待を受けた女性被験者（.50）は，他の被験者群（.60）（PTSD なし群と統制群では差がなかった）とくらべて，リスト語を再生することが有意に少なく，そして，この正再生率の低下は，PTSD の症状の重症度と相関した。また，PTSD 診断のある虐待を受けた女性被験者は，非重要再生侵入語を有意に報告しやすかった（PTSD あり群 = .31，他の被験者群 = .16）。最終再認テスト（先行再生テストと交絡している）では，PTSD 診断のある虐待を受けた女性被験者は，関連ルアー項目と非関連ルアー項目を，他の被験者群とくらべて虚再認しやすかった。このような研究結果は，PTSD は正再生の低下と記憶エラーの増加をもたらす可能性があることを示唆する。Bremner et al. によって主張されたように，PTSD は，他の課題においてエピソード記憶の問題を引き起こすことがわかっており，このことは，正確な記憶に必要なプロセスの欠損が心的外傷によって引き起こされた可能性を含意している。

Zoellner et al. (2000) もまた，DRM 虚記憶において，虐待に関連する心的外傷の影響を調査した。この研究でもやはり，新聞広告で被験者が募集された。1 つの被験者群は，PTSD の臨床的診断を受けた女性で，半分のケースは性的暴行に起因し，残りの半分は非性的暴行（例えば，強盗）に起因するものであった。もう 1 つの群の女性被験者もまた，性的暴行や非性的暴行にもとづいた心的外傷についての DSM-IV の基準に一致したが，PTSD の臨床的診断は与えられていなかった。PTSD 群は，PTSD の症状の重症度，抑うつ，不安，解離体験において，非 PTSD の心的外傷群と異なっていた。直後再生テストの結果は，図 7.1 に示されている。統制群は，他の 2 群よりも多くのリスト語を再生する傾向にあったが，正再生に関する統計的比較は，系列位置中位の項目（被験者群で差異はなかった）に限定されていた。また，虚再生では，より大きな効果が見受けられた。両方の心的外傷群（.50）は，統制群（.26）とくらべて，有意に多くの関連ルアー項目を虚再生し，PTSD 群は，他の群のどちらよりも多くの非重要再生侵入語を報告した。さらに，PTSD と不安の両方は，虚再生と正の相関が見られた。このような結果は，Bremner et al. (2000) と同様に，心的外傷がより虚記憶を起こしやすくするという可能性を意味する。心的外傷群において虚再認の上昇が見られたという証拠もあるが，このような結果は常に有意ではなかった（PTSD 測度と DRM 虚再認の間の相関が得られなかったことについては，Clancy et

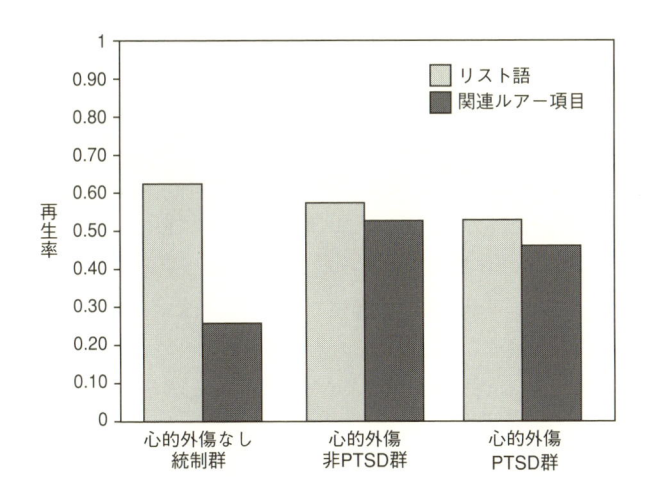

図 7.1 正再生と虚再生における心的外傷と心的外傷後ストレス障害（PTSD）の効果（Zoellner et al., 2000）
正再生率は，彼らの図 1 から概算された。非重要再生侵入語率は，PTSD 群（5.5％）において，非 PTSD 群（2％）や統制群（1.4％）とくらべて高かった。

al., 2002 参照のこと)。

被虐待児

　Howe, Cicchetti, Toth, & Cerrito (2004) は，社会経済的地位 (SES : social-economic status) が低い被虐待児における DRM パフォーマンスを，同じ SES の虐待されていない子ども，および，中位の SES の虐待されていない子どもと比較した。すべての被虐待児は，以前に地方保健社会福祉局に報告されており，虐待やネグレクトを経験していた。すべての群において，男性と女性は均等に混合され，低い SES の 2 群には，統制群（ほとんどが白色人種）にくらべて，少数派の人種・民族の子どもが多かった。再生テスト結果の分析では，正再生，および，虚再生は，各群において年齢とともに増加したが，SES，および，被虐待歴のいずれも，正再生や虚再生に影響しなかったということが明らかになった（年齢の効果については，第 8 章でより詳しく述べられる）。最終再認テストでは，全体的な正再認の水準（無関連ルアー項目に対する虚報で修正された）は，中位の SES の子どもにおいて，低い SES の子どもとくらべて高かったが，正再認，および，虚再認のいずれも，被虐待歴に応じて変化しなかった。すなわち，被虐待児は，虐待されていない子どもたちにくらべて，虚記憶をしやすいとはいえないが，虐待は，この研究では測定されなかったその他の認知的困難性を引き起こすかもしれない。

回復された虐待の記憶

　Clancy et al. (2000) は，4 つの被験者群において，DRM 虚再認の効果を調査した。それらの群は，幼少期の性的虐待の記憶を回復したと報告した女性の群（回復記憶群），虐待されたと信じているが虐待された記憶がない女性の群（抑圧記憶群），幼少期に性的虐待を受けその虐待を実際に覚えている女性の群（継続記憶群），そして，性的虐待歴がない女性の群（統制群）であった。被験者は，上述されたカテゴリーにあてはまる女性を捜すという新聞広告で募集された。実験では，長さが異なるいくつかの DRM リストが，後続する再認テストのために学習された。単純化するために，ここでは，15 語リストと 8 語リストの結果をまとめて紹介する（また，当該論文では，基準率で修正されたデータのみが報告されたということに注意してほしい）。これらのリストにおいて，正再認率はとても高く，群間で差は見られなかった（平均修正正再認率は .86）。対照的に，関連ルアー項目の虚再認率は，回復記憶群 (.70) において，お互いに有意差が見られなかった他の 3 群 (.51) よりも高かった。同様の手続きを用いて，Geraerts et al. (2005) もまた，虐待についての回復記憶を報告している被験

者群が，他の被験者群とくらべて DRM 錯覚をしやすいということを見出し，さらに，このような効果のいくつかは，心的外傷関連の連想語のリスト（例えば，*rape*［レイプ］，*police*［警察］，*beating*［叩く］，*child*［子ども］など）にもあてはまるということを見出した。

このような研究結果から 2 つの重要な点が理解できる。1 つ目は，虐待についての継続した記憶をもつ女性被験者が，統制群と差異がなかったということは，虐待が必ずしも，この種の虚記憶を起こしやすくさせるというわけではないことを示唆する（Bremner et al., 2000 における非 PTSD の結果，および，Howe et al., 2004 の結果に一致する）。2 つ目は，回復記憶群を中心とするものである。Clancy et al. (2000) で述べられているように，この群において虚再認効果が大きかったことは，虐待されたと主張する他の群と統制群において差が見られなかったために，性的虐待の主張のみに関連する認知的障害に起因するものではない。つまり，これら他の群と回復記憶群を差別化するような他の要因が関係しているに違いないのである。Clancy et al. (2000) は，この結果の解釈について，2 つの選択肢を提案した。(1) 回復記憶は真実であり，抑圧された記憶の回復は認知的障害（例えば，解離やリアリティモニタリング問題）を引き起こし，その結果，実験室課題における虚再認水準の上昇を引き起こした。(2) 回復記憶は偽りであり，既にある解離やリアリティモニタリング問題によって引き起こされたもので，また，このような問題により，この被験者群が実験室課題において項目を虚再認しやすくなった。この研究では，いずれかの解釈を支持するような証拠は提供されなかった。Clancy et al. によって言及されたように，これらのデータは相関データであるため，解離，虚再認，および，回復記憶の間の安易な関連づけはできないだろう。

宇宙人による誘拐の記憶

Clancy et al. (2000) の研究の 1 つの限界は，回復記憶群において虐待を裏づける証拠が存在しないということであり，そのため，記憶の正確さを決定することは困難である。Clancy et al. (2002) は，宇宙人による誘拐の記憶を回復したと主張する被験者群において，DRM 虚記憶の傾向を調査することによって，この不明確さを回避しようと試みた。Clancy et al. (2002) は，この種の記憶が個人間で類似する傾向があり，映画や本などのような共通の情報源から得られた，共有された文化的スクリプトを意味する可能性があると言及した。手短に記すと，典型的な記憶は，眠りから覚め，動けないことに気づくということに関与する。この状態は，睡眠と覚醒状態の狭間で，一時的に「身動きがとれない」という状況のような比較的一般的な現象である，

睡眠麻痺(いわゆる，金縛り)のエピソードに相当するようである。Clancy et al. (2002)は以下のように記述した。

> 多くの人々は，このエピソードの間，半醒半睡（「目が覚めているところである」）幻覚を体験するだろう。幻覚は様々であるが，体中の電気的なチクチク感，空中浮遊の感覚，大きなブンブンという音，閃光，最も印象的なのは，ベッドの近くに浮いている人物の視覚的な幻影を含む。典型的な「誘拐された人」は，睡眠エピソードの開始後で完全な覚醒の前に，何かが起こったに違いないと仮定することが多い。彼らは，その異常な体験を理解するために催眠療法士の助けを求め，そして，催眠退行セッション中に，彼らは誘拐されたという記憶（すなわち，宇宙船に連れ込まれ，宇宙人によって性的な実験をされたなど）を「思い出す」(p. 456)。

もちろん，他にも，臨床的介入なしで，宇宙人によって誘拐されたと主張する人々もおり，催眠療法がこの種の記憶が発生するのに必ずしも必要であるというわけではない。

Clancy et al. (2002) は，このような人々は実際には宇宙人に誘拐されてはいないと仮定し，このような誘拐の記憶が心的外傷体験の虚記憶を表すものであると仮定した。以下のような3つの群に該当する被験者が新聞広告を通じて募集され，実験者は各々の個人の信念が誠実であることを認めた。1つ目の群は，上述されたように，宇宙人によって誘拐されたという回復記憶をもつと主張するものである（回復記憶群）。2つ目の群もまた，宇宙人によって誘拐されたと信じているが，この群の被験者は誘拐に関する詳細にわたる記憶がなかった（その代わり，彼らの信念は，傷や睡眠問題などのような，他の兆候にもとづいていた）。3つ目の群は，宇宙人に誘拐されたとは主張していない統制群であった。すべての群における男女比は，おおよそ同等であった。被験者は，直後自由再生テストのために，長さが異なるいくつかのDRMリストを学習した。

リスト語の正再生と正再認の分析では，群間で有意差が見られなかったが，虚再生と虚再認は群間で異なるということが明らかになった。各リストの長さにおける関連ルアー項目の虚再生は，図7.2に示されている。この図からわかるように，各群において，虚再生はリストの長さに応じて増加した（すなわち，多くの連想語を学習することが虚再生を増加させた。第2章参照）。より重要なことに，宇宙人によって誘拐されたと主張するそれぞれの群は，統制群とくらべて，関連ルアー項目を虚再生しやすかった（リストの長さでまとめられたとき，これらの差は有意であった）。同様の

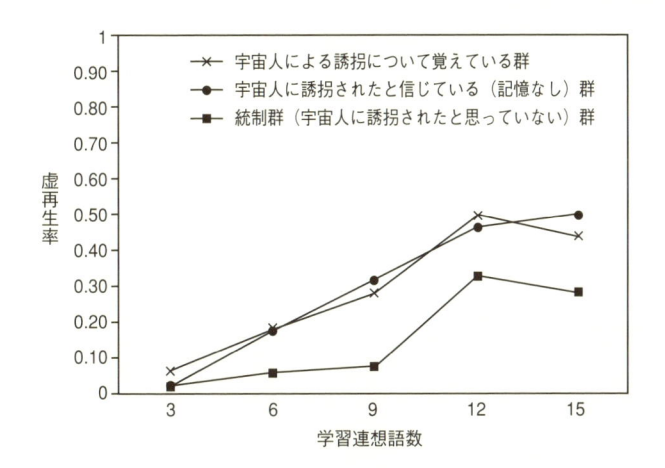

図7.2 Clancy et al.（2002）における，リストごとに学習された連想語数に応じた，宇宙人によって誘拐された記憶をもつ被験者，誘拐されたと信じているがそれに相当する記憶がない被験者，そして，誘拐を否定した統制群の被験者の虚再生率
正再生率は群間で差異は見られず，非重要語の虚再生率は報告されていない。

効果は虚再認でも得られたが，このテストは先行する再生テストと交絡していた。虚再生が，回復記憶群と抑圧記憶群の間で異なるという証拠がほとんどなかったということは，宇宙人に誘拐されたという信念が，誘拐についての詳細にわたる記憶があるかないかにかかわらず，実験室での虚記憶に関連するということを示唆している。

このような群間差に関するはっきりした原因を解明することは難しいが，パーソナリティ特性（例えば，非暗示性）や既存のリアリティモニタリング問題における群間差異が関与しているかもしれない。これらの群は，解離体験（DESで測定された）においては差がなかったが，すべての被験者群をまとめた分析では，虚再生と DES 得点の間の相関に有意傾向が見られた（$r = +.29, p = .06$）ということは，この場合においても，解離が可能性のある要因として示唆される。ともかく，この効果の原因に関係なく，Clancy et al.（2002）は，心的外傷体験の虚記憶を報告しやすい人々が，実験室で生起する虚記憶も報告しやすいと主張した。

性 別

上述されたような虐待の記憶に関与する研究の多くは，ほとんど女性の被験者を用いているが，Clancy et al.（2002）では，重要なことに，女性と男性の被験者の両方が含められた。つまり，研究結果は，両方の性別に同等にあてはまるということである。

Seamon, Guerry, Marsh, & Tracy（2002a）は，性差の可能性についてより大規模な調査を行った。彼らは，DRM 課題における虚再生について，女性と男性の大学生を比較した。リスト語の正再生，関連ルアー項目の虚再生，また，非重要侵入語のいずれにおいても，有意差は得られなかった（Bauste & Ferraro, 2004; Christman, Propper, & Dion, 2004 もあわせて参照のこと）。実際に，Seamon et al. の研究において，各群の平均パーセンテージ差は，お互いに，数ポイント以内であった。

集団と材料の交互作用

本章においてこれまで述べられてきた DRM 実験のほとんどは，一般的な概念（例えば，*sleep*［眠る］，*chair*［椅子］，*window*［窓］など）に関連する単語を用いており，記憶パフォーマンスの分析においては，異なったリストはまとめられていた。1 つの例外は，Blair et al.（2002）の研究で，人々は，複数のテストセッションにわたって，他の関連ルアー項目と比較して，ある関連ルアー項目（例えば，*chair*）を一貫して虚再認しやすいということを見出した。この研究結果から，著者らは，人々が特定の概念について「スキーマ的」である（すなわち，確立された連想ネットワークは個人で異なる）可能性があり，それゆえ，このような連想を利用した虚記憶をしやすくなるということを示唆した。このような考えをもとに，異なった集団の人々が，その集団に特定的に関連した概念の虚記憶をしやすいか，または，しにくいかについて，DRM 課題と基本的に同じ手続きを用いて探求する研究者もいる。

性ステレオタイプ

Lenton et al.（2001）は，ステレオタイプ的な職業のリスト（例えば，*secretary*［秘書］，*nurse*［看護師］，*housekeeper*［家政婦］，*nanny*［ベビーシッター］など）が，リスト（例えば，女性のステレオタイプ的な職業）に適合する呈示されていない職業（例えば，*hairdresser*［美容師］，*librarian*［図書館司書］など）の虚記憶を誘発することができるかどうかを調査した。被験者（男性と女性の大学生）は，最終再認テストのために，いくつかのリストを学習した。性ステレオタイプ的に中性な 4 つの DRM リストと 1 つのステレオタイプリスト（女性，または，男性についてのステレオタイプ的な職業のリスト）が学習時に呈示された。予測通り，学習したステレオタイプに関連する職業（男性と女性のリストをまとめた平均 = .44）を，学習したステレオタイプに無関連な職業（すなわち，統制ルアー項目 = .16）よりも，虚再認することが有意に多かった。

Lenton et al. はまた，ステレオタイプの使用についての自覚，そして，内在するス

テレオタイプの強度における個人差が，虚再認に関連するかどうかも調査した。このステレオタイプについての自覚に関する問題を検討するために，被験者は，学習されたリストの主題を再生するように求められ，そして，記憶判断をするために性別の情報に気づいたり，それを使用したりしたかどうかが尋ねられた。被験者は，各リストの一般的な主題を非常に頻繁に再生したが，被験者が判断をする際に，性別情報に明白に気づいていたかどうか，もしくは，それを利用したかどうかという証拠は得られなかった。このような研究結果より，著者らは，虚記憶におけるステレオタイプの活性化の影響は，比較的に，潜在的，または，自動的である（制御的，または，方略的ではない）と結論づけた。ステレオタイプ強度の個人差に関しては，その強度に関するいくつかの測度が，各被験者について収集された（すなわち，ステレオタイプについての潜在的プライミング課題，顕在的ステレオタイプ連想課題，いくつかの性差別主義質問紙が実施された）が，しかし，これらのいずれも，ステレオタイプルアー項目の虚再認と相関が見られなかった。

食物の記憶と摂食障害

Ferraro & Olson（2003）は，摂食障害の危険性がある個人（神経性食欲不振症条件設定尺度(Setting Conditions of Anorexia Nervosa Scale)のような質問紙の指数による）における食物に関連した単語の虚記憶を調査した。この研究では，3つの食物に関連したDRMリスト（関連ルアー項目，*bread*［パン］，*sweet*［甘い］，*fruit*［果物］に対応するリスト）と3つの食物に関連していないリスト（*king*［王様］，*doctor*［医者］，*black*［黒色］リスト）が用いられた。非食物関連項目における虚記憶では2群間に差異は見られなかったものの，摂食障害の危険性がある個人の群は，統制群の被験者にくらべて，食物関連ルアー項目を有意に虚再生，または，虚再認しにくかった。このパターンは，摂食障害の危険性がある人々は，学習時に，より食物関連リストに注意を払い，その結果，回想にもとづいたモニタリングプロセスを介して，正再生を促進し，虚再生を抑制したのかもしれないということを示唆する。残念なことに，真実の記憶の得点が報告されておらず，再認テストは先行再生テストと交絡していた。

飲酒結果期待と多量飲酒者

Reich, Goldman, & Noll（2004）は，多量飲酒者が少量飲酒者とくらべて，飲酒結果期待（alcohol expectancies）に関する形容詞の虚記憶をしやすいかどうかを調査した。大学生がいくつかのDRMリストを学習したのだが，さらに，それ以前に，飲酒（アルコール摂取）から期待される結果として確認された形容詞のリスト（*crazy*

［頭がおかしい］, *loud* ［うるさい］, *wacky* ［いかれた］, *uninhibited* ［抑制のきかない］, *carefree* ［のんきな］, *fun* ［楽しい］, *sociable* ［社交的な］, *mellow* ［ほろ酔いの］, *relaxed* ［リラックスした］, *dizzy* ［フラフラする］, *sick* ［気分が悪い］）が加えられた。これらの単語のいずれも，alcohol［アルコール］という単語と強い連想関係にはないが，多量飲酒者は，非多量飲酒者にくらべて，特に，飲酒（アルコール）に関連したテスト環境において，これらの単語に対して飲酒関連の連想をしやすいと仮定された。この仮説を検証するために，被験者は，標準的な会議室(統制文脈)，または，酒場（バー）に似るように改装された実験室（有名ブランドのアルコール飲料のボトル，ネオンサイン，音楽，ビール瓶ケース，薄暗く照らされた，スツールのある木製のカウンターを含む）のいずれかで実験を受けた。被験者が各リストを学習し，再生した後，最終再認テストが実施された。関連ルアー項目としては，少量飲酒者とくらべて，多量飲酒者によって飲酒に帰属されやすかった3語（例えば，*happy*［幸福な］, *silly*［愚かな］, *confident*［自信のある］）が再認テストに含まれた。テスト完了後，被験者は飲酒に関する質問紙を記入し，その結果，多量飲酒者（週平均 6.2 drink〔訳注：1 drink は 1/2 オンスのエチルアルコールであり，おおよそ 350 ミリリットルのビール，150 ミリリットルのワイン，45 ミリリットルのウィスキーに相当する〕）と少量飲酒者（週平均 1 drink 以下）と非飲酒者（まったく飲まない）に分けられた。

　被験者は，飲酒結果期待ルアー項目をほとんど虚再生しなかったため，虚再認データのみが報告された（正再認データは報告されていなかった）。標準 DRM リストに関連したルアー項目の虚再認率は，どの群や文脈においても差異は見られなかった。このことは，一般的に，飲酒文脈状況が，虚再認エラーをする全体的な傾向に影響しないということを示している。対照的に，飲酒結果期待ルアー項目は，条件間で差異が見られた。非飲酒者では，これらのルアー項目の虚再認率（おおよそ .30）は，テスト文脈に応じて差異がなかった。しかしながら，少量飲酒者と多量飲酒者では，飲酒結果期待ルアー項目の虚再認率は，酒場文脈でテストされたときの方が，統制文脈とくらべて高く，この差異は多量飲酒者において有意であった（多量飲酒者の平均：酒場文脈＝約 .45，統制文脈＝約 .25）。このような研究結果は，虚記憶が作り出されることが，個人の既存の連想のみに依存するものではなく，このような連想が引き起こされる文脈にも依存することを示す。

　要するに，この節で紹介された研究結果は，異なった集団が，覚えられるべき材料に対する既有の知識，期待，連想に従って，どのように異なった種類の虚記憶を報告しやすくなるかを実証したものである。また，Kim & Ahn（2002）によっても類似した結果が報告されており，その研究では，訓練された臨床家は，統制群の被験者にく

らべて，もし症状が，以前にカテゴリー化したことのある仮想の患者に一致したときに，臨床症状を虚再認しやすいということが見出された。この種の知見は，経験の違いによって個人で異なる可能性のある既存の連想と知識が，真実の記憶と虚記憶に大きな影響を及ぼすという考えからすると当然の結果である。研究者らは，Ferraro & Olson (2003) のように，様々な臨床群を研究するために，このような知見を利用しはじめた。だが，有意な結果が常に得られているとは限らない。Wenzel et al. (2004) は，血液恐怖症の人々における血液に関連した概念に関して，また，クモ恐怖症の人々におけるクモに関連した概念に関して，真実の記憶と虚記憶における差異を見出すことができなかった。このように有意な結果が得られなかったことは，課題が，実際は存在する集団差を検出するために十分に敏感ではなかった，また，当該概念と関連する連想を引き起こすために必要な条件が選択されていなかったという主張が常に可能であるために，解釈するのが難しい。この点において，Reich et al. (2004) の結果は，環境的文脈が，関連する連想と概念におけるプライミング効果，そして，関連する虚記憶において，強力な役割を果たすかもしれないことを示唆しているために，特に印象的である。

8章 発達と加齢

　エピソード記憶は，初期の発達（例えば，出生から青年期後期）で向上し，そして，加齢が進む（例えば，成人期初期から成人期後期）とともに衰える。このような変化は，それぞれ，記憶に重要な脳のメカニズムと認知的方略の発達，および，衰退に関係がある。本章では，発達と加齢が，連想集束課題における真実の記憶と虚記憶に，どのように影響するかに関する研究が概説される（記憶エラーにおける発達の効果についてのより広範囲のレヴューは，Ceci & Bruck, 1993; Reyna & Lloyd, 1997; Reyna, Mills, Estrada, & Brainerd, 2006 を参照し，加齢の効果については，Pierce, Simons, & Schacter, 2004 を参照すること）。この領域を含めた様々な研究領域における研究からの一般的な合意は，子どもや老人が，健康な若年成人とくらべて，虚記憶の影響をより受けやすいということである。しかしながら，このような効果の程度については論争がないわけではない。そのような効果が得られるかどうかは，測定の種類，個人差，そして，重要となる状況要因による。このような問題を十分に理解するためには，発達と加齢のそれぞれが，真実の記憶と虚記憶に貢献する様々な認知プロセスにどのような影響を与えうるのかを注意深く見る必要があるだろう。

◯ 発達と DRM 課題

　子どもが虚記憶課題をどのように実行するかを予測することは，パフォーマンスにおいて対立する可能性がある認知発達の影響があるために難しくなる（優れた考察については，Ghetti et al., 2002 参照）。子どもは言語経験や，生活経験が少ないために，子どもの連想的，概念的ネットワークは，大人のものほど詳細にわたるものではないはずである（または，たとえそうであったとしても，連想的関係性を方略的に処理す

るための能力は未発達だろう）。子どもは，関係性情報を方略的に符号化することが少なく，そのため，学習材料の全体的な主題の構造，もしくは，ジストをとらえることが少ないかもしれない（Reyna et al., 2006 参照）。このような要因は，連想や主題一致性にもとづいて，学習されていない出来事を誤って想起する傾向を減少させるだろう。Underwood（1965）の連続再認課題（第1章で述べられた）を用いた初期の研究のいくつかは，この一般的な予測に一致している。Felzen & Ansifeld（1970）は，小学校3年生が，小学校6年生とくらべて，学習語に意味的に関連したルアー項目を虚再認することが少ないことを見出した。残念なことに，連続再認課題における，このような発達に関する結果は，多少解釈が難しい（Cramer, 1974; Lindauer & Paris, 1976）。連想集束課題を用いたより最近の研究もまた，異なった種類の連想プロセスやジストにもとづいたプロセスのいずれか，あるいは，その両方における発達的変化を強調する。Dewhurst & Robinson（2004）は，音韻的に関連したリストの虚再生率が，5歳児においては，意味的に関連したリストの虚再生率よりも高かったが，11歳児においてはその逆になったことを見出した。このように，子どもは，単語間の関係性を処理することがあまり得意ではないかもしれないが，しかし，その関係性の種類とそれに対応する処理の発達水準を考慮する必要がある。

　もう1つの考慮しなければならないことは，検索モニタリングプロセスが，子どもにおいては十分に発達していないかもしれないということである。子どもは，記憶課題（そして，結果的に生じる方略）に対する経験がわずかであり，学習された材料に関する真実の記憶は，より年上の個人ほど優れてはおらず，そして，方略的なモニタリングプロセスにとって重要な前頭前野のメカニズム（第9章と10章で述べられる）もまた，十分に発達していない。これらすべての要因により，子どもにおけるモニタリングプロセスが制限され，子どもが虚記憶効果の影響を受けやすくなるだろう。この考えに一致して，幼児は，より年上の子どもとくらべて，ある種のソース記憶エラーの影響を受けやすく（例えば，Foley, Johnson, & Raye, 1983），そして，このような効果は，前頭葉機能の測度と関連している（例えば，Rybash & Colilla, 1994）。Brainerd et al.（1995b）もまた，この予測と一致する一連の実験を報告した。幼児（実験1では5歳児）は，より年上の子ども（8歳児）よりも，学習語とカテゴリーで関連したルアー項目を虚再認しやすく，そして，この差異は，モニタリングプロセスが虚再認を抑制するために用いられる可能性がある条件において，特に顕著であった（この課題の詳細は第6章で述べられた）。

　DRM 課題では，発達における効果は，ほんのわずかの研究で調査されただけである。Brainerd, Reyna, & Forrest（2002）は，幼児における一連の関連実験を報告した。

彼らの第3実験は最も包括的であり，典型的な DRM 手続きを用いて，幼児（5歳児），児童（11歳児），若年成人（大学生）のパフォーマンスが比較された。すべての被験者は，単語ごとに2秒の呈示時間で音読された，いくつかの15語リストを学習した。リストの半分は，直後に自由再生され（再生は，書字能力の年齢差を回避するために口頭でなされた），そして，残りの半分は無関連課題（ランダムな文字列を復唱する）が引き続いた。すべてのリストが呈示された後に，最終再認テストが実施された。

　直後再生の結果は図 8.1 に示されており，関連ルアー項目との連想的接続性が強いリスト（強リスト）と，連想的接続性が弱いリスト（弱リスト）に分けて表されている。正再生は期待されたパターン（大人＞11歳児＞5歳児）に従い，強リストと弱リストの差はごくわずかであった。虚再生は，正再生とよく似たパターン（大人＞11歳児＞5歳児）を示したが，異なった点は，年齢に関する差が強リストで特に顕著であったことである。このような研究結果は，連想ネットワークが未発達なせいか，それとも，リストの主題やジストを処理するのが困難なせいかのどちらかが原因で，子どもにおいて関連ルアー項目の記憶信号が弱かったという考えと一致する。その結果，子どもは，虚記憶をする傾向が少なくなったのだろう（類似した年齢の集団を比較した同様の結果については，Dewhurst & Robinson, 2004; Howe et al., 2004 参照のこと）。

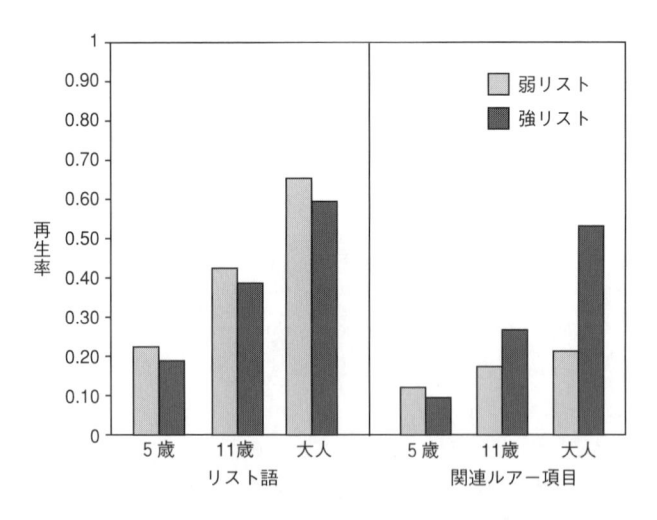

図 8.1　正再生と虚再生における連想強度に応じた発達の効果（Brainerd et al., 2002, 実験3）
　　　　非重要侵入語の割合は，それぞれ .11（5歳児），.11（11歳児），.03（大人）であり，リスト間侵入語の割合は，それぞれ .22，.02，0 であった。リスト外侵入語はリスト強度に応じて変化しなかった。

大人においては，連想強度が虚再生に強く影響した（強リスト＝.53＞弱リスト＝.21）が，幼児においてはそうでなかった（強リスト＝.10，弱リスト＝.12）という事実もまた，連想ネットワークやジストにもとづいた処理のいずれか，もしくはその両方が，子どもにおいて未発達であったという考えに一致する。

　Brainerd et al. (2002) は，子どもにおいて，関連ルアー項目の虚再生が低いことを見出したが，このことは，子どもが一般的に記憶エラーの影響を受けにくいということを示すものではない。実際，非重要侵入語（すなわち，前もって指定された関連ルアー項目以外の関連した単語や，他のリストの単語）は，子どもにおいて多くなる傾向にあった。再認テストの結果もまた，幼児においてモニタリングに困難があるということを示唆した。先行再生テストと交絡していないリストのみを考慮すると，リスト語の正再認率と関連ルアー項目の虚再認率には，群間で系統的な差異が見られなかったが，しかし，無関連ルアー項目に対する虚報率は幼児において高かった。この最後に示した効果は，診断モニタリングプロセスに情報を与えるには未発達なジストの使用によるものかもしれない（例えば，「この単語に関連するリストを学習した覚えがないので，この単語はおそらく新しいものだ」）。再認率が，基準率虚報差で調整されたとき，再認結果は，再生結果と類似した。虚再認における関連性効果は子どもにおいて低く，連想強度は大人のみで虚再認に影響した。

　子どもにおいて，この種の虚記憶の主観的体験に関する研究が少ないのは，おそらく幼い子どもにおいてその主観的判断の解釈が難しい（子どもは大人と同じように教示を理解しないかもしれない）からであろう。注目に値すべき例外の1つは，Brainerd, Holliday, & Reyna (2004) であり，この研究では，結合再認技法が子どもにおける主観的現象を推定するために用いられた（この技法に関する考察については，第4章を参照のこと）。彼らは，5歳児と14歳児を比較して，正再認において，より一般的な熟知性にもとづいた反応（これは，発達によって影響を受けなかったか，影響がわずかであった）ではなく，おもに回想の増加に対応した年齢に関係する上昇を見出した。虚再認においても，年齢に関係した上昇が，鮮明な幻回想（すなわち，幽霊回想）の増加にともなっているといういくつかの証拠が得られたが，これらの虚再認の結果は，彼らの実験のすべての条件において見受けられなかった。

　まとめると，このようなDRM課題の結果は，おそらく意味ネットワークが未発達であるためや，リストの主題やジストを抽出する能力が未発達なため，子どもが意味にもとづいた虚再生や虚再認をしにくいということを示唆する（このような提案に一致したさらなる証拠については，Brainerd, Forrest, & Karibian, 2006; Lampinen, Leding, Reed, & Odegard, 2006 を参照のこと）。対照的に，無関連ルアー項目の記憶

エラーが，子どもにおいて促進される傾向にあったこと（例えば，Brainerd et al., 2002, 2004）は，子どもにおいてモニタリングプロセスが未発達であることを意味する。

　ここで注意すべきことは，上述された研究における連想基準表が，子どもではなく，若年成人のデータをもとにしており，そのような連想が子どもでは利用できないかもしれないということである。カテゴリー化された画像（線画）を用いた研究の結果は，この着想に関連している。Seamon et al. (2000) は，カテゴリー画像課題における虚再認に関して，小学校1年生（6 - 7歳），小学校5年生（10 - 12歳），そして，大学生（17 - 22歳）を比較した。被験者は，9つのカテゴリー事例がある6リストを学習した。その各事例は画像（例えば，「楽器」のカテゴリーでは，*guitar*［ギター］，*piano*［ピアノ］，*drum*［太鼓］などの線画）で呈示されたため，各リストの主題を把握するのが容易であった。それから，被験者は，ターゲット項目とルアー項目が画像で呈示される最終再認テストを受けた。この実験においては，3日間の遅延テストのデータが最も参考になるだろう。このテストでは，小学校1年生 (.73) は，大学生 (.83) よりも学習した画像を再認することが少なかったが，関連ルアー項目を虚再認しやすく（小学校1年生 = .32，大学生 = .23），無関連ルアー項目も虚再認しやすかった（小学校1年生 = .15，大学生 = .06）（予測通り，小学校5年生のパフォーマンスは，他の2群の中間であった）。低年齢の子どもは，おそらく，モニタリングプロセスが未発達なために，全体的にエラーの影響を受けやすかったが，このような材料での虚再認においては，大人の被験者群と同様の関連性効果を示した。

　この最後に紹介した結果は，カテゴリー化された画像が用いられたとき，子どもは，大人と同じように各リストの主題を把握しやすいということを示唆するが，2つの点に注意しなければならないだろう。まず，画像材料の虚再認が全体的に低水準であること（DRMリストと比較して）は，特に大人において，床効果の問題を生じる（次節で述べられる，Ghetti et al., 2002 もあわせて参照のこと）。次に，年齢に適したリストを用いた，いくつかの未公刊のDRM実験が，上述されたような発達差（すなわち，子どもにおけるより小さな関連性効果）を追認するものとして引用されていることは，このような発達差が，材料自体に起因するものではないことを示唆している（Reyna et al., 2006 参照）。子どもにおける異なった種類の材料に関する虚記憶を直接比較するような研究が，この解釈の問題を解決するのに役立つだろう。

● 発達とモニタリング操作

　既に述べられたように，子どもにおいて，無関連ルアー項目の虚再認が促進される

ことは，子どものモニタリングプロセスが未発達であることを示唆し，また同様に，モニタリングプロセスに対応するような，結合再認手続きで得られる回想棄却の推定値 (Brainerd et al., 2004) もそのことを示唆する。その他いくつかの DRM 課題の結果は，この考えを後押しするものであり，さらに，異なった種類のモニタリングが，発達の異なった段階で出現するかもしれないということを示唆する。

排斥と警告

Rybash & Hrubi-Bopp (2000) は，子ども（小学校 1 年生）と若年成人（大学生）を比較した。統制条件においては，各リストを学習後，被験者は，20 秒間にわたって無関連カテゴリーからの単語を心的に生成し，それから，リストを再生するように教示された。Brainerd et al. (2002) と同様に，この条件の子どもは，大学生にくらべて，リスト語と関連ルアー項目を再生することが少なかったが，これは，連想プロセスやジストにもとづいたプロセスがうまく機能しないためであるという可能性が考えられる。別の条件では，被験者は，各リスト学習後に学習リストに関連するが，呈示されていない単語を考えるように教示された。このような教示はおそらく，関連ルアー項目の虚再生に対する警告として機能し，そして，反復学習・テストデザインが用いられているため，この警告は学習段階とテスト段階の両方に影響する可能性があるだろう。若年成人はそのような教示をうまく利用したため，虚再生率はこの条件 (.10) において，統制条件 (.37) とくらべて，低くなったが，子どもはあまり影響されなかった（この条件の平均 = .13，統制条件平均 = .17）。もしこのような警告に関する解釈が正しいならば，この実験結果は，低年齢の子どもにおけるモニタリングの弱点（すなわち，同定・棄却方略の困難性）を示唆している。

示差性

Ghetti et al. (2002) は，子どもが，虚再生と虚再認を減少させるために示差性ヒューリスティックを用いることができるかどうかというような，より診断的な種類のモニタリングを調査した。被験者は，5 歳児，7 歳児，大学生（平均年齢 = 21 歳）であった。すべての群において，子どもにとってより年齢に対応するようにする目的で，DRM 課題が変更された。そこで，この実験では，5 歳児の語彙範囲の単語のみが含まれた，短い単語リスト（1 リストに 7 語）が用いられ，各リスト語の呈示時間は，通常よりも長かった（1 語ごとに 5 秒）。被験者は 10 のリストを学習し，各リスト学習後，再生テストを受けた（リハーサルを防ぐために，25 秒の計算課題によって遅延された）。リストは，2 人の話者によってビデオテープで呈示された（各話者は半

数のリストを呈示した)。学習時における示差性の水準を操作するために，半分の被験者には，話者によって各学習語に対応する線画の画像が呈示された（画像条件）のに対し，残りの被験者は画像を見ることはなかった（画像なし条件）。すべてのリストが学習され，再生された後に，最終再認テストが実施された。

まず，画像なし条件の結果から考察してみよう。予測通り，正再生率は，.46（5歳児），.61（7歳児），.88（大学生）と，年齢とともに上昇した。しかしながら，関連ルアー項目の虚再生率は，低年齢の子どもで生起しやすかった（5歳児平均 = .32, 7歳児平均 = .25, 大学生平均 = .15）。同様のパターンが再認でも得られたが，これらの結果は先行する再生テストによる影響を受けていたかもしれない。このようなDRM実験の結果は，Brainerd et al.（2002）や他の研究で報告されているものとは異なるが，おそらく研究間の方法論的な差異のせいであると考えられる。Ghetti et al.（2002）において，短いリストが使用されたこと，および，単語がビデオテープの話者によって視覚的に発話されたことは，特に年齢が高い被験者において，モニタリングプロセスを最大限にしたのだろう。大学生において，正再生率が極端に高く（.88），虚再生率がとても低い（.15）という事実は，このような変更された課題において，標準的なDRM条件と比較して，リスト語を関連ルアー項目から区別することがそれほど難しくなかったということを裏づける。この要因は，若年成人において虚再生を減少させ，子どもにおいて虚再生の水準が比較的高くなることをより起こりやすくするだろう。それに加えて，このように変更されたリストを使用することは，より標準的なDRM手続きとくらべて，子どもにとって各リストのジストを把握することがより簡単になり，その結果，虚再生を促進したのかもしれない。

次に，画像条件の結果を考察してみよう。予測通り，正再生率は，.41（5歳児），.70（7歳児），.90（大学生）と，年齢とともに上昇した。対照的に，虚再生率は年齢による影響を受けなかった（5歳児 = .18, 7歳児 = .13, 大学生 = .15）。このように年齢差が見られなかったことは，画像を学習することが，具体的には示差性ヒューリスティックによって，子どもにおいて虚再生を減少させたという事実によるものである。この示差性効果（画像なし＞画像あり）は，5歳児（.32と.18）と7歳児（.25と.13）ではっきりとわかるが，おそらく床効果のせいで，若年成人ではそうではなかった（画像なし = .15, 画像あり = .15）。予測された形式の効果（画像なし＞画像あり）は，虚再認（どの群においても床水準ではなかった）においてはすべての3群で明白であり，この効果は，関連ルアー項目と無関連ルアー項目の両方の虚再認において明白であった。

年齢が低い子どもでさえも，虚再認を抑制するために，画像の符号化を利用するこ

とができるという知見は，診断モニタリングプロセスが幼いときに発達することを示唆する。画像は簡単に，そして鮮明に，想起されるため，示差性ヒューリスティックは，他のモニタリングプロセスにくらべて，前頭葉にもとづいた方略的処理をほとんど必要としない可能性があり，そのため，子どもにおいてより効率的であるのかもしれない。ちなみに，ある欠格モニタリングプロセス（例えば，Rybash & Hrubi-Bopp, 2000 との関連で述べられた同定・棄却方略）は，前頭葉の機能により依存的である可能性があり，そのため，発達するのにより時間がかかるのかもしれない。

加齢と DRM 課題

多くの研究は，連想集束課題における虚記憶において，成人期後期（典型的には 65 – 75 歳）における加齢の効果を調査してきた。理論的に合意に至っていることは，連想プロセスが高齢者になっても保持されているということ（例えば，Balota et al., 1999），そして，主題やジストに一致した情報の使用もまた保持されているか，もしくは，促進されるかのどちらかであるということである（例えば，Tun, Wingfield, Rosen, & Blanchard, 1998; あわせて LaVoie & Faulkner, 2000 も参照のこと）。対照的に，モニタリングプロセスは，高齢者において，前頭前野や内側側頭葉のいずれか，もしくは，その両方の機能低下，または，モニタリング方略の自発的な使用の減少のために，損なわれる可能性がある（例えば，Henkel, Johnson, & De Leonardis, 1998）。この認知的特徴により，高齢者は記憶エラーをしやすくなる。しかし，このことは，虚記憶が高齢者において常に多いということを意味するものではないし，また，虚記憶が成人期後期における心的生活の重要な側面を示しているということすら意味するものではない。以下に述べられるように，研究者らは，加齢が虚記憶の可能性を上昇させたり，させなかったりする状況を明らかにしようとしはじめている。

表 8.1 は，典型的な DRM 再生条件で，若年成人（平均年齢 21 歳）と高齢者（平均年齢 73 歳）を比較した 18 の実験条件の結果をまとめたものである。データは，これらの研究において最も標準的な条件から選択的に報告されたが，それは，いくつかの DRM リストが学習され，自由再生テストで記憶がテストされたという意味においてである（より詳しい記述については表の注釈を参照のこと）。研究間で平均値を求めると（それぞれを均等に重みづけして），リスト語の正再生率は高齢者において有意に低かった（若年成人 = .62, 高齢者 = .47）のに対し，関連ルアー項目の虚再生は有意に高かった（若年成人 = .33, 高齢者 = .40）。リストごとの平均非重要侵入語数もまた，高齢者で有意に多かった（若年成人 = .31, 高齢者 = .46）。第 2 章で述

表 8.1　健康な若年成人（Y）と高齢者（O）における DRM 再生率

研究	平均年齢		リスト語		関連ルアー項目		その他の侵入語	
	Y	O	Y	O	Y	O	Y	O
Balota et al.（1999）[†]	20	77	72	60	29	38	.05	.33
Butler et al.（2004）	19	76	62	53	20	29	.21	.32
Dehon & Brédart（2004，実験 1）	23	71	69	51	24	48	.30	.60
Dehon & Brédart（2004，実験 2）	23	72	63	40	16	34	.30	.45
Intons-Peterson et al.（1999，実験 1）	20	72	56	39	56	52	na	
Intons-Peterson et al.（1999，実験 2）	20	74	60	35	55	64	na	
Kensinger & Schacter（1999，実験 1）	20	67	37	28	38	38	na	
Lövdén（2003）	29	69	55	43	34	46	na	
Norman & Schacter（1997，実験 1）	19	68	67	48	38	51	.70	1.27
Norman & Schacter（1997，実験 2）	19	67	69	54	34	47	.90	.80
Rybash & Hrubi-Bopp（2000）	20	73	68	54	37	38	na	
Thomas & Sommers（2005，実験 1）	20	76	80	65	21	19	na	
Thomas & Sommers（2005，実験 2）	20	76	82	62	20	23	na	
Tun et al.（1998，実験 1）	20	70	63	53	33	35	.22	.22
Tun et al.（1998，実験 2）	19	73	63	47	32	32	.15	.20
Waldie & Kwong See（2003）[†]	21	74	51	45	43	54	.17	.15
Watson et al.（2001）[†]	19	79	60	54	14	31	.09	.23
Watson et al.（2004）	19	73	33	23	41	48	na	
平均	21	73	62	47	33	40	.31	.46
効果（O − Y）	+ 52**		− 15**		+ 7**		− 15*	

注：[†] は，図からの推定値を意味する。**$p < .01$，*$p < .05$。「その他の侵入語」はリストごとの平均リスト外侵入語数を表す（na ＝該当なし）。Balota et al. および，Watson et al.（2001）のデータは比較的若い高齢者群とかなり高齢の高齢者群でまとめられ，Butler et al. のデータは前頭葉機能群でまとめられ，Dehon & Brédart のデータは第 1 段階－警告なしからのもので，Intons-Peterson et al. のデータはテスト時刻条件でまとめられ，Rybash & Hrubi-Bopp のデータは統制条件のものであり，Thomas & Sommers のデータは単語のみ条件からのもので，Watson et al.（2004）のデータは呈示時間をまとめた，試行 1 －警告なしからのものである。

べられたように、このような非重要侵入語は、リスト語の意味的連想語、また、より少ないが音韻的連想語となる傾向がある。もしいくつかのリストが学習され、そして、再生されれば、高齢者もまた、あるリストからの項目を別のリストの再生に侵入させやすくなるが、このような侵入は通常はまれである（例えば、Balota et al., 1999; Watson et al., 2001）。重要なことに、すべての18の比較において、正再生で予測された方向の効果（若年成人＞高齢者）が示されたが、そのうちの3分の1の比較では、虚再生における年齢に関連した増加がほとんど示されなかったか、まったく示されなかった。このように、虚再生における年齢にともなう増加がこれまで幾度も立証されているが、それは必然的ではない。

年齢差は、虚再認ではさらに目立たなくなる。表8.2は、DRM虚再認記憶について、若年成人（平均年齢20歳）と高齢者（平均年齢72歳）を比較した21の実験条件の結果をまとめたものである。ここでも同様に、通常は、いくつかのDRMリストを学習した後に行われた最終再認テストを用いた、標準条件からのデータが報告された（詳細については表の注釈を参照）。再生テストが先行する再認結果のデータは別に記されているが、それは、第6章でも述べられたように、先行再生テストが再認結果に影響する可能性があるためである。まずは、先行再生テストと交絡していないデータから見てみよう。リスト語の正再認率は、そのままの再認率（若年成人＝.77, 高齢者＝

表8.2 健康な若年成人（Y）と高齢者（O）におけるDRM再認率

研究	平均年齢		リスト語		関連ルアー項目		修正後リスト語		修正後関連ルアー項目	
	Y	O	Y	O	Y	O	Y	O	Y	O
● 先行再生テストなし										
Benjamin（2001）	22	74	83	76	58	61	75	64	50	49
Budson et al.（2000）	19	74	84	73	68	67	81	69	65	63
Budson et al.（2003b）	22	74	83	81	44	67	77	75	38	61
Gallo & Roediger（2003）	21	75	66	62	73	72	42	38	42	41
Gallo et al.（2006a）	19	72	75	78	52	48	65	74	36	39
Intons-Peterson et al.（1999，実験1）	20	72	67	66	71	78	57	53	53	55
Intons-Peterson et al.（1999，実験2）	20	74	69	73	78	82	56	54	68	51
Kensinger & Schacter（1999，実験2）	19	68	77	70	89	80	60	49	72	59

Ⅲ部　応用とデータ

表 8.2　続き

研究	平均年齢		リスト語		関連ルアー項目		修正後リスト語		修正後関連ルアー項目	
	Y	O	Y	O	Y	O	Y	O	Y	O
McCabe & Smith (2002, 実験1)	20	71	86	76	78	77	69	60	47	48
McCabe & Smith (2002, 実験2)	21	70	86	76	86	83	67	64	65	66
Schacter et al.（1999, 実験1）	20	68	79	72	66	72	58	54	38	55
Schacter et al.（1999, 実験2）	20	69	79	71	54	76	63	45	30	51
Thomas & Sommers (2005, 実験1)	20	76	69	73	61	65	53	48	45	40
Thomas & Sommers (2005, 実験2)	20	76	74	77	69	65	52	59	47	47
平均	20	72	77	73	68	71	63	58	50	52
効果（O − Y）	+52**		−4*		+3^{ns}		+6*		+3^{ns}	
● 先行再生テストあり										
Balota et al.（1999）	20	77	80	77	58	81	78	71	56	75
Intons-Peterson et al. (1999, 実験2)	20	74	84	78	80	89	71	59	70	58
Norman & Schacter (1997, 実験1)	19	68	79	73	65	80	71	58	52	59
Norman & Schacter (1997, 実験2)	19	67	74	67	52	67	70	59	44	55
Tun et al.（1998, 実験1）	20	70	88	86	85	84	87	83	84	81
Tun et al.（1998, 実験2）	19	73	87	86	73	86	86	83	72	83
Waldie & Kwong See（2003）†	21	74	90	86	85	92	82	81	77	87
平均	20	72	83	79	71	83	78	71	65	71
効果（O − Y）	+52**		−4**		+12**		−7**		+6^{ns}	

注：†は，図からの推定値を意味する。**$p < .01$，*$p < .05$，ns = 有意差なし。修正データでは，統制ルアー項目（学習リストと無関連）に対する基準率虚報が，リスト語のヒット率，および，関連ルアー項目の虚報から減算された（もしたった1つの基準率しか得られなかった場合，この同じ基準率が両方の項目の種類に用いられた）。学習間で，基準率虚報は，リスト語統制語（若年成人 = .11，高齢者 = .13），また，関連ルアー項目統制語（若年成人 = .19，高齢者 = .22）において若年成人と高齢者の間において差は見られなかったが，基準率虚報は，各年齢群において，関連ルアー項目の方が，リスト語よりも大きかった（両方の $p < .001$，第2章参照）。Benjamin のデータは1度だけ学習されたリストのもので，Budson et al.（2000），および，Kensinger & Schacter のデータは第1試行のもので，Budson et al.（2003b）のデータは意味的リストのもので，Gallo & Roediger（2003）のデータは15項目リストのもので，Gallo et al. のデータは単語条件における非学習ルアー項目のもので，Intons-Peterson et al. のデータはテスト時刻条件でまとめられ，McCabe & Smith のデータは呈示時間条件でまとめられ，Norman & Schacter のデータは，標準条件のものであり，Thomas & Sommers（2005）のデータは単語のみ条件のものである。

.73)でも,無関連統制ルアー項目に対する虚報を減算することで修正された再認率(若年成人 = .63,高齢者 = .58)でもどちらにおいても,高齢者の方が有意に低かったが,このような効果は小さかった。虚再認は,そのままのデータ(若年成人 = .68,高齢者 = .71),修正データ(若年成人 = .50,高齢者 = .52)のいずれにおいても年齢群間で有意な差は見られず,半分以上の研究でほとんど差が見られなかった。統制ルアー項目に対する虚報もまた,年齢群間で差は見られなかった(表の注釈参照)。先行再生テストと交絡したデータでは,虚再認において,より大きな年齢に関係する差異が見受けられた(表8.2下半分)が,この差異は,おそらく,先行する再生テストから繰り越された効果によるものであろう。年齢に関する虚再認の増加を示した研究としてよく引用される,Tun et al. (1998) においてでさえも,有意な年齢差は,すべての条件では見出されていなかった。

単純な「old」/「new」再認テストによる知見に加えて,幻回想の測度における年齢差もまた多様である。Norman & Schacter (1997) は,高齢者が,若年成人とくらべて,虚再認した関連ルアー項目に対して「remember」判断を与えやすく(同様の結果については,Intons-Peterson et al., 1999; Schacter et al., 1999 参照),そして,高齢者は,関連ルアー項目が学習時にどのように聞こえたかを覚えている,また,そのリストにおける関連ルアー項目の位置を覚えていると主張しやすいことを見出した。しかしながら,2つの群では,学習段階における反応,連想,思考,類似項目の幻回想においては,差異が見られなかった(または,予測と反対の方向に異なっていた)。同様に,加齢はソース記憶の正確さを減少させるにもかかわらず,Gallo & Roediger (2003) は,関連ルアー項目を,学習ソースの1つに帰属する全体的な可能性において,予測された年齢に関する差異(高齢者>若年成人)を見出すことができなかった。彼らはまた,学習段階における知覚的詳細情報,情動反応,連想,関連ルアー項目を覚えようと努力したことに関する幻回想の評定において,無関連ルアー項目に対する基準評定で調整した後,年齢差を見出せなかった。つまり,この問題を調査した研究はわずかではあるが,幻回想における年齢に関する増加は普遍的に得られるものではない。

全体的に考えると,これらのデータは,記憶における年齢に関係する機能低下は,再認テストにおいてよりも,再生テストにおいて見出されやすいという観察に一致する(例えば,Craik & McDowd, 1987)。もちろん,その観察は,通常は真実の記憶について言及するものであり,そして,それは再認テストが再生テストとくらべて,真実の記憶に関するよりよい検索手がかりを提供するという事実によって説明可能である。ここで行われた分析は,再生テストが再認テストにくらべて,虚記憶における年齢差に対してもより敏感であることを示唆する。これは幾分驚くべき事態である。な

ぜなら，再認テストでは，高齢者で多いと考えられている熟知性にもとづいたエラーが起きやすいからである（例えば，Jacoby, 1999; Tun et al., 1998）。このように，年齢に関する差異は，虚再生よりも，虚再認において大きくなる可能性があると予測することができたかもしれない。得られたパターンに関する可能な説明の1つは，DRM再生課題（各リストの呈示直後に自由に反応すること）が，再認課題（通常は，かなり長い学習段階の終わりに強制的に反応すること）にくらべて，検索に関して進行中のモニタリングから利益を得ているということである。このことは，検索をモニタリングする試みが，再認テストではあまり行われないということをいいたいわけではないが，しかし，典型的なDRM条件では，若年成人でさえ，再認モニタリングが成功するために利用可能な情報はほとんどないのかもしれない（第5章参照）。年齢に関連するモニタリングの機能低下が自由再生テストにおいて大きくなるのは，被験者が，再生テストではリスト呈示の直後に自分自身の反応を意識的に生成し，そして，調整することを求められるからかもしれない（虚記憶と加齢についての関連する抑制理論については，Balota et al., 1999; Lövdén, 2003; Sommers & Huff, 2003 参照）。

前頭葉機能

これまでの分析は，DRM虚記憶において年齢に関連する増加が見受けられることもあるが，それは常に起こるわけではないことを示している。このような効果に重要な意味をもつと考えられる2つの被験者変数が確認されてきた。1つ目の変数は，前頭葉機能である。Butler, McDaniel, Dornburg, Price, & Roediger (2004) は，典型的なDRM学習・再生手続きにおいて，若年成人と高齢者を比較した。彼らはまた，前頭葉機能に依存するところが大きいと考えられているいくつかのテスト（ウィスコンシン・カードソーティングテスト (Wisconsin Card Sort)，FAS統制単語連想テスト (FAS Controlled Word Association)，ウェクスラー精神制御テスト (Wechsler Mental Control)，数字逆唱テスト，計算問題）を実施し，そして，高齢者を高前頭葉機能群と低前頭葉機能群に分割した。当然のことながら，正再生率は，高機能群（.57）の方が低機能群（.47）とくらべて高かったのに対して，虚再生率は高機能群で低かった（高機能群 = .23, 低機能群 = .35）。より興味深いことは，低前頭葉機能群の高齢者が，高機能である大学生にくらべて，虚記憶における典型的な年齢に関連する増加を示した（低機能高齢者 = .35, 若年成人 = .20）が，しかし，高前頭葉機能群の高齢者は，若年成人とくらべて，虚記憶（高機能高齢者 = .23, 若年成人 = .20）と正再生（高機能高齢者 = .57, 若年成人 = .62）において差が見られなかったということである。このようなデータは，年齢に関連する虚再生の増加は不可避ではないが，当該個人の

前頭葉に媒介されたプロセスの機能が加齢によって低下しているかどうかに大きく依存していることを示す。前頭葉のプロセスは，検索モニタリングにおいて非常に重要であると見なされており（第9章，10章を参照），このようなデータは，虚再生における年齢に関連する差異が，モニタリングの機能低下のせいであるという考えを支持する。

時　刻

　虚記憶における年齢の効果を得るために重要となる2つ目の被験者変数は，実験が実施される時刻である。Intons-Peterson et al. (1999) によって述べられたように，加齢はサーカディアンリズム（概日リズム）を変化させ，そして，高齢者の認知課題における成績は，一般的に，最適な時間（通常は午前中）にテストが実施されたときにより高くなる。この考えに一致して，実験1において，Intons-Peterson et al. は，最適な時間にテストされていない高齢者が，最適な時間にテストされた高齢者よりも，関連ルアー項目を虚再生しやすく（最適テスト群 = .66，非最適テスト群 = .38），そして，このパターンは，関連ルアー項目の虚再認（最適テスト群 = .86，非最適テスト群 = .69），および，無関連ルアー項目の虚再認（最適テスト群 = .30，非最適テスト群 = .16）にもあてはまった。この最適性効果は，年齢群おける虚記憶の差異もまた小さくする。非最適テスト群で比較されたとき，高齢者は，若年成人とくらべて，関連ルアー項目の虚再生（.66），および虚再認（.86）をしやすかった（若年成人虚再生 = .54，若年成人虚再認 = .69）。最適テスト群で比較されたとき，このような虚再生と虚再認における年齢に関する差異は消去された（実験1），または，最小限であった（実験2）。

◯ 加齢とモニタリング操作

　DRM課題における加齢の研究の多くは，回想にもとづいたモニタリングを促進する操作を介して，高齢者が虚記憶を減少させることが可能であるかどうかに焦点を合わせてきた。第5章において概説されたように，このような操作は，欠格モニタリングの使用を助長するもの，または，診断モニタリングの使用を助長するものに分けることができる。欠格モニタリングは，論理的につじつまの合わない情報の回想（「この単語を見ていない。なぜなら，それを自分自身で生成したのを覚えているから」）によって，虚記憶を棄却することを意味する。診断モニタリングは，虚記憶を棄却するために，その記憶が記憶可能な期待に合致しないということ（「この単語を見て

いない。なぜなら，コンピュータの画面でそれを見た鮮明な回想がないからである」）にもとづくものを意味する。文献におけるいくつかの課題の結果を比較すると，一般的な知見は，ソース記憶エラーを減少させるために欠格モニタリングプロセスを用いる能力が，高齢者で低下しており，それはおそらく，ソース特定情報の回想が減少するため，または，記憶判断の際にこの情報を方略的に使用する能力が低下するためのいずれか，もしくは，その両方のためであろう（例えば，Jacoby, 1999。あわせて，Light, Prull, La Voie, & Healy, 2000 も参照のこと）。関連する研究結果は，以下で述べられるように，DRM 課題においても観察されている。対照的に，高齢者は示差性ヒューリスティクのような，診断モニタリングプロセスの使用においては，（仮にあったとしても）あまり問題がないようである。

排斥と警告

　想起棄却欠格プロセスを調査するためのおそらく最も直接的な方法は，学習リストとは異なるリストで関連ルアー項目を被験者に学習してもらうことである。テスト時に，もし被験者が，関連ルアー項目が非ターゲットリストにあったということを想起することができ，そして，もしそれらのリストが相互に排反的であることを知っていると仮定すれば，被験者は，その単語を学習リストで学習したということを棄却することが可能となる。第5章で述べられたように，Dodhia & Metcalfe（1999）と Smith et al.（2001）は，この種の手続きが若年成人において虚再認を減少させるということを見出した。Gallo et al.（2006a）は，モニタリングにおける年齢差について検討するために，類似した手続きを用いた。被験者は，後続のテストのために，いくつかの DRM リストを学習した。テストの直前に，被験者は，関連ルアー項目の虚再認を回避するように警告された。それから，虚再認を回避するのを援助するために，被験者は，いくつかの関連ルアー項目が含まれている「援助」リストを呈示された。被験者にはこれらの関連ルアー項目は学習段階で呈示されておらず，後の再認テストにおいて，このような単語を虚再認することを回避しなければならない（すなわち，援助リストからの項目を排斥しなければならない）ということが伝えられた。

　強く関連したルアー項目の再認データは，図 8.2 に示されている。若年成人は，援助リストにおける呈示を，虚再認を減少させるために用いた。虚再認率は，まったく学習されていない関連ルアー項目で最も高く（.52），この効果は，関連ルアー項目が援助リストで呈示されたときに低下し（.34），そして，これらそれぞれの値は，まったく呈示されていない無関連ルアー項目の虚再認率（.16）よりも高かった。若年成人とは対照的に高齢者は，虚再認を減少させるために想起棄却方略を利用することが

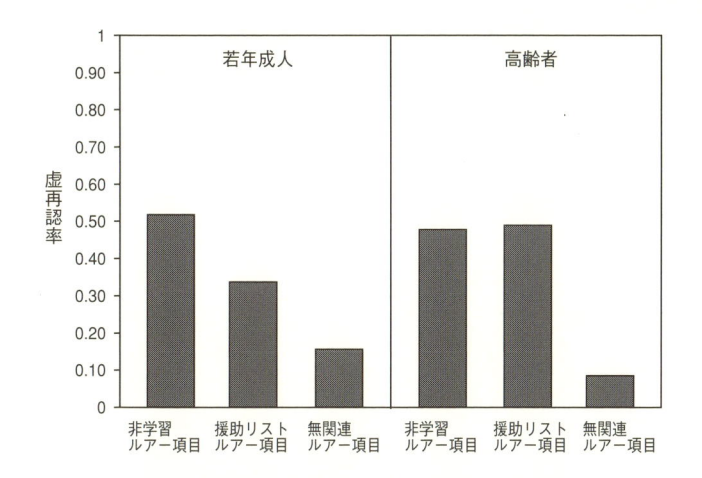

図 8.2　高齢者における想起棄却欠格方略の使用の低下（Gallo et al., 2006a）
　　　　データは，学習時に単語のみが呈示された条件における，強力な関連ルアー項目のものである。非学習＝学習リストに関連する非学習ルアー項目，援助リスト＝援助リストに呈示された学習リストに関連するルアー項目，無関連＝非学習リストの統制ルアー項目。

できず，関連ルアー項目の虚再認率において，援助リストで関連ルアー項目を呈示する効果は見られなかった（非学習関連ルアー項目 = .48，援助リスト呈示関連ルアー項目 = .49）。また，Pierce, Sullivan, Schacter, & Budson（2005b）は，カテゴリーリスト課題における虚再認で，この種のソースにもとづいた排斥において，同様の年齢に関連した障害があることを報告した。

　欠格モニタリングを引き起こすもう 1 つの方法は，被験者がリストを学習する前に，記憶の錯覚についての警告を与えることである（例えば，Gallo et al., 1997）。警告を受けた被験者は，学習中にいくつかのリストについての関連ルアー項目を特定することができ，その結果，テスト時に想起棄却方略を介して，虚再認を回避することが可能である（「この単語は聞いていない。なぜなら，それが学習されていないルアー項目であるということを思い出せるからだ」）。その他の想起棄却方略の使用における障害，および，課題における時間的制約において関連ルアー項目を「見つけ出すこと」が困難であるという可能性もあわせて考慮すると，高齢者は，若年成人とくらべて，虚再認を減少させるために学習前の警告を利用することに成功しにくいはずだろう。

　この予測を支持するいくつかの証拠があるものの，警告研究における加齢の効果はまとまりを欠く。Watson, McDermott, & Balota（2004）は，最終再生テストのために，被験者にいくつかの DRM リストを学習してもらった。最初の学習・テスト試行のみ

において，リスト語の呈示時間の要因における水準をまとめて考えてみると，虚再生における警告の効果は，高齢者（.23）において，少なくとも若年成人（.14）と同じくらい大きいものであった。この研究結果は，加齢によるモニタリング低下仮説と一致しない（Rybash & Hrubi-Bopp, 2000 もあわせて参照のこと）。McCabe & Smith (2002) は，再生テストの代わりに，再認テストを用いた。実験1において，虚再認が基準率虚報で修正されたとき，若年成人と高齢者は類似した警告効果を示した。実験2のデータは，モニタリング低下仮説とより一致した。若年成人は，高齢者とくらべて，虚再認を抑制するために警告を利用したが，この比較において統計的な処理は報告されていない。

このようにばらつきのある結果についての理由の1つは，明確な警告がなくても，若年成人は，高齢者にくらべて，虚記憶を自発的にモニタリングしやすいということである。つまり，たとえ若年成人がこの種の想起棄却方略をうまく利用することができるとしても，高齢者は，この種のプロセスをもともと自分自身で実行することが少ないために，（警告を受けていない群と比較して）そのような方略を使用するという教示からより多くの利益を受けるかもしれない（Craik, 1986 と比較のこと；あわせて Watson et al., 2004 も参照）。Dehon & Brédart (2004) の結果は，この解釈に一致する。彼女らの手続きの第1段階では，被験者は警告なしでいくつかの DRM リストを学習し，そして再生した。予測通り，高齢者は，若年成人とくらべて，リスト語の再生は少なかったが，より多くの関連ルアー項目を虚再生した。再生後テストの結果は，ここでの関心においてより重要であった。このテストでは被験者は，以前にある単語を思いついたが，学習リストに呈示されていなかったために，再生しないと決定したかどうか示すように求められた。若年成人（.60）は，以前に関連ルアー項目を同定し，棄却したということを，高齢者（.33）の2倍程度多く示した。この結果は，高齢者が，若年成人とくらべて，警告なしの自由再生において，関連ルアー項目を自発的にモニタリングすることが少ないことを示す。Dehon & Brédart は，第2実験においてこの結果を追認し，そして，モニタリング低下仮説を支持するように，学習前に若年成人に警告を与えることが，警告なし条件と比較して虚再生率を減少させた(警告なし条件 = .16，警告あり条件 = .04) が，高齢者はこの警告の恩恵を受けなかった（警告なし条件 = .34，警告あり条件 = .39）ことが見出された。

全体的には，これらの研究は，加齢が虚再生と虚再認を減少させるために，想起棄却欠格方略を使用することを阻害するということを示す。最も明確なデータは，被験者が，排斥リストから回想できるルアー項目を棄却するように明白に教示されるような，排斥研究からもたらされる（例えば，Gallo et al., 2006a; Pierce et al., 2005b）。警

告研究のデータは，よりばらつきがある。いくつかの研究は，条件によって予測された効果（若年成人におけるより大きな警告の効果）を示しているが，このような効果は普遍的ではない。これまで述べられたように，警告研究は，排斥研究とくらべて，おそらく警告なし条件において同定・棄却方略の自発的な使用に年齢差があるために，解釈がより複雑になる。

示差性

高齢者での想起棄却欠格プロセスにおける減衰と対照的に，いくつかの研究は，若年成人とちょうど同じくらい，虚再認を減少させるために診断モニタリングプロセス（示差性ヒューリスティックのようなもの）を使用するということを見出した。Schacter et al. (1999, 実験 1) は，DRM 課題を用いて，高齢者における示差性ヒューリスティックの使用に関するはじめての証拠を提供した。被験者は，学習時にいくつかのリストを聴くように求められた。単語条件では，コンピュータ画面に同時に単語が呈示されたのに対し，画像条件では，単語に対応する白黒の線画が画面に呈示された。図 8.3 は，テスト語が聴覚呈示された条件の再認データを示している（この若年成人のデータは第 5 章で述べられたということに注意すること）。リスト語の正再認

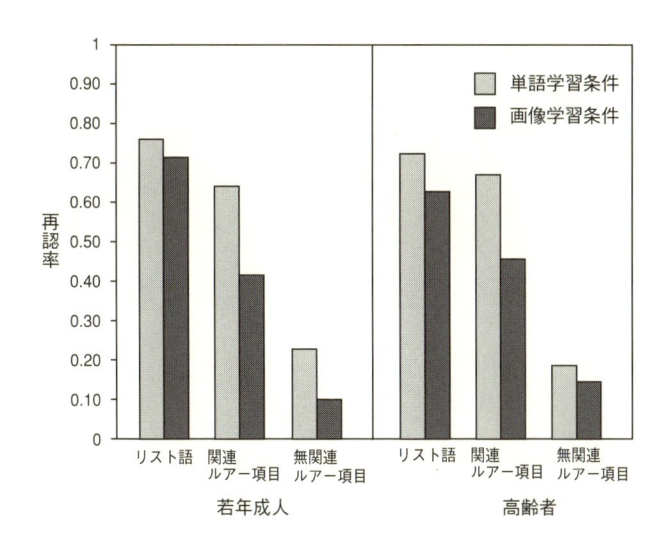

図 8.3 Schacter et al. (1999, 実験 1) における高齢者の示差性ヒューリスティック
　　　　無関連ルアー項目に対する虚報は，リスト語統制語と関連ルアー項目統制語でまとめられたデータである。

率は高齢者で低く，学習形式はどちらの群においても正再認率に影響しなかった（この手続きにおける一般的な場合と同様に）。より重要なことに，虚再認率が画像条件で，若年成人と高齢者の両方において低下したことは，加齢によって高齢者の示差性ヒューリスティックを使用する能力が阻害されないということを示唆する。同様の効果は，画像がテスト時に再呈示された条件においても見出された。高齢者が示差性ヒューリスティックを介して虚再認を抑制できるという研究結果は，DRM 課題で Budson, Sitarski, Daffner, & Schacter（2002b）によって追認され，そして，他の課題においても実証されている（例えば，Dodson & Schacter, 2002a）。

このような知見の例外の1つが，先に述べられた Gallo et al.（2006a）による研究にあり，その研究では，若年成人は虚再認を抑制するために排斥リストからの回想を利用したが，高齢者はしなかった。学習時に画像が呈示された別の条件では，若年成人のみが，虚再認を抑制するために，示差性ヒューリスティックを利用することができた。高齢者がこのような材料で示差性ヒューリスティックを利用できるといういくつかの先行研究の結果を考慮して，Gallo et al.（2006a）は，彼らの課題では，想起棄却欠格プロセスの構成要素が，高齢者における示差性ヒューリスティックの使用と干渉したのではないかと提案した。つまり，彼らは，テスト教示が関連ルアー項目を排斥するために援助リストを利用するように，被験者の注意を向けさせたため，また，高齢者がこの方略を利用するのが難しかったため，高齢者は示差性ヒューリスティックを使用することから注意をそらされたのではないかと主張した。この主張と一致して，Gallo, Cotel, Moore, & Schacter（2006c）は，高齢者が，単語と画像の回想すべき特徴に検索の注意を向けさせたソースモニタリング課題（すなわち，基準回想課題）において，若年成人とちょうど同じくらい示差性ヒューリスティックを使用することを見出した。重要なことに，この結果は，高齢者が虚再認を減少させるために，想起棄却欠格モニタリングを使用した条件においてでさえも得られた。高齢者は，回想されるべき情報が示差的（すなわち，画像）である限り，各種の回想にもとづいたモニタリングを使用することができたのである。

このような知見に関するもう1つの例外は，高齢者において，若年成人が典型的な効果を示すような条件においてでさえも，学習モダリティ効果（聴覚＞視覚）が示されないということである（Smith et al., 2005）。Smith et al. は，このパターンを，高齢者において示差性処理が阻害されている証拠として解釈した。もしこの説明が正しければ，高齢者におけるかなり大きな学習形式効果（単語＞画像）は，画像がより強く，抵抗できないような示差性の操作をもたらすため，高齢者においてでさえ，その効果が現れるという事実によるものかもしれない。一方，学習モダリティ効果は，画像・

単語効果の原因として考えられているのと同じ全体的な示差性ヒューリスティックによって引き起こされているのではないかもしれない（この最後の点についてのさらなる考察については，第5章参照）。

情動性

被験者は，音韻的連想語（例えば，「bell［鐘］」，「dell［小さな谷］」，「fell［落ちた］」など）のリストを学習した後，情動的な同韻語（例えば，「hell［地獄］」）に対しては，情動的に中性な単語とくらべて，虚報をすることが少なかった（Pesta et al., 2001, 第5章参照）。たとえ，この2種類のルアー項目が熟知性において同等であっても，被験者は，おそらく診断モニタリングプロセスを用いて，情動的なルアー項目の虚再認をうまく回避した（「'hell' を学習していない。なぜなら，もし学習していれば覚えているはずだからだ」）。Kensinger & Corkin（2004）は，再生テストと再認テストの両方を用いて，このような研究結果を高齢者にまで拡張した。彼らの第1実験では，中性ルアー項目と情動ルアー項目の虚再生率は，若年成人において，それぞれ.19と.07であり，高齢者において，それぞれ.28と.11であった。つまり，高齢者は全体的に高い虚再生率を示したが，情動語の虚再生率においては若年成人と同様の減少を示した（交互作用は有意ではなかった）。彼らの第2実験では，中性ルアー項目と情動ルアー項目の虚再認率は，若年成人において，それぞれ.75と.58であり，高齢者において，それぞれ.77と.57であった（同様の結果は，修正再認データでも見受けられた）。ここでも再び，若年成人と高齢者は情動語の虚記憶において同様の減少を示した。相関分析の結果は，このような知見についての想起棄却欠格プロセスによる説明に相反した。そのため著者らは，その代わりに，被験者が情動ルアー項目の虚記憶を抑制するために，示差性ヒューリスティックを用いたと提案した。画像にもとづいた示差性ヒューリスティックと同様に，高齢者は虚記憶を回避するために情動的示差性を利用することができたのである。

学習反復と学習・テスト反復

Benjamin（2001）は，若年成人において，DRMリストを反復学習することが，テスト前にリストがたった一度だけ学習される条件と比較して，低い水準の虚再認をもたらす（学習反復条件 = .35，1回学習条件 = .58）ということを実証した。第5章で述べられたように，これらの結果は，ある種の回想にもとづいたモニタリングが，学習反復でより正確になることを示す。若年成人におけるこのような効果と対照的に，Benjaminは，高齢者においては，反復が一度呈示された条件と比較して，虚再認を

増加させる（学習反復条件 = .72, 1回学習条件 = .61）ということを見出した。このことは，モニタリングが年齢とともに減衰するということを示す。どのようにして反復がモニタリングを促進させるか（例えば，関連ルアー項目を「見つけ出す」ことが簡単になり，同定・棄却方略を促進するため，または，正回想の示差性，および，診断モニタリングの使用を促進するため）は不明確であるが，若年成人における高速再認テストの結果は，検索時のモニタリングプロセスが重要であるという考えを支持する。モニタリングプロセスを最小限にすると考えられている高速テストでは，若年成人における反復の効果は，高齢者（自己ペース条件）と類似していたのである。

学習リストのみを反復する代わりに，Kensinger & Schacter (1999) は，いくつかのDRMリストで学習段階とテスト段階の両方を反復した。被験者は，最終再生テストのために，3つのDRMリストを学習し，そして，この手続きは同じリストセットで5試行繰り返された。このような学習・テスト試行における正再生と虚再生のデータは，図8.4に示されている。予測通り，年齢はすべての学習・テスト試行にわたってリスト語の正再生を阻害し，リストの反復練習は両群において正再生を増加させた。しかし，虚再生は異なったパターンに従った。第1試行において，虚再生における年齢差は見られなかった。しかしながら，試行が進むごとに，若年成人は虚再生を

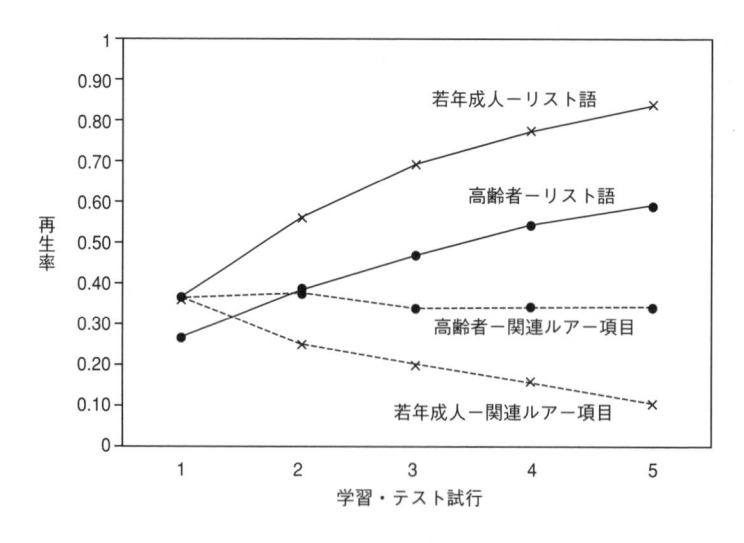

図8.4 若年成人と高齢者における正再生と虚再生での学習・テスト反復の効果（Kensinger & Schacter, 1999, 実験1：データは，図1から概算）
非重要侵入語はまれであったため，報告されなかった。

減少させたのに対し，高齢者ではそれが見られず，そのため，最終試行において，大きな年齢による差異が得られた。第2実験において，同じパターンの結果が再認テストを用いても得られた。Benjamin（2001）の場合と同様に，どのようにして若年成人が記憶エラーを減少させるために反復を利用したのかについて，いくつかの可能性があるが，ある種の回想にもとづいたモニタリングが関与していたようである（この課題の考察については，第5章参照）。高齢者では，このモニタリングプロセスが阻害されていた。また，Budson et al.（2000）は，類似した再認結果を報告した。高齢者は，この研究において第5試行までに虚再認を減少させることができたが，若年成人ほどではなかった。最後に，Watson et al.（2004）は，Kensinger & Schacter（1999）を虚再生において追認し，さらに，高齢者は，虚記憶効果に対して警告されたときでさえも，反復学習・テスト試行の後に虚再生を減少させることが少ないことを明らかにした。つまり，このような年齢における差異は，そのような方略が有効であると気づかないことが原因ではなく，記憶検索をモニタリングすることができないことが原因のようである。

学習語呈示時間

Watson et al.（2004）は，学習語呈示時間を長くすること（1項目ごとに1.25秒から2.5秒へ）が，高齢者における虚再生を減少させる（警告なし条件の第1試行のみを考慮した平均虚再生率：短い呈示時間条件 = .58, 長い呈示時間条件 = .38）ということを見出した。この研究結果は，呈示時間を長くすることによって，高齢者における虚再生のモニタリングが促進されることを示唆し，そして，学習反復のように，このような呈示時間効果は，診断プロセス，または，欠格プロセスによって引き起こされた可能性がある。驚くべきことに，虚再生における典型的な呈示時間の効果は，若年成人において見出されなかった（短い呈示時間条件 = .38, 長い呈示時間条件 = .44）。このような結果は，若年成人ではなく，高齢者においてモニタリングが成功した証拠であるという点において，上述されたその他の知見の例外を示している。しかしながら，Watson et al. によって考察されたように，このような呈示時間の効果は，年齢に関連した情報処理速度の差異のために，年齢群間で直接比較可能ではないかもしれない。若年成人では，高齢者と比較して，最も短い呈示時間においてでさえも，既に虚再生の水準が低いのである。McCabe & Smith（2002）もまた，学習語呈示時間（2秒と4秒）を操作し，再生テストの代わりに再認を用いて記憶をテストした。彼らの警告なし条件を見てみると，おそらく再認が再生にくらべて呈示時間の効果にあまり敏感ではないために，呈示時間は，若年成人，および，高齢者のいずれにおいても虚再

認に影響しなかった。

符号化文脈

　Thomas & Sommers（2005）は，DRMリスト語を文章という文脈で呈示することで，若年成人と高齢者において，虚再生と虚再認が減少しうるかどうかを調査した。その結果，文章内で各リスト語を呈示することが，単語のみが学習される条件と比較して，若年成人において虚再生と虚再認を減少させた。この状況では，文章の操作は，（学習時に）連想的符号化やジストの符号化を減じることによって，もしくは，（テスト時に）診断モニタリングを促進することによって，虚再認の減少をもたらした可能性があるため，理論的解釈がしにくい。しかし，第6章で述べられたように，文章での呈示は，おそらく，学習時において連想的処理やジストの処理を減少させたのだろう。ここでの目的にとってより重要なことは，文章での符号化によって，高齢者においても虚再認が減少したが，それは，文章によって，各リスト語の意味が関連ルアー項目と共有している意味から逸らされたときのみであった。逆に，文章によって，各リスト語の意味が関連ルアー項目の方向に差し向けられたとき，若年成人のみで，関連ルアー項目の虚記憶の減少が示された。このような結果は，高齢者が連想的処理やジストの処理に過剰に依存することを反映するのかもしれない。両方の種類の文章が，若年成人において関係性符号化を減少させたのに対して，被験者が関連ルアー項目とまた別の意味に注意を逸らすように仕向けた文章のみが，高齢者における関係性符号化を減少させるのに効果的だった。

加齢とその他の課題

音韻的連想語

　いくつかの研究は，音韻的に関連した材料を用いて，真実の記憶と虚記憶における加齢の効果を探求した。Watson et al.（2001）は，音韻的リスト，意味的（DRM）リスト，混成リスト（音韻的連想語と意味的連想語の両方が含まれているリスト）の虚再生における加齢の効果を比較した。その結果，加齢により，3種類すべてのリストにおいてリスト語の正再生が減少し，関連ルアー項目の虚再生が増加した。実際に，これまで文献において報告されたうちで最も大きな虚再生効果の1つが，最高齢者群（平均年齢86歳）における混成リストで得られた——正再生率はだいたい35%だったのに対し，虚再生率は70%を越えたのである。興味深いことに，このような驚くほど高い虚再生水準は，虚再認では見受けられなかった。また，Budson, Sullivan, Daffner,

& Schacter (2003b) は，Watson et al. の刺激を用いて，意味的リスト，音韻的リスト，混成リストの虚再認における加齢の効果を検討した。正再認においては，年齢による差異やリストによる差異は見られなかったが，高齢者は，若年成人とくらべて，すべてのリストにおいてより頻繁に虚再認を報告した（高齢者平均 = .66, 若年成人平均 = .46）。しかし，虚再認におけるリスト種間の差異はごくわずかであった（Watson et al., 2003 もあわせて参照のこと）。Sommers & Huff (2003) もまた，音韻リストを用いて，虚再生と虚再認における年齢に関連した増加を見出したが，虚再認における年齢の差異は，先行する再生と交絡していない条件において，ごくわずかであった（基準率虚報で修正後。彼らの実験 1 参照）。同様に，Kensinger & Corkin (2004) における中性ルアー項目のみを見ると，加齢によって虚再生が増加したが，2 つの年齢群は，同じ水準の虚再認を示した。全体的に考えると，音韻的リストの結果は，意味的 (DRM) リストの結果と非常に類似している。高齢者においては，虚再生の水準における上昇が示され，そして，時に（しかし，常にではなく），虚再認の水準における上昇が示される。

類似画像

　Koutstaal と共同研究者らは，ジストにもとづいた虚再認を研究するために，類似画像（または，カテゴリー化画像）課題を発展させた。典型的な実験では，被験者は，同じ種類の物体についての様々なカラー画像（例えば，いくつかのティーポットの事例）を学習した。数日後に実施されたテストにおいて，被験者は，これら学習事例を，同じカテゴリーの非学習事例（例えば，学習セットにはなかった新しいティーポットの画像），または，非学習カテゴリーの非学習事例（例えば，あるテディベアーの画像）から区別した。Koutstaal & Schacter (1997, 実験 1) の結果は，表 8.3 に表されている。カテゴリーにつき 1 つの画像のみが学習されたとき，正再認率は，高齢者において，若年成人よりも低かった（高齢者平均 = .68, 若年成人平均 = .82）。カテゴリーにつき 1 つ以上の画像が学習されたとき，正再認率における年齢による差異は見られなかった（学習画像数でまとめられた平均：高齢者 = .76, 若年成人 = .78）。このパターンは，カテゴリーにつき 1 つ以上の画像を学習することで，被験者がリストのジストや主題を符号化できるようになり，そして，このジスト処理が，高齢者における再認パフォーマンスを促進したことを示唆する。この実験の虚再認結果もまた，高齢者が学習したカテゴリーの一般的なジストに頼りやすいことを示した。全体的な虚再認率は，高齢者において若年成人よりも高く（高齢者平均 = .51, 若年成人平均 = .27），そして，この差異は，最も画像が多いカテゴリー（すなわち，最も強力なジス

表 8.3 若年成人と高齢者における学習画像数に応じたカテゴリー化画像課題の再認率（Koustaal & Schacter, 1997, 実験 1）

画像数	学習画像				類似画像			無関連画像
	1	6	9	18	6	9	18	
若年成人	.82	.75	.78	.81	.21	.25	.35	.03
高齢者	.68	.73	.72	.83	.43	.40	.70	.11

注：無関連画像に対する虚報はカテゴリーに含まれる画像数でまとめられたデータである。

トをもつカテゴリー）で最大であった。Koutstaal, Schacter, Galluccio, & Stofer (1999a) は，符号化操作または検索操作で，被験者が類似画像課題における虚再認を減少させることができるかどうかを調査した。彼らの第 1 実験では，被験者は，典型的な「old［旧項目］」/「new［新項目］」教示で再認テストを受けるか，もしくは，あるテストルアー項目が学習項目と関連していると警告を受け，また別の反応選択肢（「旧項目」/「新項目関連」/「新項目無関連」）を使用するように求められるかのどちらかであった。正再認と虚再認の両方がこの警告で減少したが，特に，高齢者において，虚再認は正再認よりも多く減少した。このような研究結果は，警告を受けていない高齢者が若年成人と比較して，ジストにもとづいた反応に依存しやすく，そのため，警告は，高齢者においてより大きな効果があったということを示唆する（しかしながら，年齢に関連した虚再認の増加は，警告条件においてもなお見受けられた）。第 2 実験では，ある被験者群は，各画像の符号化中に示差的な項目特定情報に注意を向けるように促された（例えば，「この猫のなめらかな黒い毛並みと大きな金色の目に注目してください」）。検索操作と同様に，この示差的な項目特定情報を被験者に提供することによって，虚再認が減少した。ここでもまた，その効果は高齢者において大きかったが，年齢に関連した虚再認の増加はなお見受けられた。より示差的な項目特定情報を被験者に提供することによって，ジストの符号化が減少したこと，または，検索時の診断モニタリングが促進されたことが，虚再認の減少をもたらすことを可能にしたのだろう。第 3 実験では，符号化操作と検索操作の両方が組み合わされたが，年齢に関連した虚再認の増加は，それでもなお得られた。

　全体的に考えると，これらの研究は，学習材料が極端に類似しているとき（すなわち，同じ物体の異なった画像），高齢者は若年成人とくらべて，反応を決定するために，項目特定情報の回想ではなく，カテゴリーの一般的なジストに依存しやすいということを示している。Koutstaal et al. (2001a) によって考察されたように，高齢者が，

学習された詳細情報の正回想において若年成人と均等にされたときでさえ，高齢者は，若年成人とくらべて，検索時にこの情報を使用することが少なかった。虚再認における年齢による差異がわずかな DRM 課題（典型的な条件）と違って，この種のジストにもとづいた虚再認における年齢による差異は，より顕著であった。しかし，少なくとも 3 日の保持間隔がこれらすべての研究で用いられているのに対して，DRM 課題の学習段階とテスト段階は，通常，同じ実験セッションで実施されるということに留意しなくてはならない。この差異により，年齢に関連した虚再認の増加が長期の保持間隔後により顕著になるという可能性が生じる。学習段階とテスト段階が，同じ実験セッションで実施されたとき，Lövdén (2003) は，類似画像課題における虚再認率が若年成人と高齢者の両方でとても低いということを見出した（詳しくは次項で述べられる）。

課題間比較

Lövdén (2003; Lövdén & Wahlin, 2005 もあわせて参照) は，20 歳から 80 歳の年齢の被験者群を，3 つの虚記憶課題で比較するという，大規模な加齢研究を行った。これら 3 つの課題は，DRM リストの虚再生（例えば，*bed* [ベッド]，*rest* [休息] などを学習した後，*sleep* [眠る] を再生すること），カテゴリー単語リストの手がかり再生における虚再生（例えば，*sparrow* [スズメ]，*blue jay* [アオカケス] などを学習した後，*robin* [コマドリ] を再生すること；Smith et al., 2000)，そして，類似画像リストの虚再認（例えば，いくつかの異なったティーポットの画像を学習した後，新しいティーポットの画像の虚再認；Koutstaal & Schacter, 1997) であった。極端に離れた年齢群のみを見ると，DRM 課題は典型的なパターンを示した。正再生率は年齢で減少し（若年成人 = .55，高齢者 = .43），そして，虚再生率は年齢で増加した（若年成人 = .34，高齢者 = .46）。類似したパターンは，カテゴリーリストの手がかり再生における虚再生でも見出され，正再認率における減少傾向（若年成人 = .57，高齢者 = .51）と虚再認における有意な減少（若年成人 = .06，高齢者 = .13）が見られた。ここで注意すべきは，カテゴリーリストでの虚再生は，DRM リストとくらべてかなり低いということであり，DRM リストにおけるより強い連想が虚再生を大幅に促進するという考えに一致している（第 3 章参照）。最後に，類似画像の正再認率は，年齢群間で差が見られなかった（若年成人 = .61，高齢者 = .58）が，虚再認は高齢者で高かった（若年成人 = .07，高齢者 = .19）。このような結果は，Koutstaal & Schacter (1997) と一致しているが，Lövdén (2003) における虚再認効果がかなり小さかったのは，おそらく直後再生が用いられたためだろう。

加齢における個人差

　認知的能力における加齢の効果は，非常に変化に富んでおり，様々な課題において，少なくとも若年成人と同じくらい優れたパフォーマンスを示す高齢者もいれば，かなり劣っているパフォーマンスを示す高齢者もいる。前節で述べられたように，Butler et al.（2004）では，高前頭葉機能高齢者において，DRM 虚再生における年齢による差異は見られなかったが，低前頭葉機能高齢者においては有意な差異が見られた。虚記憶におけるその他の種類の加齢に関する個人差もまた，調査されてきた。例えば，McCabe & Smith（2002）は，ある条件では，虚再認が前頭葉によって媒介されるプロセスに影響を受けると考えられている，ワーキングメモリ課題（ストループスパン）と負の相関があるということを見出した。この研究結果は，前頭葉によって媒介されるプロセスが，虚記憶モニタリングに関与しているという考えに一致する。Sommers & Huff（2003）は，音韻的に関連した材料を用いて，類似したパターンの結果を見出した。彼らは，若年成人と高齢者において，虚再生と虚再認の両方で，ストループ課題のパフォーマンスと負の相関があるということを見出した。

　大規模な相関研究において，Lövdén（2003）は，回想にもとづいたモニタリングにおける年齢に関連した減衰が虚記憶の上昇を引き起こすというさらなる証拠を提供した。その分析では，DRM 虚再生は，年齢（$r = +.28$），情報処理速度に関する様々な測度（平均 $r = -.24$），抑制に関する様々な測度（平均 $r = -.22$），正再生や正再認に関する様々な測度（平均 $r = -.22$）と相関が見られた。構造方程式モデリングを用いて，Lövdén は，正再生・正再認における年齢に関連する低下が，おそらく，正再生・正再認が回想の測度（それゆえ，回想にもとづいたモニタリングプロセスの測度）となるために，虚記憶における年齢に関連する増加と最も直接的なつながりがあると結論づけた。全体として，これらの研究では，認知機能の様々な測度が，若年成人と高齢者における虚記憶の生起と相関関係にあることが実証されており，そして，このような相関のほとんどが，回想にもとづいたモニタリングの有効性によって説明可能である。

9章 神経心理学と薬物

　神経心理学的集団，および，その他の特別な集団，また，薬物性健忘者における虚記憶の研究は，少なくとも2つの理由で重要となる。まず，特に脳損傷部位がはっきりと限定された神経心理学的研究は，記憶プロセスを支える神経メカニズムについて理解する手がかりとなる。このアプローチは，異常な機能から通常のメカニズムを推論することの論理的限界によって，必然的に制約されるが，脳構造や脳部位が虚記憶の生起やモニタリングのような，ある特定の認知機能に関与するという非常に強力な証拠のいくつかを提供することが可能である。次に，特定の種類の脳損傷や心理学的状態が，どのように異なった認知プロセスに影響するかを詳しく記述することは，診断，理解，そして，治療についての実用的意義をもつ。

　本章では，比較的高水準の虚再生や虚再認を誘発するために用いられてきた典型的なDRM課題条件，および，その他の課題（類似画像，抽象図形，音韻的連想語など）の結果に焦点を合わせる。これまでのほとんどの神経心理学的研究は，内側側頭葉性健忘症患者，前頭葉損傷患者，および，アルツハイマー病患者を中心に展開しており，まず，このような研究が以下で概説される。いくつかの研究では，意味認知症，統合失調症，アスペルガー症候群，アルコール依存症の患者における上述されたような種類の虚記憶が調査され，そして，より一般的な脳半球効果が探求されたが，これらの研究に関しては本章の後半で述べられる。最後に，様々な薬剤の虚記憶への影響を調査した研究が概説される。

　これまで本書で述べられてきた一般的な理論的枠組みにもとづくと，相反する可能性のある2つのプロセスの組み合わせが，神経心理学的集団の虚記憶に貢献しうる（そして，同じ論理は薬物研究でもあてはまる）。もし脳損傷が，健忘症の症例に見られるように，真実の記憶における深刻な障害を引き起こすなら，虚記憶を生起させるプ

ロセスのいくつかもまた，損なわれるだろうと予測できるかもしれない。もし，学習した出来事を覚えることに困難があれば，これらの出来事に関連したある出来事を虚記憶する可能性は低くなるはずであろう。例えば，DRM 課題において，学習中に心的に生成した関連ルアー項目を虚再生する可能性が低いかもしれないし，また，リストの主題やジストを回想することが困難なのかもしれない。一方，多くの種類の脳損傷では，潜在記憶は，回想とくらべて，その影響をあまり受けない傾向にある。もしDRM 課題において関連ルアー項目を活性化することができるプロセスが，回想とくらべて，比較的より自動的ならば，関連ルアー項目の強力な記憶信号は，正再生（および，対応する回想にもとづいたモニタリングプロセス）が損なわれたときでさえ，存在するかもしれない。また，活性化プロセスは損なわれていないが，モニタリングプロセスが損なわれている状態においては，虚再生や虚再認における増加が無理なく予測できるだろう。

　このように，関与しているプロセスが複雑なため，いくつかの解釈にもとづく仮説が以下（および，一般的に，関連文献において）で提案されている。まず，正再生や正再認の水準の低下——これは，脳損傷のある集団においてよく見られるが——は，回想の阻害を反映する。上述されたように，阻害された回想は，関連ルアー項目の記憶信号を減少させる（それゆえ，虚記憶を減少させる）だけではなく，回想にもとづいたモニタリングプロセスを低下させうる（それゆえ，虚記憶を増加させる）。この不確かさのせいで，結果の解釈は後付けになることが多い。もし関連ルアー項目の虚再生や虚再認が（統制群と比較して）ある集団で増加したとすると，この結果は，モニタリングプロセスが活性化プロセスよりも阻害されたとして解釈され，また，もし虚記憶や虚再認がある集団で減少したとすると，解釈はその逆になる。再認結果の解釈は，異なったプロセスが関連ルアー項目と無関連ルアー項目に影響しうるという事実によって，さらに複雑になる。ある診断モニタリングプロセスは，無関連ルアー項目に選択的に影響し（例えば，無関連ルアー項目が学習した項目のジストと適合しないために，無関連ルアー項目を棄却する），そして，ある欠格モニタリングプロセスは，関連ルアー項目に選択的に影響する（例えば，関連ルアー項目を，学習中に呈示されていないものとして同定したことを想起したために，関連ルアー項目を棄却する）。結果的に，虚再認における関連性効果（すなわち，関連ルアー項目と無関連ルアー項目の間の虚報の差異）を，関連ルアー項目の活性化の「純粋な」測度として解釈することには，問題をはらむことになる。これらすべてを考慮すると，虚記憶現象を完全に理解するためには，異なった記憶課題からの証拠を集結することと同様に，特定のプロセスを選択的に対象にした実験操作の使用が必要となる。

内側側頭葉性健忘症

記憶障害患者 H.M. のような有名な事例研究が行われて以来，内側側頭葉とその構造——海馬と周囲の領域を含む——の損傷が，後に学習される情報を意識的に再生し，再認するための能力に障害をもたらすという結果になる（前向性健忘）ということはよく知られてきた。ちなみに，その他の認知的能力（言語，注意，潜在・手続き記憶でさえ）が比較的影響を受けないということは，回想に必要な新しい連想の形成と検索における内側側頭葉構造の独特の役割を示唆している（理論的統合については，Eichenbaum & Cohen, 2001 参照のこと）。上述されたように，そのような障害は，虚記憶を上昇させることもあるし，減少させることもある。いくつかの初期の研究が，虚記憶を誘発するために連想集束に依存しない課題を用いて，様々な健忘症患者群で虚再認が上昇しうるという証拠を示したことは，回想にもとづいたモニタリングの障害という見解と一致する（考察については，Schacter et al., 1996c 参照）。しかしながら，DRM 課題やその他の連想集束課題を用いると，いくつかの最近の研究結果は，内側側頭葉領域の損傷が，関連ルアー項目の虚再認を減少させうることを示している。このような結果は，他の結果ともあわせて，内側側頭葉の損傷が，具体的には，重複する意味的特徴，ジスト，学習時に心的に生成された関連ルアー項目の忘却を通して，関連ルアー項目の記憶信号を弱めるということを示唆する。このような健忘症患者において虚再生を検討した研究はもっと少なく，これらの結果は再認の結果ほど決定的ではない。

虚再生と虚再認

Schacter et al. (1996c) は，典型的な DRM 課題における健忘症患者に関する研究の最も初期に行われたものの1つであり，様々な病因の健忘症患者（例えば，アルコール依存症のコルサコフ症候群，酸素欠乏症，脳炎）を，臨床的に記憶障害のない統制群の被験者と比較した。予測通り，健忘症群は，統制群にくらべて，リスト語の再生率が低かった（健忘症群平均 = .27，統制群平均 = .52）。また，関連ルアー項目の虚再生における群間差は見られなかった（健忘症群 = .29，統制群 = .33）が，健忘症群は，統制群よりも，リストに関連するその他の項目の侵入が有意に少なかった。このことは，連想プロセス，または，ジストにもとづいたプロセスの障害に関する証拠を提供する。対照的に，健忘症群がリスト間侵入語を有意に報告しやすかったということは，ソースモニタリングの困難性を実証している。Melo et al. (1999) もまた，DRM 虚再生における内側側頭葉性健忘症の効果を検討したが，ここでもまた，関連

ルアー項目の虚再生については，健忘症群と統制群で有意差が見られなかった（しかしながら，内側側頭葉性健忘症患者は4人しかいなかったが）。群間で関連ルアー項目の虚再生における差異が見られなかったことは，関連ルアー項目の記憶信号における障害（虚再生を減少させる）とモニタリングプロセスにおける障害（虚再生を増加させる）の間のトレードオフを反映するのかもしれない。

Schacter et al. (1996c) における最終再認テストの結果は，図9.1 に報告されている。正再認と虚再認の両方が，健忘症群において統制群よりも低く，そして，このような結果は，再認が先行する再生テストと交絡しているかどうか（そして，無関連語に対する虚報で修正されているかどうか）にかかわらず，得られた。これらの結果は，健忘症が関連ルアー項目の記憶信号を弱めるという考えに一致する。主観的判断（すなわち，「remember」／「know」，第4章参照）は，このような正再認と虚再認の両方における低下にともない，健忘症群での想起（または，回想）の主張が減少することを示した（Schacter et al., 1997b もあわせて参照）。対照的に，無関連語に対する虚報が健忘症群で多いことは，モニタリングの機能低下を意味している。Schacter et al. (1996c) が考察したように，健忘症患者においてジストにもとづいた記憶の水準が低下したため，リストのジストに不一致な無関連ルアー項目を棄却することがあまりうまくできなくなったのかもしれない（ここでの用語を用いると，これはある種の診断モニタリングである――「この単語に関連したものを学習した覚えがないので，これ

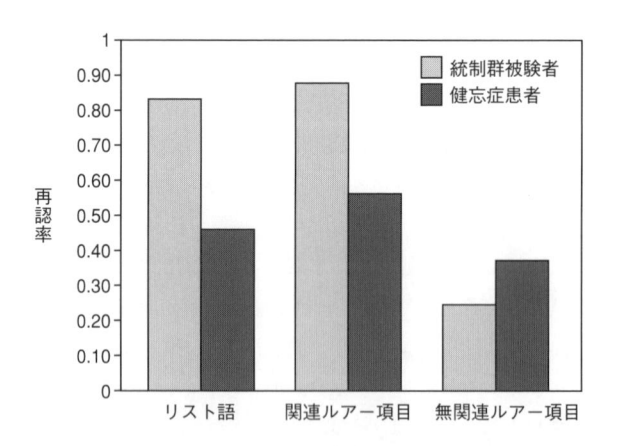

図9.1　正再認と虚再認における健忘症（内側側頭葉損傷，または，アルコール依存症のコルサコフ症候群による）の効果（Schacter et al., 1996c）
　　　　図示されているデータは，先行する再生テストと交絡していないリストのものである。無関連ルアー項目に対する虚報はリスト語統制語と関連ルアー項目統制語でまとめられたデータである。

はおそらく新項目（new）だろう」）。

　内側側頭葉性健忘症患者における DRM 虚再認効果を調査したその後の研究は，ジストにもとづいた記憶が阻害されているということに合致する証拠を提供する。いくつかの研究では，関連ルアー項目の虚再認が健忘症群において，統制群よりも低いという結果（Schacter et al., 1997b, 1998b），また，少なくとも，健忘症群において，統制群とくらべて虚再認における小さな関連性効果が観察されたという結果（例えば，Melo et al., 1999; Schacter et al., 1997b, 1998b; Verfaellie, Schacter, & Cook, 2002）が追認された。Verfaellie et al. (2002) は，被験者にいくつかの DRM リストを学習させ，それから，テスト項目自体が学習されたかどうかにかかわらず，被験者が学習した項目と意味的に関連すると考えるすべてのテスト項目に肯定的に反応をしなければならないという，主意テストを被験者に受けさせることによって，内側側頭葉性健忘症患者がジストにもとづいた記憶に障害があるという考えを直接検証した。ジスト障害仮説に一致して，健忘症患者は，統制群の被験者と比較して，リスト語と関連ルアー項目の両方を，学習語に意味的に関連するものとして判断することが少なく，そして，無関連項目をリストに関連するものとして誤って判断しやすかった。

　後になって，Verfaellie, Page, Orlando, & Schacter (2005) は，内側側頭葉性健忘症患者が，統制群の被験者と比較して，潜在記憶に関与する語幹完成課題（第 3 章参照）を用いて，DRM 学習語におけるプライミング効果は保持されていたが，関連ルアー項目におけるプライミング効果が減少したことを明らかにした。この研究結果は，さらに，内側側頭葉性健忘症患者において関連ルアー項目の記憶信号が弱まっていることを実証する。重要なことに，潜在記憶課題は意図的な検索（エピソード記憶）を必要としないため，この効果は，エピソード記憶の障害（例えば，ジストを回想することができないこと）が原因ではない。その代わりに，Verfaellie et al. は，内側側頭葉性健忘症患者は学習中にジストを抽出すること（すなわち，リスト語間の関係性を処理すること）に困難があり，そのため，テスト時にジストにもとづいたプライミング効果が減少したと主張した。さらに，このような研究結果は，内側側頭葉性健忘症患者において損なわれていないと仮定される，連想活性化によって簡単には説明できないとも主張した。しかしながら，この解釈は，ジストの検索が，テスト時での関連ルアー項目におけるプライミング効果の原因であることを前提にしているということに留意しなければならない。この仮定は，関連ルアー項目におけるプライミング効果が連想活性化によって引き起こされる（第 3 章参照）ということを示唆する研究とは意見が食い違っており，その場合では，健忘症患者で関連ルアー項目におけるプライミング効果が減少したことは，連想活性化が減少したことを意味する。いずれの解釈で

も，このような結果は，エピソード記憶の減少が，内側側頭葉性健忘症患者における関連ルアー項目の虚再認の減少についてのたった1つの理由ではないという可能性を示唆する。

その他の集束課題

内側側頭葉性健忘症がジストにもとづいた処理（符号化時，または，検索時のいずれか，あるいは，その両方における）を阻害するというさらなる証拠は，その他の課題における虚再認によってもたらされる。Schacter et al.（1997b）は，内側側頭葉性健忘症患者では，統制群被験者とくらべて，意味的リスト（DRMタイプ）と音韻的リストの両方の虚再認における関連性効果が減少することを見出した。また，Koutstaal et al.（1999b）は，抽象図形の虚再認における関連性効果の減少に関する証拠を見出した（すなわち，健忘症患者は，すべての学習された図形のもとになっている，非学習プロトタイプを虚再認することが少なかった）。さらに，Koutstaal, Verfaellie, & Schacter（2001b）は，健忘症患者が，学習された画像と知覚的に類似している物体の画像の虚再認において，関連性効果を示すことがあまりないことを見出した。最後に，Verfaellie, Rapcsak, Keane, & Alexander（2004）は，カテゴリー単語を刺激として用いて，健忘症患者で虚再認における関連性効果が減少することを見出した。

モニタリング操作

これまで概説されてきた研究においては，アルコール依存症のコルサコフ健忘症と非コルサコフ健忘症の間の区別は，行動的なパフォーマンスの全体的水準においてほとんど差がなかった。しかしながら，これらの集団における脳損傷の病因の差異のせいで，より些細な行動的差異が時に出現しうる（Koutstaal et al., 1999b; Verfaellie et al., 2002）。Schacter et al.（1998b）は，コルサコフ健忘症患者は，コルサコフ健忘症にともなう前頭葉損傷によってもたらされる可能性が高い，非コルサコフ健忘症患者には見られない認知的障害によって特徴づけられることを指摘した。この認知的特徴にもとづいて，コルサコフ健忘症患者は，虚再認を抑制するために前頭葉によって媒介されるモニタリングプロセスを実行する能力において，特に低下が見られるだろうと推論された。もちろん，非コルサコフ健忘症患者は，回想が減少しているために，いくつかのモニタリングプロセスを使用する能力において障害があるだろうが，コルサコフ健忘症患者は，回想の減少と方略的コントロールの低下の両方に問題がある可能性があるために，さらにその障害は深刻だろう。

この問題を探求するために，Schacter et al.（1998b）は，学習・テスト反復課題に

おいて，コルサコフ健忘症，非コルサコフ健忘症，統制群の被験者を比較した。被験者は，最終再認テストのために，6つのDRMリストを学習し，そして，この手続きは（同じリストで）5回の学習・テスト試行で反復された。第5章で述べられたように，学習・テスト反復の後，健康な被験者では，ある種の回想にもとづいたモニタリングが原因で（ただし，正確なモニタリングの種類は不確かではあるが），リスト語の正再認が増加し，関連ルアー項目の虚再認が減少することがわかっている。そのような先行研究の結果と一致して，Schacter et al. における統制被験者の両群では，学習・テスト反復の後に，正再認が増加し，虚再認が減少した。また，先行研究の結果と一致して，学習・テスト試行全体をまとめると，両方の健忘症群では，統制群と比較して，正再認の水準が低下し，また，無関連ルアー項目の虚再認が増加することが示された。しかしながら，これら2つの健忘症群は，学習・テスト反復によって異なる影響を受けた。コルサコフ健忘症患者において，無関連ルアー項目に対する虚報で修正する前も後も，学習・テスト試行にわたって虚再認が大きく増加したということは，試行ごとに上昇する関連ルアー項目の活性化に対抗するためのモニタリングプロセスを使用することができないことを実証している。それに対して，非コルサコフ健忘症患者における関連ルアー項目の虚再認は，学習・テスト試行の反復で，大きくは影響を受けなかった。コルサコフ健忘症患者と違って，非コルサコフ健忘症患者は，試行ごとに上昇する関連ルアー項目の活性化に対抗するためにモニタリングプロセスを使用することができたようであるが，それでもなお，統制群の被験者ほど，そのようなモニタリングを効果的に使用できなかった。

　まとめると，内側側頭葉損傷は，学習項目の正再生と正再認を阻害する。関連ルアー項目の虚再生は，このような集団において異なるとは認められていないが，たった2つの関連研究（直後テストを使用）が報告されているだけである。また，いくつかの研究は，健忘症患者において関連ルアー項目の虚再認の減少を見出した。このような減少は，関連ルアー項目の記憶信号が減少したことを意味する。これは，学習リストの重複する特徴やジストの記憶の減少が原因である可能性が最も高いが，活性化の減少，または，活性化された関連ルアー項目の記憶の低下のいずれか，あるいはその両方もまた，DRM課題において関与しているかもしれない。このような低下した虚再認の水準は，無関連ルアー項目の虚再認が，回想にもとづいたモニタリングプロセスの阻害によって，この種の脳損傷で増加する傾向にあるにもかかわらず，維持された。

前頭葉病変

　多くの学説によると，前頭葉は，情報の符号化と検索に関与する方略において重要な役割を果たし，記憶痕跡への実際の情報の貯蔵（または，結合）に関与すると思われる内側側頭葉のシステムとともに機能する（例えば，Moscovitch, 1995）。前頭葉の損傷，特に腹内側前頭前野の損傷によって生じうる特筆すべき記憶障害は，作話症（confabulation）である。作話症の患者は，記憶エラー（例えば，いつどこで何をしたかを誤って覚えていること）をするだけでなく，記憶の矛盾を説明するために，出来事の非現実性に気づくことなく，架空の話を作り出す（例えば，Burgess & Shallice, 1996）。すべての前頭葉損傷患者が作話症であるというわけではないが，この現象の存在は，記憶検索の方略的なモニタリングにおける前頭前野の重要な役割を意味する（第10章で紹介される神経画像法データによって強化された点である）。前頭前野領域の損傷は，検索モニタリングプロセスを阻害するため，前頭葉損傷患者は虚再生や虚再認をしやすくなってしまう。この考えと一致して，前頭葉病変をもつ患者の事例研究は，統制群被験者と比較して，様々な材料における虚再認の増加を報告している（例えば，Parkin, Bindschaedler, Harsent, & Metzler, 1996; Schacter et al., 1996a）。

虚再生と虚再認

　典型的な DRM 課題を用いて，Melo et al. (1999) は，2群の前頭葉損傷患者と，2群の統制群被験者を比較した（前節で述べられたように，内側側頭葉損傷患者もまたテストされた）。6人の被験者は前頭葉に限定された病変があり，作話症や，深刻な真実の記憶における障害の兆候は示さなかった（非健忘症前頭葉損傷患者）。もう1つの群の前頭葉損傷患者は，前頭領域（腹内側前頭前野に及ぶ可能性がある），および，内側側頭葉領域の両方に損傷があり，4人の患者のうち3人は，作話症と分類された（健忘症前頭葉損傷患者）。Melo et al. は，直後自由再生において，非健忘症前頭葉損傷患者が，統制群被験者と同じくらい多くのリスト語を再生した（非健忘症前頭葉損傷群 = .41, 統制群 = .47）のに対し，健忘症前頭葉損傷患者は，統制群にくらべて，リスト語の再生が有意に少なかった（健忘症前頭葉損傷群 = .24, 統制群 = .52）ことを見出した。また，関連ルアー項目の虚再生においても，群間で差異が見られた。前頭葉損傷がモニタリングプロセスを阻害するという考えに一致して，非健忘症前頭葉損傷患者は，統制群被験者にくらべて，より多くの関連ルアー項目を虚再生した（非健忘症前頭葉損傷群 = .46, 統制群 = .31）。対照的に，健忘症前頭葉損傷患者は，統

制群にくらべて，関連ルアー項目を再生することが少なかった（健忘症前頭葉損傷群 = .19，統制群 = .41）。このことは，内側側頭葉領域への付加的な損傷が，関連ルアー項目の記憶信号を阻害する（内側側頭葉性健忘症と同様に）ことを示唆している。これらの効果のいずれも統計的に有意ではなかった（おそらくサンプルサイズが小さいため）が，しかし，関連ルアー項目の虚再生における前頭葉損傷患者の2群間の非常に大きな差異は有意であった。非重要再生侵入語は，群間で差異が見られなかった。

図9.2 に示されているように，最終再認テストの結果は，このような解釈と一致した。予測通り，両方の前頭葉損傷患者群は，統制群と比較して，無関連ルアー項目に対する虚報が多い傾向にあり，このような効果は，健忘症前頭葉損傷患者群で最大であった。このパターンは，モニタリングプロセスが，両方の前頭葉損傷患者群，特に，より広い範囲の損傷がある患者において阻害されていたということを示唆する。また，健忘症前頭葉損傷患者は，統制群とくらべて，リスト語と関連ルアー項目の両方を再認することが少なく，このことは，この群に内側側頭葉損傷があったということに一致する（このような効果は，修正再認得点において有意であった）。内側側頭葉損傷がない前頭葉損傷患者は，異なったパターンを示した。正再認は統制群とくらべて有

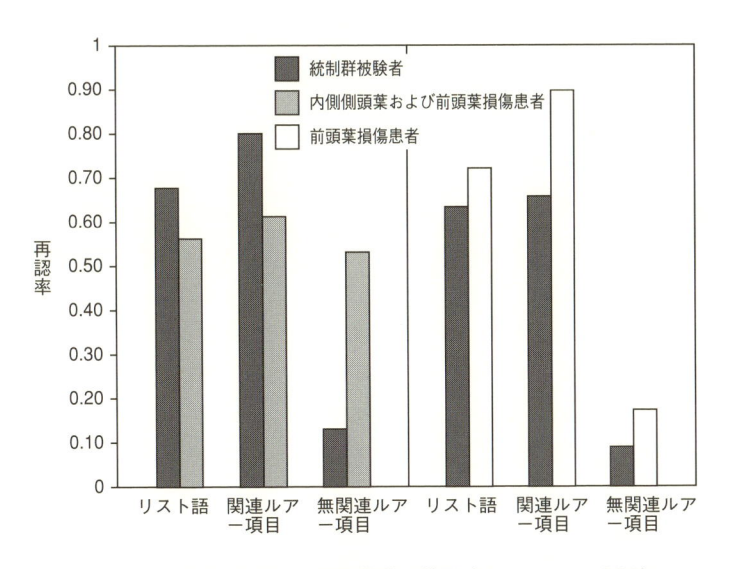

図9.2 正再生，および，虚再生における前頭葉損傷の効果（Melo et al., 1999）
　　　 内側側頭葉＋前頭葉損傷患者は，内側側頭葉領域，および，前頭葉領域の両方に損傷をもつものである。前頭葉損傷患者は，前頭葉に制限された損傷をもつ。無関連ルアー項目に対する虚報は，リスト語統制語と関連ルアー項目統制語でまとめられたデータである。

意差はなかったが，関連ルアー項目の虚再認は統制群とくらべて有意に大きく，ここでもまた，モニタリングの障害が示唆された（関連虚報と無関連虚報の両方が患者で大きかったため，虚再認における関連性効果は，患者と統制群被験者とでは有意差がなかった）。その他の局所的な前頭葉病変をもつ患者における DRM 虚再認の増加に関しては，Budson et al. (2002c)，および，Umeda, Akine, & Kato (2001) などのその他の実証研究を参照していただきたい。

　Verfaellie et al. (2004) もまた，カテゴリー単語を材料として用いて，前頭葉損傷患者における虚再認の促進の証拠を見出した。しかしながら，すべての前頭葉損傷患者が，統制群と比較して，記憶パフォーマンスにおいて異なっていなかったが，それは，具体的には，損傷の部位と程度が被験者で大きく異なり，そして，そのことが，パフォーマンスにおけるかなりのばらつきを引き起こす可能性があるからであろう。Belleville, Caza, & Peretz (2003) によって報告された事例研究は，この基本的なポイントについてうまく説明している。動脈瘤破裂とその後の外科手術によって，患者 I.R. は，中心前部，および，下部の前頭葉領域，また同様に左上側頭回の領域とその他の領域を含む（しかし，内側側頭葉構造を含まない），広範囲の前頭葉病変を患っていた。比較的正常な知的機能と再認記憶にもかかわらず，I.R. は音韻的情報の処理における選択的障害を示した。この認知的特徴と一致して，Belleville et al. は，I.R. が，統制群と比較して，音韻的連想語のリストに関連するルアー項目について，著しく高い水準の虚再認を示したが，対照的に，意味的リストの関連ルアー項目についての虚再認は，統制群により似通っていたということを見出した。

モニタリング操作

　Budson et al. (2002c) は，Schacter et al. (1998b) による内側側頭葉性健忘症患者で用いられた課題と類似した DRM 学習・再認テスト反復課題において，前頭葉損傷患者と統制群被験者を比較した。前頭葉損傷患者が選択された理由は，すべての患者において，検索モニタリングプロセスに関係している領域である，背外側前頭前野（ブロードマンの 9/46 野付近）を含む損傷があったからである（第 10 章参照）。最初の学習・テスト試行において，患者と統制群被験者は，リスト語の正再認率において類似した水準を示し，関連ルアー項目の虚再認率は患者群で有意に高かった。ここでより興味深いことは，統制群被験者では，学習・テスト試行が反復されるごとに，虚再認が減少した（第 1 試行の .65 から第 5 試行の .41 まで）が，前頭葉損傷患者群では減少しなかった（第 1 試行の .83 から第 5 試行の .76 まで）という結果である。Schacter et al. における内側側頭葉性健忘症患者の場合と同様に，このパターンは，

前頭葉損傷患者が試行の反復で虚再認を減少させるために，回想にもとづいたモニタリングプロセスを使用することが少ないことを示唆する。同様の被験者群を用いて，Budson, Dodson, Daffner, & Schacter（2005）は，前頭葉損傷患者が，統制群とくらべて，（単語と比較して）画像の学習に引き続いた虚再認の減少が少ないことを示した。著者らは，この結果を，前頭葉損傷患者における示差性ヒューリスティック（すなわち，診断的決定プロセス）の阻害の証拠としてとらえたが，彼らが用いた課題（反復ラグ課題）は，強力な想起棄却プロセスの構成要素（すなわち，欠格決定プロセス）もまた含んでおり，そのため，これらいずれかの回想にもとづいたモニタリングプロセスにおける阻害が，得られた結果のパターンを生み出したのだろう。

　まとめると，前頭前野における選択的な損傷によって，正再生や正再認は必ずしも低下しないが，虚再生や虚再認は増加するようである。DRM 虚再生を調査した研究において，前頭葉損傷患者（内側側頭葉損傷なし）は，統制群被験者よりも，関連ルアー項目を虚再生しやすかったが，この効果は統計的には有意ではなかった。いくつかの研究では，前頭葉損傷患者において，統制群被験者よりも，有意に高い水準の虚再認が示された。このような効果は，関連ルアー項目と無関連ルアー項目の両方で見出されており，このことは，患者における一般的な検索モニタリングの機能低下を示唆している。内側側頭葉損傷患者と違って，前頭葉損傷患者が，虚再認において統制群被験者と同様の関連性効果（関連虚報から無関連虚報を差し引いたもの）を示したということは，前頭葉損傷が連想やリストの主題の処理を阻害しないことを示唆している。

アルツハイマー病

　アルツハイマー病は，最も一般的な種類の認知症である。発症は一般的に老年期に起こり，初期にはエピソード記憶の喪失（おもに前向性健忘）によって特徴づけられ，その後，疾病が進行するにつれて，言語，注意，ワーキングメモリのようなその他の認知機能の障害が続く（その概観については，Hodges, 2000 参照）。このような認知的な衰えは，疾病の初期段階においては，海馬と下側頭回システムにおける損傷，そして，最終的には，前頭葉とその他の皮質領における損傷と関連している。この病因論にもとづいて，疾病の初期段階の患者は，内側側頭葉性健忘症と同じように，虚再生水準，および，虚再認水準の低下を示すだろうと予測できるかもしれない。つまり，この記憶システムの損傷は，学習時に生成された関連ルアー項目を想起する能力を阻害するか，また，リストの特徴やジストを検索するための能力を阻害するかのいずれ

か，もしくはその両方のため，関連ルアー項目の記憶信号は弱くなるだろう（もちろん，このような機能低下は符号化時にも生じうる）。一方，検索モニタリングのような前頭葉によって媒介されるプロセスの機能障害によって，前頭葉損傷患者のように，アルツハイマー病患者が記憶エラーをする可能性が増加するかもしれない。これらの競合する影響は，研究における疾病の重症度の差異と同様に，記憶パフォーマンスにおける決定的な予測をすることを困難にする。一般的に，意味的に関連した材料（DRMリスト），および，その他の連想集束課題の両方で，関連ルアー項目の虚再生と虚再認は，アルツハイマー病で影響を受けないか，または，減少する傾向にある。

特に断りのない限り，ここで概説されるすべての研究では，標準化された基準（McKhann, Drachman, Folstein, Katzman, Price, & Stadlan, 1984）を用いて，ほぼ確実なアルツハイマー病と臨床的に診断された被験者がテストされた。このような方法は，一般的に，臨床的面接，神経学的検査，そして，様々な認知テスト（特に，再生と再認）を含んでいる。すべての被験者は，さもなければパフォーマンスに影響するかもしれないような，抑うつ，および，その他の認知的障害について検査され，そして，統制群の被験者は，年齢，そして通常はその他の次元（例えば，性別や教育歴）においてもマッチングされた。

虚再生

少なくとも4つの研究が，DRM課題の虚再生におけるアルツハイマー病の影響を調査している。Balota et al. (1999) は，健康な統制群被験者と，疾病の重症度で異なる2つの患者群（最軽度と軽度）を比較した。2つの健康な高齢者群をまとめた正再生率（およそ.60）は，最軽度の患者（.46），および，軽度の患者（.31）とくらべて高かった。関連ルアー項目の虚再生率には群間で有意差は見られなかった（群間平均 = .38）。対照的に，患者群は統制群とくらべて非重要侵入語を報告しやすく，この差異のほとんどは，あるリストとその次のリストのソース混同が大きいことによってもたらされた（すなわち，ソースモニタリングの機能低下。類似した結果については，Sommers & Huff, 2003; Waldie & Kwong See, 2003 参照のこと）。内側側頭葉性健忘症患者と同様に，関連ルアー項目においてアルツハイマー病の影響が見られなかったことは，活性化の低下とモニタリングプロセスの低下の間のトレードオフを反映しているのかもしれない。

同様の患者の集団を用いて，Watson et al. (2001) は，意味的リスト（DRMリスト）で正再生と虚再生のこのようなパターンを追認した。正再生率は，アルツハイマー病患者において，統制群被験者よりも低く，虚再生率は，（2つの統制群と2つの患者

群を比較して）おおよそ同じであった。興味深いことに，2つの患者群を比較したとき，疾病の重症度が，最軽度（おおよそ.42）から軽度（.18）に進行するにつれ，DRMリストの虚再生率における大きな低下が見られたが，この比較の統計的な検定結果は報告されていない。また，この方向への小さな虚再生率の低下が，Balota et al.（1999）の結果においても見受けられる。このような虚再生の減少は，アルツハイマー病のかなり進行した段階にある患者における，連想プロセス，またはジストにもとづいたプロセスのいずれか，あるいは，その両方の障害を反映するかもしれない。Waldie & Kwong See（2003）は，アルツハイマー病患者において，統制群被験者と比較してDRM課題における虚再生のさらに大きな減少を見出した。彼女らの研究では，アルツハイマー病患者は，統制群被験者とくらべて，正再生において深刻な障害があり（統制群平均＝約.45，患者群平均＝約.10），そして，関連ルアー項目の虚再生率において極端な低下を示した（統制群平均＝.58, 患者群平均＝.05）。Waldie & Kwong Seeは，アルツハイマー病の可能性の診断のために，Balota et al.やWatson et al.と異なった基準を用いたので，研究間の直接比較は難しい。しかしながら，Waldie & Kwong Seeの患者における正再生の非常に大きな減少を考えると，彼女らの患者は，他の研究の患者にくらべて，疾病によってより深刻に影響されたために，関連ルアー項目の虚再生における減少を示しやすかったと結論づけることは妥当であろう。

虚再認

予測通り，学習語の正再認は，通常はアルツハイマー病によって減少する（年齢でマッチングされた統制群被験者と比較して）。しかし，関連ルアー項目の虚再認に関する研究結果は，より複雑である。関連ルアー項目の虚再認は，時に，アルツハイマー病患者と統制群で同程度のこともあるが，患者はほぼ常に，無関連ルアー項目を虚再認しやすいため（すなわち，基準率虚報が高くなるため），虚再認における関連性効果（すなわち，関連虚報から無関連虚報を差し引いたもの）は，通常，患者群において低くなる。Budson et al.（2000）は，これと関連した結果を報告した。被験者は，最終再認テストのために，いくつかのDRMリストを学習した。最初の学習・再認試行では，正再認率は，患者群（.66）において，統制群（.73）よりも低かった。関連ルアー項目の虚再認は，2群間で同等であった（患者群＝.69, 統制群＝.67）が，無関連ルアー項目に対する虚報が患者において大きかった（患者群＝.28, 統制群＝.04）ため，関連ルアー項目の修正虚再認率は，患者群において.22だけ小さかった。Budsonと共同研究者らは，各研究における典型的なDRM条件のみを考慮しても，アルツハイマー病患者におけるこのようなパターンを数回にわたって追認した（例え

ば，Budson et al., 2002b, 2002c, 2003b；以下の研究においては，再認結果は先行する再生テストと交絡しているが，あわせて，Balota et al., 1999 と Waldie & Kwong See, 2003 も参照のこと）。実際に，関連ルアー項目の修正されていない虚再認率でさえ，これらのうちいくつかの条件では，患者群において低かった（Budson et al., 2002b, 2002c)。アルツハイマー病において，無関連ルアー項目の虚再認の水準がより高くなることは，モニタリングの機能低下が原因であるとされることが多いが，関連ルアー項目の虚再認の低下は，連想の記憶，または，リストのジストの記憶のいずれか，あるいは，その両方が阻害されていることを意味する。

その他の集束課題

　内側側頭葉性健忘症患者のように，アルツハイマー病患者における虚記憶の関連性効果の減少に関していくつかの説明がある。アルツハイマー病患者は，符号化時に関係性処理を自発的に使用することが少なく，そのため，連想プロセスに関与すること，または，リストのジストを抽出することが少なくなる。さらに，エピソード記憶の障害のために，彼らは，（学習段階から）関連ルアー項目に関する思考を思い出すことや，学習リストの特徴やジストを覚えていることが少ないだろう。アルツハイマー病における意味記憶の障害もまた考慮されなければならない。意味記憶の機能低下は，DRM 錯覚における意味的な性質（意味的に関連した連想語を使用していること）のために，エピソード記憶の機能低下とは無関係に虚記憶における関連性効果を減少させるだろう。意味プライミングのような潜在記憶テストによる証拠にもとづいて，アルツハイマー病が意味的プロセスを阻害するという主張を疑問視する研究者もいる（例えば，Balota & Duchek, 1991）が，カテゴリー例の生成のような，より顕在的なテストによる証拠は，実験進行中の意味処理と意味記憶が，アルツハイマー病によって阻害されることを示している（レヴューとして，Nebes, 1989 参照）。もしアルツハイマー病患者が，DRM リストにおいて共有されている意味や連想語を，顕在的に処理することに困難があるのならば，関連ルアー項目の記憶信号もまた減少していると予測されるだろう。それならば，重要な疑問は，虚記憶におけるアルツハイマー病の効果が，どの程度意味的に関連している材料の使用に起因するのかということになる。

　もしアルツハイマー病の患者が，一般的に，学習中に関係性処理を自発的に使用することが少ないならば，また，もしエピソード記憶障害が重要な要因であるならば，意味的な連想関係に依存しない材料（例えば，音韻的ルアー項目，知覚的に類似した物体など）の虚記憶において，関係性効果の減少を示すだろうと予測される。対照的に，もし意味記憶問題が非常に重大な意味をもつならば，統制群と比較して，非意味

的材料の虚記憶効果の減少は予測されないだろう（または，少なくとも減少はより小さくなるだろう）。

非意味的課題の結果は，リストの内容が意味的であろうとなかろうと，アルツハイマー病患者は学習リストの特徴やジストを想起する能力，または，抽出する能力のいずれか，あるいはその両方において障害があるという考えを支持するものであった。Budson et al.（2001）は，アルツハイマー病患者と統制群被験者を，プロトタイプにもとづいて作成された抽象図形のカテゴリーにおける記憶（例えば，Koutstaal et al., 1999b）について比較した。無関連ルアー項目で修正した後，リスト語の正再認と関連ルアー項目の虚再認の両方が患者において低下しており，このことは，DRM課題における再認結果と一致する。Budson, Michalska, Sullivan, Rentz, Daffner, & Schacter（2003a）は，類似画像課題（Koutstaal & Schacter, 1997）を用いた正再認と虚再認（無関連ルアー項目で修正済み）において，アルツハイマー病に関連した同様の障害を見出した。このように，少なくとも抽象的な図形，および，類似した物体の画像では，学習項目間の類似性の記憶はアルツハイマー病で阻害され，虚再認おける関連性効果の減少をもたらすようである。

音韻的連想語のリストもまた，アルツハイマー病の患者における虚記憶を調査するために用いられてきた。Watson et al.（2001）においては，音韻的リストの正再生率は，患者群において，統制群とくらべて低下していたが，関連ルアー項目の虚再生率は同じくらいか，または，患者群において少しだけ高かった。Sommers & Huff（2003）もまた，Watson et al. と同じ集団からの被験者を用いて，音韻的な虚再生におけるアルツハイマー病の効果を調査した。Sommers & Huff は，患者群の虚再生が，統制群にくらべて阻害されていたが，患者群は，音韻的連想語を虚再生しやすかった（統制群平均 = .41, 最軽度患者平均 = .49, 軽度患者平均 = .61）ことを見出した。このように，DRM 課題における虚再生の結果と異なり，これらの研究では，音韻的リストの虚再生がアルツハイマー病患者において多くなる傾向にあった。このような虚再生における不一致の理由は定かではないが，音韻的リストの虚再認結果は，DRM リストの結果と類似する傾向にあった。Budson et al.（2003b）は，無関連ルアー項目に対する虚報が考慮された後に，アルツハイマー病患者において，統制群被験者とくらべて，音韻的ルアー項目と DRM ルアー項目の両方の虚再認の減少を見出した。このような結果は，ジストにもとづいた処理の減少説と一致する。また，Sommers & Huff の再認の結果は，おそらく，先行する再生テストと交絡していたこともあり，より不明瞭であった。最軽度の患者にとって，音韻的ルアー項目の虚再認は，統制群被験者よりもわずかながら大きかったが，軽度の患者にとって，虚再認は統制群被験者と同じ程度

であるか，または，無関連虚報で修正されたときに少し低くなった。

モニタリング操作

　アルツハイマー病患者は，統制群被験者にくらべて，虚再認における関連性効果が小さいことが示されたが，統制群被験者が検索をモニタリングするような状況においては，アルツハイマー病患者は，統制群被験者よりかなり高い水準の関連ルアー項目の虚再認を示す。例えば，上述された Budson et al. (2000) の研究において，健康な高齢者では，学習・テスト試行の反復の後に，関連ルアー項目の虚再認が減少した。既に述べられたように，反復試行における虚再認の減少は，ある種の回想にもとづいたモニタリングが促進されていることを示している。それとは対照的に，患者群において，関連ルアー項目の虚再認が学習・テスト試行で増加したということは，モニタリングプロセスの低下を示している。ここで留意すべきは，Schacter et al. (1998b) や Budson et al. (2002c) と同様に，このような増加が，先行するテストで関連ルアー項目を見たこととのソース混同を反映するかもしれないということである。Budson et al. (2002c) は，最終再認テストの前に，学習段階のみを反復することによって（Benjamin, 2001 と同様に），この可能性を回避した。学習段階の反復によって，統制群被験者で，関連ルアー項目の虚再認が減少したことは，ある種の回想にもとづいたモニタリングプロセスの使用を実証している（例えば，反復学習によって，リスト語の記憶がより示差的になったか，関連ルアー項目を「見つけ出すこと」が簡単になったかのいずれか，もしくはその両方）。対照的に，反復学習によって，Budson et al. (2000) のように，患者群における虚再認は増加した。このような結果は，先行するテストからのソース混同が原因ではなく，代わりに，その他の種類の回想にもとづいたモニタリングの障害が原因であることを意味する。

　研究の中には，アルツハイマー病において，特定の回想にもとづいたモニタリングプロセスをターゲットにしたものもある。Pierce et al. (2005b) は，排斥にもとづいた想起棄却方略を実証するために用いられてきた，カテゴリーリスト課題（例えば，Smith et al., 2001，第 5 章参照）を改良して，若年成人，健康な高齢者，そして，アルツハイマー病患者を比較した。いくつかのカテゴリーリストを学習後，若年成人は，非学習カテゴリー事例が，以前に排斥リストに呈示されたということを想起することによって，その虚再認を減少させた。それに対して，回想が最大であるに違いない条件（すなわち，排斥されるべきルアー項目が，排斥リストで深く処理される条件）において，健康な高齢者では，若年成人にくらべて，このようなルアー項目の虚再認が抑制されることが少なく，そして，患者では，健康な高齢者よりも，さらに抑制され

ることが少なかった．実際，患者は，関連ルアー項目が排斥リストに呈示されている場合に，呈示されていないときよりも，関連ルアー項目を虚再認することが多かった．このことは，排斥リストでの呈示が単に，想起棄却方略を促進することなく，関連ルアー項目の熟知度，もしくは，関連ルアー項目のソース混同を増加させたということを示している．想起棄却方略の使用におけるアルツハイマー病関連の障害は，その他の種類の排斥課題においても見出されている（Gallo, Sullivan, Daffner, Schacter, & Budson, 2004a 参照）。

　診断モニタリングプロセスに目を向けると，Budson et al. (2002b) は，アルツハイマー病の患者において，虚再認を減少させるために示差性ヒューリスティックを使用する能力に障害があるということを見出した．彼らの実験では，Schacter et al. (1999) と類似した方法が用いられ，被験者は，最終再認テストのために，いくつかのDRMリストを学習した．半分の被験者は単語のみを学習したのに対して，残りの半分の被験者は，各単語に対応した画像を学習した．テストでは，半分の項目は聴覚呈示され，残りの半分は聴覚および視覚呈示された（すなわち，単語条件においては視覚的単語，画像条件においては画像が呈示された）．テスト時に聴覚呈示された項目のデータは，図9.3に示されている．予測通り，アルツハイマー病患者は，統制群被験者よ

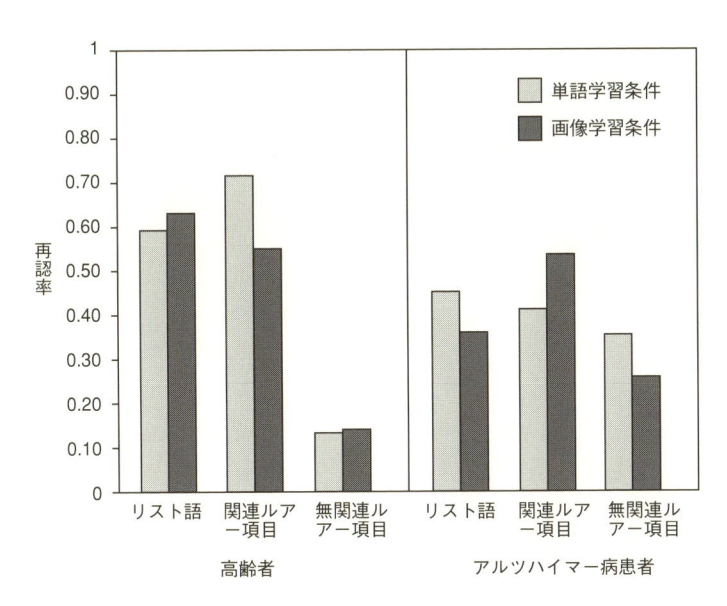

図9.3　示差性ヒューリスティックにおけるアルツハイマー病の効果（Budson et al., 2002b）
　　　　データは，聴覚的にテストされた項目からのものである．無関連ルアー項目に対する虚報は，リスト語統制語，および，関連ルアー項目統制語でまとめられたデータである．

りも，リスト語を再認することが少なかった。これもまた予測通り，患者は関連ルアー項目を虚再認することが少なく，無関連ルアー項目を虚再認しやすかった。現在の関心にとってより重要なことは，統制群被験者が画像の学習の後に関連ルアー項目の虚再認を減少させたのに対し，患者はそうではなかったということである。このことは，患者において，示差性ヒューリスティックの使用が阻害されていたことを示している。アルツハイマー病患者における示差性ヒューリスティックの使用の障害は，その後，その他の虚記憶課題においても追認されている（例えば，Budson et al., 2005; Gallo, Chen, Wiseman, Schacter, & Budson, 2006b）。

まとめると，真実の記憶の欠損に加えて，アルツハイマー病患者は，統制群とくらべて，DRM 課題において，同等の，もしくは，低下した水準の虚再認を示す。また，アルツハイマー病患者は，まさに内側側頭葉性健忘症患者と同じように，DRM 課題やその他の課題において，虚再認における関連性効果の減少も示す。これらの研究結果は，アルツハイマー病がエピソードの符号化や検索の問題が原因で，リストの特徴やジストの記憶を阻害し，そして，（少なくとも DRM 課題においては）連想的処理を減少させる可能性があることを示唆する。対照的に，アルツハイマー病患者において無関連ルアー項目に対する虚報が通常は大きいことは，モニタリングの障害を意味している。このようなモニタリングの問題に関しては，欠格モニタリング（排斥にもとづいた想起棄却），および，診断モニタリング（示差性ヒューリスティック）の両方が，アルツハイマー病患者において阻害されている可能性があり，このことは，さらに深刻な記憶の問題がこの疾病に関連していることを示している。

意味認知症

意味記憶の障害はアルツハイマー病における虚再認効果を説明するために必ずしも必要というわけではないが，そのような障害は，意味認知症の患者においては重要となる。この種の認知症は，典型的には，前外側側頭葉領域の限局性委縮が原因となり，結果的に，意味記憶（例えば，事実の知識，概念，語彙，物体認知など）が深刻に損なわれるのに対して，非言語的材料，または，抽象的材料のエピソード記憶は比較的保たれたままであるというような特徴をもつ（概説として，Hodges, 2000 参照）。この特徴から考えると，意味認知症の患者は，DRM リストの連想関係やジストを処理するのに困難があるが，知覚的に関連した物体や図形のリストにおいては必ずしもそうではないと予測されるだろう。

Simons et al. (2005) は，2 つの実験で，神経学的に診断された意味認知症の患者

と統制群被験者をテストして，この問題を調査した。第1実験では，Koutstaal & Schacter（1997）によって開発された類似画像課題が用いられ，同じ種類の物体（例えば，ティーポット，車など）のいろいろな画像を含むリストが，最終再認テストのために学習された。この実験におけるすべての画像は実在する物体を指示しているため，患者は，リストの概念的な類似性（または，ジスト）を処理するのに困難があるだろうと予測される。この考えに一致して，学習された画像の正再認率と関連ルアー項目の虚再認率は，患者群において，統制群よりも低かった。ちなみに，たった1つの学習項目にのみ関連しているルアー項目の虚再認，また，学習項目に無関連のルアー項目の虚再認においては，群間で差異が見られなかった（そして，患者で大きくなる傾向にあった）。第2実験では，抽象図形課題が用いられ，学習されていないプロトタイプと知覚的に類似した図形が含まれるリストが，最終再認テストのために学習された（例えば，Koutstaal et al., 1999b）。このような抽象的な図形は，既存の概念的な指示対象がないため，意味記憶に関与しない。このような知覚的に関連したルアー項目の虚再認においては，群間で有意差が見られず，実験間の直接比較は，知覚的に関連した材料にくらべて，概念的に関連した材料において有意に大きな虚再認の低下を明らかにした。このように，アルツハイマー病患者と違って，意味認知症患者は，意味的に関連した材料のジストにもとづいた処理における選択的な機能低下を示した。

統合失調症

　統合失調症における虚再認を調査した研究はわずかである。統合失調症の最も一般的な症状は，歪められた現実感覚（例えば，妄想，幻覚，偏執症）であるが，エピソード記憶障害もまた報告されてきた（例えば，再生と再認の低下，ソース記憶エラーの増加；レヴューとして，Aleman, Hijman, de Haan, & Kahn, 1999参照）。これまで述べられてきたその他の神経学的障害と比較すると，統合失調症の原因はあまりわかっておらず，おそらく脳における神経化学的な異常や構造的な異常の組み合わせによるものであるとされている。記憶の機能に特に重要な脳のシステムに関して，前頭葉領域，および，内側側頭葉領域の両方が影響を受ける可能性がある（脳画像診断データのレヴューについては，Antonova, Sharma, Morris, & Kumari, 2004参照）。以下に概説される研究においては，すべての患者が，確立された基準（DSM-IV; American Psychiatric Association, 1994）を用いて臨床的に診断され，そして，ほとんどの事例において，患者は症状のために向精神薬を服用しており，この要因は群間差異に影響した可能性があるだろう。

Elevåg, Fisher, Weickert, Weinberger, & Goldberg（2004）は，DRM虚再生，および，虚再認における統合失調症の影響を調査した。再生テストにおいて，統合失調症患者は，統制群被験者にくらべて，リスト語と関連ルアー項目を再生することが有意に少なかった。また，非重要侵入語については，群間で差異は見られなかった。同様に，再認テストにおいて，患者は統制群被験者にくらべて，リスト語と関連ルアー項目を再認することが有意に少なく，また，無関連ルアー項目の虚再認にはほとんど差異が見られなかった。Huron & Danion（2002）もまた，統合失調症患者が，統制群被験者にくらべて，リスト語と関連ルアー項目を再認することが少ないことを見出し，さらに，それにともなう「remember」判断もまたより少ないことを見出した。この2つの研究とは対照的に，Moritz, Woodward, Cuttler, Whitman, & Watson（2004）は，統合失調症患者が，リスト語の正再認においては障害が見られるが，関連ルアー項目，または，無関連ルアー項目の虚再認においては，群間で差異が見られないことを見出した。Moriz et al. が，他の研究で見出されている虚記憶効果の減少をなぜ追認できなかったのかははっきりとしない。

　これらの結果は，統合失調症が，（Moritz et al, 2004によって示唆されているように）おそらく符号化時の注意低下が原因で，リストの連想やジストの回想を阻害する可能性があるということを示唆する。しかし，本章でこれまで概説したその他の集団と違って，これらの研究には，統合失調症患者における検索モニタリングの低下に関する証拠はほとんどない（すなわち，非重要侵入語と無関連虚報は，統合失調症で増加しなかった）。統合失調症患者において，異なった種類の回想にもとづいたモニタリングプロセスを調査した研究はほとんどないが，反復ラグ課題を用いて，Weiss, Dodson, Goff, Schacter, & Heckers（2002）は，統合失調症がソース記憶を阻害するという証拠（すなわち，患者は，反復されたルアー項目に対する虚報を抑制するために，想起棄却方略を使用することが少ないということ）を見出したが，示差性ヒューリスティックの使用（すなわち，単語学習と比較した画像学習後の虚再認の低下）は阻害されていなかった。

● アスペルガー症候群

　アスペルガー症候群は，研究者によっては，自閉症のような発達障害であると考えられており，社会的相互作用，および，コミュニケーションスキルの異常によって特徴づけられる。他の形態の自閉症とは異なり，アスペルガー症候群の成人は，通常の言語能力と知能を備えている（例えば，Volkmar et al., 1996）。アスペルガー症候群

の成人においては，典型的には，深刻な記憶の問題はなく，実際に，個人的な興味に関する膨大な量の特殊化した情報（例えば，電車の時刻表）を保持していることもある。しかしながら，手がかり再生テストにおいて侵入語を報告する傾向が上昇するなど，エピソード記憶におけるいくつかの障害が報告されている（例えば，Gardiner, Bowler, & Grice, 2003）。次に紹介される2つの研究において，アスペルガー症候群は，主として，臨床的面接，および，発達の個人歴によって成人において診断されたものであった。

Bowler, Gardiner, Grice, & Saavalainen (2000) は，DRM 虚再生，および，虚再認におけるアスペルガー症候群の影響を調査した。彼らの第1実験では，アスペルガー症候群の成人におけるリスト語の再生は，統制群被験者とくらべて，有意に減少した。関連ルアー項目の虚再生率については，アスペルガー群（.18）と統制群（.23）で有意差はなかったが，非重要侵入語がアスペルガー群において有意に多かった。第2実験では，再認パフォーマンスにおいては群間で有意差は見られなかったが，アスペルガー群は，正再認，および，虚再認の両方において，数値上は低い水準を示した。DRM リストごとに直後再認テストをすることで，Beversdorf et al. (2000) は，自閉症スペクトラム障害がある成人が，統制群被験者にくらべて，関連ルアー項目を虚再認することが有意に少なかったが，正再認においては差がなかったということを見出した。無関連ルアー項目に対する虚報は，自閉症群において数値上は大きかったが，統計的検定は報告されなかった。全体的に，これらの結果は，高機能自閉症の成人が意味的に関連したリストのジストや連想を処理する能力において，障害があるかもしれないということを示唆するが，確固たる結論を導き出すには，より多くの研究が必要になるだろう。

アルコール依存症

Harbluk & Weingartner (1997) は，アルコール依存症の治療を受けた集団（平均年齢40歳）における，DRM パフォーマンスを調査した。アルコール依存症患者は，最低3週間治療を受け，アルコール依存症の臨床的基準に合致し，そして，その他の面では医学的に健康であった。被験者は，直後自由再生のためにいくつかのリストを学習し，その後，最終再認テストを受けた。アルコール依存症患者は，統制群被験者にくらべて，リスト語の再生率が有意に低かった（患者群 = .59，統制群 = .68）。関連ルアー項目の虚再生率は，2群間で同じであった（患者群 = .46，統制群 = .48）が，非重要再生侵入語はアルコール依存症患者群（.57）において，統制群（.19）とくら

べて有意に多く，このような侵入語の大多数は他のリストからの侵入語であった。最終再認テスト（先行する再生テストと交絡していた）においては有意差が見られなかった。このような結果は，アルコール依存症患者が正回想に障害があり，それと対応してソース記憶が阻害されている（より多いリスト間侵入語で明らかなように）ということを示している。

薬物性健忘

　DRM 虚記憶効果において，薬物性健忘（drug-induced amnesia）の影響を調査した研究もある。このような薬物研究では，健康な被験者自身が統制群となったので，患者群と統制群の比較につきものであるその他の交絡する要因（例えば，被験者特有の代償的方略〔訳注：健忘症患者が記憶の損失を補うために使用するかもしれない異なった記銘方略や検索方略〕）から，健忘自体の効果を分離することが可能になり，その研究結果は脳損傷集団の研究を補完するものとなる。最も重点的に調査されている薬物は，ジアゼパム（バリウム），トリアゾラム（ハルシオン），ロラゼパムのような，ベンゾジアゼピンである。これらの薬物は鎮静薬であり，一般的に，不安障害や睡眠障害を治療するために用いられる。それらは，皮質全体にわたって，特に，エピソード記憶に重要である辺縁系構造（例えば，海馬）において，受容体部位における抑制性神経伝達物質（GABA）を促進することによって作用する。研究によって，ベンゾジアゼピンがエピソード記憶を阻害し，一時的な健忘状態を誘発することが実証されており（考察のために，Mintzer & Griffiths, 2000 参照），ここでは，これらの薬物がどのように記憶の歪みに影響するかが興味深い事柄となる。また，DRM 課題において，アルコールの効果を調査した研究もある。しかしながら，これらの研究は有意差のない結果（Milani & Curran, 2000; Mintzer & Griffiths, 2001b），もしくは，先行する再生テストのせいで解釈が困難であるアルコール摂取にともなう虚再認の増加（Milani & Curran, 2000）を示したため，これ以上議論されることはない。

　Mintzer & Griffiths (2000) は，DRM 虚再認におけるトリアゾラムの効果を調査した。被験者は，3 つのテストセッション（別々の日に実施された）を完了し，そこでは 2 種類のトリアゾラムの投薬量（125mg/70kg または，25mg/70kg）のうち 1 種類，もしくは偽薬が，錠剤で投与された。各セッションでは，投薬の 1.5 時間後（薬物効果の最高時）に，いくつかのリストが学習され，そして，最終再認テストは学習段階の 1 時間後に実施された。薬物の有効性の確認として，薬物は，薬物状態の被験者評定測度（例えば，眠気，もうろう状態）や，また，様々な精神運動・認知課題におい

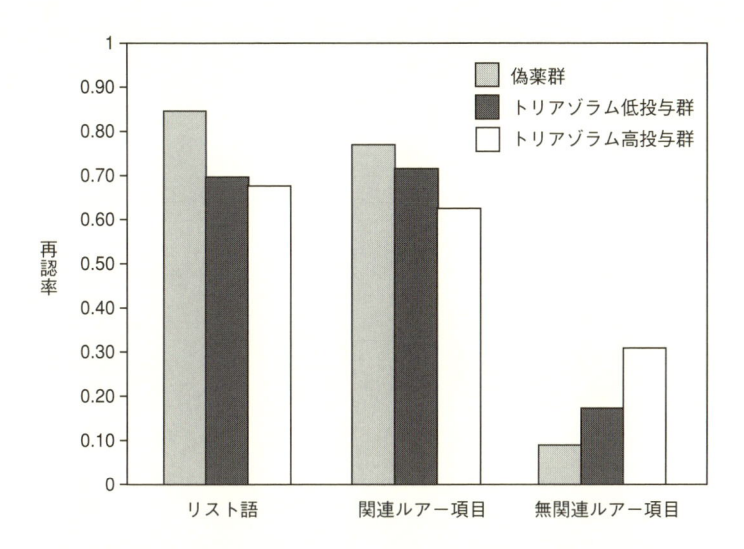

図 9.4 正再認，および，虚再認におけるベンゾジアゼピン鎮静剤（符号化の前に投与されたトリアゾラム）の効果（Mintzer & Griffiths, 2000）
無関連ルアー項目に対する虚報はリスト語統制語と関連ルアー項目統制語でまとめられたデータである。

て，有意な効果を生み出したことがわかった。

　Mintzer & Griffiths (2000) の再認データは，図 9.4 に示されている。トリアゾラムは，偽薬と比較して，リスト語の正再認率，および，関連ルアー項目の虚再認率の有意な低下を引き起こした。さらに，無関連ルアー項目の虚再認率は，トリアゾラム群の方が，偽薬群よりも有意に高かった。同様の結果のパターンは，「remember」判断（原データと全体再認率における割合の両方）においても観察された。Huron et al. (2001) は，DRM 虚再認において，ベンゾジアゼピン（ジアゼパムとロラゼパム）の効果を見出せなかったが，Mintzer & Griffiths (2001c) が，もともとの Mintzer & Griffiths の効果を追認したことを考えると，Huron et al. の結果は，おそらく検定力不足によるものであろう。Mintzer & Griffiths (2000) と同様の手続きを用いて，Mintzer & Griffiths (2001a) は，スコポラミン（アセチルコリンを抑制し，記憶障害を引き起こす薬物）もまた，正再認と虚再認の減少をもたらすことを見出した。最も強い投薬量のみを考慮すると，スコポラミンは，偽薬と比較して，正再認を減少させ（偽薬条件 = .85，薬物条件 = .67），そして，虚再認を減少させた（偽薬条件 = .61，薬物条件 = .41）。また，同様の効果は，「remember」判断においても見受けられた（しかし，原データのみで）。無関連ルアー項目の虚再認は，薬物条件において，偽薬群とくらべて，

促進された（統制ルアー項目でまとめられた平均：偽薬条件 = .05, 薬物条件 = .16）が，この効果は有意ではなかった。

　Mintzer & Griffiths（2001c）は，さらに，記憶パフォーマンスにおけるトリアゾラムの影響を探求した。彼女らの第1実験では，被験者は最終再認テストのために，いくつかのDRMリストを学習した。この実験とMintzer & Griffiths（2000）との決定的な違いは，学習中に1度だけ呈示されるリストもあれば，2度呈示されるリストもあるということである。1回呈示条件では，関連ルアー項目の虚再認は，薬物条件（.53）において，偽薬条件（.65）よりも低く，そして，この差異は，無関連ルアー項目に対する虚報の差異（薬物条件＞偽薬条件）が考慮されたときに，大きくなった（このパターンは，第2実験でも追認された）。このような研究結果は，Mintzer & Griffiths（2000）の効果を追認したものであるが，このことは，薬物が関連ルアー項目の記憶信号を弱めるというさらなる証拠を提供する。次に，虚再認における反復の効果を見てみよう。第5章で述べられたように，学習時にリスト語を反復することは，ある種の回想にもとづいたモニタリングプロセスのおかげで，虚再認の減少をもたらす（例えば，Benjamin, 2001）。この結果は，Mintzer & Griffiths（2001c）の偽薬条件において追認された。正再認率は，反復呈示で上昇したのに対して（1回呈示 = .87, 反復呈示 = .95），関連ルアー項目の虚再認率は減少した（1回呈示 = .65, 反復呈示 = .54）。薬物条件における正再認率もまた，反復で上昇した（1回呈示 = .72, 反復呈示 = .91）が，統制条件とは対照的に，虚再認率もまた反復で上昇した（1回呈示 = .53, 反復呈示 = .65）。この最後の知見は，トリアゾラムが，回想にもとづいたモニタリングプロセスを阻害した（Benjamin, 2001における高速反応や加齢の効果と同様に）ことを示唆する。

　Mintzer & Griffiths（2000）によって述べられたように，これら多くの薬物効果は，記憶パフォーマンスにおける自然発生的な健忘症と類似する。これらの研究における全体的な薬物の効果は，意味的特徴，連想語，または，ジストの符号化を阻害することによって，関連ルアー項目の虚再認を減少させることである（もし薬物の効果が，テスト時までになくなっていなければ，検索の困難性もまた，いくつかの研究において関与している可能性がある）。加えて，薬物は，回想にもとづいたモニタリングプロセスを阻害することにより，無関連ルアー項目における虚再認の促進をもたらすことが多い。Mintzer & Griffiths（2001c）によって報告された反復効果は，この種の薬物が活性化とモニタリングプロセスの両方を阻害する可能性があるという考えを支持するものである。

10章 神経画像法と局在性

　1900年代半ばの認知革命が記憶の情報処理説を生み出したのに対し，近年の神経画像処理技術の進歩は，また新しい革命をもたらした—神経活動パターンと認知プロセスの対応づけである。本章では，連想集束課題において真実の記憶と虚記憶が生起している最中の脳活動を測定することを目的とした研究が概説される。このような課題において報告された知見には非常に興味深いものがあり，そして，そのような知見の多くは，前章で概説された脳損傷がある集団からの知見を補足するものである（さらなるレヴューについては，Schacter & Slotnick, 2004 参照）。しかしながら，神経画像法に関する研究事業は，比較的にまだ成熟していないということに留意することが重要となる。新しいデータ収集の方法やデータ分析の方法が継続的に開発されており，そして，技術上の仮定条件が数多く存在するために慎重にならざるをえない。神経画像法の結果に関する解釈は，神経解剖学と神経機能の理解に大きく依存し，また同じく重要なことに，認知課題中に生起する情報処理の理解に大きく依存する。

　EEG（脳波記録法），PET（陽電子放出断層撮影法），fMRI（機能的磁気共鳴画像法）を用いた研究が，それぞれ以下で概説される。EEGは，頭皮に装着された電極を用いて，脳の電気的な活動を測定する方法である。認知課題に応用されるとき，結果として生じる事象関連電位（ERP）は，優れた時間分解能（約数ミリ秒単位）によって特徴づけられるが，空間分解能においては乏しい（通常は，おおよそ信号が発生している広い領域がわかるだけである）。PETとfMRI測定は，血流に敏感に反応し（それぞれ，PETは直接的に，fMRIは間接的に），この血流は近隣の脳細胞での神経活動を反映すると考えられている。このような技術は，ERPとくらべて，より優れた空間分解能（数ミリメートル単位）を達成するが，時間分解能においては，比較的劣

っている（ここで紹介されている fMRI 研究では数秒単位であるが，このような技術は改良され続けている）。

　記憶に関するほとんどの神経画像研究では，再生テストの代わりに，再認テストが用いられている。再認テストが選択されている理由は，画像獲得までのテスト刺激の同期，テスト項目の種類と数の正確な特定化，反応の単純化（すなわち，ボタン押し）などのような要因に関して実験的な統制がしやすいからである。このような研究における実験のロジックは，純粋な行動学的研究において用いられるものと類似している。神経画像法を用いた実験では，ある種の反応（例えば，関連ルアー項目を虚再認すること）に対応する神経信号が，別の種類の反応（例えば，無関連ルアー項目を正しく棄却すること）と比較される。脳活動において結果として生じる差異は，2 種類の反応において異なるようなプロセスを反映している（例えば，関連ルアー項目における熟知性の促進，「old［旧項目］」判断をすることと「new［新項目］」判断をすることなど）。このようなデータの解釈は，その根底にある認知プロセスに関する仮定に左右され，また同様に，神経信号と認知プロセスの間の対応づけが，異なる反応の種類と交互作用しないという仮定に依存する。しかしながら，同様の仮定もまた，行動学的データに適用されており（例えば，熟知性にもとづいた反応における関連性効果の測度として，関連ルアー項目の虚報率から無関連ルアー項目の虚報率を減算すること），そして，多くの場合，解釈のロジックは直接的で複雑ではない。

　以下で概説されるほとんどの研究では，DRM 再認課題を改変したものが用いられており，主として，正再認と虚再認の脳活動を比較することが目的とされていた。典型的には，被験者は，テーマごとにまとめられたいくつかのリストを意図的に学習し，そして，リスト語，関連ルアー項目，無関連ルアー項目がランダムに混合された，最終「old」/「new」再認テストを受けた。また，その他の連想集束課題からの関連した研究結果（カテゴリー化単語リストや画像リスト）もあわせて考察される。このような研究の数は多くはないが，おもな知見は DRM 課題のものと一致する。本章の構成上の目的で，ERP 研究は，正再認と虚再認の類似性を強調するもの，および，それらの違いを強調するものに分けられたのに対して，PET 研究，および，fMRI 研究はより年代順に配列されている（それぞれにおける新しい研究で方法論的進歩を反映している）。

ERPからの知見

真実の記憶と虚記憶の類似性

　Düzel et al. (1997) は，DRM 虚記憶に関する最初の ERP 研究の 1 つであり，後に続く研究に関連するいくつかの効果を報告した。被験者は，いくつかのリストを視覚的に学習し，そして，再認テスト（続いて「remember」/「know」判定をともなう）を受ける間，脳波が記録された。各リストにつき 4 つの関連ルアー項目が選択され，ターゲット語，関連ルアー項目，無関連ルアー項目は語長と出現頻度でマッチングされた。この実験における再認結果は，妥当なパターンを示した。正再認率 (.63) は，関連ルアー項目の虚再認率 (.50) とくらべて高く，そして，順に，関連ルアー項目の虚再認率は，無関連ルアー項目の虚再認率 (.21) より高かった。「remember」判断は，同様のパターンを示したのに対して，「know」判断は，リスト語と関連ルアー項目で類似していた。最初の old/new 判断の反応潜時は，項目の種類で有意な差が見られなかった。

　この実験の主要な結果は，「remember」判断と「know」判断が，異なった活動パターンを惹起したが，これらのパターンのほとんどは，無関連ルアー項目の正棄却とくらべると，リスト語と関連ルアー項目で類似していたということである。リスト語と関連ルアー項目の両方は，「remember」判断と「know」判断について，300 - 600 ミリ秒の範囲（刺激呈示終了後）で後頭部の陽性電位を惹起した。著者らは，このような効果は，反復プライミングや意味プライミング条件で観察される N400 効果の変動を反映するものだろうと示唆している。同じ時間範囲におけるより前頭中心部付近の陽性電位が，テスト刺激の熟知性を反映していると主張する研究者もいる（いわゆる，FN400 とよばれるもの；Curran, 2000 参照）が，Düzel et al. (1997) によって報告された効果は，後頭部記録部位から最も明確であった。

　正再認と虚再認のその他の類似性は，もう少し遅い時間範囲から見出された。600 から 1000 ミリ秒の範囲において，リスト語と関連ルアー項目の両方で，「remember」判断が，左側側頭頭頂部の陽性電位を惹起したのに対し，「know」判断は，前頭中心部の陰性電位を惹起する傾向にあった（ここでも，無関連ルアー項目と比較して）。特に興味深いのは，「remember」判断における左側側頭頭頂部効果である。この効果は，他の ERP 研究で観察される頭頂部の「old」/「new」判断効果と類似しており，おそらく内側側頭葉の活動や皮質－海馬相互作用を介した，主観的に詳細化された情報の検索と関連すると考えられている（レヴューとして，Rugg & Allan, 2000 参照）。最後に，最も遅い時間範囲 (1300 - 1900 ミリ秒) では，「remember」判断，および，

「know」判断の両方が，リスト語と関連ルアー項目において，前頭部の陽性電位（おもに右側で）を惹起した。同様の効果は，ソース記憶課題を用いた他のERP研究において観察されており，検索後モニタリングや決定プロセスを反映すると考えられている（Johnson, Kounios, & Nolde, 1996; Wilding, 1999参照）。全体的に，このような結果は，回想（「remember」判断に対応する），および，熟知性（「know」判断に対応する）の主観的状態が，異なったERPパターンを惹起するが，これらのパターンはリスト語と関連ルアー項目で大部分は類似しているということを示唆する。

　Johnson et al. (1997) もまた，DRM課題において，ERPがリスト語の正再認と関連ルアー項目の虚再認で非常に類似していることを見出した。実際に，Düzel et al. (1997) のように，テスト時に異なった種類の項目が混合された条件において，Johnson et al. は，リスト語と関連ルアー項目の間のERPの差異がない（広い時間範囲と記録部位で，無関連ルアー項目の棄却の波形よりも陽性方向に振れた波形であった）ということを報告した。しかしながら，テスト項目がブロック化されたとき（すなわち，12のリスト語がテストされ，その後12の関連ルアー項目がテストされるようなとき），様々な部位において，関連ルアー項目よりもリスト語で大きな陽性電位が出現した。行動学的パフォーマンスが同じということから，ブロック化テストと混合テストの間の差異についての理由は明確ではないが，PET研究やfMRI研究を概説する際に，このような差異に留意することは重要となるだろう。

　Curran et al. (2001) は，続いて，より強力な研究を行い，典型的なDRM課題（混合テスト）における多数の被験者（$n = 46$）からのERPデータを報告した。これらの被験者は，リスト語と関連ルアー項目の間の区別が「得意な」被験者と「不得意な」被験者に分けられた。その結果，得意な被験者群において，正再認率（.70）が，関連ルアー項目の虚再認率（.49）や無関連ルアー項目の虚再認率（.20）よりも高かったのに対し，不得意な被験者群では，正再認率（.56）が，関連ルアー項目の虚再認率（.57）と同じで，関連ルアー項目の虚再認率は，無関連ルアー項目の虚再認率（.26）よりも高かった。反応潜時もまた，群間で差異が見られた。得意な被験者群において，リスト語の正再認の反応潜時が，関連ルアー項目の虚再認の反応潜時よりも有意に短かったことは，得意な被験者が，関連ルアー項目が学習されたかどうか決定するために，付加的なモニタリングプロセスを利用していたということを示唆する。不得意な被験者群では，項目の種類で反応潜時の差が見られなかった。このことは，不得意な被験者が，判断の際に，ジストにもとづいた類似性のみに依存していた可能性があるということを示唆している。

　得意な被験者と不得意な被験者の比較に焦点を合わせたERPの結果では，3つの

効果が特に興味深い。まず1つ目は，熟知性にもとづいた反応と関連すると予測されている FN400 である。この効果は，どの群の被験者においても観察されなかった。2つ目は，400 から 800 ミリ秒の間で出現した左頭頂部の陽性電位であったが，これは Düzel et al. (1997) では，リスト語と関連ルアー項目の両方（無関連ルアー項目との比較）で観察された。この効果は，Curran et al. (2001) において追認され，得意な被験者群において，リスト語と関連ルアー項目の両方で類似していた。この効果は，不得意な被験者群においても示されたが，（予想外に）関連ルアー項目よりもリスト語で大きかった。3つ目に，2つの群の被験者は，より後期（1000 − 1500 ミリ秒）の前頭部の old/new 効果において異なっていた。得意な被験者群では，右前頭部の ERP が，無関連ルアー項目の正棄却と比較して，リスト語の正再認と関連ルアー項目の虚再認でより陽性であった。この効果は，Düzel et al. (1997) で観察されたものと類似した前頭部のパターンを追認し，そして，得意な被験者が，リスト語や関連ルアー項目に反応する際に，付加的なモニタリングや判断プロセスを利用していたことを示唆している。また，このような効果が不得意な被験者で観察されなかったということは，行動学的パフォーマンスから予測されるように，不得意な被験者がそのようなモニタリングプロセスを利用することが少ないことを示唆する。

真実の記憶と虚記憶の相違点

　Fabiani et al. (2000) は，被験者にいくつかの DRM リストを視覚的に学習させた後に，混合再認テストを行った。重要となる実験操作は，学習時において，被験者の視線が中央に固定されたままであるときに，あるリストからの単語が凝視点の右側か左側のどちらかに呈示されるというものである。この方法では，学習語が脳半球のどちらか1つで（少なくとも初期段階では）選択的に処理されるため，テスト時におけるこれらの単語の ERP は，側性効果（laterality effect）を示すかもしれない（テスト語は中央に呈示された）。特に興味深いことは，関連ルアー項目が，学習されていないにもかかわらず，同じ側性効果を引き起こすかどうかである。この実験における行動学的結果は，先行研究と類似しており，リスト語の正再認率（.73）は関連ルアー項目の虚再認率（.71）とほぼ同じであり，関連ルアー項目の虚再認率は，無関連ルアー項目の虚再認率（.20）よりも高かった。反応潜時は，正再認においてより短くなるという結果をもたらした左半側視野に呈示されたリスト（すなわち，最初に右半球によって処理された）を除いて，リスト語と関連ルアー項目で類似していた。

　予測通り，リスト語の正再認において左右分化した脳活動が見られ，テスト刺激呈示開始から 210 − 700 ミリ秒の間に中心部，および，後頭部で出現した。このパター

ンは，図 10.1 の上図に示されており，学習時に，対応するリスト語が右半側視野に呈示されたか，または，左半側視野に呈示されたかに対応した，再認されたリスト語に対する，左半球部位（T5）と右半球部位（T6）における活動を表している。テスト語は中央に呈示されたため，これらの側性効果は，直接的には，学習時での刺激呈示の半側視野における記憶によるものであるということを念頭に置いて欲しい。虚再認された関連ルアー項目では，系統的な側性効果が見出せなかった（図の下図）ということは，学習された単語のみで，ERP においてこのような先行する処理の記憶信号，あるいは感覚信号が出現することを示している。P300（300－700 ミリ秒で出現する後頭部の陽性電位）において正再認と虚再認にいくつかの差異が得られたが，この効果は，次に紹介される研究においてより中心的な話題となる。

　Miller, Baratta, Wynveen, & Rosenfeld（2001）は，DRM 課題において P300 効果を調査した。この効果は，めったに起こらない出来事（例えば，標的刺激，またはオドボール（oddball））がより起こりやすい出来事（例えば，標準刺激）の文脈の中で生起するという，「オドボール（変わり者）」パラダイムでよく見受けられる。それぞれの実験において，被験者はいくつかの DRM 様のリストを視覚的に学習した（各単

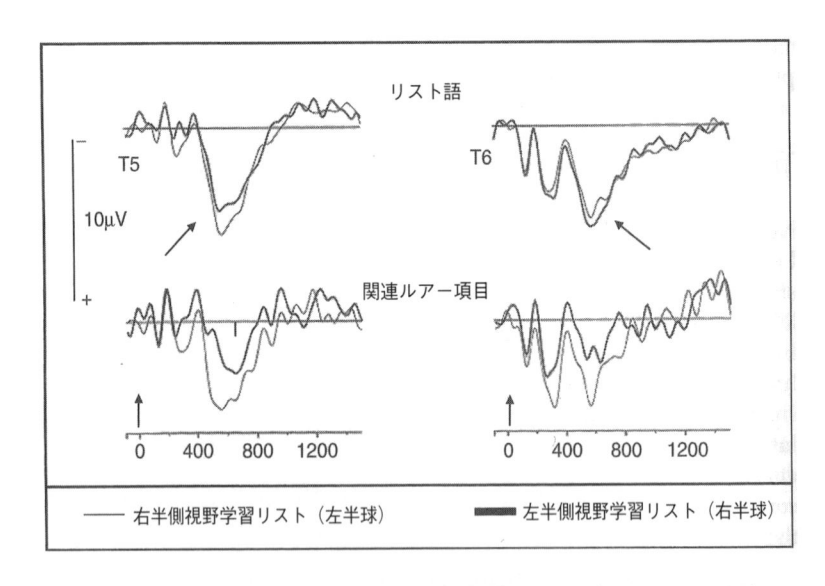

図 10.1　Fabiani et al.（2000）における 2 つの後頭部部位からの総加算平均 ERP 波形
　　　　リスト語の正再認（上図）と関連ルアー項目の虚再認（下図）の結果は，右半側視野に呈示されたリストに対応する項目で左半球によって最初に処理されるもの（薄い線）と左半側視野に呈示されたリストに対応する項目（濃い線）とで別々に表されている。T5＝左，T6＝右。
　　　　（Fabiani et al., 2000, *Journal of Cognitive Neuroscinece*. から MIT Press の許可のもと複製）

語について快-不快評定を行った)。ERPは,最終再認テストで記録されたが,そのテストには,すべての単語が語長と頻度で均等にされている,50のリスト語,50の関連ルアー項目,233の無関連ルアー項目が含まれていた。テスト時における多数の無関連ルアー項目は,リスト語と関連ルアー項目においてオドボール効果を誘発することを目的としていた。行動学的結果は,視覚呈示を用いた(そして,より弱い関連ルアー項目を用いた)先行研究と類似しており,リスト語の再認率(.89)が関連ルアー項目の虚再認率(.51)よりも高く,関連ルアー項目の虚再認率は,無関連ルアー項目の虚再認率(.15)よりも高かった。被験者は,テスト語がコンピュータ画面に呈示されてから2秒後に(ボタン押しで)再認判断をするように促されたため,反応潜時は,すべての項目の種類で同じであった。

　他の研究と同様に,リスト語の正再認と関連ルアー項目の虚再認は,非常に類似したERPパターンを惹起した。分析では,中心部-後頭部記録部位からのP300効果に焦点が合わせられた。リスト語,および,関連ルアー項目の両方は,正棄却された無関連ルアー項目と比較して,類似した振幅とトポグラフィーの有意なP300効果を示した。しかしながら,P300が,関連ルアー項目では,リスト語よりもかなり早くピークに達し,そのピークが短かったということは,関連ルアー項目の虚再認とリスト語の正再認の間に信頼性のあるERPの差異があることを実証している。この差異の理由についてははっきりとしないが,著者らは,正再認と虚再認にともなって回想された詳細情報における主観的差異を反映するものではないかと示唆した。また,著者らは,短いP300の潜時は,意味的にプライミングされた単語において,プライミングされていない単語にくらべて,生起することがわかっており,そして,そのような関連ルアー項目におけるプライミング効果は,ここで観察された効果において,ある役割を果たしているだろうとも指摘した。関連した研究において,また,Merritt & DeLosh (2003)においても,正再認と虚再認の間のP300における差異が見出された。さらに,彼らは,視覚学習条件において,聴覚学習条件にくらべて,テスト時にP300の振幅が大きく,後期の前頭部からの波形の振幅も大きいことを見出した。このような効果は,視覚学習条件にともなって促進された回想にもとづいたモニタリングプロセスに相当するかもしれない(第5章で概説された学習モダリティ効果参照)。

　本節で概説される最後のERP研究は,脳波活動が正再認と虚再認で類似したり,異なったりする条件を明らかにすることを目的としたものである。Nessler, Mecklinger, & Penney (2001)は,DRMリストではなく,カテゴリーリストにおける正再認と虚再認のERPを比較した。被験者は,カテゴリーごとにブロック化され,カテゴリー名がリスト項目に先立って呈示された,5単語からなるいくつかのカテゴ

リーリストを聴覚的に学習し，そして最終再認テストを受けた。このテストは，すべての学習語，学習カテゴリーからの同数の非学習事例，そして，非学習カテゴリーからの無関連ルアー項目を含んでいた。カテゴリー材料において典型的であるように，正再認率（.78）は，関連ルアー項目の虚再認率（.26）よりも高く，順に，関連ルアー項目の虚再認率は，無関連ルアー項目の虚再認率（.05）より高かった。また，反応潜時も異なり，リスト語の正再認，および，無関連ルアー項目の正棄却は，関連ルアー項目の虚再認よりも反応潜時が短かった。

　DRM課題を用いたERP研究と同じように，リスト語の正再認と関連ルアー項目の虚再認では，正棄却された無関連ルアー項目とくらべて，非常に類似した脳波活動が生じた。リスト語，および，関連ルアー項目の両方は，熟知性を反映すると考えられているFN400効果を思い起こさせるような，初期（300－500ミリ秒）の前頭内側部からの陽性電位を惹起した。両方の種類の項目において，Düzel et al. (1997)，および，Curran et al. (2001) の両研究で得られたような，頭頂部の old/new 効果（500－700ミリ秒）も出現したが，この効果は，Nessler et al. (2001) の研究では，関連ルアー項目において，リスト語よりも小さかった（おそらく，虚再認効果が弱かったためであろう）。最後に，リスト語も関連ルアー項目も両方とも，後期（1200－1600ミリ秒）の右前頭部の陽性電位を惹起したが，これはこのような項目における付加的なモニタリングを反映している可能性がある（Curran et al., 2001，および，Düzel et al., 1997 と同様に）。Nessler & Mecklinger (2003) は，類似した材料だが，短いリストと，学習とテストの間の遅延を最小限にして，これらの多くの効果を追認した。

　Nessler et al. (2001) の第2実験では，正再認と虚再認におけるERP波形の類似性が，再認判断のためにカテゴリー情報を利用すること（例えば，正再認と虚再認を促進するようなリストに関するジストの回想）を反映するという考えが検証された。課題は，第1実験で用いられたものと似ていたが，学習時に単語がカテゴリーで混合されていたことが異なっていた。ある群の被験者は，カテゴリーに体制化したのに対し，もう1つの群は，単に各単語が生物を指し示しているかどうかを決定した（そのため，カテゴリー的体制化を抑制している）。行動学的結果は，カテゴリー的体制化に被験者の注意を向けさせることで，テスト時に，被験者が無関連ルアー項目を正確に，自信をもって棄却する可能性が高くなることを示した。このことは，被験者が，カテゴリー情報にもとづいて再認判断をしやすいことを示唆している（しかし，これは，関連ルアー項目の虚再認における群間差には反映されなかった）。また，ERPの結果は，テスト時のカテゴリーやジストにもとづく処理が，真実の記憶と虚記憶の間の類似性の原因であるという考えに一致するものであった。リスト語の正再認と関連ルアー項

目の虚再認の ERP は，学習時に単語をカテゴリー化した（そして，おそらく，テスト時にカテゴリー情報を利用する可能性が高かった）被験者において，カテゴリー的体制化に注意を向けられなかった被験者とくらべて，より類似していた。

符号化効果

上述されたすべての研究が検索時の正再認と虚再認を比較しているのに対して，Urbach, Windmann, Payne, & Kutas (2005) は，符号化に関する分析を提供した。2つの別々の実験において，被験者が後続する再認記憶テストのために，いくつかのDRM リストを学習する間，ERP が記録された（実験間に方法論的差異があるものの，全体的な結果のパターンは同じであった）。そして，後に再認されたリスト語の符号化時に惹起された波形のみが分析された。重要な結果は，後に関連ルアー項目の虚再認をもたらしたリスト語からの波形が，後に正棄却をもたらしたリスト語の波形とくらべて，陽性側の振幅が小さかったというものである。このような差異は，刺激呈示開始後 500 ミリ秒あたりで出現し，記録期間中（およそ 1300 ミリ秒）続き，そして，いくつかの記録部位で見受けられた。先行研究にもとづいて，著者らは，この脳波活動の差異は，リスト語の符号化の質を表しているのかもしれないと主張した。つまり，より陽性側の波形を惹起したリスト語は，十分に符号化されたかもしれない（すなわち，より項目特定的な特徴が符号化された）。もしそうならば，このより深い，または，より精緻化された符号化は，テスト時においてより示差的な回想を促進し，その結果，虚再認を減少させる回想にもとづいたモニタリングプロセスを促進したのかもしれない。

ERP のまとめ

正再認と虚再認の間の類似性に関して，2 つの ERP 効果が研究で見出されている。1 つ目は，頭頂部の old/new 効果（陽性電位で，しばしば左側性で，刺激呈示開始後だいたい 400 から 900 ミリ秒の間に出現する）である。この効果は，皮質－海馬相互作用から生じる可能性がある，回想と関連している。Curran et al. (2001)，および，Düzel et al. (1997) は，DRM 課題において，この種の効果を報告し，Nessler et al. (2001)，および，Nessler & Mecklinger (2003) は，カテゴリーリスト課題でこの効果を確認した。Goldmann et al. (2003) は，被験者が，ルアー画像（例えば，ある犬）を，同じカテゴリーからの異なる種類（例えば，他の様々な犬）の画像を学習した後に，虚再認するというような，類似画像課題（例えば，Koutstaal et al., 2001b）において，正再認と虚再認で類似した効果を報告した。このように，正再認と虚再認両方

における頭頂部の old/new 効果が，材料や条件で一般化可能のように思われることは，正再認，および，虚再認の両方が，ある種の回想をともなうということを示唆している。

正再認と虚再認の間の ERP における 2 つ目の類似性は，しばしばモニタリングプロセスや決定プロセスを反映していると考えられている，後期の右前頭部の陽性電位である（例えば，Curran et al., 2001; Düzel et al., 1997; Johnson et al., 1997; Nessler et al., 2001; あわせて，Summerfield & Mangels, 2005 も参照のこと）。ERP の優れた時間分解能は，この効果を解釈する際に有効である。それは，モニタリングプロセスや決定プロセスが，被験者が検索の結果をモニタリングするとき，また，より関連する情報を探索するときのいずれか，あるいはその両方のときに，反応の比較的後期で生起するだろうと予測されるためである。3 つ目の ERP の類似性である，old/new「熟知性」効果は，いくつかの実験において正再認と虚再認で観察されてきた（例えば，Nessler et al., 2001）が，そうでない実験もある（例えば，Curran et al., 2001）。

正再認と虚再認の間の差異もまた，いくつかの研究で見出されている（例えば，Fabiani et al., 2000; Johnson et al., 1997; Merritt & DeLosh, 2003; Miller et al., 2001; Summerfield & Mangels, 2005）。このような差異は，Fabiani et al. (2000) によって観察された側性効果の場合と同様に，リスト語，および関連ルアー項目に関して検索された情報の種類における質的差異を反映する可能性がある。しかしながら，ERP では，空間分解能が乏しいために，より広範囲での差異の解釈は，推測の域を出ない。

◯ PET と fMRI からの知見

Schacter et al. (1996b) は，DRM 課題における最初の神経画像研究を行った。この研究は PET を使用したため，異なったテスト項目（リスト語，関連ルアー項目，無関連ルアー項目）が，異なった記録ブロックで呈示された（すなわち，テスト項目は混合されていない）。被験者は，最終視覚再認テストのために，いくつかのリストを聴覚的に学習し，テストの間，PET スキャンが取得された。その結果，典型的な行動学的結果が得られた。リスト語の正再認率(.68)は，関連ルアー項目の虚再認率(.58)よりも高い傾向にあり，順に，関連ルアー項目の虚再認率は，無関連ルアー項目の虚再認率（リスト語統制語，および，関連ルアー項目統制語の両方で .33）よりも高かった。また，反応潜時は報告されていなかった。

類似した脳活動が，リスト語と関連ルアー項目に反応する際に観察された。まず，基準となる条件（凝視点を見つめている条件）とくらべて，リスト語と関連ルアー項目は，左内側側頭葉（海馬傍回付近）における賦活をもたらした。このパターンが，

無関連ルアー項目に対する反応の際に見受けられなかったことは，リスト語と関連ルアー項目についての内側側頭葉の賦活が，ある種の回想を反映するかもしれないということを示唆する。また，それぞれの項目の種類について，いくつかの他の領域における活動の上昇も見受けられた。例えば，両側後頭葉皮質における活動の上昇は，具体的には，単語呈示による視覚刺激の強まりを反映し，そして，前頭前野前部における活動の上昇は，具体的には，モニタリング，または，意思決定プロセスを反映するものであろう。より興味深いことは，リスト語が，他の項目とくらべて，聴覚野のいくつかの領域（例えば，上側頭回，側頭平面，縁上回）において，賦活をもたらす傾向が強いということである。それまでの PET 研究は，これらの領域における賦活が，聴覚的処理，または，音韻的処理に対応することを示唆しているため（例えば，Petersen, Fox, Posner, Mintun, & Raichle, 1989），Schacter et al. は，彼らの研究結果を，関連ルアー項目よりもリスト語で聴覚的詳細の回想が多かったことを示すものとして解釈した。この解釈もまた，聴覚野の領域が，聴覚情報を回想するときに再賦活化するということを示した後続の研究にうまく合致する（例えば，Wheeler, Petersen, & Buckner, 2000）。

　このような初期の知見により，引き続いて多くの知見がもたらされると期待させたが，いくつかの注意が必要である。まず，リスト語や関連ルアー項目とそれぞれの統制ルアー項目の直接的な対比は，内側側頭葉領域における有意な賦活を見出さなかったため，内側側頭葉の賦活（凝視と比較して）が，記憶に関連するという解釈は疑問視される。次に，PET 研究は，テスト項目のブロック化，および，被験者の反応にかかわらず，すべての項目についての賦活の平均化を必要とする。Johnson et al. (1997) の研究で述べられたように，正再認と虚再認の ERP 波形は，ブロック化テストデザインでは異なるが，より典型的な混合テストデザインでは異ならないことがわかっている。ブロック化デザインは，項目でテスト項目をまとめることが反応方略やその他の反応特性に影響するかもしれないため，望ましいとはいえない。

　Schacter et al. (1997a) は，テスト項目をブロック化したデザインと混合したデザインを用いて，fMRI 研究を実施した。この研究は，エピソード記憶についての最初の事象関連 fMRI 研究の1つであり，異なった種類の項目（および，被験者反応）の神経信号が，混合条件において別々に推定されることが可能であることを意味している。被験者は，一連の最終視覚再認テストのために，いくつかのリストを聴覚的に学習した。ブロック化条件では，リスト語，または，関連ルアー項目は1度に6語のブロックでテストされたのに対し，混合条件では，これらの項目は混合されてテストされた。また，無関連ルアー項目は，fMRI 実験ではテストされなかったが，通常の

行動学的な DRM 課題の効果が追認できるかを確認するために，予備実験で含められた（そして，その効果は確認された）。fMRI 実験において，ブロック化試行では，リスト語の正再認率（.73）が，関連ルアー項目の虚再認率（.54）より有意に高かった。類似したパターンが，混合試行においても見受けられたが，正再認率（.77）は，虚再認率（.67）とくらべて有意に異ならなかった。反応潜時においては，これら4種類の反応間で差異が見られなかった。

ブロック化デザイン，および，混合デザインの両方において，いくつかの領域が，基準（凝視点を見つめること）とくらべて，正再認と虚再認の両方で賦活された。賦活された領域は，内側・外側頭頂葉，両側前頭前野前部，海馬・海馬傍回領域，そして，視覚野を含んでいた。残念ながら，無関連ルアー項目が含まれていなかったため，これらのどの効果が記憶に特定的なものであるかはわからない。正再認と虚再認の間の直接対比は，この2種類の反応における賦活化においてほとんど差がないことを明らかにし，このことは，正再認と虚再認が非常に類似した賦活パターンをもたらした（そして，Schacter et al., 1996b によって得られた差異を追認することに失敗した）ことを示している。正再認と虚再認の間の信頼性のある差異は，ブロック化条件の関連ルアー項目が，リスト語とくらべて，右前頭前野前部においてより大きな賦活をもたらしたことだけであった。この差異は，ブロック化条件では，被験者が虚再認反応をモニタリングする可能性が高かったことを示す可能性があり，このことは行動学的データ（この条件においてリスト語と関連ルアー項目の弁別可能性が高いこと），および，Johnson et al. (1997) の結論と一致するだろう。決定的なのは，リスト語と関連ルアー項目の両方で，前頭前野前部領域における活動が，より後頭の領域において観察されたものとくらべて，比較的遅れてピークに達したことである（図10.2上図参照）。このような前頭前野前部領域における賦活の時間的経過は，正再認と虚再認の両方で観察された後期における前頭部の ERP 効果を思い起こさせるものであり，そして，この脳波活動も，同様に，比較的遅いモニタリングプロセスや決定プロセスに起因するものと考えられていた。図10.2の下図は，この領域における賦活が，混合デザインにおいて，リスト語と関連ルアー項目で類似していることを示している。このことは，これら両方の項目が，テストが混合されたときに，同じように検索モニタリングを誘発しやすいことを示唆している。

このような先行研究をもとにして，Cabeza, Rao, Wagner, Mayer, & Schacter (2001) は，より強力な事象関連 fMRI 実験を実施した。この実験は，6つの学習・テストセッションから成り，被験者は各セッションでいくつかのリストを学習した（半分のリストは DRM リストで，残りの半分はカテゴリーリストであったが，すべての分析は，

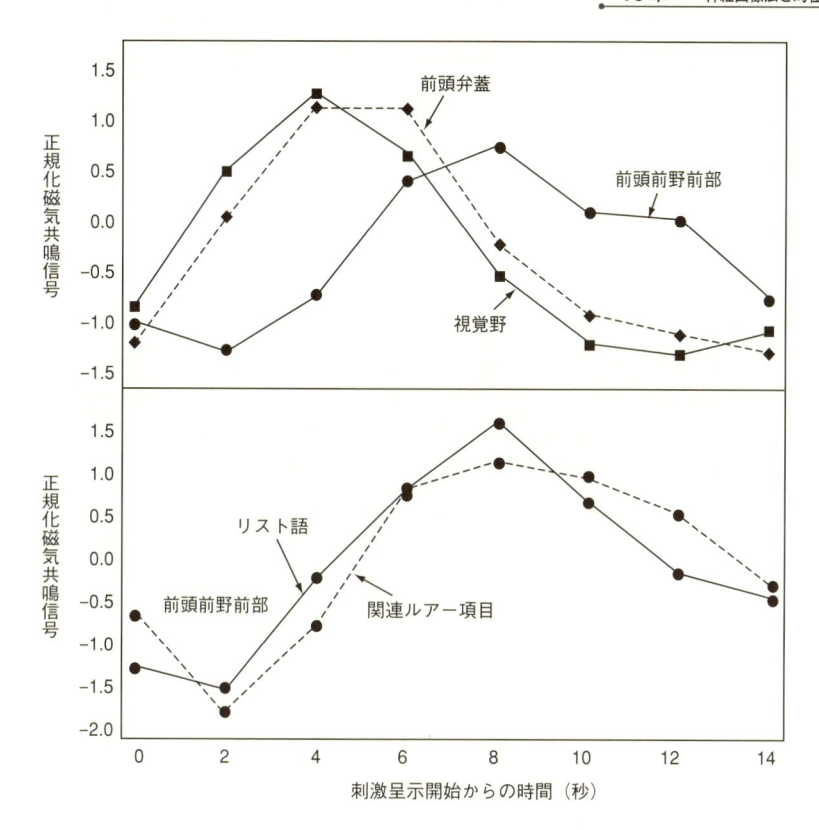

図10.2 Schacter et al.（1997）の混合テスト条件における fMRI 賦活
上図：リスト語と関連ルアー項目（そして，反応）で平均化した，同じ軸平面における3つの脳領域の賦活の時間経過。下図：リスト語と関連ルアー項目それぞれにおける，前頭前野前部領域のみの賦活（左ピーク Talairach 座標＝ −28，56，12，右＝ 37，50，9；ブロードマンの10 野）。（Elsevier の許可のもと転載）

この変数でまとめて行われた）。学習時に，被験者は2人の話者が単語を音読しているビデオテープを視聴し，そして，（先行研究のように）単に単語を聴くことから生じるものとくらべて，より詳細化した回想を生じさせるために，どの話者がそれぞれの単語を発言したかを覚えておくように教示された。それから，被験者は，各学習リストから1つのリスト語，および，1つの関連ルアー項目，そして，無関連ルアー項目を含んでいる，最終視覚再認テストを受けた。DRM 課題において典型的な行動学的効果が得られ，正再認率（.88）は，関連ルアー項目の虚再認率（.80）よりほんのわずかだけ高く，関連ルアー項目の虚再認率は，無関連ルアー項目の虚再認率（.12）より高かった。反応潜時もまた異なり，リスト語に対する反応潜時（1419 ミリ秒）は，

III部　応用とデータ

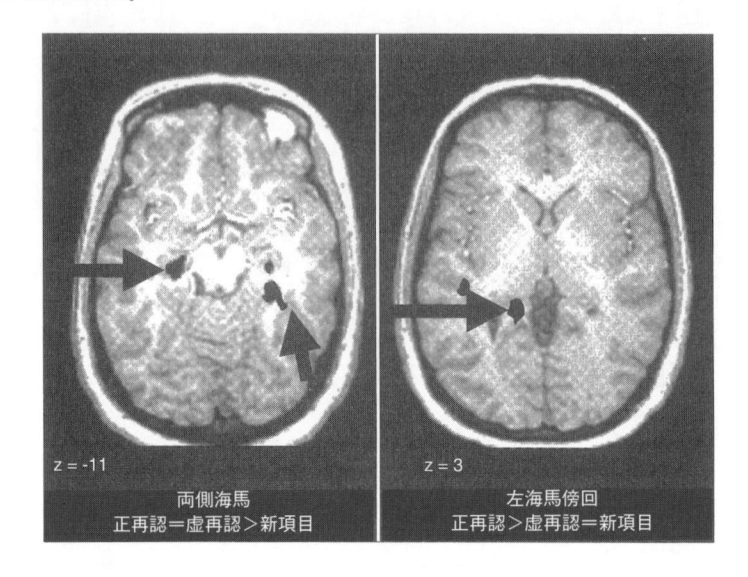

z = -11　両側海馬
正再認＝虚再認＞新項目

z = 3　左海馬傍回
正再認＞虚再認＝新項目

図 10.3　Cabeza et al.（2001）における fMRI 賦活
　　左図：リスト語の正再認と関連ルアー項目の虚再認の両方が，無関連（新しい）ルアー項目の正棄却にくらべて，両側海馬におけるより大きな賦活を惹起した。右図：リスト語の正再認は，関連ルアー項目の虚再認や新しいルアー項目の正棄却とくらべて，左海馬傍回におけるより大きな賦活を惹起した。
（Cabeza, et al., 2001, *Proceedings of the National Academy of Sciences*. National Academy of Sciences, USA. から許可のもと複製）

関連ルアー項目の潜時（1576 ミリ秒）よりも有意に短く，関連ルアー項目の反応潜時は，無関連ルアー項目の反応潜時（1709 ミリ秒）よりも短かった。
　主要な神経画像結果には，内側側頭葉領域における関心領域分析が含まれていた。この分析の結果は，図 10.3 に示されている。その左図は，無関連ルアー項目と比較して，リスト語と関連ルアー項目の両方で，海馬前部が同等に賦活されたことを明らかにしている。この賦活は，正再認と虚再認の両方を支援すると思われる意味的情報の検索を反映した可能性があると主張された。対照的に，左海馬傍回近くの後部内側側頭葉における領域（右図）は，リスト語において，関連ルアー項目や無関連ルアー項目（これらは類似した賦活を示した）とくらべて，より賦活された。このパターンは，関連ルアー項目や無関連ルアー項目とくらべて，より詳細にわたるリスト語の感覚的情報や文脈的情報の検索を反映した可能性があると主張された。他の領域に関しては，脳全体の分析は，いくつかの領域がリスト語と関連ルアー項目の両方で，無関連ルアー項目とくらべて，賦活されることを明らかにした。これには，両側頭頂皮質

（ブロードマンの 40 野付近）が含まれており，その左側の領域においては，関連ルアー項目よりもリスト語で賦活が大きくなる傾向がある。この頭頂部の old/new 効果は，再認記憶を用いた fMRI 研究でよく観察され，そして，正再認と虚再認の両方で観察される左頭頂部の ERP 効果に相当するかもしれない。背外側前頭前野（例えば，ブロードマンの 46 野付近）もまた，リスト語の正再認と関連ルアー項目の虚再認の両方で賦活し，そして，Schacter et al. (1996b, 1997a) によって報告された効果のように，この賦活は，モニタリングプロセスを反映したものかもしれない。比較として，より腹外側の前頭前野領域における賦活は，無関連ルアー項目で，他の項目とくらべて大きく，このことは，すべての前頭前野領域がリスト語と関連ルアー項目でより賦活されるというわけではないということを示している。

ここで最後に概説される fMRI 研究は，正再認と虚再認を区別することができる可能性がある感覚信号について調査したものである。Slotnick & Schacter (2004) は，知覚的に関連した抽象図形（すなわち，Posner & Keele, 1968, 1970 と類似して，プロトタイプの変更によって生み出された図形）の正再認と虚再認を比較する事象関連 fMRI 研究を実施した。3 つの学習・テストブロックのそれぞれにおいて，被験者はいくつかのリストを学習し，あるリストの全項目は，凝視点の右側か左側のどちらかに呈示された。テストは，2 つの学習項目，2 つの知覚的に関連したルアー項目（同じプロトタイプに由来する非学習事例），そして，2 つの知覚的に無関連のルアー項目で構成され，すべての項目は凝視点の中央に呈示された。被験者は，旧項目-左，旧項目-右，新項目判断をし，それから，その判断の確信度を評定した。行動学的結果は，典型的なパターンを示し，リスト項目の正再認率（.64）は関連ルアー項目の虚再認率（.56）よりも高く，関連ルアー項目の虚再認率は，無関連ルアー項目の虚再認率（.26）よりも高かった。被験者は，偶然の確率よりも高くリスト項目が呈示された画面の半側視野を同定し（.74），そして，関連ルアー項目は，リスト項目が呈示された画面の半側視野に同様に帰属された（.73）。反応潜時は，項目間で同等であった。

DRM 課題における先行研究のように，多くの共通する領域が，リスト項目の正再認，および，関連ルアー項目の虚再認の両方で賦活された（無関連ルアー項目の正棄却と比較して）。しかしながら，これらのいくつかの領域では，正再認と虚再認の直接比較は，賦活の大きさにおける差異を明らかにした。虚再認よりも正再認でより賦活された領域は，いくつかの頭頂葉領域（例えば，ブロードマンの左 40 野）を含んでおり，このことは，Cabeza et al. (2001) によって得られた同様の差異を追認するものであり，また同様に，いくつかの前頭前野領域（例えば，ブロードマンの左 10 野，右 46 野）も含んでいた。しかしながら，逆に，同様の頭頂葉領域の賦活

（ブロードマンの左40野），および，他の前頭前野の賦活（ブロードマンの右10野，左45野）が，正再認よりも虚再認で大きいということが明らかになった。このように，一般的な水準では，正再認と虚再認の両方が，頭頂葉と前頭前野の賦活を惹起したが，これらの領域の下位領域におけるより正確な差異は，知られざる機能的重要性をもつだろう。海馬は，無関連ルアー項目の正棄却と比較して，正再認と虚再認の両方で賦活されたことがわかった。

より中心的な興味は，視覚的処理に関する領域（例えば，線条皮質，舌状回，後頭回，紡錘状回を含む，ブロードマンの17，18，19，37野）が，無関連ルアー項目と比較して，正再認と虚再認の両方で賦活を示したということである。さらに，初期の視覚的処理に関する領域（例えば，ブロードマンの17，18野）は，正再認で，虚再認とくらべて大きな賦活を示したが，それ以降の処理に関する領域（例えば，ブロードマンの19，37野）はそうではなかった。この差異により，著者らは，初期の視覚的処理に関する領域（初期視覚野）は，正再認と虚再認を区別することができる感覚的差異に敏感であるのに対して，後期の視覚的処理に関する領域（後期視覚野）は，意識的再認（正再認や虚再認）に貢献するかもしれないという仮説を立てた。さらに，彼らは，初期視覚野の賦活は，リスト項目のより詳細にわたる情報の回想によるものか，あるいは，以前に実際に学習した項目で大きくなると考えられるプライミングの無意識的形態のいずれかによるものであろうと提唱した。後者の仮説を支持するように，初期視覚野における賦活が，パフォーマンス（ヒット，または，ミス），また，確信度（高確信度のミス，または，低確信度のミス）に関係なく，同じであるということが見出されたということは，これらの領域が，パフォーマンスに影響しない無意識的記憶に敏感であることを示唆している。対して，後期視覚野における賦活が，行動学的パフォーマンスを追従した（ヒット賦活＞ミス賦活）ということは，これらの領域が，意識的検索に携っていることを示唆している。また，このパターンは，追跡実験で追認された。

PETとfMRIのまとめ

ERP研究においてもあてはまるように，PETとfMRI研究からの主要な知見は，正再認と虚再認が，DRM課題や知覚的類似図形課題において，非常に類似した神経活動のパターンを惹起するということである。特に，以下の3つの類似点が顕著であった。(1) 内側側頭葉領域（海馬を含む）は，ここで概説したすべての研究（Cabeza, et al., 2001; Schacter et al., 1996b, 1997a; Slotnick & Schacter, 2004）において，正再認と虚再認の両方である程度は賦活された。このような賦活は，正再認と虚再認の両方

を支援すると考えられるリストのジストや主題，また，それに対応する連想のような，学習エピソードに付随する情報の回想を反映したと思われる。(2) 前頭前野の賦活化もまた，ここで概説したすべての研究において，正再認と虚再認の両方で見受けられた。特に興味深いのは，右背外側前頭前野における活動で，試行の比較的後期に賦活され (Schacter et al., 1997b)，そして，前頭前野における他の賦活から分離した賦活パターンを示した (Cabeza et al., 2001; あわせて，Umeda et al., 2005 も参照のこと)。比較的後期の賦活の特徴，および，ERP 研究における同様の研究結果を踏まえると，これらの領域が，モニタリングや意思決定プロセスの土台となっているかもしれない。(3) いくつかの研究もまた，正再認と虚再認の両方で，外側頭頂葉の賦活を明らかにし (Cabeza et al., 2001; Schacter et al., 1997a; Slotnick & Schacter, 2004)，そして，同様の ERP の研究結果のように，このパターンは，「old［旧項目］」判断を支援する情報の検索を反映すると考えられている。

　また，正再認と虚再認の間の差異がいくつか得られたが，こちらの方の研究結果は研究間で一貫性に乏しい。Schacter et al. (1996b) は，正再認が，聴覚野において，虚再認よりも大きな賦活を惹起したことを見出し，Cabeza et al. (2001) は，海馬傍回においてこのパターンを，そして，Slotnick & Schacter (2004) は，初期視覚野でこのパターンを見出した。これらの差異が生じた原因は，それぞれの実験において，被験者が学習した知覚的情報で異なっているために（すなわち，それぞれ，聴覚的に聴取された単語，視覚的に発話された単語，視覚的な抽象図形），学習項目について回想した知覚的情報が異なっていたからかもしれない。ここでもまた，学習されていない項目とくらべて，学習された項目における回想が平均的に多く，そのことが神経活動における差異と対応しているという考えである。

脳半球効果

　神経画像処理技術は用いられていないものの，いくつかの研究は，虚記憶における右半球と左半球の処理の効果についての可能性を調査したことから，本章の内容と関連する。Westerberg & Marsolek (2003a) は，被験者にいくつかの DRM リストを聴覚的に学習してもらい，それから，左半側視野，または右半側視野に，単語を瞬間呈示した。この種の方法論の背後にある一般的な考えは，一方の半側視野に刺激を呈示することが，それと対応する脳半球に，その刺激の優先的な処理をもたらす（すなわち，反対側の半球が視覚的入力を最初に受け取る）というものである。そのため，行動学的パフォーマンスにおけるどのような差異に関しても，その半球の優先的処理に

原因を求めることができる。Westerberg & Marsolek は，2 つの実験において，右半球によって優先的に処理された関連ルアー項目が，左半球によって優先的に処理された関連ルアー項目よりも，有意に虚再認される可能性が高いということを見出した。このような効果は小さく（3%以下），そして，ある条件においては，リスト語の正再認でも生起した。にもかかわらず著者らは，右半球が左半球とくらべて，より拡散した連想活性化をもたらし，それゆえ，関連ルアー項目の虚再認を促進するのかもしれないと結論づけた。しかしながら，彼女らは，このような効果が，Metcalfe, Funnell, & Gazzaniga（1995）の結果と食い違うものであると言及した。この研究では，非学習事例の虚再認率は，分離脳患者における左半球がテスト刺激を優先的に処理したときに高くなるということが見出された。この相違が材料や被験者の差異によるものなのかは不明である。

Christman et al.（2004）もまた，虚記憶における脳半球効果を研究したが，大脳左右の機能分化に焦点を合わせる代わりに，脳半球間のコミュニケーションの効果に焦点を合わせた。彼らの第 1 実験では，被験者は，利き手が強度に右利きのものと，両利きのものに分けられたが，これは大脳半球のコミュニケーションが両利きの人の方が大きいという仮説にもとづいている。正再生率は群間でほとんど同じだった（両利き = .61, 右利き = .58）が，両利きの被験者（.34）は，強度に右利きの被験者（.52）よりも関連ルアー項目の虚再生がかなり少なかった。著者らは，両利きの被験者における大脳半球間のコミュニケーションの増加が，記憶モニタリングプロセスを促進し，その結果，虚再生を減少させたと提案した。

彼らの第 2 実験では，異なったアプローチが用いられたため，右利きの被験者のみで構成されていた。各リストを学習した後，再生する直前に，被験者の半分が 30 秒間，運動する丸印を目で追従し，その結果，1 秒に約 2 回の水平方向の眼球運動を生じさせた。統制群の被験者は，（眼球運動を最小限にするために）代わりに画面の中央に点滅する刺激がある同じような画面を凝視した。その結果，正再生においてごくわずかな差しか見られなかった（眼球運動条件 = .55, 統制条件 = .52）にもかかわらず，眼球運動条件の被験者（.38）は，統制条件の被験者（.58）とくらべて，関連ルアー項目を虚再生することが有意に少なかった。水平方向の眼球運動が大脳半球のコミュニケーションを促進するという考えにもとづいて，著者らはここでも，大脳半球間のコミュニケーションの増加が，虚再認を減少させるモニタリングプロセスを促進したと提案した。これらの結果は，広範囲に及ぶ意味をもつ可能性があるが，このような効果を完全に理解するには，将来の追認と拡張を待つ必要があり，そして，神経画像アプローチが有用となるだろう。

結論と警告

　ここで概説されたほとんどの神経画像研究において，正再認と虚再認の脳活動における類似性と差異の両方が強調された。検索された情報が正再認と虚再認で同じであるその程度において，神経活動のパターンもまた，同じであるべきであろう。この予測は，DRM課題にも妥当であり，関連ルアー項目の虚再認は，リスト語の正再認と同じくらい短い時間で，頻繁に，同じような確信度で生起することが多い。この予測に一致して，正再認と虚再認は，ほとんど同じERP波形をもたらし，そして，両方とも，内側側頭葉領域（例えば，海馬とそれを取り囲む構造），左頭頂葉領域（例えば，ブロードマンの40野），そして，前頭前野領域（例えば，ブロードマンの右9/46野）を賦活した。側頭葉，および，頭頂葉の賦活は，リストの主題の検索やリストからの連想のような，虚再認を引き起こすことを可能とする回想にもとづいたプロセスを反映するかもしれないのに対して，前頭葉の賦活のいくつかは，虚再認を減少させることが可能な検索後のモニタリングプロセスを反映するかもしれない。このような解釈は，内側側頭葉損傷患者が虚再認の減少を示すのに対して，前頭葉損傷患者が虚再認の増加を示すということを示唆している神経心理学的な知見（第9章で概説した）と合致する。いくつかの差異もまた，正再認と虚再認における脳活動で観察された。これらの差異は，正再認が少なくとも平均的には，虚再認よりも主観的に詳細にわたり，抵抗しがたいということを示唆している行動学的な知見と一致する（第4章参照）。

　このような神経画像処理研究の結果は，その他の研究結果と整合性が高いにもかかわらず，いくつかの解釈上のあいまいさが存在する。まず，正再認と虚再認の類似性を考えてみよう。第4章で論じられたように，被験者は，関連ルアー項目を虚再認するときに，（おそらく，連想活性化や手がかりのおかげで）他の連想語の想起を報告することが多く，そして，第5章で述べられたように，リスト語の再生は，時に，虚再認のモニタリングを支援するために用いられる。このような場合，関連ルアー項目とリスト語によって生じる神経信号が，真実の記憶と虚記憶が，類似した脳領域に「起因する」という理由ではなく，むしろ，同じ情報（リスト語の正再生や正回想）が両方の種類の判断をするために検索されているという理由で，ある類似性を共有するかもしれないと予測できるだろう。正回想が，虚再認に対応する神経信号とどの程度交絡しているかは，いまだ不明であるが，明らかに，これは重要な理論的関心事である。また，正再認と虚再認の間の差異の解釈に関する疑問も残っている。上述されたように，このような差異は，虚再認よりも正再認において詳細にわたる情報の回想が多い

ことを反映するのかもしれない。しかしながら，Slotnick & Schacter（2004）が指摘したように，もう1つの可能性は，このような差異が，無意識的な知覚プロセスにおける差異（すなわち，学習項目の知覚的プライミングの促進）を反映するかもしれないということである。ただし，言語的材料のプライミングが，（観察されたような上昇ではなく）神経活動の減少として現れる傾向にあるため，このような心配はDRM課題にはあてはまらないかもしれないが，しかし，意識的検索と無意識的検索に関する神経活動の差異は，決して解決済みの問題ではない。このような問題は，他の問題とともに，将来の実験を待望している。

11章 まとめと結論

　記憶研究は，伝統的に課題駆動型である。つまり，ある興味深い現象があれば，その現象に関する実験操作を行い，その結果についてあれこれ議論することが可能な限り，ともすると，その現象を説明し理解することに意義が見出される限り，研究者によって研究が行われ続ける。本書で概説された虚記憶課題は，しっかりとこの伝統に根ざしているが，様々な研究領域で用いられてきたという意味においては，あまり類例を見ないものである。この課題に特有の方法論と統制法に関して共通認識が形成されているため，基礎的な行動学的研究，発達と加齢研究，認知神経心理学研究（例えば，患者研究や薬物研究），認知神経科学研究（例えば，神経画像研究），そして，その他の種類の応用研究（例えば，個人差と自伝的記憶の比較）を含む領域間において結果が比較可能になった。同様に重要なのは，共通した手続きが広く採用されたため，概念に係る共用の用語や考えを発展させることになり，理論的進展の進度を加速させた。われわれは，連想記憶錯覚（associative memory illusions）についてかなり多くのことを，この過去10年の集中的な研究で学び，そして，この種の研究が，人間の記憶の基本的なプロセスを理解するための学際的なアプローチを発展させたということを誰も否定することはできないだろう。

　このような進歩にもかかわらず，歴史が物語るように，絶大な人気を誇った実験方法や現象における興味でさえも，すっかり消えてしまわないまでも，最終的には衰えてしまう。記憶の研究者は，疑いなく，Ebbinghausの無意味綴りを用いた研究，Sternbergの記憶捜査課題（memory scanning task），そして，Wickensの順行干渉からの解除課題を，もはやかつてほど集中的に研究されることがなくなった方法の好例として思い出すだろう。DRM課題のような，ここで概説された虚記憶課題はそれらとは別物であるということを信じる理由はない。実際に，そのような結果は，科学者

が科学者としての職務を遂行する限り，避けられないことである。研究者がある研究題目について十分な理解を得たにもかかわらずその研究を続けることは，収穫逓減を生じる。研究者が他の研究題目に取りかかることで，より有意義な発展がもたらされるのである。はたしてわれわれは，連想記憶錯覚に関して，その時点にいるのだろうか。新しい研究が文献に現れ続ける割合から判断すると，おそらくそうではないだろう。これまで本書で述べられたように，重要である理論的な疑問，そして，実用的な疑問が多く残されており，これらの疑問は研究者をしばらくの間は忙しくさせ続けるだろう。しかしながらおそらく，さらなる研究が大きな貢献をもたらすためには，われわれは，文献における理論的解離の溝を解消するか，もしくは，応用的，または学際的検討課題をさらに推し進めるかのどちらかの必要があるところにいると思われる。

　このような事柄を考慮して，この現象についてわれわれが知っていること（もしくは，少なくとも，本書で取り上げられていること）に関する全体的な概説を次節で提供する。このまとめに続いて，この種の研究を新しく，有用な方向に導くことを約束するだろう，いくつかの領域において解答が求められている疑問について述べられる。これらの節は，おもに，これまでの章で概説した研究の要約であるため，意図的に短くなっている。また，本章の終わりにこの研究事業の全体としての意義についていくつか述べられる。

● 本書を振り返って

　最も基本的な行動学的知見（第3章から6章）をまとめると，人々は，学習された出来事と強く連想関係にある，または，非常に類似している出来事を誤って記憶することは明らかである。このことは，連想語，類似図形，抽象図形，顔刺激などにおいてあてはまる。特に，既存の連想を通じて関連している材料（DRM課題のように）に関して，このような記憶エラーは，長続きし，主観的に抵抗しがたく，そして，高い確信度で，特定の詳細の回想（幻回想）とともに生起しうる。それらはまた，回避することが難しく，特に記憶の中に学習された出来事と学習されていない出来事を区別するための情報がほとんどないときにはなおさらである。これらの知見は，そのような関連性効果のしぶとさを実証し，潜在記憶テストやその他の証拠からの知見とともに，記憶信号が，学習されていない出来事についても検索されているということを示す。そのため，このような効果が，推測や基準変化のようなものではなく，虚記憶や記憶錯覚によって生じていると考えることは適切である（しかしながら，これらその他の要因は実際にパフォーマンスに影響するが）。

11章　まとめと結論

　記憶の歪曲におけるこのような関連性効果には，連想活性化，主題一致性，特徴重複を含む，いくつかの原因が考えられ，そして，DRM課題における虚記憶には複数の原因があるという確かな証拠が存在する（第3章で述べられた）。連想活性化は，連想強度，および，意味的類似性の両方を統制した，または，測定した研究によって示されているように，このようなエラーの生起において重要な役割を果たしている。外的リハーサル研究，主観的報告，そして，様々な実験操作からの証拠は，関連ルアー項目が学習時に意識的に生成される可能性があり，そのためDRM虚記憶効果は部分的に，このような思考と実際の呈示を混同したことによるものであるということを示す。しかしながら，学習時におけるそのような意識的生成は，虚記憶効果に必ずしも必要ではないという証拠もあり，このことは，連想活性化がテスト時にも生起するかもしれないということ，また，意味的類似性が，（主題，ジスト，特徴重複を介して）この効果にいくらか貢献するということを示している。虚記憶効果が，真実の記憶とくらべて，時間の経過で減少することが少ないという知見は，学習時の意識的生成で説明することができず，後者の説明とより一致する。ジストにもとづいた理論を支持するために用いられてきたその他の証拠は，記憶に障害のある集団（例えば，内側側頭葉性健忘症患者，アルツハイマー病患者）や，虚再認におけるテスト項目の文脈の効果によってもたらされる。おそらく，ジストや類似性プロセスの最も強力な証拠は，それらが，連想活性化が存在しえない，知覚的に類似した（抽象的な）材料の虚再認を助長するということであろう。その他の虚再認現象における貢献を考慮すると，この種の類似性プロセスがDRM課題における虚記憶に寄与しないと考える理由はほとんどない。つまり，DRM虚記憶には複数の原因が存在するのである。任意の効果の直接の原因は，記憶課題で用いられている材料の種類，また，被験者がその材料をどのように処理するか（例えば，個人的な連想，符号化方略や検索方略など）によって決定する。

　虚記憶信号を引き起こすこのようなプロセスに加えて，被験者が虚記憶を回避することを援助する，いくつかの検索モニタリングプロセスが存在する（第5章で述べられた）。それぞれのモニタリングプロセスの詳細は，課題がデザインされた方法に依存するが，このようなプロセスのほとんどは，2つの主要な種類に分類できる。欠格モニタリングは，被験者が，疑わしい出来事の対応する文脈における呈示と一貫性のない情報を回想する（さもなければ，その情報にアクセスする）ときに生じる。例えば，被験者は，あるルアー項目が異なった文脈（すなわち，排斥リスト）で呈示されたということを想起するかもしれないし，また，対応する学習リストで呈示されたすべての単語を完全に想起するかもしれず，そのため，そのことは，そのルアー項目が

呈示されなかったという理由となりうる。診断モニタリングは，疑わしい出来事に関する被験者の記憶が，彼らの期待，すなわち，もしその出来事が起こっていたら覚えているべきだろうことに適合しないときに生じる。例えば，想起されるべき文脈からの記憶が知覚的に詳細にわたっていれば，被験者は，ルアー項目をその文脈で起こったものではないと棄却するだろうし，また，より示差性の低い文脈で学習したものとして判断するだろう。このようなモニタリングプロセスの証拠は，連想集束課題に限られておらず，その他のエピソード記憶課題（例えば，排斥テスト，ソース記憶テストなど）においても見受けられる。

　それに引き続く章（第7章から10章）における研究は，このような基礎的な知見の一般化可能性に関連する。この種の虚記憶を報告する傾向には個人差があり，このような差異は，テストの機会にわたって安定している。認知的な測度やパーソナリティの測度（例えば，ワーキングメモリ，解離体験など）は，記憶エラーを報告する傾向と関連性があり，別の課題では，記憶エラーにおける発達や加齢の明確な効果が存在する。さらに，DRM効果に対する感度には，自伝的虚記憶を含む，他の課題における虚記憶の感度と正の相関があることがわかっている。このような知見は，様々な種類の虚記憶は，それぞれ違いがあるにもかかわらず，個々の課題を超越する，ある中核となる心理学的プロセスに関与しているということを示す。研究者らは，これらの候補となるプロセスのいくつかを明らかにしはじめた。多くの事例では，記憶の歪曲に対する被影響性における個人差は，正回想における差異や検索モニタリングプロセスの有効性における差異と関連する。

　根底にあるプロセスの複雑さを考えると，真実の記憶と虚記憶の間の関連性が，ポジティブであったり，ネガティブであったりするということは驚くべきことではない。少なくとも3種類の証拠が，虚記憶の，真実の記憶への依存を実証する。(1) 学習された出来事の記憶を阻害する符号化条件（例えば，浅い処理水準や非常に短い呈示時間）もまた，関連する出来事の虚再生や虚再認の減少をもたらす。(2) 真実の記憶を阻害するような，脳領域の損傷（例えば，内側側頭葉性健忘症患者やアルツハイマー病患者などの場合の海馬）や，真実の記憶を阻害する薬物の影響下にある状態での符号化情報もまた，関連する出来事の虚記憶の減少をもたらしうる。(3) 神経画像研究の結果は，正再認と虚再認が，内側側頭葉構造や前頭前野のような，エピソード記憶に関連している領域の神経活動において非常に類似したパターンを生じさせるということを示し，このことは，基礎となるプロセスが共通することを意味している。はじめの2つのケースにおいて，真実の記憶と虚記憶が似たように振る舞ったのは，おそらく，学習された出来事の符号化が，（連想活性化，ジスト，特徴重複を介した）学

習されていない出来事の虚記憶信号に必要だからであろう。実際，この考えは，虚記憶における関連性効果の定義の一部となっている。最後のケースは，脳活動の共通するパターンが，おそらく，真実の記憶と虚記憶の両方のための，連想情報の回想，および，対応するモニタリングプロセスを反映するのだろう。

　真実の記憶と虚記憶はまた，解離しうる。多くの解離は，真実の記憶を促進するような呈示操作（例えば，学習反復，学習示差性などの操作）で生起する。このような解離は，虚記憶において，相反する可能性のある真実の記憶による効果が原因である。学習材料の処理は，虚記憶における関連性効果に必要であるが，このようなエラーを減少させることができる回想にもとづいたモニタリングプロセスにも必要である。いったん，関連ルアー項目が，虚記憶をもたらすために十分に活性化されると，リスト語のさらなる処理は，活性化プロセスよりも，モニタリングプロセスを強化しうる（学習反復のように）。解離はまた，集団間でも見受けられる。例えば，内側側頭葉損傷と異なり，前頭前野の損傷は，正再認を減少させながら（または，それほど影響を与えずに），虚再認を促進する。前頭前野領域の損傷は，おそらく，高速再認判断（または，時に，健康的な加齢）と同じように，活性化プロセスよりも，モニタリングプロセスを阻害し，虚記憶の全体的な増加をもたらす。最後に，神経活動における差異が，正再認と虚再認の間に見出されている。このような差異は，主観的判断において示されることがあるように，虚記憶とくらべて，真実の記憶についてのより多くの回想的内容を反映するものと考えられることが多いが，それらは，また，検索に関連した活動における，より潜在的な記憶の効果（例えば，先行呈示による，学習項目におけるより大きなプライミング効果）を反映するものかもしれない。

将来の方向性

　基礎的な虚記憶研究において，いくつかの中心的な理論的問題が未解決で残されている。おそらく，将来の発展に関する最も大きな領域は，無意識的プライミングとエピソード虚記憶が交わる領域であろう。初期の潜在記憶研究における主要な焦点は，実験的，そして，神経心理学的解離を通して，潜在記憶テストにおけるプライミングが顕在記憶やエピソード記憶と異なるということを明らかにすることであった。しかしながら，「潜在記憶テスト」におけるパフォーマンスに影響するプロセスが，「顕在記憶テスト」におけるパフォーマンスに影響しうるということも知られている（例えば，Roediger, 1990）。同様に，より最近の虚記憶研究から浮かび上がってきたある１つの考えは，比較的に自動的で，潜在的なプロセスが虚記憶の検索において中心的な

役割を果たしているかもしれないというものである。このつながりは，非常に高速の呈示条件（学習時，または，テスト時）においてでさえも，虚記憶における連想効果が生じることや，また，潜在記憶テストで非学習連想語においてプライミング効果が得られる（たとえ，被験者が意図的に覚えようとしていなくても）ことを示している研究から明らかである。プライミングと虚記憶の間の正確な関係性，そして，潜在的・顕在的の区別の意味するものは，いまだ解決されないままである。これに関連する疑問は，何が幻回想についての詳細にわたる主観的体験を引き起こすのかということである。第4章で述べられた1つの興味深い考えは，無意識的に生じる帰属プロセスが，幻回想の主観的体験を引き起こすというものである。

　未解決の理論的問題の解明に加えて，より応用的な研究の方向性は，記憶の正確さを測定するためのツールとして，これらの認知課題（または，変更したもの）を使用することである。例えば，Budsonと共同研究者ら（Budson et al., 2002a）は，アルツハイマー病を治療するための薬物の有効性に関する臨床試験において，類似画像課題を用いた。薬物は記憶パフォーマンスを向上させるものではないが，ここで重要な点は，研究の動機となった着想である。虚記憶課題は，より複雑なモニタリングプロセスに関与するために，より伝統的な（真実の記憶に焦点を合わせている）再生課題や再認課題とくらべて，記憶における介入の効果に関してより敏感かもしれない。それゆえ，このような虚記憶課題は，様々な状況における記憶の正確さに関する診断ツールとして利用可能かもしれない。これらの課題をツールとして使用したその他の研究には，第7章で述べられた，Ferraro & Olson (2003)，Kim & Ahn (2002)，Lenton et al. (2001)，Reich et al. (2004) がある。特定の概念（例えば，食物，臨床的障害，ステレオタイプ，飲酒）に関連する単語の虚記憶を測定することによって，さまざまな集団（例えば，それぞれ，摂食障害のある人々，心理学者，偏見をもった人々，多量飲酒者）におけるこのような概念の活性化についての間接的な測度を得ることができる。この論理にもとづいて，これらの課題は，有用な個人差測定法として発展する可能性がある。

　最後に述べられる研究の方向性は，既存の課題では分離することが難しい記憶の歪曲に関連するプロセスを研究する新しい実験方法を作り出すことである。例えば，Koutstaalと共同研究者らは，DRM課題に影響する既存の連想的関係性がない場合に，ジスト，または，特徴にもとづいた虚再認を調査する手段として，類似画像課題を発展させた（例えば，Koutstaal & Schacter, 1997）。もう1つの例として，DRM課題に特有のいくつかのあいまいさを改善しながら，基準的回想課題が，診断モニタリングプロセス（例えば，示差性ヒューリスティック）を測定するためにデザインされた（例

えば，Gallo et al., 2004b)。きっと，その他の方法や着想が今後数年のうちに一般的になるだろう。しかしながら，このような新しい課題が発展するときに，古い課題は単純に見捨てられるべきではない。その代わり，既存の課題との実験的比較が実施されるべきである。異なった虚記憶課題の比較は，基礎理論の発展や，一般化にとって必要である。もし，共通性が，Platt et al. (1998) における DRM 虚記憶と自伝的虚記憶の間のように，これらの測度で見つけられれば，研究の全体的な妥当性が理解され，評価される可能性が高くなる。このような比較もまた，重要なリサーチクエスチョンを生み出すかもしれない。また，注意，動機，ストレス，被暗示性のような，心理学的構成概念は，課題間，状況間，個人間における虚記憶の生起をどのように予測するだろうか。

◯ 一般的な意義

　本書で概説されたような種類の課題における虚記憶研究が，実験室外の状況における虚記憶に適用できるかどうかという質問は，頻繁に尋ねられる質問の1つである。第7章，および，そこで引用した文献のいくつかで述べられたように，この話題は大々的に議論されてきた。この質問に対する答えは，特定の水準においては，おそらく「いいえ」であるが，一般的な水準においては，「はい」となるだろう。特定の水準では，ある虚記憶実験において観察された，いくつかの研究結果が，同じ課題を多少変更したときでさえ一般化されないということは教訓的であり，ましてや実験室外の状況における記憶ではいうまでもない。例えば，子どもは，典型的な DRM 手続きが用いられたとき，大人より虚記憶をしにくい (Brainerd et al., 2002) が，子どもは，大人において回想にもとづくモニタリングプロセスが促進されたとき，より虚記憶をしやすい (Ghetti et al., 2002)。このような変動性を考えると，明らかに，ある課題からの知見（例えば，子どもは連想語を虚再生しにくい）から，他の状況（例えば，子どもの方がよい目撃者となる）を直接的に推定することはできないだろう。少なくともこの事例では，実験の結果と結論は，課題に特定のパラメータに大きく依存するため，より複雑な状況に一般化することができない。

　しかしながら，より一般的な水準で考えてみると，われわれは，実験刺激のリストを覚えるために，われわれの生活のその他の出来事を覚えるのと同じ脳を用いており，そのため，その基礎をなす神経認知プロセスにおいて，ある連続性が存在するはずである。前述されたような異なった種類の虚記憶の間の関連性や，虚記憶と様々な神経認知的機能やパーソナリティの測度との間の確立されたつながりは，すべてこの連

続性の例である。特定の記憶プロセスが実験室課題で分離されるのと同じ程度において，それらの研究が，実験室外の状況における記憶の理解を促進すべきである（Banaji & Crowder, 1989 参照）。例えば，Brainerd et al.（2002）の研究結果は，子どもが意味的に関連した材料を処理することに困難があるということを示唆して，そして，Ghetti et al.（2002）の研究結果は，子どもの未発達の検索モニタリングプロセスを意味する。このような理論的結論は，お互いに矛盾することはなく，それぞれが，別の状況における学習と記憶の結果である（Reyna et al., 2006 参照）。具体的な知見は一般化できないかもしれないが，優れた理論は一般化可能なのである。

　この種の虚記憶研究のより一般的な意義は，総じて何であろうか。1つの明らかな意義は，虚記憶が認知課題において容易に引き起こされることは，多くの実験室外の記憶もまた偽りであるかもしれないということを意味することである。われわれは，われわれの祖先の時代には存在しなかったような情報に富んだ環境で生活しており，そのため，このような情報に関して，連想や類似性にもとづいた虚記憶をすることの可能性は，これまでになく高いかもしれない。このような点は，虚記憶研究の法医学的応用や，他の実験室外の応用において見失われていない。実際に，Brainerd & Reyna（2005）は，基礎的な虚記憶研究とその一般的応用について，500ページを超える本を満たすのに十分な材料をもって，包括的なレビューを執筆した。

　しかし，このすべては，虚記憶が真実の記憶と同じくらい頻繁に生起するということや，さらに，虚記憶が記憶の通常の使用に著しく否定的な影響をもつということを意味するものではない。虚記憶が実験室外の状況において生起する頻度はまったく別の問題であり，まだ十分に答えが得られていない問題である。エピソード記憶が機能的に適応的に進化したと仮定すると，少なくとも，比較的標準的な状況おける健康な個人では，生き残るために重要となるような出来事や環境の規則性についての記憶は十分に正確でなければならない（Anderson & Schooler, 1991; Schacter, 1999 と比較すること）。もちろん，もし普通ではない状況が優勢な場合（例えば，脳損傷，極度に劣悪な学習環境など），重要な出来事の記憶は，歪曲されやすくなるかもしれない。さらに，機能的に適応的な記憶は，必ずしも事実と符合する記憶を意味するとはいえない。Conway（2005）は，記憶の歪曲は，一貫した自己意識を維持する限り，時に，個人の心的健康に有益であるかもしれないと提案した。

　本書で概説した研究は，実験室外の状況における虚記憶の規則性に取り組んだものではないが，それはまさに，不変の規則性が，ある種の記憶の錯覚に存在するということを示している。この規則性は，記憶の錯覚が神経認知的システムにしっかりともとづいた情報処理メカニズム——さもなければわれわれにとって有益であるメカニズ

ム——の副産物であるということを示唆する。記憶エラーにおける関連性効果は，潜在的には有用な連想を心的に活性化し，そして，意味のあるジストに有用な情報を単純化するという自然な傾向から生じる。この種の記憶の錯覚に関する大多数の研究は，概念に関する既存の知識とその連想，および，検索モニタリングプロセスが，エピソード記憶の基本的な要素であるという説得力のある証拠となっている。

引用文献

Alba, J. W., & Hasher, L. (1983). Is memory schematic? *Psychological Bulletin, 93*, 203–231.
Aleman, A., Hijman, R., de Haan, E. H. F., & Kahn, R. S. (1999). Memory impairment in schizophrenia: A meta-analysis. *American Journal of Psychiatry, 156*, 1358–1366.
Alpert, J. L., Brown, L. S., Ceci, S. J., Courtois, C. A., Loftus, E. F., & Ornstein, P. A. (1998). Final report of the American Psychological Association working group on investigation of memories of childhood abuse. *Psychology, Public Policy, & Law, 4*, 931–1078.
American Psychiatric Association. (1994). *Diagnostic and statistical manual of mental disorders* (4th ed.). Washington, DC: American Psychiatric Association.
Anaki, D., Faran, Y., Ben-Shalom, D., & Henik, A. (2005). The false memory and the mirror effects: The role of familiarity and backward association in creating false recollections. *Journal of Memory & Language, 52*, 87–102.
Anastasi, J. S., Rhodes, M. G., & Burns, M. C. (2000). Distinguishing between memory illusions and actual memories using phenomenological measurements and explicit warnings. *American Journal of Psychology, 113*, 1–26.
Anastasi, J. S., Rhodes, M. G., Marquez, S., & Velino, V. (2005). The incidence of false memories in native and non-native speakers. *Memory, 13*, 815–828.
Anderson, J. R. (1983). *The architecture of cognition*. Cambridge, MA: Harvard University Press.
Anderson, J. R., & Bower, G. H. (1973). *Human associative memory*. Washington, DC: Winston.
Anderson, J. R., & Schooler, L. J. (1991). Reflections of the environment in memory. *Psychological Science, 2*, 396–408.
Anderson, M. C., Bjork, R. A., & Bjork, E. L. (1994). Remembering can cause forgetting: Retrieval dynamics in long-term memory. *Journal of Experimental Psychology: Learning, Memory, & Cognition, 20*, 1063–1087.
Anisfeld, M., & Knapp, M. (1968). Association, synonymity, and directionality in false recognition. *Journal of Experimental Psychology, 77*, 171–179.
Antonova, E., Sharma, T., Morris, R., & Kumari, V. (2004). The relationship between brain structure and neurocognition in schizophrenia: A selective review. *Schizophrenia Research, 70*, 117–145.
Appleby, D. (1987). Producing a déjà vu experience. In V. P. Makosky, L. G. Whittemore, & A. M. Rogers (Eds.), *Activities handbook for the teaching of psychology* (Vol. 2, pp. 78–79). Washington, DC: American Psychological Association.
Arndt, J., & Hirshman, E. (1998). True and false recognition in MINERVA2: Explanations from a global matching perspective. *Journal of Memory & Language, 39*, 371–391.
Arndt, J., & Reder, L. M. (2003). The effect of distinctive visual information on false recognition. *Journal of Memory & Language, 48*, 1–15.
Asch, S. (1968). The doctrinal tyranny of associationism: Or what is wrong with rote learning. In T. R. Dixon & D. L. Horton (Eds.), *Verbal behavior and general behavior theory* (pp. 214–228). Englewood Cliffs, NJ: Prentice-Hall.

Atkinson, R. C., & Juola, J. F. (1974). Search and decision processes in recognition memory. In D. H. Krantz, R. C. Atkinson, R. D. Luce, & P. Suppes (Eds.), *Contemporary developments in mathematical psychology: Vol. 1. Learning, memory, and thinking*. San Francisco, CA: Freeman.

Ayers, M. S., & Reder, L. M. (1998). A theoretical review of the misinformation effect: Predictions from an activation-based memory model. *Psychonomic Bulletin & Review, 5*, 1–21.

Bahrick, H. P. (1970). Two-phase model for prompted recall. *Psychological Review, 77*, 215–222.

Balota, D. A., Cortese, M. J., Duchek, J. M., Adams, D., Roediger, H. L. III, McDermott, K. B., & Yerys, B. E. (1999). Veridical and false memories in healthy older adults and in dementia of the Alzheimer's type. *Cognitive Neuropsychology, 16*, 361–384.

Balota, D. A., & Duchek, J. M. (1991). Semantic priming effects, lexical repetition effects, and contextual disambiguation effects in healthy aged individuals and individuals with senile dementia of the Alzheimer type. *Brain & Language, 40*, 181–201.

Balota, D. A., & Lorch, R. F. (1986). Depth of automatic spreading activation: Mediated priming effects in pronunciation but not in lexical decision. *Journal of Experimental Psychology: Learning, Memory, & Cognition, 12*, 336–345.

Banaji, M. R., & Crowder, R. G. (1989). The bankruptcy of everyday memory. *American Psychologist, 44*, 1185–1193.

Bartlett, F. C. (1932). *Remembering: A study in experimental and social psychology*. Cambridge, England: Cambridge University Press.

Basden, B. H., Basden, D. R., Thomas, R. L. III, & Souphasith, S. (1998). Memory distortion in group recall. *Current Psychology: Developmental, Learning, Personality, Social, 16*, 225–246.

Basden, B. H., Reysen, M. B., & Basden, D. R. (2002). Transmitting false memories in social groups. *American Journal of Psychology, 115*, 211–231.

Bäuml, K. & Kuhbandner, C. (2003). Retrieval-induced forgetting and part-list cuing in associatively structured lists. *Memory & Cognition, 31*, 1188–1197.

Bauste, G., & Ferraro, F. R. (2004). Gender differences in false memory production. *Current Psychology, 23*, 238–244.

Belleville, S., Caza, N., & Peretz, I. (2003). A neuropsychological argument for a processing view of memory. *Journal of Memory & Language, 48*, 686–703.

Benjamin, A. S. (2001). On the dual effects of repetition on false recognition. *Journal of Experimental Psychology: Learning, Memory, & Cognition, 27*, 941–947.

Bernstein, E. M., & Putnam, F. W. (1986). Development, reliability, and validity of a dissociation scale. *Journal of Nervous & Mental Disease, 174*, 727–735.

Beversdorf, D. Q., Smith, B. W., Crucian, G. P., Anderson, J. M., Keillor, J. M., Barrett, A. M., Hughes, J. D., Felopulos, G. J., Bauman, M. L., Nadeau, S. E., & Heilman, K. M. (2000). Increased discrimination of "false memories" in autism spectrum disorder. *Proceedings of the National Academy of Sciences, 97*, 8734–8737.

Bjork, R. A. (1970). Positive forgetting: The noninterference of items intentionally forgotten. *Journal of Verbal Learning & Verbal Behavior, 9*, 255–268.

Blair, I. V., Lenton, A. P., & Hastie, R. (2002). The reliability of the DRM paradigm as a measure of individual differences in false memories. *Psychonomic Bulletin & Review, 9*, 590–596.

Boring, E. G. (1950). *A history of experimental psychology*. New York, NY: Appleton-Century-Crofts, Inc.

Bower, G. H. (2000). A brief history of memory research. In E. Tulving and F. I. M. Craik (Eds.), *The Oxford handbook of memory* (pp. 3–32). Oxford, England: Oxford University Press.

Bowler, D. M., Gardiner, J. M., Grice, S., & Saavalainen, P. (2000). Memory illusions: False recall and recognition in adults with Asperger's syndrome. *Journal of Abnormal Psychology, 109*, 663–672.

Brainerd, C. J., Forrest, T. J., & Karibian, D. (2006). Development of the false memory illusion. *Developmental Psychology, 42*, 962-979.

Brainerd, C. J., Holliday, R. E., & Reyna, V. F. (2004). Behavioral measurement of remembering phenomenologies: So simple a child can do it. *Child Development, 75*, 505–522.

Brainerd, C. J., Payne, D. G., Wright, R., & Reyna, V. F. (2003a). Phantom recall. *Journal of Memory & Language, 48,* 445–467.
Brainerd, C. J., & Reyna, V. F. (1998). When things that were never experienced are easier to "remember" than things that were. *Psychological Science, 9,* 484–489.
Brainerd, C. J., & Reyna, V. F. (2002). Fuzzy trace theory and false memory. *Current Directions in Psychological Science, 11,* 164–169.
Brainerd, C. J., & Reyna, V. F. (2005). *The science of false memory.* Oxford, England: Oxford University Press.
Brainerd, C. J., Reyna, V. F., & Brandse, E. (1995a). Are children's false memories more persistent than their true memories? *Psychological Science, 6,* 359–364.
Brainerd, C. J., Reyna, V. F., & Forrest, T. J. (2002). Are young children susceptible to the false-memory illusion? *Child Development, 73,* 1363–1377.
Brainerd, C. J., Reyna, V. F., & Kneer, R. (1995b). False-recognition reversal: When similarity is distinctive. *Journal of Memory & Language, 34,* 157–185.
Brainerd, C. J., Reyna, V. F., & Mojardin, A. H. (1999). Conjoint recognition. *Psychological Review, 106,* 160–179.
Brainerd, C. J., Reyna, V. F., Wright, R., & Mojardin, A. H. (2003b). Recollection rejection: False-memory editing in children and adults. *Psychological Review, 110,* 762–784.
Brainerd, C. J., & Wright, R. (2005). Forward association, backward association, and the false-memory illusion. *Journal of Experimental Psychology: Learning, Memory, & Cognition, 31,* 554–567.
Brainerd, C. J., Wright, R., Reyna, V. F., & Mojardin, A. H. (2001). Conjoint recognition and phantom recollection. *Journal of Experimental Psychology: Learning, Memory, & Cognition, 27,* 307–327.
Bransford, J. D., Barclay, J. R., & Franks, J. J. (1972). Sentence memory: A constructive versus interpretive approach. *Cognitive Psychology, 3,* 193–209.
Brédart, S. (2000). When false memories do not occur: Not thinking of the lure or remembering that it was not heard? *Memory, 8,* 123–128.
Bremner, J. D., Shobe, K. K., & Kihlstrom, J. F. (2000). False memories in women with self-reported childhood sexual abuse: An empirical study. *Psychological Science, 11,* 333–337.
Brewer, W. F. (1977). Memory for the pragmatic implications of sentences. *Memory & Cognition, 5,* 673–678.
Brown, N. R., Buchanan, L., & Cabeza, R. (2000). Estimating the frequency of nonevents: The role of recollection failure in false recognition. *Psychonomic Bulletin & Review, 7,* 684–691.
Brown, J., Lewis, V. J., & Monk, A. F. (1977). Memorability, word frequency, and negative recognition. *Quarterly Journal of Experimental Psychology, 29,* 461–473.
Bruce, D., Phillips-Grant, K., Conrad, N., & Bona, S. (2004). Encoding context and false recognition memories. *Memory, 12,* 562–570.
Bruce, D., & Winograd, E. (1998). Remembering Deese's 1959 articles: The Zeitgeist, the sociology of science, and false memories. *Psychonomic Bulletin & Review, 5,* 615–624.
Buchanan, L., Brown, N. R., Cabeza, R., & Maitson, C. (1999). False memories and semantic lexicon arrangement. *Brain & Language, 68,* 172–177.
Budson, A. E., Daffner, K. R., Desikan, R., & Schacter, D. L. (2000). When false recognition is unopposed by true recognition: Gist-based memory distortion in Alzheimer's disease. *Neuropsychology, 14,* 277–287.
Budson, A. E., Desikan, R., Daffner, K. R., & Schacter, D. L. (2001). Perceptual false recognition in Alzheimer's disease. *Neuropsychology, 15,* 230–243.
Budson, A. E., Dodson, C. S., Daffner, K. R., & Schacter, D. L. (2005). Metacognition and false recognition in Alzheimer's disease: Further exploration of the distinctiveness heuristic. *Neuropsychology, 19,* 253–258.

Budson, A. E., Michalska, K. J., Rentz, D. M., Joubert, C. C., Daffner, K. R., Schacter, D. L., & Sperling, R. A. (2002a). Use of a false recognition paradigm in an Alzheimer's disease clinical trial: A pilot study. *American Journal of Alzheimer's Disease & Other Dementias, 17,* 93–100.

Budson, A. E., Michalska, K. J., Sullivan, A. L., Rentz, D. M., Daffner, K. R., & Schacter, D. L. (2003a). False recognition in Alzheimer disease: Evidence from categorized pictures. *Cognitive & Behavioral Neurology, 16,* 16–27.

Budson, A. E., Sitarski, J., Daffner, K. R., & Schacter, D. L. (2002b). False recognition of pictures versus words in Alzheimer's disease: The distinctiveness heuristic. *Neuropsychology, 16,* 163–173.

Budson, A. E., Sullivan, A. L., Daffner, K. R., & Schacter, D. L. (2003b). Semantic versus phonological false recognition in aging and Alzheimer's disease. *Brain & Cognition, 51,* 251–261.

Budson, A. E., Sullivan, A. L., Mayer, E., Daffner, K. R., Black, P. M., & Schacter, D. L. (2002c). Suppression of false recognition in Alzheimer's disease and in patients with frontal lobe lesions. *Brain, 125,* 2750–2765.

Burgess, P. W., & Shallice, T. (1996). Confabulation and the control of recollection. *Memory, 4,* 359–411.

Burnham, W. H. (1889). Memory, historically and experimentally considered (III): Paramnesia. *American Journal of Psychology, 2,* 431–464.

Butler, K. M., McDaniel, M. A., Dornburg, C. C., Price, A. L., & Roediger, H. L. III. (2004). Age differences in veridical and false recall are not inevitable: The role of frontal lobe function. *Psychonomic Bulletin & Review, 11,* 921–925.

Cabeza, R., & Lennartson, E. R. (2005). False memory across languages: Implicit associative response vs. fuzzy trace views. *Memory, 13,* 1–5.

Cabeza, R., Rao, S. M., Wagner, A. D., Mayer, A. R., & Schacter, D. L. (2001). Can medial temporal lobe regions distinguish true from false? An event-related functional MRI study of veridical and illusory recognition memory. *Proceedings of the National Academy of Sciences, 98,* 4805–4810.

Calkins, M. W. (1894). Association. *Psychological Review, 1,* 476–483.

Ceci, S. J., & Bruck, M. (1993). Suggestibility of the child witness: A historical review and synthesis. *Psychological Bulletin, 113,* 403–439.

Chan, J. C. K., McDermott, K. B., Watson, J. M., and Gallo, D. A. (2005). The importance of material-processing interactions in inducing false memories. *Memory & Cognition, 33,* 389–395.

Christman, S. D., Propper, R. E., & Dion, A. (2004). Increased interhemispheric interaction is associated with decreased false memories in a verbal converging semantic associates paradigm. *Brain & Cognition, 56,* 313–319.

Clancy, S. A., McNally, R. J., Schacter, D. L., Lenzenweger, M. F., & Pitman, R. K. (2002). Memory distortion in people reporting abduction by aliens. *Journal of Abnormal Psychology, 111,* 455–461.

Clancy, S. A., Schacter, D. L., McNally, R. J., & Pitman, R. K. (2000). False recognition in women reporting recovered memories of sexual abuse. *Psychological Science, 11,* 26–31.

Cleary, A. M., & Greene, R. L. (2002). Paradoxical effects of presentation modality on false memory. *Memory, 10,* 55–61.

Cleary, A. M., & Greene, R. L. (2004). True and false memory in the absence of perceptual identification. *Memory, 12,* 231–236.

Coane, J. H., & McBride, D. M. (2006). The role of test structure in creating false memories. *Memory & Cognition, 34,* 1026-1036.

Collins, A. M., & Loftus, E. F. (1975). A spreading-activation theory of semantic processing. *Psychological Review, 82,* 407–428.

Coltheart, V. (1977). Recognition errors after incidental learning as a function of different levels of processing. *Journal of Experimental Psychology: Human Learning & Memory, 3,* 437–444.

Conrad, R. (1964). Acoustic confusions in immediate memory. *British Journal of Psychology, 55*, 75–84.
Conway, M. A. (2005). Memory and self. *Journal of Memory & Language, 53*, 594–628.
Cotel, S. C., Gallo, D. A., & Seamon, J. G. (Unpublished, 2006). Nonconscious activation causes false memories: Experimental control of conscious processes in the Deese, Roediger, and McDermott task. Wesleyan University, Middletown, CT.
Craik, F. I. M. (1986). A functional account of age differences in memory. In F. Klix & H. Hagendorf (Eds.), *Human memory and cognitive capabilities, mechanisms, and performances* (pp. 409–422). Amsterdam: Elsevier.
Craik, F. I. M., & Lockhart, R. S. (1972). Levels of processing: A framework for memory research. *Journal of Verbal Learning & Verbal Behavior, 11*, 671–684.
Craik, F. I. M, & McDowd, J. M. (1987). Age differences in recall and recognition. *Journal of Experimental Psychology: Learning, Memory, & Cognition, 13*, 474–479.
Cramer, P. (1974). Idiodynamic sets as determinants of children's false recognition errors. *Developmental Psychology, 10*, 86–92.
Cramer, P., & Eagle, M. (1972). Relationship between conditions of CRS presentation and the category of false recognition errors. *Journal of Experimental Psychology, 94*, 1–5.
Crowder, R. G. (1976). *Principles of learning and memory*. Hillsdale, NJ: Lawrence Erlbaum Associates, Inc.
Curran, T. (2000). Brain potentials of recollection and familiarity. *Memory & Cognition, 28*, 923–938.
Curran, T., Schacter, D. L., Johnson, M. K., & Spinks, R. (2001). Brain potentials reflect behavioral differences in true and false recognition. *Journal of Cognitive Neuroscience, 13*, 201–216.
Deese, J. (1959a). Influence of inter-item associative strength upon immediate free recall. *Psychological Reports, 5*, 305–312.
Deese, J. (1959b). On the prediction of occurrence of particular verbal intrusions in immediate recall. *Journal of Experimental Psychology, 58*, 17–22.
Deese, J. (1961). Associative structure and the serial reproduction experiment. *Journal of Abnormal Social Psychology, 63*, 95–100.
Dehon, H., & Brédart, S. (2004). False memories: Young and older adults think of semantic associates at the same rate, but young adults are more successful at source monitoring. *Psychology & Aging, 19*, 191–197.
Dewhurst, S. A. (2001). Category repetition and false recognition: Effects of instance frequency and category size. *Journal of Memory & Language, 44*, 153–167.
Dewhurst, S. A., & Anderson, S. J. (1999). Effects of exact and category repetition in true and false recognition memory. *Memory & Cognition, 27*, 664–673.
Dewhurst, S. A., & Farrand, P. (2004). Investigating the phenomenological characteristics of false recognition for categorized words. *European Journal of Cognitive Psychology, 16*, 403–416.
Dewhurst, S. A., & Robinson, C. A. (2004). False memories in children: Evidence for a shift from phonological to semantic associations. *Psychological Science, 15*, 782–786.
Diliberto-Macaluso, K. A. (2005). Priming and false memories from Deese-Roediger-McDermott lists on a fragment completion test with children. *American Journal of Psychology, 118*, 13–28.
Dodd, M. D., & MacLeod, C. M. (2004). False recognition without intentional learning. *Psychonomic Bulletin & Review, 11*, 137–142.
Dodhia, R. M., & Metcalfe, J. (1999). False memories and source monitoring. *Cognitive Neuropsychology, 16*, 489–508.
Dodson, C. S., & Hege, A. C. G. (2005). Speeded retrieval abolishes the false-memory suppression effect: Evidence for the distinctiveness heuristic. *Psychonomic Bulletin & Review, 12*, 726–731.

Dodson, C. S., & Johnson, M. K. (1993). Rate of false source attributions depends on how questions are asked. *American Journal of Psychology, 106*, 541–557.

Dodson, C. S., & Schacter, D. L. (2001). "If I had said it I would have remembered it": Reducing false memories with a distinctiveness heuristic. *Psychonomic Bulletin & Review, 8*, 155–161.

Dodson, C. S., & Schacter, D. L. (2002a). Aging and strategic retrieval processes: Reducing false memories with a distinctiveness heuristic. *Psychology & Aging, 17*, 405–415.

Dodson, C. S., & Schacter, D. L. (2002b). When false recognition meets metacognition: The distinctiveness heuristic. *Journal of Memory & Language, 46*, 782–803.

Donaldson, W. (1996). The role of decision processes in remembering and knowing. *Memory & Cognition, 24*, 523–533.

Düzel, E., Yonelinas, A. P., Mangun, G. R., Heinze, H. J., & Tulving, E. (1997). Event-related brain potential correlates of two states of conscious awareness in memory. *Proceedings of the National Academy of Sciences, 94*, 5973–5978.

Ebbinghaus, H. (1885). *Memory: A contribution to experimental psychology* (H. A. Ruger & C. E. Bussenius, Trans.). New York, NY: Dover.

Eichenbaum, H., & Cohen, N. J. (2001). *From conditioning to conscious recollection: Memory systems of the brain*. Oxford, England: Oxford University Press.

Einstein, G. O., & Hunt, R. R. (1980). Levels of processing and organization: Additive effects of individual-item and relational processing. *Journal of Experimental Psychology: Human Learning & Memory, 6*, 588–598.

Eisen, M. L., & Lynn, S. J. (2001). Dissociation, memory and suggestibility in adults and children. *Applied Cognitive Psychology, 15*, S49–S73.

Eisen, M. L., Winograd, E., & Qin, J. (2002). Individual differences in adults' suggestibility and memory performance. In M. L. Eisen, J. A. Quas, & G. S. Goodman (Eds.), *Memory and suggestibility in the forensic interview* (pp. 205–233). Mahwah, NJ: Lawrence Erlbaum Associates, Inc.

Elias, C. S., & Perfetti, C. A. (1973). Encoding task and recognition memory: The importance of semantic encoding. *Journal of Experimental Psychology, 99*, 151–156.

Elvevåg, B., Fisher, J. E., Weickert, T. W., Weinberger, D. R., & Goldberg, T. E. (2004). Lack of false recognition in schizophrenia: A consequence of poor memory? *Neuropsychologia, 42*, 546–554.

Endo, M. (2005). Effects of prior warning and response deadline on false memory. *Psychologia, 48*, 54–60.

Erdelyi, M. H. (1996). *The recovery of unconscious memories: Hypermnesia and Reminiscence*. Chicago, IL: University of Chicago Press.

Fabiani, M., Stadler, M. A., & Wessels, P. M. (2000). True but not false memories produce a sensory signature in human lateralized brain potentials. *Journal of Cognitive Neuroscience, 12*, 941–949.

Felzen, E., & Anisfeld, M. (1970). Semantic and phonological relations in the false recognition of words by third and sixth-grade children. *Developmental Psychology, 3*, 163–168.

Ferraro, F. R., & Olson, L. (2003). False memories in individuals at risk for developing an eating disorder. *The Journal of Psychology: Interdisciplinary & Applied, 137*, 476–482.

Fillenbaum, S. (1969). Words as feature complexes: False recognition of antonyms and synonyms. *Journal of Experimental Psychology, 82*, 400–402.

Foley, M. A., Johnson, M. K., & Raye, C. L. (1983). Age-related changes in confusion between memories for thoughts and memories for speech. *Child Development, 54*, 51–60.

Franks, J. J., & Bransford, J. D. (1971). Abstraction of visual patterns. *Journal of Experimental Psychology, 90*, 65–74.

Freyd, J. J., & Gleaves, D. H. (1996). "Remembering" words not presented in lists: Relevance to the current recovered/false memory controversy. *Journal of Experimental Psychology: Learning, Memory, & Cognition, 22*, 811–813.

Gallo, D. A. (2004). Using recall to reduce false recognition: Diagnostic and disqualifying monitoring. *Journal of Experimental Psychology: Learning, Memory, & Cognition, 30,* 120–128.

Gallo, D. A., Bell, D. M., Beier, J. S., & Schacter, D. L. (2006a). Two types of recollection-based monitoring in young and older adults: Recall-to-reject and the distinctiveness heuristic. *Memory, 14,* 730-741.

Gallo, D. A., Chen, J. M., Wiseman, A. L., Schacter, D. L., & Budson, A. E. (Unpublished, 2006b). *Retrieval monitoring and anosognosia in Alzheimer's disease: Evidence from the criterial recollection task.* Harvard University, Cambridge, MA.

Gallo, D. A., Cotel, S. C., Moore, C. D., & Schacter, D. L. (Unpublished, 2006c). *Aging can spare recollection-based retrieval monitoring: Evidence from the criterical recollection Task.* Harvard University, Cambridge, MA.

Gallo, D. A., McDermott, K. B., Percer, J. M., & Roediger, H. L. III. (2001a). Modality effects in false recall and false recognition. *Journal of Experimental Psychology: Learning, Memory, & Cognition, 27,* 339–353.

Gallo, D. A., Roberts, M. J., & Seamon, J. G. (1997). Remembering words not presented in lists: Can we avoid creating false memories? *Psychonomic Bulletin & Review, 4,* 271–276.

Gallo, D. A., & Roediger, H. L. III. (2002). Variability among word lists in eliciting memory illusions: Evidence for associative activation and monitoring. *Journal of Memory & Language, 47,* 469–497.

Gallo, D. A., & Roediger, H. L. III. (2003). The effects of associations and aging on illusory recollection. *Memory & Cognition, 31,* 1036–1044.

Gallo, D. A., Roediger, H. L. III, & McDermott, K. B. (2001b). Association false recognition occurs without strategic criterion shifts. *Psychonomic Bulletin & Review, 8,* 579–586.

Gallo, D. A., & Seamon, J. G. (2004). Are nonconscious processes sufficient to produce false memories? *Consciousness & Cognition, 13,* 158–168.

Gallo, D. A., Sullivan, A. L., Daffner, K. R., Schacter, D. L., & Budson, A. E. (2004a). Associative recognition in Alzheimer's disease: Evidence for impaired recall-to-reject. *Neuropsychology, 18,* 556–563.

Gallo, D. A., Weiss, J. A., & Schacter, D. L. (2004b). Reducing false recognition with criterial recollection tests: Distinctiveness heuristic versus criterion shifts. *Journal of Memory & Language, 51,* 473–493.

Gardiner, J. M., Bowler, D. M., & Grice, S. J. (2003). Further evidence of preserved priming and impaired recall in adults with Asperger's syndrome. *Journal of Autism & Developmental Disorders, 33,* 259-269.

Gardiner, J. M., & Richardson-Klavehn, A. (2000). Remembering and knowing. In E. Tulving & F. I. M. Craik (Eds.), *The Oxford handbook of memory* (pp. 229–244). Oxford, England: Oxford University Press.

Garry, M., Manning, C. G., Loftus, E. F., & Sherman, S. J. (1996). Imagination inflation: Imagining a childhood event inflates confidence that it occurred. *Psychonomic Bulletin & Review, 3,* 208–214.

Geraerts, E., Smeets, E., Jelicic, M., van Heerden, J., & Merckelbach, H. (2005). Fantasy proneness, but not self-reported trauma is related to DRM performance of women reporting recovered memories of childhood sexual abuse. *Consciousness & Cognition, 14,* 602–612.

Ghetti, S. (2003). Memory for nonoccurrences: The role of metacognition. *Journal of Memory & Language, 48,* 722–739.

Ghetti, S., Qin, J. J., & Goodman, G. S. (2002). False memories in children and adults: Age, distinctiveness, and subjective experience. *Developmental Psychology, 38,* 705–718.

Gillund, G., & Shiffrin, R. M. (1984). A retrieval model for both recognition and recall. *Psychological Review, 91,* 1–67.

Glaze, J. A. (1928). The association value of non-sense syllables. *Journal of General Psychology, 35,* 255–269.

Gleaves, D. H., Smith, S. M., Butler, L. D., & Spiegel, D. (2004). False and recovered memories in the laboratory and clinic: A review of experimental and clinical evidence. *Clinical Psychology: Science & Practice, 11,* 3–28.

Goff, L. M., & Roediger, H. L. III. (1998). Imagination inflation for action events: Repeated imaginings lead to illusory recollections. *Memory & Cognition, 26,* 20–33.

Goldmann, R. E., Sullivan, A. L., Droller, D. B. J., Rugg, M. D., Curran, T., Holcomb, P. J., Schacter, D. L., Daffner, K. R., & Budson, A. E. (2003). Late frontal brain potentials distinguish true and false recognition. *NeuroReport, 15,* 1717–1720.

Goodwin, K. A., Meissner, C. A., & Ericsson, K. A. (2001). Toward a model of false recall: Experimental manipulation of encoding context and the collection of verbal reports. *Memory & Cognition, 29,* 806–819.

Grossman, L., & Eagle, M. (1970). Synonymity, antonymity, and association in false recognition responses. *Journal of Experimental Psychology, 83,* 244–248.

Gunter, R. W., Ivanko, S. L., & Bodner, G. E. (2005). Can test list context manipulations improve recognition accuracy in the DRM paradigm? *Memory, 13,* 862–873.

Hall, J. F. (1971). *Verbal learning and retention.* Philadelphia, PA: J. B. Lippincott Co.

Hall, J. W., & Kozloff, E. E. (1970). False recognitions as a function of number of presentations. *American Journal of Psychology, 83,* 272–279.

Hall, J. W., & Kozloff, E. E. (1973). False recognitions of associates of converging versus repeated words. *American Journal of Psychology, 86,* 133–139.

Hancock, T. W., Hicks, J. L., Marsh, R. L., & Ritschel, L. (2003). Measuring the activation level of critical lures in the Deese-Roediger-McDermott paradigm. *American Journal of Psychology, 116,* 1–14.

Harbluk, J. L., & Weingartner, H. J. (1997). Memory distortions in detoxified alcoholics. *Brain & Cognition, 35,* 328–330.

Hege, A. C. G., & Dodson, C. S. (2004). Why distinctive information reduces false memories: Evidence for both impoverished relational-encoding and distinctiveness heuristic accounts. *Journal of Experimental Psychology: Learning, Memory, & Cognition, 30,* 787–795.

Heit, E., Brockdorff, N., & Lamberts, K. (2004). Strategic processes in false recognition memory. *Psychonomic Bulletin & Review, 11,* 380–386.

Henkel, L. A., Johnson, M. K., & De Leonardis, D. M. (1998). Aging and source monitoring: Cognitive processes and neuropsychological correlates. *Journal of Experimental Psychology: General, 127,* 251–268.

Hicks, J. L., & Hancock, T., W. (2002). Backward associative strength determines source attributions given to false memories. *Psychonomic Bulletin & Review, 9,* 807–815.

Hicks, J. L., & Marsh, R. L. (1999). Attempts to reduce the incidence of false recall with source monitoring. *Journal of Experimental Psychology: Learning, Memory, & Cognition, 25,* 1195–1209.

Hicks, J. L., & Marsh, R. L. (2001). False recognition occurs more frequently during source identification than during old-new recognition. *Journal of Experimental Psychology: Learning, Memory & Cognition, 27,* 375–383.

Hicks, J. L., & Starns, J. J. (2005). False memories lack perceptual detail: Evidence from implicit word-stem completion and perceptual identification tests. *Journal of Memory & Language, 52,* 309–321.

Hicks, J. L., & Starns, J. J. (2006). The roles of associative strength and source memorability in the contextualization of false memory. *Journal of Memory & Language, 54,* 39–53.

Higham, P. A., & Vokey, J. R. (2004). Illusory recollection and dual-process models of recognition memory. *Quarterly Journal of Experimental Psychology: Human Experimental Psychology, 57A,* 714–744.

Hintzman, D. L. (1986). "Schema abstraction" in a multiple-trace memory model. *Psychological Review, 93,* 411–428.

Hintzman, D. L. (1988). Judgments of frequency and recognition memory in a multiple-trace memory model. *Psychological Review, 95,* 528–551.

Hintzman, D. L., & Curran, T. (1994). Retrieval dynamics of recognition and frequency judgments: Evidence for separate processes of familiarity and recall. *Journal of Memory & Language, 33,* 1–18.

Hirshman, E., Lanning, K., Master, S., & Henzler, A. (2002). Signal-detection models as tools for interpreting judgments of recollections. *Applied Cognitive Psychology, 16,* 151–156.

Hodges, J. R. (2000). Memory in the dementias. In E. Tulving & F. I. M. Craik (Eds.), *The Oxford handbook of memory* (pp. 441–459). Oxford, England: Oxford University Press.

Homa, D., Smith, C., Macak, C., Johovich, J., & Osorio, D. (2001). Recognition of facial prototypes: The importance of categorical structure and degree of learning. *Journal of Memory & Language, 44,* 443–474.

Howe, M. L. (2005). Children (but not adults) can inhibit false memories. *Psychological Science, 16,* 927–931.

Howe, M. L., Cicchetti, D., Toth, S. L., & Cerrito, B. M. (2004). True and false memories in maltreated children. *Child Development, 75,* 1402–1417.

Hull, C. L. (1933). The meaningfulness of 320 selected nonsense syllables. *American Journal of Psychology, 45,* 730–734.

Hunt, R. R., & McDaniel, M. A. (1993). The enigma of organization and distinctiveness. *Journal of Memory & Language, 32,* 421–445.

Huron, C., & Danion, J. M. (2002). Impairment of constructive memory in schizophrenia. *International Clinical Psychopharmacology, 17,* 127–133.

Huron, C., Servais, C., & Danion, J. M. (2001). Lorazepam and diazepam impair true, but not false, recognition in healthy volunteers. *Psychopharmacology, 155,* 204–209.

Hutchison, K. A. (2003). Is semantic priming due to association strength or feature overlap? A micro-analytic review. *Psychonomic Bulletin & Review, 10,* 785–813.

Hutchison, K. A., & Balota, D. A. (2005). Decoupling semantic and associative information in false memories: Explorations with semantically ambiguous and unambiguous critical lures. *Journal of Memory & Language, 52,* 1–28.

Hyman, I. E. Jr., & Billings, F. J. (1998). Individual differences and the creation of false childhood memories. *Memory, 6,* 1–20.

Hyman, I. E. Jr., Husband, T. H., & Billings, F. J. (1995). False memories of childhood experiences. *Applied Cognitive Psychology, 9,* 181–197.

Intons-Peterson, M. J., Rocchi, P., West, T., McLellan, K., & Hackney, A. (1999). Age, testing at preferred or nonpreferred times (testing optimality), and false memory. *Journal of Experimental Psychology: Learning, Memory, & Cognition, 25,* 23–40.

Israel, L., & Schacter, D. L. (1997). Pictorial encoding reduces false recognition of semantic associates. *Psychonomic Bulletin & Review, 4,* 577–581.

Jacoby, L. L., & Hollingshead, A. (1990). Toward a generate/recognize model of performance on direct and indirect tests of memory. *Journal of Memory and Language, 29,* 433–454.

Jacoby, L. L. (1991). A process dissociation framework: Separating automatic from intentional uses of memory. *Journal of Memory & Language, 30,* 513–541.

Jacoby, L. L. (1999). Ironic effects of repetition: Measuring age-related differences in memory. *Journal of Experimental Psychology: Learning, Memory, & Cognition, 25,* 3–22.

Jacoby, L. L., & Hollingshead, A. (1990). Toward a generate/recognize model of performance on direct and indirect tests of memory. *Journal of Memory and Language, 29,* 433–454.

Jacoby, L. L., Kelley, C. M., & Dywan, J. (1989). Memory attributions. In H. L. Roediger & F. I. M. Craik (Eds.), *Varieties of memory and consciousness: Essays in honour of Endel Tulving* (pp. 391–422). Hillsdale, NJ: Lawrence Erlbaum Associates, Inc.

Jacoby, L. L., Kelley, C. M., & McElree, B. D. (1999). The role of cognitive control: Early selection versus late correction. In S. Chaiken & Y. Trope (Eds.), *Dual-process theories in social psychology* (pp. 383–400). New York, NY: Guilford.
James, W. (1890). *Principles of psychology*. New York, NY: Dover.
Jenkins, J. J. (1974). Can we have a theory of meaningful memory? In R. L. Solso (Ed.), *Theories of cognitive psychology: The Loyola symposium*. Oxford, England: Lawrence Erlbaum Associates Ltd.
Johansson, M., & Stenberg, G. (2002). Inducing and reducing false memories: A Swedish version of the Deese-Roediger-McDermott paradigm. *Scandinavian Journal of Psychology, 43,* 369–383.
Johnson, M. K., Foley, M. A., Suengas, A. G., & Raye, C. L. (1988). Phenomenal characteristics of memories for perceived and imagined autobiographical events. *Journal of Experimental Psychology: General, 117,* 371–376.
Johnson, M. K., Hashtroudi, S., & Lindsay, D. S. (1993). Source monitoring. *Psychological Bulletin, 114,* 3–28.
Johnson, M. K., Kounios, J., & Nolde, S. F. (1996). Electrophysiological brain activity and memory source monitoring. *NeuroReport, 7,* 2929–2932.
Johnson, M. K., Nolde, S. F., Mather, M., Kounios, J., Schacter, D. L., & Curran, T. (1997). The similarity of brain activity associated with true and false recognition memory depends on test format. *Psychological Science, 8,* 250–257.
Johnson, M. K., & Raye, C. L. (1981). Reality monitoring. *Psychological Review, 88,* 67–85.
Johnson, M. K., Raye, C. L., Foley, H. J., & Foley, M. A. (1981). Cognitive operations and decision bias in reality monitoring. *American Journal of Psychology, 94,* 37–64.
Jones, T. C., & Jacoby, L. L. (2001). Feature and conjunction errors in recognition memory: Evidence for dual-process theory. *Journal of Memory & Language, 45,* 82–102.
Jou, J., Matus, Y. E., Aldridge, J. W., Rogers, D. M., & Zimmerman, R. L. (2004). How similar is false recognition to veridical recognition objectively and subjectively? *Memory & Cognition, 32,* 824–840.
Kausler, D. H. (1974). *Psychology of verbal learning and memory*. New York, NY: Academic Press.
Kausler, D. H., & Settle, A. V. (1973). Associative relatedness vs. synonymity in the false-recognition effect. *Bulletin of the Psychonomic Society, 2,* 129–131.
Kawasaki-Miyaji, Y., Inoue, T., & Yama, H. (2003). Cross-linguistic false recognition: How do Japanese-dominant bilinguals process two languages: Japanese and English? *Psychologia, 46,* 255–267.
Kawasaki-Miyaji, Y., & Yama, H. (2006). The difference between implicit and explicit associative processes at study to create false memory in the DRM paradigm. *Memory,14,* 68-78.
Kellogg, R. T. (2001). Presentation modality and mode of recall in verbal false memory. *Journal of Experimental Psychology: Learning, Memory, & Cognition, 27,* 913–919.
Kensinger, E. A., & Corkin, S. (2004). The effects of emotional content and aging on false memories. *Cognitive, Affective, & Behavioral Neuroscience, 4,* 1–9.
Kensinger, E. A., & Schacter, D. L. (1999). When true memories suppress false memories: Effects of ageing. *Cognitive Neuropsychology, 16,* 399–415.
Kihlstrom, J. F. (2004). An unbalanced balancing act: Blocked, recovered, and false memories in the laboratory and clinic. *Clinical Psychology: Science & Practice, 11,* 34–41.
Kim, N. S., & Ahn, W. (2002). Clinical psychologists' theory-based representations of mental disorders predict their diagnostic reasoning and memory. *Journal of Experimental Psychology: General, 131,* 451–476.
Kimball, D. R., & Bjork, R. A. (2002). Influences of intentional and unintentional forgetting on false memories. *Journal of Experimental Psychology: General, 131,* 116–130.
Kintsch, W. (1970). Models for free recall and recognition. In D. A. Norman (Ed.), *Models of human memory*. New York, NY: Academic Press.
Kirkpatrick, E. A. (1894). An experimental study in memory. *Psychological Review, 1,* 602–609.

Koriat, A., & Goldsmith, M. (1996). Monitoring and control processes in the strategic regulation of memory accuracy. *Psychological Review, 103,* 490–517.
Koutstaal, W., & Schacter, D. L. (1997). Gist-based false recognition of pictures in older and younger adults. *Journal of Memory & Language, 37,* 555–583.
Koutstaal, W., Schacter, D. L., & Brenner, C. (2001a). Dual task demands and gist-based false recognition of pictures in younger and older adults. *Journal of Memory & Language, 44,* 399–426.
Koutstaal, W., Schacter, D. L., Galluccio, L., & Stofer, K. A. (1999a). Reducing gist-based false recognition in older adults: Encoding and retrieval manipulations. *Psychology & Aging, 14,* 220–237.
Koutstaal, W., Schacter, D. L., Verfaellie, M., Brenner, C., & Jackson, E. M. (1999b). Perceptually based false recognition of novel objects in amnesia: Effects of category size and similarity to category prototypes. *Cognitive Neuropsychology, 16,* 317–341.
Koutstaal, W., Verfaellie, M., & Schacter, D. L. (2001b). Recognizing identical versus similar categorically related common objects: Further evidence for degraded gist representations in amnesia. *Neuropsychology, 15,* 268–289.
Lacey, J. I., & Smith, R. L. (1954). Conditioning and generalization of unconscious anxiety. *Science, 120,* 1045–1052.
Lampinen, J. M., Leding, J. K., Reed, K. & Odegard, T.N. (Unpublished, 2006). Global gist extraction in children and adults.
Lampinen, J. M., Meier, C., Arnal, J.A., & Leding, J.K.(2005a).Compelling untruths: Content borrowing and vivid false memories. *Journal of Experimental Psychology: Learning, Memory & Cognition, 31,* 954–963.
Lampinen, J. M., Neuschatz, J. S., & Payne, D. G. (1998). Memory illusions and consciousness: Examining the phenomenology of true and false memories. *Current Psychology: Developmental, Learning, Personality, Social, 16,* 181–224.
Lampinen, J. M., Neuschatz, J. S., & Payne, D. G. (1999). Source attributions and false memories: A test of the demand characteristics account. *Psychonomic Bulletin & Review, 6,* 130–135.
Lampinen, J. M., Odegard, T. N., Blackshear, E., & Toglia, M. P. (2005b). Phantom ROC. In F. Columbus (Ed.), *Progress in experimental psychology research* (pp. 235-267). Hauppauge, NY: Nova.
Lampinen, J. M., Odegard, T. N., & Neuschatz, J. S. (2004). Robust recollection rejection in the memory conjunction paradigm. *Journal of Experimental Psychology: Learning, Memory, & Cognition, 30,* 332–342.
Lampinen, J. M., & Schwartz, R. M. (2000). The impersistence of false memory persistence. *Memory, 8,* 393–400.
LaVoie, D. J., & Faulkner, K. (2000). Age differences in false recognition using a forced choice paradigm. *Experimental Aging Research, 26,* 367–381.
Laws, K. R., & Bhatt, R. (2005). False memories and delusional ideation in normal healthy subjects. *Personality and Individual Differences, 39,* 775–781.
Lee, Y. S., & Chang, S. C. (2004). Effects of criterion shift on false memory. *Psychologia: An International Journal of Psychology in the Orient, 47,* 191–202.
Lenton, A. P., Blair, I. V., & Hastie, R. (2001). Illusions of gender: Stereotypes evoke false memories. *Journal of Experimental Social Psychology, 37,* 3–14.
Libby, L. K., & Neisser, U. (2001). Structure and strategy in the associative false memory paradigm. *Memory, 9,* 145–163.
Light, L. L., Prull, M. P., La Voie, D. J., & Healy, M. R. (2000). Dual-process theories of memory in old age. In T. J. Perfect & E. A. Maylor (Eds.), *Models of cognitive aging* (pp. 238–300). New York, NY: Oxford University Press.
Lindauer, B. K., & Paris, S. G. (1976). Problems with a false recognition paradigm for developmental memory research. *Journal of Experimental Child Psychology, 22,* 319–330.
Lindsay, D. S., & Johnson, M. K. (1989). The eyewitness suggestibility effect and memory for source. *Memory & Cognition, 17,* 349–358.

Lindsay, D. S., & Read, J. D. (1994). Psychotherapy and memories of childhood sexual abuse: A cognitive perspective. *Applied Cognitive Psychology, 8,* 281–338.

Lockhart, R. S., & Craik, F. I. M. (1990). Levels of processing: A retrospective commentary on a framework for memory research. *Canadian Journal of Psychology, 44,* 87–112.

Loftus, E. F. (1991). Made in memory: Distortions in recollection after misleading information. In G. H. Bower (Ed.), *The psychology of learning and motivation: Advances in research and theory* (Vol. 27, pp. 187–215). San Diego, CA: Academic Press.

Loftus, E. F., Miller, D. G., & Burns, H. J. (1978). Semantic integration of verbal information into a visual memory. *Journal of Experimental Psychology: Human Learning & Memory, 4,* 19–31.

Lövdén, M. (2003). The episodic memory and inhibition accounts of age-related increases in false memories: A consistency check. *Journal of Memory & Language, 49,* 268–283.

Lövdén, M., & Johansson, M. (2003). Are covert verbal responses mediating false implicit memory? *Psychonomic Bulletin & Review, 10,* 724–729.

Lövdén, M., & Wahlin, Å. (2005). The sensory-cognition association in adulthood: Different magnitudes for processing speed, inhibition, episodic memory, and false memory? *Scandanadian Journal of Psychology, 46,* 253–262.

MacLeod, C. M. (1998). Directed forgetting. In J. M. Golding & C. M. MacLeod (Eds.), *Intentional forgetting: Interdisciplinary approaches* (pp. 1–57). Mahwah, NJ: Lawrence Erlbaum Associates, Inc.

MacLeod, C. M., & Nelson, T. O. (1976). An nonmonotonic lag function for false alarms to associates. *American Journal of Psychology, 89,* 127–135.

Madigan, S., & Neuse, J. (2004). False recognition and word length: A reanalysis of Roediger, Watson, McDermott, and Gallo (2001) and some new data. *Psychonomic Bulletin & Review, 11,* 567–573.

Marche, T. A., Brainerd, C. J., Lane, D. G., & Loehr, J. D. (2005). Item method directed forgetting diminishes false memory. *Memory, 13,* 749–758.

Marsh, E. J., & Bower, G. H. (2004). The role of rehearsal and generation in false memory creation. *Memory, 12,* 748–761.

Marsh, E. J., McDermott, K. B., & Roediger, H. L. III. (2004). Does test-induced priming play a role in the creation of false memories? *Memory, 12,* 44–55.

Marsh, R. L., & Hicks, J. L. (1998). Test formats change source-monitoring decision processes. *Journal of Experimental Psychology: Learning, Memory, & Cognition, 24,* 1137–1151.

Marsh, R. L., & Hicks, J. L. (2001). Output monitoring tests reveal false memories of memories that never existed. *Memory, 9,* 39–51.

Mather, M., Henkel, L. A., & Johnson, M. K. (1997). Evaluating characteristics of false memories: Remember/know judgments and memory characteristics questionnaire compared. *Memory & Cognition, 25,* 826–837.

Maylor, E. A., & Mo, A. (1999). Effects of study-test modality on false recognition. *British Journal of Psychology, 90,* 477–493.

McCabe, D. P., Presmanes, A. G., Robertson, C. L., & Smith, A. D. (2004). Item-specific processing reduces false memories. *Psychonomic Bulletin & Review, 11,* 1074–1079.

McCabe, D. P., & Smith, A. D. (2002). The effect of warnings on false memories in young and older adults. *Memory & Cognition, 30,* 1065–1077.

McClelland, J. L., & Rumelhart, D. E. (1986). *Parallel distributed processing: Explorations in the microstructure of cognition.* Cambridge, MA: MIT Press.

McDermott, K. B. (1996). The persistence of false memories in list recall. *Journal of Memory & Language, 35,* 212–230.

McDermott, K. B. (1997). Priming on perceptual implicit memory tests can be achieved through presentation of associates. *Psychonomic Bulletin & Review, 4,* 582–586.

McDermott, K. B, & Roediger, H. L. III. (1998). Attempting to avoid illusory memories: Robust false recognition of associates persists under conditions of explicit warnings and immediate testing. *Journal of Memory & Language, 39,* 508–520.

McDermott, K. B., & Watson, J. M. (2001). The rise and fall of false recall: The impact of presentation duration. *Journal of Memory & Language, 45,* 160-176.

McEvoy, C. L., Nelson, D. L., & Komatsu, T. (1999). What is the connection between true and false memories? The differential roles of interitem associations in recall and recognition. *Journal of Experimental Psychology: Learning, Memory, & Cognition, 25,* 1177-1194.

McGeoch, J. A. (1942). *The psychology of human learning.* New York, NY: Longmans, Green and Co.

McGeoch, J. A., & Irion, A. L. (1952). *The psychology of human learning* (2nd ed.). New York, NY: Longmans, Green and Co.

McKelvie, S. J. (1999). Effect of retrieval instructions on false recall. *Perceptual & Motor Skills, 88,* 876-878.

McKelvie, S. J. (2001). Effects of free and forced retrieval instructions on false recall and recognition. *Journal of General Psychology, 128,* 261-278.

McKelvie, S. J. (2003). False recall with the DRMRS ("drummers") procedure: A quantitative summary and review. *Perceptual & Motor Skills, 97,* 1011-1030.

McKelvie, S. J. (2004). False recognition with the Deese-Roediger-McDermott-Reid-Solso procedure: A quantitative summary. *Perceptual & Motor Skills, 98,* 1387-1408.

McKhann, G., Drachman, D., Folstein, M., Katzman, R., Price, D., & Stadlan, E. M. (1984). Clinical diagnosis of Alzheimer's disease: Report of the NINCDS-ADRDA work group under the auspices of the Department of Health and Human Services Task Force on Alzheimer's disease. *Neurology, 34,* 934-939.

McKone, E. (2004). Distinguishing true from false memories via lexical decision as a perceptual implicit test. *Australian Journal of Psychology, 56,* 42-49.

McKone, E., & Murphy, B. (2000). Implicit false memory: Effects of modality and multiple study presentations on long-lived semantic priming. *Journal of Memory & Language, 43,* 89-109.

McNally, R. J. (2003). *Remembering trauma.* Cambridge: Harvard University Press.

Meade, M. L., & Roediger, H. L. III. (2002). Explorations in the social contagion of memory. *Memory & Cognition, 30,* 995-1009.

Meade, M. L., & Roediger, H. L. III. (2006). The effect of forced recall on illusory recollection in younger and older adults. *American Journal of Psychology, 119,* 433-462.

Melo, B., Winocur, G., & Moscovitch, M. (1999). False recall and false recognition: An examination of the effects of selective and combined lesions to the medial temporal lobe/diencephalon and frontal lobe structures. *Cognitive Neuropsychology, 16,* 343-359.

Merritt, P. S., & DeLosh, E. L. (Unpublished, 2003). *Modality specific contributions to true and false recognition: An ERP study.* Colorado State University, Fort Collins, CO.

Metcalfe, J., Funnell, M., & Gazzaniga, M. (1995). Right-hemisphere memory superiority: Studies of a split-brain patient. *Psychological Science, 6,* 157-164.

Milani, R., & Curran, H. V. (2000). Effects of a low dose of alcohol on recollective experience of illusory memory. *Psychopharmacology, 147,* 397-402.

Miller, A. R., Baratta, C., Wynveen, C., & Rosenfeld, J. P. (2001). P300 latency, but not amplitude or topography, distinguishes between true and false recognition. *Journal of Experimental Psychology: Learning, Memory, & Cognition, 27,* 354-361.

Miller, M. B., & Wolford, G. L. (1999). Theoretical commentary: The role of criterion shift in false memory. *Psychological Review, 106,* 398-405.

Mintzer, M. Z., & Griffiths, R. R. (2000). Acute effects of triazolam on false recognition. *Memory & Cognition, 28,* 1357-1365.

Mintzer, M. Z., & Griffiths, R. R. (2001a). Acute dose-effects of scopolamine on false recognition. *Psychopharmacology, 153,* 425-433.

Mintzer, M. Z., & Griffiths, R. R. (2001b). Alcohol and false recognition: A dose-effect study. *Psychopharmacology, 159,* 51-57.

Mintzer, M. Z., & Griffiths, R. R. (2001c). False recognition in triazolam-induced amnesia. *Journal of Memory & Language, 44*, 475–492.

Mintzer, M. Z., & Snodgrass, J. G. (1999). The picture superiority effect: Support for the distinctiveness model. *American Journal of Psychology, 112*, 113–146.

Mitchell, K. J., & Johnson, M. K. (2000). Source monitoring: Attributing mental experiences. In E. Tulving & F. I. M. Craik (Eds.), *The Oxford handbook of memory* (pp. 179–195). Oxford, England: Oxford University Press.

Morgan, R. L., & Underwood, B. J. (1950). Proactive inhibition as a function of response similarity. *Journal of Experimental Psychology, 40*, 592–603.

Moritz, S., Gläscher, J., & Brassen, S. (2005). Investigation of mood-congruent false and true memory recognition in depression. *Depression and Anxiety, 21*, 9–17.

Moritz, S., Woodward, T. S., Cuttler, C., Whitman, J. C., & Watson, J. M. (2004). False memories in schizophrenia. *Neuropsychology, 18*, 276–283.

Morris, C. D., Bransford, J. D., & Franks, J. J. (1977). Levels of processing versus transfer appropriate processing. *Journal of Verbal Learning & Verbal Behavior, 16*, 519–533.

Moscovitch, M. (1995). Confabulation. In D. L. Schacter, J. T. Coyle, G. D. Fischbach, M. M. Mesulam, & L. E. Sullivan (Eds.), *Memory distortion: How minds, brains, and societies reconstruct the past* (pp. 226–254). Cambridge, MA: Harvard University Press.

Mukai, A. (2005). Awareness of the false memory manipulation and false recall for people's names as critical lrues in the Deese-Roediger-McDermott paradigm. *Perceptual & Motor Skills, 101*, 546–560.

Multhaup, K. S., & Conner, C. A. (2002). The effects of considering nonlist sources on the Deese-Roediger-McDermott memory illusion. *Journal of Memory & Language, 47*, 214–228.

Murdock, B. B. (1962). The serial position effect of free recall. *Journal of Experimental Psychology, 64*, 482–488.

Nadel, L., Payne, J. D., & Jacobs, W. J. (2002). The relationship between episodic memory and context: Clues from memory errors made while under stress. *Physiological Research, 51*, S3–S11.

Nebes, R. D. (1989). Semantic memory in Alzheimer's disease. *Psychological Bulletin, 106*, 377–394.

Neely, J. H. (1991). Semantic priming effects in visual word recognition: A selective review of current findings and theories. In D. Besner & G. Humphreys (Eds.), *Basic processes in reading: Visual word recognition* (pp. 264–336). Hillsdale, NJ: Lawrence Erlbaum Associates, Inc.

Neisser, U. (1967). *Cognitive psychology*. New York, NY: Appleton-Century-Crofts.

Nelson, D. L., McEvoy, C. L., & Pointer, L. (2003). Spreading activation or spooky action at a distance? *Journal of Experimental Psychology: Learning, Memory, & Cognition, 29*, 42–51.

Nelson, D. L., McEvoy, C. L., & Schreiber, T. A. (1998a). The University of South Florida word association, rhyme, and word fragment norms. http://www.usf.edu/FreeAssociation/

Nelson, D. L., McKinney, V. M., Gee, N. R., & Janczura, G. A. (1998b). Interpreting the influence of implicitly activated memories on recall and recognition. *Psychological Review, 105*, 299–324.

Nessler, D., & Mecklinger, A. (2003). ERP correlates of true and false recognition after different retention delays: Stimulus- and response-related processes. *Psychophysiology, 40*, 146–159.

Nessler, D., Mecklinger, A., & Penney, T. B. (2001). Event related brain potentials and illusory memories: The effects of differential encoding. *Cognitive Brain Research, 10*, 283–301.

Neuschatz, J. S., Benoit, G. E., & Payne, D. G. (2003). Effective warnings in the Deese-Roediger-McDermott false-memory paradigm: The role of identifiability. *Journal of Experimental Psychology: Learning, Memory, & Cognition, 29*, 35–40.

Neuschatz, J. S., Lampinen, J. M., Preston, E. L., Hawkins, E. R., & Toglia, M. P. (2002). The effect of memory schemata on memory and the phenomenological experience of naturalistic situations. *Applied Cognitive Psychology, 16,* 687–708.

Neuschatz, J. S., Payne, D. G., Lampinen, J. M., & Toglia, M. P. (2001). Assessing the effectiveness of warnings and the phenomenological characteristics of false memories. *Memory, 9,* 53–71.

Newstead, B. A., & Newstead, S. E. (1998). False recall and false memory: The effects of instructions on memory errors. *Applied Cognitive Psychology, 12,* 67–79.

Norman, K. A., & Schacter, D. L. (1997). False recognition in younger and older adults: Exploring the characteristics of illusory memories. *Memory & Cognition, 25,* 838–848.

Nosofsky, R. M. (1991). Tests of an exemplar model for relating perceptual classification and recognition memory. *Journal of Experimental Psychology: Human Perception & Performance, 17,* 3–27.

Odegard, T. N., & Lampinen, J. M. (2004). Memory conjunction errors for autobiographical events: More than just familiarity. *Memory, 12,* 288–300.

Paivio, A. (1971). *Imagery and verbal processes.* New York, NY: Holt, Rinehart, & Winston.

Park, L., Shobe, K. K., & Kihlstrom, J. F. (2005). Associative and categorical relations in the associative memory illusion. *Psychological Science, 16,* 792–797.

Parkin, A. J. (1983). The relationship between orienting tasks and the structure of memory traces: Evidence from false recognition. *British Journal of Psychology, 74,* 61–69.

Parkin, A. J., Bindschaedler, C., Harsent, L., & Metzler, C. (1996). Pathological false alarm rates following damage to the left frontal cortex. *Brain & Cognition, 32,* 14–27.

Paul, L. M. (1979). Two models of recognition memory: A test. *Journal of Experimental Psychology: Human Learning & Memory, 5,* 45–51.

Payne, D. G., Elie, C. J., Blackwell, J. M., & Neuschatz, J. S. (1996). Memory illusions: Recalling, recognizing, and recollecting events that never occurred. *Journal of Memory & Language, 35,* 261–285.

Payne, J. D., Nadel, L., Allen, J. J. B., Thomas, K. G. F., & Jacobs, W. J. (2002). The effects of experimentally induced stress on false recognition. *Memory, 10,* 1–6.

Peiffer, L. C., & Trull, T. J. (2000). Predictors of suggestibility and false-memory production in young adult women. *Journal of Personality Assessment, 74,* 384–399.

Pérez-Mata, M. N., Read, J. D., & Diges, M. (2002). Effects of divided attention and word concreteness on correct recall and false memory reports. *Memory, 10,* 161–177.

Pesta, B. J., Murphy, M. D., & Sanders, R. E. (2001). Are emotionally charged lures immune to false memory? *Journal of Experimental Psychology: Learning, Memory, & Cognition, 27,* 328–338.

Petersen, S. E., Fox, P. T., Posner, M. I., Mintun, M. A., & Raichle, M. E. (1989). Positron emission tomographic studies of the processing of single words. *Journal of Cognitive Neuroscience, 1,* 153–170.

Pierce, B. H., Gallo, D. A., Weiss, J. A., & Schacter, D. L. (2005a). The modality effect in false recognition: Evidence for test-based monitoring. *Memory & Cognition, 33,* 1407–1413.

Pierce, B. H., Simons, J. S., & Schacter, D. L. (2004). Aging and the seven sins of memory. *Advances in Cell Aging and Gerentology, 15,* 1–40.

Pierce, B. H., Sullivan, A. L., Schacter, D. L., & Budson, A. E. (2005b). Comparing source-based and gist-based false recognition in aging and Alzheimer's disease. *Neuropsychology, 19,* 411–419.

Platt, R. D., Lacey, S. C., Iobst, A. D., & Finkelman, D. (1998). Absorption, dissociation, and fantasy-proneness as predictors of memory distortion in autobiographical and laboratory-generated memories. *Applied Cognitive Psychology, 12,* S77–S89.

Pohl, R. F. (Ed.). (2004). *Cognitive illusions: A handbook on fallacies and biases in thinking, judgment and memory*. Hove, England: Psychology Press.
Pope, K. S. (1996). Memory, abuse, and science: Questioning claims about the false memory syndrome epidemic. *American Psychologist, 51*, 957–974.
Posner, M. I., & Keele, S. W. (1968). On the genesis of abstract ideas. *Journal of Experimental Psychology, 77*, 353–363.
Posner, M. I., & Keele, S. W. (1970). Retention of abstract ideas. *Journal of Experimental Psychology, 83*, 304–308.
Raaijmakers, J. G. W., & Zeelenberg, R. (2004). Evaluating the evidence for nonconscious processes in producing false memories. *Consciousness & Cognition, 13*, 169–172.
Rajaram, S. (1993). Remembering and knowing: Two means of access to the personal past. *Memory & Cognition, 21*, 89–102.
Read, J. D. (1996). From a passing thought to a false memory in 2 minutes: Confusing real and illusory events. *Psychonomic Bulletin & Review, 3*, 105–111.
Reich, R. R., Goldman, M. S., & Noll, J. A. (2004). Using the false memory paradigm to test two key elements of alcohol expectancy theory. *Experimental & Clinical Psychopharmacology, 12*, 102–110.
Reyna, V. F. (1995). Interference effects in memory and reasoning: A fuzzy-trace theory analysis. In F. N. Dempster & C. J. Brainerd (Eds.), *Interference and inhibition in cognition* (pp. 29–59). San Diego, CA: Academic Press.
Reyna, V. F. (1998). Fuzzy-trace theory and false memory. In M. Intons-Peterson & D. Best (Eds.), *Memory distortions and their prevention* (pp. 15–27). Mahwah, NJ: Lawrence Erlbaum Associates, Inc.
Reyna, V. F., & Brainerd, C. J. (1995). Fuzzy-trace theory: An interim synthesis. *Learning and Individual Differences, 7*, 1–75.
Reyna, V. F. & Kiernan, B. (1994). The development of gist versus verbatim memory in sentence recognition: Effects of lexical familiarity, semantic content, encoding instruction, and retention interval. *Developmental Psychology, 30*, 178–191.
Reyna, V. F., & Kiernan, B. (1995). Children's memory and interpretation of psychological metaphors. *Metaphor and Symbolic Activity, 10*, 309–331.
Reyna, V. F., & Lloyd, F. (1997). Theories of false memory in children and adults. *Learning & Individual Differences, 9*, 95–123.
Reyna, V. F., Mills, B., Estrada, S., & Brainerd, C. J. (2006). False memory in children: Data, theory, and legal implications. In M. Toglia & D. Read (Eds.), *Handbook of eyewitness psychology* (Vol. 1). (pp.473-510). Mahwah, NJ: Lawrence Erlbaum Associates, Inc.
Reyna, V. F., & Titcomb, A. L. (1996). Constraints on the suggestibility of eyewitness testimony: A fuzzy-trace theory analysis. In D. G. Payne & F. G. Conrad (Eds.), *Intersections in basic and applied memory research* (pp. 27–55). Mahwah, NJ: Lawrence Erlbaum Associates, Inc.
Reysen, M. B., & Nairne, J. S. (2002). Part-set cuing of false memories. *Psychonomic Bulletin & Review, 9*, 389–393.
Rhodes, M. G., & Anastasi, J. S. (2000). The effects of a levels-of-processing manipulation on false recall. *Psychonomic Bulletin & Review, 7*, 158–162.
Robinson, K. J., & Roediger, H. L. III. (1997). Associative processes in false recall and false recognition. *Psychological Science, 8*, 231–237.
Roediger, H. L. III. (1974). Inhibiting effects of recall. *Memory & Cognition, 2*, 261–269.
Roediger, H. L. III. (1990). Implicit memory: Retention without remembering. *American Psychologist, 45*, 1043–1056.
Roediger, H. L. III. (1996). Memory illusions. *Journal of Memory & Language, 35*, 76–100.
Roediger, H. L. III, Balota, D. A., & Watson, J. M. (2001a). Spreading activation and the arousal of false memories. In H. L. Roediger III, J. S. Nairne, I. Neath, & A. M. Surprenant (Eds.), *The nature of remembering: Essays in honor of Robert G. Crowder* (pp. 95–115). Washington, DC: American Psychological Association.

Roediger, H. L. III, & Gallo, D. A. (2001). Levels of processing: Some unanswered questions. In M. Naveh-Benjamin, M. Moscovitch, & H. L. Roediger (Eds.), *Perspectives on human memory and cognitive aging: Essays in honour of Fergus Craik*. New York, NY: Psychology Press.

Roediger, H. L. III, & McDermott, K. B. (1995). Creating false memories: Remembering words not presented in lists. *Journal of Experimental Psychology: Learning, Memory, & Cognition, 21*, 803–814.

Roediger, H. L. III, & McDermott, K. B. (1996). False perceptions of false memories. *Journal of Experimental Psychology: Learning, Memory, & Cognition, 22*, 814–816.

Roediger, H. L. III, & McDermott, K. B. (1999). False alarms about false memories. *Psychological Review, 106*, 406–410.

Roediger, H. L. III, & McDermott, K. B. (2000). Tricks of memory. *Current Directions in Psychological Science, 9*, 123–127.

Roediger, H. L. III, McDermott, K. B., Pisoni, D. B., & Gallo, D. A. (2004). Illusory recollection of voices. *Memory, 12*, 586–602.

Roediger, H. L. III, McDermott, K. B., & Robinson, K. J. (1998). The role of associative processes in creating false memories. In M. A. Conway, S. E. Gathercole, & C. Cornoldi (Eds.), *Theories of memory II* (pp. 187–245). Hove, England: Psychology Press.

Roediger, H. L. III, Meade, M. L., & Bergman, E. T. (2001b). Social contagion of memory. *Psychonomic Bulletin & Review, 8*, 365–371.

Roediger, H. L. III, Meade, M. L., Wong, A., Olson, K. R., & Gallo, D. A. (Unpublished, 2003). *The social transmission of false memories: Comparing Bartlett's (1932) repeated and serial reproduction techniques*. Washington University, St. Louis, MO.

Roediger, H. L. III, & Neely, J. H. (1982). Retrieval blocks in episodic and semantic memory. *Canadian Journal of Psychology, 36*, 213–242.

Roediger, H. L. III, & Payne, D. G. (1982). Hypermnesia: The role of repeated testing. *Journal of Experimental Psychology: Learning, Memory, & Cognition, 8*, 66–72.

Roediger, H. L. III, Watson, J. M., McDermott, K. B., & Gallo, D. A. (2001c). Factors that determine false recall: A multiple regression analysis. *Psychonomic Bulletin & Review, 8*, 385–407.

Rotello, C. M., Macmillan, N. A., & Van Tassel, G. (2000). Recall-to-reject in recognition: Evidence from ROC curves. *Journal of Memory & Language, 43*, 67–88.

Rugg, M. D., & Allan, K. (2000). Memory retrieval: An electrophysiological persepective. In M. S. Gazzaniga (Ed.), *The new cognitive neurosciences* (pp. 805–816). Cambridge, MA: MIT Press.

Russell, W. A., & Jenkins, J. J. (1954). *The complete Minnesota norms for responses to 100 words from the Kent-Rosanoff Word Association Test* (Technical Report No. 11, Contract N8 ONR 66216, Office of Naval Research). University of Minnesota.

Rybash, J. M., & Colilla, J. L. (1994). Source memory deficits and frontal lobe functioning in children. *Developmental Neuropsychology, 10*, 67–73.

Rybash, J. M., & Hrubi-Bopp, K. L. (2000). Source monitoring and false recollection: A life span developmental perspective. *Experimental Aging Research, 26*, 75–87.

Saegert, J. (1971). Retention interval and false recognition of implicit associative responses. *Journal of Verbal Learning & Verbal Behavior, 10*, 511–515.

Schacter, D. L. (1995). Memory distortion: History and current status. In D. L. Schacter, J. T. Coyle, G. D. Fischbach, M. M. Mesulam, & L. E. Sullivan (Eds.), *Memory distortions: How minds, brains, and societies reconstruct the past* (pp. 1–43). Cambridge, MA: Harvard University Press.

Schacter, D. L. (1999). The seven sins of memory: Insights from psychology and cognitive neuroscience. *American Psychologist, 54*, 182–203.

Schacter, D. L., Buckner, R. L., Koutstaal, W., Dale, A. M., & Rosen, B. R. (1997a). Late onset of anterior prefrontal activity during true and false recognition: An event-related fMRI study. *Neuroimage, 6*, 259–269.

Schacter, D. L., Cendan, D. L., Dodson, C. S., & Clifford, E. R. (2001). Retrieval conditions and false recognition: Testing the distinctiveness heuristic. *Psychonomic Bulletin & Review, 8*, 827–833.

Schacter, D. L., Curran, T., Galluccio, L., Milberg, W. P., & Bates, J. F. (1996a). False recognition and the right frontal lobe: A case study. *Neuropsychologia, 34*, 793–808.

Schacter, D. L., Israel, L., & Racine, C. (1999). Suppressing false recognition in younger and older adults: The distinctiveness heuristic. *Journal of Memory & Language, 40*, 1–24.

Schacter, D. L., Norman, K. A., & Koutstaal, W. (1998a). The cognitive neuroscience of constructive memory. *Annual Review of Psychology, 49*, 289–318.

Schacter, D. L., Reiman, E., Curran, T., Yun, L. S., Bandy, D., McDermott, K. B., & Roediger, H. L. III. (1996b). Neuroanatomical correlates of veridical and illusory recognition memory: Evidence from positron emission tomography. *Neuron, 17*, 267–274.

Schacter, D. L., & Slotnick, S. D. (2004). The cognitive neuroscience of memory distortion. *Neuron, 44*, 149–160.

Schacter, D. L., Verfaellie, M., & Anes, M. D. (1997b). Illusory memories in amnesic patients: Conceptual and perceptual false recognition. *Neuropsychology, 11*, 331–342.

Schacter, D. L., Verfaellie, M., Anes, M. D., & Racine, C. (1998b). When true recognition suppresses false recognition: Evidence from amnesic patients. *Journal of Cognitive Neuroscience, 10*, 668–679.

Schacter, D. L., Verfaellie, M., & Pradere, D. (1996c). Neuropsychology of memory illusions: False recall and recognition in amnesic patients. *Journal of Memory & Language, 35*, 319–334.

Schooler, J. W., Bendiksen, M. A., & Ambadar, Z. (1997). Taking the middle line: Can we accommodate both fabricated and recovered memories of sexual abuse? In M. Conway (Ed.), *Recovered and false memories* (pp. 251–292). Oxford, England: Oxford University Press.

Schooler, J. W., & Loftus, E. F. (1993). Multiple mechanisms mediate individual differences in eyewitness accuracy and suggestibility. In J. M. Puckett & H. W. Reese (Eds.), *Mechanisms of everyday cognition* (pp. 177–204). Hillsdale, NJ: Lawrence Erlbaum Associates, Inc.

Seamon, J. G., Berko, J. R., Sahlin, B., Yu, Y., Colker, J. M., & Gottfried, D. H. (2006). Can false memories spontaneously recover? *Memory, 14*, 415-423.

Seamon, J. G., Goodkind, M. S., Dumey, A. D., Dick, E., Aufseeser, M. S., Strickland, S. E., Woulfin, J. R., & Fung, N. S. (2003). "If I didn't write it, why would I remember it?" Effects of encoding, attention, and practice on accurate and false memory. *Memory & Cognition, 31*, 445–457.

Seamon, J. G., Guerry, J. D., Marsh, G. P., & Tracy, M. C. (2002a). Accurate and false recall in the Deese/Roediger and McDermott procedure: A methodological note on sex of participant. *Psychological Reports, 91*, 423–427.

Seamon, J. G., Lee, I. A., Toner, S. K., Wheeler, R. H., Goodkind, M. S., & Birch, A. D. (2002b). Thinking of critical words during study is unnecessary for false memory in the Deese, Roediger, and McDermott procedure. *Psychological Science, 13*, 526–531.

Seamon, J. G., Luo, C. R., & Gallo, D. A. (1998). Creating false memories of words with or without recognition of list items: Evidence for nonconscious processes. *Psychological Science, 9*, 20–26.

Seamon, J. G., Luo, C. R., Kopecky, J. J., Price, C. A., Rothschild, L., Fung, N. S., & Schwartz, M. A. (2002c). Are false memories more difficult to forget than accurate memories? The effect of retention interval on recall and recognition. *Memory & Cognition, 30*, 1054–1064.

Seamon, J. G., Luo, C. R., Schlegel, S. E., Greene, S. E., & Goldenberg, A. B. (2000). False memory for categorized pictures and words: The category associates procedure for studying memory errors in children and adults. *Journal of Memory & Language, 42*, 120–146.

Seamon, J. G., Luo, C. R., Schwartz, M. A., Jones, K. J., Lee, D. M., & Jones, S. J. (2002d). Repetition can have similar or different effects on accurate and false recognition. *Journal of Memory & Language, 46,* 323–340.

Seamon, J. G., Luo, C. R., Shulman, E. P., Toner, S. K., & Caglar, S. (2002e). False memories are hard to inhibit: Differential effects of directed forgetting on accurate and false recall in the DRM procedure. *Memory, 10,* 225–238.

Shiffrin, R. M., Huber, D. E., & Marinelli, K. (1995). Effects of category length and strength on familiarity in recognition. *Journal of Experimental Psychology: Learning, Memory, & Cognition, 21,* 267–287.

Simons, J. S., Lee, A. C. H., Graham, K. S., Verfaellie, M., Koutstaal, W., Hodges, J. R., Schacter, D. L., & Budson, A. E. (2005). Failing to get the gist: Reduced false recognition of semantic associates in semantic dementia. *Neuropsychology, 19,* 353–361.

Slamecka, N. J. (1968). An examination of trace storage in free recall. *Journal of Experimental Psychology, 76,* 504–513.

Slamecka, N. J., & Graf, P. (1978). The generation effect: Delineation of a phenomenon. *Journal of Experimental Psychology: Human Learning & Memory, 4,* 592–604.

Slotnick, S. D., & Schacter, D. L. (2004). A sensory signature that distinguishes true from false memories. *Nature Neuroscience, 7,* 664–672.

Smith, R. E., & Hunt, R. R. (1998). Presentation modality affects false memory. *Psychonomic Bulletin & Review, 5,* 710–715.

Smith, R. E., Lozito, J. P., & Bayen, U. (2005). Adult age differences in distinctive processing: The modality effect on false recall. *Psychology & Aging, 20,* 486–492.

Smith, S. M., Gerkens, D. R., Pierce, B. H., & Choi, H. (2002). The roles of associative responses at study and semantically guided recollection at test in false memory: The Kirkpatrick and Deese hypotheses. *Journal of Memory & Language, 47,* 436–447.

Smith, S. M., Tindell, D. R., Pierce, B. H., Gilliland, T. R., & Gerkens, D. R. (2001). The use of source memory to identify one's own episodic confusion errors. *Journal of Experimental Psychology: Learning, Memory, & Cognition, 27,* 362–374.

Smith, S. M., Ward, T. B., Tindell, D. R., Sifonis, C. M., & Wilkenfeld, M. J. (2000). Category structure and created memories. *Memory & Cognition, 28,* 386–395.

Snodgrass, J. G., & Corwin, J. (1988). Pragmatics of measuring recognition memory: Applications to dementia and amnesia. *Journal of Experimental Psychology: General, 117,* 34–50.

Solso, R. L., & McCarthy, J. E. (1981). Prototype formation of faces: A case of pseudo-memory. *British Journal of Psychology, 72,* 499–503.

Sommers, M. S., & Huff, L. M. (2003). The effects of age and dementia of the Alzheimer's type on phonological false memories. *Psychology & Aging, 18,* 791–806.

Sommers, M. S., & Lewis, B. P. (1999). Who really lives next door: Creating false memories with phonological neighbors. *Journal of Memory & Language, 40,* 83–108.

Soraci, S. A., Carlin, M. T., Toglia, M. P., Chechile, R. A., & Neuschatz, J. S. (2003). Generative processing and false memories: When there is no cost. *Journal of Experimental Psychology: Learning, Memory, & Cognition, 29,* 511–523.

Stadler, M. A., Roediger, H. L. III, & McDermot, K. B. (1999). Norms for word lists that create false memories. *Memory & Cognition, 27,* 494–500.

Starns, J. J., & Hicks, J. L. (2004). Episodic generation can cause semantic forgetting: Retrieval-induced forgetting of false memories. *Memory & Cognition, 32,* 602–609.

Storbeck, J., & Clore, G. L. (2005). With sadness comes accuracy; with happiness, false memory. *Psychological Science, 16,* 785–791.

Sulin, R. A., & Dooling, D. J. (1974). Intrusion of a thematic idea in retention of prose. *Journal of Experimental Psychology, 103,* 255–262.

Summerfield, C., & Mangels, J. A. (2005). Functional coupling between frontal and parietal lobes during recognition memory. *NeuroReport, 16,* 117–122.

Tajika, H., Neumann, E., Hamajima, H., & Iwahara, A. (2005). Eliciting false memories on implicit and explicit memory tests after incidental learning. *Japanese Psychological Research, 47,* 31–39.

Thapar, A., & McDermot, K. B. (2001). False recall and false recognition induced by presentation of associated words: Effects of retention interval and level of processing. *Memory & Cognition, 29,* 424–432.

Thomas, A. K., & Sommers, M. S. (2005). Attention to item-specific processing eliminates age effects in false memories. *Journal of Memory & Language, 52,* 71–86.

Thomson, D. M., & Tulving, E. (1970). Associative encoding and retrieval: Weak and strong cues. *Journal of Experimental Psychology, 86,* 255–262.

Toglia, M. P., Neuschatz, J. S., & Goodwin, K. A. (1999). Recall accuracy and illusory memories: When more is less. *Memory, 7,* 233–256.

Treisman, A., & Schmidt, H. (1982). Illusory conjunctions in the perception of objects. *Cognitive Psychology, 14,* 107–141.

Tse, C., & Neely, J. H. (2005). Assesing activation without source monitoring in the DRM false memory paradigm. *Journal of Memory & Language, 53,* 532–550.

Tulving, E. (1968). Theoretical issues in free recall. In T. R. Dixon & D. L. Horton (Eds.), *Verbal behavior and general behavior theory* (pp. 2–36). Englewood Cliffs, NJ: Prentice-Hall.

Tulving, E. (1972). Episodic and semantic memory. In E. Tulving & W. Donaldson (Eds.), *Organization of memory* (pp. 381–403). New York, NY: Academic Press.

Tulving, E. (1983). *Elements of episodic memory.* Oxford, England: Clarendon Press.

Tulving, E. (1985). Memory and consciousness. *Canadian Psychologist, 26,* 1–12.

Tulving, E., & Bower, G. H. (1974). The logic of memory representations. In G. H. Bower (Ed.), *The psychology of learning and motivation* (Vol. 8, pp. 265–301). San Diego, CA: Academic Press.

Tulving, E., & Madigan, S. A. (1970). Memory and verbal learning. *Annual Review of Psychology, 21,* 437–484.

Tulving, E., & Thomson, D. M. (1973). Encoding specificity and retrieval processes in episodic memory. *Psychological Review, 80,* 359–380.

Tun, P. A., Wingfield, A., Rosen, M. J., & Blanchard, L. (1998). Response latencies for false memories: Gist-based processes in normal aging. *Psychology & Aging, 13,* 230–241.

Tussing, A. A., & Greene, R. L. (1997). False recognition of associates: How robust is the effect? *Psychonomic Bulletin & Review, 4,* 572–576.

Tussing, A. A., & Greene, R. L. (1999). Differential effects of repetition on true and false recognition. *Journal of Memory & Language, 40,* 520–533.

Umeda, S., Akine, Y., & Kato, M. (2001). False recognition in patients with ventromedial prefrontal lesions. *Brain & Cognition, 47,* 362–365.

Umeda, S., Akine, Y., Kato, M., Muramatsu, T., Mimura, M., Kandatsu, S., Tanada, S., Obata, T., Ikehira, H., & Suhara, T. (2005). Functional network in the prefrontal cortex during episodic memory retrieval. *NeuroImage, 26,* 932–940.

Underwood, B. J. (1965). False recognition produced by implicit verbal responses. *Journal of Experimental Psychology, 70,* 122–129.

Underwood, B. J. (1974). The role of the association in recognition memory. *Journal of Experimental Psychology, 102,* 917–939.

Underwood, B. J., Kapelak, S. M., & Malmi, R. A. (1976). Integration of discrete verbal units in recognition memory. *Journal of Experimental Psychology: Human Learning & Memory, 2,* 293–300.

Urbach, T. P., Windmann, S. S., Payne, D. G., & Kutas, M. (2005). Mistaking memories: Neural precursors of memory illusions in electrical brain activity. *Psychological Science, 16,* 19–24.

Verfaellie, M., Page, K., Orlando, F., & Schacter, D. L. (2005). Impaired implicit memory for gist information in amnesia. *Neuropsychology, 19,* 760–769.

Verfaellie, M., Rapcsak, S. Z., Keane, M. M., & Alexander, M. P. (2004). Elevated false recognition in patients with frontal lobe damage is neither a general nor a unitary phenomenon. *Neuropsychology, 18,* 94–103.
Verfaellie, M., Schacter, D. L., & Cook, S. P. (2002). The effects of retrieval instructions on false recognition: Exploring the nature of the gist memory impairment in amnesia. *Neuropsychologia, 40,* 2360–2368.
Vogt, J., & Kimble, G. A. (1973). False recognition as a function of associative proximity. *Journal of Experimental Psychology, 99,* 143–145.
Volkmar, F. R., Klin, A., Schultz, R., Bronen, R., Marans, W. D., Sparrow, S., & Cohen, D. J. (1996). Asperger's syndrome. *Journal of the American Academy of Child & Adolescent Psychiatry, 35,* 118–123.
Wagner, A. D, Gabrieli, J. D. E., & Verfaellie, M. (1997). Dissociations between familiarity processes in explicit recognition and implicit perceptual memory. *Journal of Experimental Psychology: Learning, Memory, & Cognition, 23,* 305–323.
Waldie, B. D., & Kwong See, S. T. (2003). Remembering words never presented: False memory effects in dementia of the Alzheimer type. *Aging, Neuropsychology, & Cognition, 10,* 281–297.
Wallace, W. P. (1967). False recognition produced by laboratory-established associative responses. *Psychonomic Science, 7,* 139–140.
Wallace, W. P. (1968). Incidental learning: The influence of associative similarity and formal similarity in producing false recognition. *Journal of Verbal Learning & Verbal Behavior, 7,* 50–54.
Wallace, W. P., Malone, C. P., Swiergosz, M. J., & Amberg, M. D. (2000). On the generality of false recognition reversal. *Journal of Memory & Language, 43,* 561–575.
Watson, J. M., Balota, D. A., & Roediger, H. L. III. (2003). Creating false memories with hybrid lists of semantic and phonological associates: Over-additive false memories produced by converging associative networks. *Journal of Memory & Language, 49,* 95–118.
Watson, J. M., Balota, D. A., & Sergent-Marshall, S. D. (2001). Semantic, phonological, and hybrid veridical and false memories in healthy older adults and in individuals with dementia of the Alzheimer type. *Neuropsychology, 15,* 254–268.
Watson, J. M., Bunting, M. F., Poole, B. J., & Conway, A. R. A. (2005). Individual differences in susceptibility to false memory in the Deese-Roediger-McDermott paradigm. *Journal of Experimental Psychology: Learning, Memory, & Cognition, 31,* 76–85.
Watson, J. M., McDermott, K. B., & Balota, D. A. (2004). Attempting to avoid false memories in the Deese/Roediger-McDermott paradigm: Assessing the combined influence of practice and warnings in young and old adults. *Memory & Cognition, 32,* 135–141.
Weiss, A. P., Dodson, C. S., Goff, D. C., Schacter, D. L., & Heckers, S. (2002). Intact suppression of increased false recognition in schizophrenia. *American Journal of Psychiatry, 159,* 1506–1513.
Wenzel, A., Jostad, C., Brendle, J. R., Ferraro, F. R., & Lystad, C. M. (2004). An investigation of false memories in anxious and fearful individuals. *Behavioral & Cognitive Psychotherapy, 32,* 257–274.
Westerberg, C. E., & Marsolek, C. J. (2003a). Hemispheric asymmetries in memory processes as measured in a false recognition paradigm. *Cortex, 39,* 627–642.
Westerberg, C. E., & Marsolek, C. J. (2003b). Sensitivity reductions in false recognition: A measure of false memories with stronger theoretical implications. *Journal of Experimental Psychology: Learning, Memory, & Cognition, 29,* 747–759.
Wheeler, M. E., Petersen, S. E., & Buckner, R. L. (2000). Memory's echo: Vivid remembering reactivates sensory-specific cortex. *Proceedings of the National Academy of Sciences, 97,* 11125–11129.
Whittlesea, B. W. A. (2002). False memory and the discrepancy-attribution hypothesis: The prototype-familiarity illusion. *Journal of Experimental Psychology: General, 131,* 96–115.

Whittlesea, B. W., Masson, M. E. J., & Hughes, A. D. (2005). False memory following rapidly presented lists: The element of surprise. *Psychological Research, 69*, 420–430.
Whittlesea, B. W. A., & Williams, L. D. (1998). Why do strangers feel familiar, but friends don't? A discrepancy-attribution account of feelings of familiarity. *Acta Psychologica, 98*, 141–165.
Wickens, T. D., & Hirshman, E. (2000). False memories and statistical decision theory: Comment on Miller and Wolford (1999) and Roediger and McDermott (1999). *Psychological Review, 107*, 377–383.
Wilding, E. L. (1999). Separating retrieval strategies from retrieval success: An event-related potential study of source memory. *Neuropsychologia, 37*, 441–454.
Wilkinson, C., & Hyman, I. E. Jr. (1998). Individual differences related to two types of memory errors: Word lists may not generalize to autobiographical memory. *Applied Cognitive Psychology, 12*, S29–S46.
Winograd, E. (1968). List differentiation as a function of frequency and retention interval. *Journal of Experimental Psychology, 76*, 1–18.
Winograd, E., Peluso, J. P., & Glover, T. A. (1998). Individual differences in susceptibility to memory illusions. *Applied Cognitive Psychology, 12*, S5–S27.
Wixted, J. T. (2004). The psychology and neuroscience of forgetting. *Annual Review of Psychology, 55*, 235–269.
Wixted, J. T., & Stretch, V. (2000). The case against a criterion-shift account of false memory. *Psychological Review, 107*, 368–376.
Wright, D. B., Mathews, S. A., & Skagerberg, E. M. (2005a). Social recognition memory: The effect of other people's responses for previously seen and unseen items. *Journal of Experimental Psychology: Applied, 11*, 200–209.
Wright, D. B., Startup, H. M., & Mathews, S. A. (2005b). Mood, dissociation and false memories using the Deese-Roediger-McDermott procedure. *British Journal of Psychology, 96*, 283–293.
Yonelinas, A. P. (1997). Recognition memory ROCs for item and associative information: The contribution of recollection and familiarity. *Memory & Cognition, 25*, 747–763.
Yonelinas, A. P. (2001). Consciousness, control, and confidence: The three Cs of recognition memory. *Journal of Experimental Psychology: General, 130*, 361–379.
Yonelinas, A. P. (2002). The nature of recollection and familiarity: A review of 30 years of research. *Journal of Memory & Language, 46*, 441–517.
Zaki, S. R., Nosofsky, R. M., Stanton, R. D., & Cohen, A. L. (2003). Prototype and exemplar accounts of category learning and attentional allocation: A reassessment. *Journal of Experimental Psychology: Learning, Memory, & Cognition, 29*, 1160–1173.
Zeelenberg, R., Boot, I., & Peecher, D. (2005). Activating the critical lure during study is unnecessary for false recognition. *Consciousness & Cognition, 14*, 316–326.
Zeelenberg, R., & Pecher, D. (2002). False memories and lexical decision: Even twelve primes do not cause long-term semantic priming. *Acta Psychologica, 109*, 269–284.
Zeelenberg, R., Plomp, G., Raaijmakers, J. G. W. (2003). Can false memories be created through nonconscious processes? *Consciousness & Cognition, 12*, 403–412.
Zoellner, L. A., Foa, E. B., Brigidi, B. D., & Przeworski, A. (2000). Are trauma victims susceptible to "false memories"? *Journal of Abnormal Psychology, 109*, 517–524.

人名索引

●● A

Alba, J. W.　12
Aleman, A.　229
Alpert, J. L.　173
Anaki, D.　71
Anastasi, J. S.　48, 82, 88, 156
Anderson, J. R.　4, 12, 22, 53, 262
Anderson, M. C.　153
Anisfeld, M.　9, 10, 56
Antonova, E.　229
Appleby, D.　20
Arndt, J.　22, 34, 56, 58, 72, 80, 83, 117, 128, 141
Asch, S.　11
Atkinson, R. C.　101
Ayers, M. S.　13

●● B

Bahrick, H. P.　42, 101
Balota, D. A.　27, 51, 191-194, 196, 222-224
Banaji, M. R.　262
Bartlett, F. C.　7, 12, 54, 64, 161
Basden, B. H.　28, 162, 163
Bäuml, K.　152, 153
Bauste, G.　180
Belleville, S.　220
Benjamin, A. S.　22, 128, 129, 131, 132, 193, 203, 205, 226, 234
Bernstein, E. M.　170, 171
Beversdorf, D. Q.　231
Bjork, R. A.　150
Blair, I. V.　167, 180
Boring, E. G.　18
Bower, G. H.　11
Bowler, D. M.　231

Brainerd, C. J.　23, 55, 58, 60, 61, 64, 66, 72, 93, 94, 99, 128, 133, 134, 138, 154, 155, 158, 160, 185-190, 261, 262
Bransford, J. D.　10, 12
Brédart, S.　70, 105
Bremner, J. D.　172, 174, 175, 177
Brewer, W. F.　12
Brown, J.　103
Brown, N. R.　32, 77, 104
Bruce, D.　20, 22, 143
Buchanan, L.　58, 61
Budson, A. E.　36, 63, 130, 193, 194, 202, 205, 206, 220, 221, 223-228, 260
Burgess, P. W.　218
Burnham, W. H.　4, 5
Butler, K. M.　192, 196, 210

●● C

Cabeza, R.　155, 246, 248-251
Calkins, M. W.　8
Ceci, S. J.　184
Chan, J. C. K.　141
Christman, S. D.　180, 252
Clancy, S. A.　33, 172, 173, 175-179
Cleary, A. M.　70, 120, 123, 128
Coane, J. H.　154
Collins, A. M.　12, 51
Coltheart, V.　139, 141
Conrad, R.　5
Conway, M. A.　262
Cotel, S. C.　70
Craik, F. I. M.　139, 195, 200
Cramer, P.　9, 185
Crowder, R. G.　11
Curran, T.　32, 237-239, 242-244

287

●● D

Deese, J.　　16, 18-23, 26, 58, 75, 98, 161, 162
Dehon, H.　　192, 200
Dewhurst, S. A.　　35, 60, 84, 185, 186
Diliberto-Macaluso, K. A.　　44
Dodd, M. D.　　69, 146
Dodhia, R. M.　　22, 107, 109, 198
Dodson, C. S.　　110, 118, 122, 132, 202
Donaldson, W.　　46
Düzel, E.　　32, 237-239, 242-244

●● E

Ebbinghaus, H.　　5, 7
Eichenbaum, H.　　213
Einstein, G. O.　　117
Eisen, M. L.　　166, 168, 171, 172
Elias, C. S.　　139, 141
Elvevåg, B.　　230
Endo, M.　　132
Erdelyi, M. H.　　160

●● F

Fabiani, M.　　32, 239, 240, 244
Felzen, E.　　185
Ferraro, F. R.　　181, 183, 260
Fillenbaum, S.　　10
Foley, M. A.　　185
Franks, J. J.　　36
Freyd, J. J.　　174

●● G

Gallo, D. A.　　26, 31, 34, 46-50, 53, 58, 59, 68-70, 75, 78, 80, 82, 87, 88, 91, 92, 95, 96, 98, 99, 102, 105, 108-110, 112, 116, 119, 120-122, 127, 128, 152, 155, 158, 159, 167, 193-195, 198-200, 202, 227, 228, 261
Gardiner, J. M.　　79, 231
Garry, M.　　13

Geraerts, E.　　172, 176
Ghetti, S.　　104, 119, 184, 188-190, 261, 262
Gillund, G.　　12
Glaze, J. A.　　5
Gleaves, D. H.　　174
Goff, L. M.　　96
Goldmann, R. E.　　243
Goodwin, K. A.　　52, 68, 83, 141, 142
Grossman, L.　　10
Gunter, R. W.　　63, 155

●● H

Hall, J. F.　　8
Hall, J. W.　　9
Hancock, T. W.　　44, 45, 65
Harbluk, J. L.　　231
Hege, A. C. G.　　119
Heit, E.　　131, 132
Henkel, L. A.　　191
Hicks, J. L.　　46, 88-90, 96, 99, 100, 104, 111, 113, 114, 144, 145, 152
Higham, P. A.　　97, 101
Hintzman, D. L.　　35, 56, 64, 103, 131
Hirshman, E.　　46
Hodges, J. R.　　221, 228
Homa, D.　　36
Howe, M. L.　　151, 176, 177, 186
Hull, C. L.　　5
Hunt, R. R.　　117
Huron, C.　　84, 230, 233
Hutchison, K. A.　　33, 34, 51, 62, 71
Hyman, I. E. Jr.　　13, 171

●● I

Intons-Peterson, M. J.　　80, 158, 192-195, 197
Israel, L.　　115, 117, 121

●● J

Jacoby, L. L.   15, 53, 93, 97, 101, 103, 135, 146, 196, 198
James, W.   2
Jenkins, J. J.   72
Johansson, M.   26, 80, 90, 114, 144, 158
Johnson, M. K.   15, 22, 32, 53, 90, 98, 102, 104, 238, 244-246
Jones, T. C.   16
Jou, J.   30, 32

●● K

Kausler, D. H.   8, 9
Kawasaki-Miyaji, Y.   128, 155
Kellogg, R. T.   120, 121
Kensinger, E. A.   125, 130, 192, 193, 203-205, 207
Kihlstrom, J. F.   174
Kim, N. S.   182, 260
Kimball, D. R.   150-153
Kintsch, W.   101
Kirkpatrick, E. A.   4, 5, 16
Koriat, A.   135
Koutstaal, W.   36, 63, 72, 147, 168, 207-209, 216, 225, 229, 243, 260

●● L

Lacey, J. I.   7
Lampinen, J. M.   55, 66, 68, 77, 83, 84, 86, 94-97, 112, 132, 134, 158, 187
LaVoie, D. J.   191
Laws, K. R.   173
Lee, Y. S.   48
Lenton, A. P.   125, 180, 260
Libby, L. K.   106, 109, 144
Light, L. L.   198
Lindauer, B. K.   185
Lindsay, D. S.   110, 173
Lockhart, R. S.   139

Loftus, E. F.   10, 13
Lövdén, M.   44, 45, 60, 70, 168, 170, 192, 196, 209, 210

●● M

MacLeod, C. M.   9, 150
Madigan, S.   125
Marche, T. A.   151
Marsh, E. J.   34, 68, 153
Marsh, R. L.   89, 154, 160
Mather, M.   22, 78, 80, 87, 88, 90-92, 99, 138
Maylor, E. A.   120
McCabe, D. P.   31, 48, 49, 128, 143, 194, 200, 205, 210
McClelland, J. L.   12
McDermott, K. B.   26, 27, 42, 44-46, 48, 49, 65, 66, 102, 126, 127, 129, 130, 134, 138, 160
McEvoy, C. L.   22, 23, 28, 53, 58, 65, 75, 151, 152
McGeoch, J. A.   7, 8, 11
McKelvie, S. J.   22, 30, 161
McKhann, G.   222
McKone, E.   44, 45, 128
McNally, R. J.   173
Meade, M. L.   161, 164
Melo, B.   157, 158, 213, 215, 218, 219
Merritt, P. S.   241, 244
Metcalfe, J.   252
Milani, R.   232
Miller, A. R.   240, 244
Miller, M. B.   40, 42, 43, 49
Mintzer, M. Z.   34, 80, 81, 117, 128, 232-234
Mitchell, K. J.   15, 110
Morgan, R. L.   8
Moritz, S.   172, 230
Morris, C. D.   141
Moscovitch, M.   218
Mukai, A.   106
Multhaup, K. S.   46, 70, 105, 111
Murdock, B. B.   33

289

●● N

Nadel, L.   148
Nebes, R. D.   224
Neely, J. H.   51
Neisser, U.   12
Nelson, D. L.   12, 53, 58
Nessler, D.   241-244
Neuschatz, J. S.   48, 54, 55, 66, 80, 86, 91, 92, 106, 111, 113, 152
Newstead, B. A.   145
Norman, K. A.   78, 80, 84, 91, 92, 157, 158, 192, 194, 195
Nosofsky, R. M.   36

●● O

Odegard, T. N.   96

●● P

Park, L.   22, 61
Parkin, A. J.   139, 141, 218
Paul, L. M.   9
Pavino, A.   117, 126
Payne, D. G.   22, 27, 28, 64, 66, 80, 85, 87, 88, 158, 160
Payne, J. D.   32, 148
Peiffer, L. C.   172, 173
Pérez-Mata, M. N.   82, 125, 147
Pesta, B. J.   124, 203
Petersen, S. E.   245
Pierce, B. H.   61, 62, 121, 184, 199, 200, 226
Platt, R. D.   167-169, 172, 173, 261
Pohl, R. F.   3
Pope, K. S.   173
Posner, M. I.   35, 56, 71, 249

●● R

Raaijmakers, J. G. W.   70
Rajaram, S.   25, 79

Read, J. D.   20, 21, 26, 27, 78, 82, 84, 145
Reich, R. R.   181, 183, 260
Reyna, V. F.   55, 64, 73, 93, 95, 96, 108, 133, 184, 185, 188, 262
Reysen, M. B.   152
Rhodes, M. G.   139
Robinson, K. J.   26, 33, 34, 142
Roediger, H. L. III   4, 20-23, 25-29, 38, 42, 43, 51, 58, 59, 69, 75, 78-80, 82, 83, 87-89, 98, 102, 125, 126, 141, 151, 152, 156-158, 160, 162, 163, 174, 259
Rotello, C. M.   15, 103, 109
Rugg, M. D.   237
Russell, W. A.   18
Rybash, J. M.   185, 189, 191, 192, 200

●● S

Saegert, J.   9
Schacter, D. L.   4, 22, 31, 32, 35, 95, 115-118, 122, 124, 130, 158, 194, 195, 201, 213-216, 218, 220, 226, 227, 235, 244-247, 249-251, 262
Schooler, J. W.   166, 173
Seamon, J. G.   31, 35, 52, 60, 65-67, 69, 80, 81, 83, 123, 127-130, 146, 147, 150, 160, 180, 188
Shiffrin, R. M.   21, 22, 34, 129
Simons, J. S.   228
Slamecka, N. J.   90, 152
Slotnick, S. D.   36, 249-251, 254
Smith, R. E.   120, 140, 145, 202
Smith, S. M.   35, 44, 45, 61, 106, 107, 122, 198, 209, 226
Snodgrass, J. G.   31
Solso, R. L.   36
Sommers, M. S.   35, 196, 207, 210, 222, 225
Soraci, S. A.   144
Stadler, M. A.   24, 59, 167
Starns, J. J.   153
Storbeck, J.   149
Sulin, R. A.   12
Summerfield, C.   244

●● T

Tajika, H.　44, 45, 71
Thapar, A.　66, 67, 139, 140
Thomas, A. K.　142, 192, 194, 206
Thomson, D. M.　12
Toglia, M. P.　52, 66, 138, 139
Treisman, A.　95
Tse, C.　44, 46, 53
Tulving, E.　2, 3, 11, 56, 72, 78, 108, 117, 120
Tun, P. A.　32, 64, 191, 192, 194-196
Tussing, A. A.　35, 129, 138, 139

●● U

Umeda, S.　220, 251
Underwood, B. J.　6, 9, 10, 15, 16, 33, 51, 56, 185
Urbach, T. P.　243

●● V

Verfaellie, M.　215, 216, 220
Vogt, J.　9
Volkmar, F. R.　230

●● W

Wagner, A. D.　47
Waldie, B. D.　192, 194, 222, 223
Wallace, W. P.　9, 155
Watson, J. M.　26, 27, 35, 81, 169, 192, 193, 199, 200, 205, 206, 222, 225
Weiss, A. P.　230
Wenzel, A.　148, 183
Westerberg, C. E.　32, 49, 251, 252
Wheeler, M. E.　245
Whittlesea, B. W. A.　22, 31, 36, 44, 45, 49, 53, 98, 135
Wickens, T. D.　43
Wilding, E. L.　238
Wilkinson, C.　167, 169, 170, 172
Winograd, E.　14, 80, 158, 167, 170, 171, 173, 174
Wixted, J. T.　8, 43
Wright, D. B.　149, 164, 172

●● Y

Yonelinas, A. P.　15, 79, 81, 101, 103

●● Z

Zaki, S. R.　71
Zeelenberg, R.　36, 44, 69, 128
Zoellner, L. A.　158, 172, 173, 175

事項索引

●● あ

アスペルガー症候群　230
「あなたに違いない」効果　90, 113
アルコール依存症　231
アルツハイマー病　221

●● い

EEG（脳波記録法）　235
一致効果　87
意味的類似性　10
意味認知症　228
イメージ　170
飲酒結果期待　181

●● う

ヴァーベイティム　55
宇宙人による誘拐　177

●● え

S→R心理学　6
fMRI（機能的磁気共鳴画像法）　235, 245
「援助」リスト　198

●● お

音韻的連想語　206
音声化　122

●● か

回想　15
　──棄却　133
　──にもとづいたモニタリング　197

回復記憶　176
　──・虚記憶議論　173
解離　170
　──体験尺度　170
学習形式操作　114
学習・テスト反復　130
学習反復　128
画像優位性効果　117
活性化－モニタリング理論　102
関係性処理　117, 121, 141, 143
完全想起棄却　108
関連性効果　30

●● き

記憶増進効果　160
基準回想課題　119, 202
基準変化（説）　38, 40
気分　149
逆方向連想強度　58
強制再生　160

●● く

具体性　125

●● け

警告　82, 86, 189
　──研究　46
系列再生産課題　161
欠格モニタリング　103, 197
結合再認　187
　──課題　93
　──技法　93
幻回想　77

検索誘導性忘却　153

●●こ
高速反応　131
誤情報（誤誘導情報）課題　13
誤情報効果　13
語長　125
コルサコフ症　216

●●さ
サーカディアンリズム（概日リズム）　197
作話症　218

●●し
示差性　89
　　　——効果　190
　　　——ヒューリスティック　115, 116, 189, 201, 203, 227
指示忘却課題　150
事象関連電位（ERP）　235
ジスト　39, 55
自伝的記憶　168
社会的検索　161
社会的伝染課題　164
主意テスト　61, 118
集団再生　162
自由連想基準表　18
熟知性　15
熟知性＋確証メカニズム　96
主題一致性説　38, 53
出力干渉　151, 152, 153
　　　——メカニズム　75
順方向連想強度　58
情動　124, 203
処理水準　139
信号検出理論　40
診断モニタリング　103, 109, 197
心的外傷後ストレス障害（PTSD）　174

●●す
ストレス　148

●●せ
生成効果　90
性的虐待　176
潜在記憶　44
前頭葉機能　196
前頭葉病変　218

●●そ
想起棄却　103, 226
　　　——欠格プロセス　198
想像説　95
想像の膨張　13
ソースにもとづいた排斥法則　106
ソース判断　85
ソースモニタリング理論　101, 102
側性効果　239

●●た
単一連想語課題　154

●●ち
遅延時間　65
注意分割　146
長期増強　3

●●て
テスト効果　156
転移適切性処理　141

●●と
同音異義語　62
統合失調症　229

事項索引

同定－棄却　105
特徴重複（説）　10, 38, 56

●● な

内側側頭葉　213
内的連想反応　9
内容借用説　95

●● に

二重過程理論　101

●● の

ノード　51

●● は

背外側前頭前野　220
排斥課題　103
反応信号手続き　131
反応バイアス　31, 38
反復学習　203
反復ラグ課題　118

●● ひ

被虐待児　176
筆記　123

●● ふ

ファジー痕跡理論　55, 93
符号化特定性原理　56, 117
部分リスト手がかり　152
プライミング　259
　──効果　44
ブロック化　138
プロトタイプ　35

●● へ

PET（陽電子放出断層撮影法）　235, 244

●● ほ

保持間隔　64

●● も

モダリティ効果　120
モニタリング低下仮説　200

●● や

薬物性健忘　232

●● ゆ

幽霊回想　55, 93

●● よ

要求特性　38, 40, 86
予期エラー　7
抑うつ　172

●● り

リスト長効果　33
remember/know 判断　25, 78

●● る

類似画像　207
　──課題　225

●● れ

レキシコン　51
連合再認課題　15, 103
連想活性化（説）　10, 38, 51

連想強度　58
連想集束性　19, 33
連想的接続性；項目間連想強度；接続性　58, 74, 75
連続再認課題　9, 185

●● わ

ワーキングメモリ　169

訳者あとがき

　本書は Psychology Press 社による"Essays in Cognitive Psychology"というシリーズの一冊として 2006 年に出版された，David A. Gallo 著 *"Associative Illusions of Memory: False memory research in DRM and related tasks"* の全訳である。原著の副題にもある"DRM"とは，Deese, Roediger, McDermott という 3 人の研究者の名前の頭文字にちなんでいる（また，「ドリーム（夢）」と発音するように意図されて名付けられたようだが，実際にそのように発音されているのをあまり耳にしたことはない）。本書でも述べられているように 1995 年に Roediger と McDermott が，その 30 年以上も前に Deese の用いた実験パラダイムをさらに拡張した虚記憶研究を発表して以来，この課題に関連する研究が爆発的に増加しており，この翻訳書が出版される現在でさえもその衰えを知らない。本書は，DRM 課題とそれに関連する課題を用いた実験室における虚記憶研究の包括的なレヴューである。基本的な DRM 課題を用いた研究からの知見を紹介しているだけでなく，その内容は多岐にわたっている。例えば，DRM 虚記憶研究の隆盛に至る歴史的経緯，虚記憶に関する主要な理論，虚記憶の原因となる認知プロセスや，その逆に虚記憶を抑制する認知プロセス，また，虚記憶の集団差・個人差研究や，発達や加齢による変化，脳損傷や薬物の影響，神経画像法を用いた研究など，様々な研究分野からの知見を網羅している。このことは，逆にいえば，この DRM 課題が認知心理学分野のみに留まらず，社会心理学，パーソナリティ心理学，発達心理学，神経心理学，認知神経科学などの様々な分野で，広く用いられているということを如実に示している。最終章でも述べられているように，この DRM 課題は，ある意味，記憶研究の歴史においても特別な位置づけをされるべきものかもしれない。

　本書の主題である虚記憶は，簡単にいえば，「決して体験していないことをあたかも実際に体験したかのように記憶している現象」であるが，おそらく，多くの人々にとって興味深い現象であろうと思われる。かくいう私も，研究者として，この現象に興味をもった一人である。私が本書に出会ったのは，ベルギーのリエージュ大学での博士論文生としての研究生活を終え，そして，高松大学発達科学部で教鞭をとりながら，博士論文の執筆をし終える直前であった。私の博士論文は，まさにこの DRM 課題を用いた人名の虚再生をテーマにしており，また，その論文を英語で執筆していた

訳者あとがき

ため，それを仕上げるにあたっては，本書をあらゆる面で活用させていただいた。著者の Gallo 氏（メールなどでは，David や Dave と呼んでいるが）とは，本書の翻訳と関わる以前にも電子メールで何回かやりとりしたことがあり，文献の依頼や専門的な質問に対して，迅速に，そして，丁寧に対応してもらった経緯があった。今回の翻訳にあたっても，面倒であろう細かい質問に対して丁寧に回答していただいた。著者紹介にもあるように，若手でありながら，すでに一線級で活躍する研究者であるにもかかわらず，とても親しみやすく，気さくな印象を抱かせるような人物である。近い将来，本人と直接会い，お礼を述べることができたらと願っている。

以下，翻訳について，少々弁解させていただきたい。日本においても DRM 課題を用いた "false memory" に関する研究は，多数公刊されているものの，その日本語訳に関してはいまだ統一されていないのが現状である。本書では，この false memory の訳語として「虚記憶」を使用したものの，文献によっては，「偽りの記憶」，「虚偽記憶」，「誤記憶」，「フォールス・メモリ」などのような様々な訳語が用いられている。また，原著の中でも，"false remembering"，"illusory memory (remembering)" など，似て非なる用語が多々用いられており，訳語を当てるのに非常に苦労した（結局，その多くを「虚記憶」と訳してしまったが，正直なところ，自分自身でもいまだ完全に納得するには至っていない）。同様に，結果的に「幻回想」と訳した "illusory recollection" にも苦労した（"false recollection" という語も混在していたために）。また，"true memory" を「真実の記憶」とし，"true recollection" を「正回想」と訳したが，最後までその判断に迷った。ついでだが，"false alarm" という用語については，通常，そのまま「フォルス・アラーム」と訳されることが多いが，本書ではあえて「虚報」という訳語を用いたことを付け加えておく。このような重要な事項も含め，その他多くの些細な事柄に関わる翻訳については，必要に応じて Gallo 氏本人に連絡を取り，できるだけ原著者の意図する内容と異ならないように，訳者が加筆，修正した部分も多く存在する。加えて，原著にあった誤植や内容上の誤りなどは，本人に確認の上，修正している。また，全体的に，訳語の統一は心がけたものの，研究分野，もしくは，文脈よっては同じ単語に対しても異なった表現や訳語が用いられることもあり，それらに関しては，できるだけわかりやすく伝わるだろうと思われる表現を選択するという原則にもとづいて，訳者の判断に任せられた。残念ながら，それでもなお，読みにくい点などあると思うので，ご指摘いただければ幸いである。

この翻訳の過程は当初想像していたよりも遙かに険しい道のりであった。上述したように，私自身の博士論文を仕上げるために，本書を幾度となく読んでおり，内容に

訳者あとがき

関しては理解していたのだが，英文を理解することとそれを日本語に翻訳することのとてつもなく大きな差異を痛感させられた。また，大学教員としての職務も多忙を極め，本書の出版を予定よりも大幅に遅らせてしまった。北大路書房の北川芳美さんには，辛抱強く，そして，丁寧に，私の仕事を導いていただいた。ここに感謝の意を表したい。加えて，一人ひとり名前をあげることはできないが，本書の翻訳にあたり，アドバイスをいただいた先生方，友人たちにお礼を述べたい。

　本書の翻訳を遂行するにあたり，細かな事項について1つひとつの内容を熟考する必要があったため，その過程で，その内容に関連する新しい実験についての様々なアイデアが湧き上がってくることが多々あった。この「訳者あとがき」を書いている現在は，一研究者として，そのアイデアをどのように実現させるかを考えるだけで，とても心躍るような気分である。大学教員において「研究活動」よりも「教育活動」の優先を求められることが多くなってきた昨今，時間的な制約もあるものの，それでもなお，少しずつ，そして，できるだけ多くの研究アイデアを実現させていきたいと強く感じている。本書が，私が感じているのと同じように，一人でも多くの研究者の知的好奇心をかき立て，そして，彼らの研究の原動力となることを期待してやまない。

2010年2月　　向居　暁

著者紹介

David A. Gallo

シカゴ大学心理学部准教授である。1997年にウエスレヤン大学で学士号，2002年にワシントン大学（セントルイス）で博士号を修得し，そして，2002年から2005年まで，ハーバード大学に博士研究員として所属していた。研究者としてのキャリアの初期段階にいるにもかかわらず，すでに40を越える研究論文の著者，共著者であり，そして，*Memory, the Journal of Memory and Language, Memory & Cognition* の編集委員を務めている。研究の関心事は，エピソード記憶と検索モニタリングの神経認知的構成要素や記憶の正確さにおける健康的な加齢とアルツハイマー病の効果などを含んでおり，彼の研究はアメリカの国立衛生研究所(National Institute of Health)によって援助されている。

訳者紹介

向居　暁（むかい　あきら）

1972年生まれ　兵庫県宝塚市出身
1995年　筑波大学第二学群人間学類卒業
2000年　広島大学大学院教育学研究科博士後期課程単位修得退学
1998〜2003年　ベルギー王国・リエージュ大学心理学・教育学部認知心理学研究室に博士論文生として留学
現在　高松大学発達科学部准教授
　　心理学博士（docteur en sciences psychologiques，2007年，リエージュ大学）
主著・論文
　　パースペクティブ学習心理学（分担執筆）　第28章「名前の記憶」　北大路書房　1999年
　　改訂版・教育心理学−心理学による教育方法の充実−（分担執筆）　第3章「学習の基礎」(2) 記憶の定着と変化　1) 分散効果, 2) 虚記憶　小林出版　2009年
- Mukai, A. (2004). False recall for people's names in the Deese-Roediger-McDermott paradigm: conspicuousness and semantic encoding of the critical lure. *Perceptual and Motor Skills*, **99**, 1123-1135.
- Mukai, A. (2005). Awareness of the false memory manipulation and false recall for people's names as critical lrues in the Deese-Roediger-McDermott paradigm. *Perceptual & Motor Skills*, **101**, 546-560.
- Mukai, A. (2005). DRM paradigm for people's name lures and effects of delaying conscious thought of the lure at encoding. *Perceptual and Motor Skills*, **101**, 445-448.
- Mukai, A. (2006). Variability among Deese-Roediger-McDermott lists in eliciting false recall for people's names. *Psychological Reports*, **99**, 547-561.
- Mukai, A. (2006). Relationship between identifiability and false memory of critical lures without explicit warnings. *Perceptual and Motor Skills*, **103**, 654-656.

虚記憶

| 2010年3月20日 | 初版第1刷印刷 | 定価はカバーに表示 |
| 2010年4月10日 | 初版第1刷発行 | してあります。 |

著　者　D. A. ギャロ
訳　者　向　居　　暁
発行所　㈱北大路書房
〒603-8303　京都市北区紫野十二坊町12-8
電　話　(075) 431-0361㈹
FAX　(075) 431-9393
振　替　01050-4-2083

© 2010　　制作／T.M.H.　　印刷・製本／モリモト印刷㈱
検印省略　落丁・乱丁本はお取り替えいたします。
ISBN978-4-7628-2703-7　　Printed in Japan